Italiens Weinwelten

www.kornmayer-verlag.de
ISBN 978-3-942051-18-7

Herausgeber und Gesamtkonzeption: Steffen Maus, www.steffenmaus.com
Kreativ Direktion und Fotografie: Markus Bassler, www.moondogstudio.com
Art Direktion: Cammaert & Eberhardt, www.welovebooks.net
Texte: Matthias Stelzig (zig), Angelika Arians-Derix (ari), Roszika Farkas (rz), Luzia Schrampf (lz), Steffen Maus
Redaktion: Matthias Stelzig, Angelika Arians-Derix
Fotonachweis: Ingmar Kurth (Seiten 164 – 181), Anja Jahn (Seite 314 – 315, 320 rechts, 328 unten links, 335), Alfio Garozzo (Seite 350 – 351)

Titelfoto: Markus Bassler
Snapshot eines Verkaufsschildes: „Wein, Vino, Wine“, Metallplatte mit Sägung aus der Kellerei St.-Michael-Eppan, Südtirol

Postproduktion: Peter Wünstel, www.peterwuenstel.com
Glossar: Luzia Schrampf, Sonja Graminski, Antje Seeling
Kartengestaltung: Christine Eberhardt, Steffen Maus
Social Media und Beratung: Tomas Renner-Jones, www.fine-sites.de
Online Auftritt: Dirk Paulus, Christoph Ziegler, www.medienagenten.de

Lektorat: Angelika Radloff
Druck: Gorenjski tisk storitve d.o.o., Printed in Slowenien
Deutsche Bibliothek – CIP-Einheitsaufnahme. Ein Titelsatz dieser Publikation ist bei der Deutschen Bibliothek (Frankfurt) erhältlich.

Steffen Maus

Italiens Weinwelten

Fotografie von Markus Bassler

Texte

Matthias Stelzig, Angelika Arians-Derix,
Roszika Farkas, Luzia Schrampf,
Steffen Maus

VERLAG GEBRÜDER KORNMAYER

Italiens Weinwelten

Eine Landschaft für Romantiker! Der Nachthimmel breitet sich wie ein Sternenzelt über den Weinbergen von Montalcino aus. Das kleinen Örtchen inmitten der grünen, hügeligen Landschaft in der Toskana ist ein Magnet für Weinliebhaber. Sie strömen Jahr für Jahr aus aller Welt zusammen, um die Kellereien zu besuchen, in denen der berühmte Brunello di Montalcino entsteht. Ein Spitzenwein, bei dessen Genuss die Augen der Genießer wie Sterne leuchten.

Vino, vini...

... hinter diesen Begriffen verbergen sich faszinierende Welten voller Farben und Düfte, Geschichten und Emotionen, Kunst und Genuss! Kein Land der Welt produziert bietet eine so betörende Vielfalt an großartigen Tropfen wie Italien. Es gibt große, berühmte Namen, aber auch preiswerte Verführer. Manche sind eher etwas für den sehr individuellen Weingeschmack, andere suchen ein möglichst großes Publikum. Einige warten noch auf ihren internationalen Durchbruch, manche sollten unbedingt wieder entdeckt werden. Als langjähriger Kenner der italienischen Weinszene, kann ich versichern: Noch nie hat es auf dem Stiefel so viele lohnenswerte Weine gegeben wie heute.

Ich reise nun seit zwölf Jahren durch Italien, schreibe über die Entwicklungen der Weine von Sizilien bis Südtirol, halte Vorträge und leite Verkostungen. In all dieser Zeit habe ich sehr bedauert, dass es kein aktuelles Buch über die Weine und Landschaften Italiens gibt. So entschied ich mich, mit einem eigenen Buch diese Lücke zu füllen. Dieses Werk soll Ihr Führer sein - und es soll Sie auch verführen: zum Genuss all der wundervollen Weine nämlich, die Italien in Hülle und Fülle bietet.

Um Ihnen alle Facetten, Vorzüge und auch die aktuellen Entwicklungen der italienischen Weine vorstellen zu können, sind das Autorenteam, der Fotograf Markus Bassler und ich in den letzten zwei Jahren etliche Male nach Italien gereist. Wir haben immer wieder die Regionen besucht und mit Winzern gesprochen, Wein getrunken und viele Fragen gestellt – so lange, bis wir zum Kern jedes Weins durchdrangen. Denn ein Wein ist weit mehr als nur ein alkoholisches Getränk aus Trauben. Wein ist die Essenz all dessen, was zu seiner Entstehung beigetragen hat. Und dazu gehört die Rebe ebenso wie die Erde und das Mikroklima, das Können der Weinbauern ebenso wie auch die Kellerkunst, die Geschichte und die Weinkultur der Anbauregion.

Somit ist jeder Wein eine ganz eigene Welt für sich – eine Weinwelt eben. So jedenfalls sehen wir es. Darum haben wir für dieses Buch die 27 Weinwelten ausgewählt, die für uns die spannendsten und verführerischsten von allen sind, die man in dieser Form nur in Italien findet und die bei aller Eigenständigkeit auch immer „typisch italienisch" sind. Wir entführen Sie in international berühmte Weinwelten, aber auch in fast vergessene, die nun eine Renaissance erleben. Und wir stellen Ihnen noch unbekannte Weine vor, die es zu entdecken lohnt.

Es versteht sich von selber, dass man die Magie der Landschaften, die beeindruckende Individualität, den Charme und die Tatkraft der Menschen sowie vieles mehr verbal nur ungenügend einfangen kann. Oft sagen Bilder mehr als Worte. Insbesondere, wenn sie von Markus Bassler stammen. Mit seinem ganz individuellen Blickwinkel hat er in seinen faszinierenden Fotos den Zauber jeder einzelnen Weinregion festgehalten.

Ich wünsche mir, dass Sie das Buch als Lustmacher für den Weineinkauf im Laden, als Inspiration für die Weinauswahl im Restaurant und als kompetenten wie einfühlsamen Begleiter bei Ihren Reisen in Italien nie mehr missen möchten.

Ihr Steffen Maus

So finden Sie Ihren Wein

Um Ihnen die Reise durch Italiens Weinwelten zu erleichtern, haben wir sie nach Regionen zusammengefasst. Jedem Kapitel geht eine verliebte Einführung in das Gebiet voraus – mit Ansichten und Einsichten, die sich auch im Wein spiegeln.

Die darauf folgenden Weintexte sind so geschrieben, dass man sie ohne Vorwissen lesen kann, aber auch Kenner werden ihre Freude daran haben. Am Ende jedes Kapitels finden sich die Adressen der wichtigsten Winzer der Region, deren Weine typisch und gut sind. Wenn es keine Webseite gibt, hilft die Mail-Adresse weiter. Da ein Minimum an „Fachchinesisch" nicht zu vermeiden ist, gibt es im Buch ein Glossar, in dem Fachbegriffe kurz und knapp erklärt sind.

Selbstverständlich sind diese 27 Weinwelten nicht die einzigen Italiens. In den meisten Regionen gibt es weitere spannende Weine, die Aufmerksamkeit verdienen. Diese finden Sie im „Kurz eingeschenkt" und in kurzen Beiträgen zu einigen kleinen Regionen.

Zu jeder einzelnen Weinwelt gibt es einen „Genusstipp". Hier machen wir Vorschläge für typische Gerichte aus der Region, die mit dem entsprechenden Wein harmonieren. Wie sollte der Wein temperiert sein? Wo kann ich ihn kaufen und was kostet er? Auch zu diesen Fragen erhalten Sie die Antworten.

Weitere Daten zu den Weinen – von der Ausfuhrstatistik bis zu den Einkaufsadressen – werden erst interessant, wenn man sich in einen Wein verliebt hat und nun alles über ihn wissen will. Da sich diese Daten täglich ändern können, haben wir im Buch auf sie verzichtet. Damit Sie aber immer auf dem aktuellsten Stand sind, machen wir Ihnen diese Informationen im Internet unter www.wein-welten.com zugänglich. Und wir haben ein offenes Ohr für Sie! Haben Sie Fragen, die das Buch nicht beantwortet? Möchten Sie Ihre Meinung sagen? Dann stehen Ihnen die Weinwelten Italiens zukünftig ganz weit offen.

Legende

Name der politischen Region.

Rebsortenname mit Trauben-Symbol.

Gefettet ist der Begriff mit der größeren Bekanntheit. Das kann die Rebsorte oder das Anbaugebiet sein.

PIEMONT | ASTI UND ALBA | **BARBERA** | **R**

Anbaugebiet (z.B. Soave) oder der Referenzort (Asti und Alba).

Weinkategorie: W (Weiß), R (Rot) und Sekt.

Italien ist ein Weinland mit historischen Wurzeln und innovativer Kraft. Das spiegeln auch die reizvollen Weingüter wieder. Mal haben sie eine lange Geschichte wie das Castello di Serranova nahe Brindisi in Apulien, das in der zweiten Hälfte des 13. Jahrhunderts als Verteidigungsturm gegen die Sarazenen erbaut wurde und nun zum Weingut Vallone gehört. Mal sind sie im zeitgenössischen Stil erbaut wie der Neubau der Kellerei Tramin, den man nahe dem Kalterer See in Südtirol bewundern kann.

Die italienische Reise

Zwanzig Jahre ist es her, dass ich das erste Mal und aus rein privater Neugier die Weinmesse Vinitaly in Verona besucht habe. Bei dieser Fachmesse präsentieren sich alle italienischen Weinwelten an einem Ort – laut, spannend und ziemlich unübersichtlich. Wie sollte ich mich da bloß zurecht finden, all die Hunderte von Weinen unterscheiden können? Aber ich hatte mich schon verliebt. Verliebt in Italien, seine Landschaften und seine Weine. Und schon damals fühlte ich mich, als käme meine Großmutter aus Sizilien, mein Herz schien schon im italienischen Rhythmus zu schlagen.

Eine Liebeserklärung

Verliebt bin ich immer noch. Das Land südlich der Alpen wurde mir zur zweiten Heimat. Zwei wunderbare Jahre habe ich in der Toskana gelebt. Und beruflich durchstreife ich seit vierzehn Jahren ganz Italien, den Blick auf den Wein gerichtet. Ich habe Land und Leute, Winzer und Weine intensiv kennen gelernt und glaubte, Italien bereits wie meine Westentasche zu kennen. Aber als ich dann mit dem Buch begann und mit meinem Freund, dem Fotografen Markus Bassler, den Stiefel aufs Neue von Nord nach Süd, von West nach Ost bereiste, habe ich Italien noch einmal von einer ganz neuen Seite erfahren und lieben gelernt.

Sicher lag es auch daran, dass Markus zuvor kaum in Italien unterwegs gewesen war und ich das Land in seiner Gesellschaft auch wieder mit dem Blick des Neuankömmlings betrachtete. Und sicher daran, dass meine Mitautoren mit ihrem ganz eigenen Blick auf Italien mich für Dinge sensibilisierten, die mir bisher nicht aufgefallen waren. Von Südtirol bis Sizilien – überall gab es Neues zu entdecken.

Im März zeigen sich in Sizilien die ersten Frühlingsblumen und sorgen für einen Farbtupfer in den Weinbergzeilen mit den kahlen Rebstöcken. Von Palermo aus fahren wir durch den Westen der Insel und besuchen erfolgreiche Nero-d'Avola-Winzer. Es ist kaum zu glauben, aber Mitte der Neunziger existierte Sizilien, mal abgesehen von einer Handvoll Etiketten, überhaupt nicht im Weinregal. Zehn Jahre später verkaufen schon schätzungsweise mehr als 150 Weingüter ihre Weine in Deutschland. Viel Wein wurde hier schon immer produziert, aber nur wenig davon wurde in Flaschen abgefüllt. Das meiste landete zu Tiefstpreisen offen in großen Tanklastzügen oder Schiffen und war damit unsichtbar für den Weinliebhaber. Dabei versprüht Sizilien als Weinlandschaft doch einen ähnlichen Zauber wie die berühmte Toskana.

„Irgendwie ist die Insel viel grüner, als ich sie mir vorgestellt habe", sagt Markus. Bei meinem ersten Besuch im Jahr 1999 war ich selbst verblüfft von der grünen, bergigen Landschaft, der Intensität des Lichts und der enormen Größe der Insel. Hatte gestaunt über die Salinen bei Marsala im Westen, den Ätna im Osten, die Orangenhaine und den legendären Küstenort Taormina. Das hatte ich so nicht vermutet. Bei einem weiteren Besuch entdecke ich noch vieles mehr, das ganz unabhängig von den Weinen und ihrer Qualität Begeisterung auslöst. Faszinierend ist wieder der quicklebendige Ätna, ein Berg voller Magie und Anziehungskraft. Im Oktober atme ich morgens noch die Schwefeldämpfe am Kraterrand ein auf 3.200 Metern Höhe und bade am Nachmittag schon wieder im noch warmen Wasser des Mittelmeeres bei Aci Reale.

Aufbruchstimmung

Markus erlebt den Ätna mit mir im März; tags zuvor ist der Schnee bis 1.000 Meter Höhe heruntergefallen und bedeckt teilweise die noch kahlen Rebstöcke. Hier oben bei Randazzo ist es empfindlich kalt, nicht nur für sizilianische Verhältnisse. Am Ätna, wo wenige Kleinwinzer ihre Weinberge wie einen Garten pflegen, herrscht inzwischen Aufbruchstimmung. Noch stehen im Gebiet um Randazzo und Passopisciaro ehemalige Kellereien leer, seit Jahrzehnten verlassen, nur die Tauben bewohnen die verfallenen Gebäude. Doch daneben wuselt es schon. Enges Gedränge in der ausgeräumten Kelterhalle eines Weinguts, wo

Seite 12: Stein und Holz gehören zum Wein.

mehr als 40 Betriebe ihre Weine in Kleinstmengen zeigen. Winzer aus anderen Gegenden, Sommeliers aus Catania und Palermo halten ihre Nasen in die Gläser. Hier gibt es noch viel Spreu und nur wenig Weizen, doch stört das kaum jemanden.

Süditalienische Momente

Einige Wochen später im Jahr, nur ein Stückchen weiter nördlich, immer noch ganz tief im Süden: Apulien empfängt uns mit Primitivo und Negroamaro, auch sie sind noch nicht allzu lange im Blickfeld der internationalen Weinszene. „Italien lebt von seinen Kontrasten – weit mehr als Spanien", stellt Markus begeistert fest. In dem kleinen Dorf Salice Salentino fühlt man sich um die Mittagszeit im Juni wie im Western *High Noon* – kaum ein Mensch ist auf der Straße, die Apulier bleiben bei schweißtreibenden 35 Grad lieber in ihren schattigen, bunt angemalten Häusern. Oder sind sie etwa schon alle am Meer?

Faszinierend an Apulien sind nicht nur die Weine, sondern die vielen emotionalen Ankerpunkte, die noch nicht vom Massentourismus entdeckt worden sind, angefangen von den weißgetünchten Trullis im Itriatal über die Barockkirchen in Lecce bis zur mystischen Stauferfestung Castel del Monte. Besonders beeindrucken uns die historischen zu Hotels umfunktionierten *masserie*. Landgüter, die von Olivenbäumen umgeben sind, die so alt sind, dass sie Methusalem zur Ehre gereichen würden. Wir erleben das Land in einem Moment des Umbruchs, was an den Kellerausstattungen, vor allem aber an den Weinbergen abzulesen ist. Da sind z.B. die Alberello-Buschreben, ein uraltes Kulturgut. Jede Rebe ist ein Kunstwerk für sich. Doch die buschigen Hochstämme werden von Jahr zu Jahr weniger.

Nicht mal 80 Kilometer ist das Land hier breit. Es wird begrenzt auf der einen Seite vom Ionischen und auf der anderen Seite vom Adriatischen Meer. Obwohl es in Salice Salentino nicht zu sehen ist, ist das Wasser doch spürbar. Heute ist so ein Tag, an dem wir das Meer fast riechen können, da der Wind vom Süden her weht. Wir springen auf beiden Seiten mal kurz ins Meer, um das Gefühl des Salzes auf der Haut mitzunehmen. Wo kann man schon innerhalb einer Stunde in zwei Meeren baden gehen? Und selbstverständlich verlassen wir Apulien nicht, ohne ein Pulpo-Brötchen zu genießen. Gegrillter Tintenfisch auf Ciabatta mit ein wenig Olivenöl – so lecker gibt es das nur hier.

In Kampanien reisen wir dem Frühsommer hinterher. Während wir Landschaft, Menschen, Weine und Speisen erleben und in Fotos festhalten, spüren wir, dass an den Klischees über den chaotischen, langsamen Süden durchaus etwas dran ist. Der Norden ist tatsächlich flinker und organisierter. Aber wir haben ja die Möglichkeit, uns auf den hier vorherrschenden gemäßigten Rhythmus des Lebens einzulassen.

Die zerklüftete Costa Amalfitana zwischen Amalfi und Positano ist immer noch das vielbeschriebene Paradies. Sie ist spektakulär und unsere Übernachtung in einem in den Fels gebauten kleinen Hotel für uns ein unvergessliches Erlebnis. Einige Meter über uns liegt die schmale Straße, einige Treppenstufen tiefer gleiten wir ins türkisblaue Meerwasser.

An der Amalfiküste tobt das Leben, aber die typisch kampanische Ruhe finden wir bei dem kulturgeschichtlichen Höhepunkt der Region Kampanien südlich von Salerno. In der beeindruckenden Tempelanlage von Paestum nämlich, wo eine fast 3.000 Jahre alte Geschichte in den gut erhaltenen Säulen und Giebeln steckt. Nur 40 Kilometer weiter, in der Weingegend Avellino, hat die Erde im Jahre 1980 derart gebebt hat, dass dort fast kein Stein mehr auf dem anderen blieb. Diesem Tempel konnte das Beben nichts anhaben.

„Hier sieht es aus wie in den Voralpen", stellt Markus fest, als wir in die Weinanbaugebiete vorstoßen, ins grüne Herz von Kampanien. Wo er Recht hat, hat er Recht – die Landschaft um Avellino wirkt wirklich so, als läge sie viel weiter nördlich in Italien. Die kleine Trattoria, in der wir zu Mittag essen, liegt in einer kaum begehbaren Gasse zwischen abbruchreifen Häusern, die seit dem Erdbeben immer noch nicht restauriert wurden. Im Grunde besteht sie nur aus einem Raum, der ist aber bis auf den letzten Platz besetzt. Aus gutem Grund: Selten haben wir eine schmackhaftere Gemüseküche mit Produkten aus der Region genossen. Hier stellen wir auch fest, wie gut der Fiano und der Greco zu Gerichten mit intensiven Aromen passen, egal ob Tomate, Zucchini oder Aubergine. Und zum roten Aglianico aus Taurasi gibt es ein leckeres geschmortes Lammfleischgericht. Es macht Spaß, Weine dort zu verkosten, wo sie wachsen – und vor allem mit den typischen Speisen der Region. „Schade, dass die Weine aus Kampanien so selten in Deutschland zu bekommen sind", meint Markus, „das sind so tolle Weine, und ich habe noch nie zuvor davon gehört." Da ist er nicht der Einzige. Die Menge ist eben relativ klein, und sie kosten ein paar Euro mehr als die Weine aus großen Weinanbaugebieten.

Ein Highlight unserer Kampanien-Tour wartet im Ort Tufo. Mitten in diesem wunderschönen Ort mit engen und steilen Gässchen besichtigen wir einen uralten Weinkeller, der tief in Tuffstein gegraben wurde. Vier Stockwerke geht es auf schmalen, aus dem Stein herausgehauenen Treppen steil in die Tiefe. An den Wänden ist der ockerfarbene Stein weiß getüncht. Einige Stockwerke sind gefüllt mit mächtigen Weinfässern, in anderen glänzen neue Stahltanks. Dieser Mix aus Tradition und Moderne hinterlässt einen bleibenden Eindruck. In Tufo wird seit Jahrhunderten Wein gemacht.

Sangiovese – die göttliche Verbindung

Ganz besonders wohl fühle ich mich in der bezaubernden Toskana. Dort habe ich zwei Jahre gelebt, in einem kleinen Appartement im Chianti, vor dessen großem Küchenfenster die Olivenbaumblätter sommers wie winters glänzen. Natürlich trinken Markus und ich einen Cappuccino in meiner Lieblingsbar in Lamporecchio und essen das beste Eis Italiens. Dieselben kurvigen Straßen zu fahren, die ich unzählige Male gefahren bin, wenn ich einen Winzer in Panzano oder Montalcino besucht habe – das ist für mich, als komme ich nach Hause.

Eine besondere Herausforderung ist unsere Reise durch die Toskana für Markus, da er auf engstem Raum mit einer Riesenvielfalt an Weinen konfrontiert ist. Mit sieben unterschiedlichen Weintypen haben wir es zu tun, und jeder ist ein Universum für sich, darunter Brunello, Vino Nobile, Chianti Classico, Morellino – hinter jedem dieser Weine steckt eine eigene Geschichte und Philosophie, obwohl sie alle von derselben Rebsorte stammen. „Von allen italienischen Rebsorten liebe ich Sangiovese am innigsten, also streng dich gefälligst an, dass du das in den Fotos zum Ausdruck bringst", fordere ich Markus auf. Der erwidert nur: „Mit Druck kann ich umgehen, solange ich am Abend etwas Gutes zu essen und zu trinken bekomme." Das kann ich leichten Herzens zusichern. Die schlichtesten Gerichte – vom Brotsalat über die wie Brei dicke Tomatensuppe *pappa al pomodoro* bis hin zu den breiten *pappardelle* mit köstlichem Ragout aus Hase oder Wildschwein – werden alle geadelt durch das unglaublich intensive, aromenreiche Olivenöl.

Meine große Liebe zum Sangiovese nährt sich nicht nur aus seiner Eignung zu jedwedem Pastagericht, sondern auch aus der Landschaft des Chianti mit ihren Zypressenalleen und Steineichenwäldern, den liebevoll restaurierten Bauernhäusern und alten Palästen. Die hügelige Landschaft strahlt eine unvergleichliche Harmonie aus, hinter jeder Biegung versetzt uns eine neue Panoramavariante in Entzücken. Irgendwie spürt man noch immer etwas vom Geist der Renaissance. Die Zuneigung speist sich zudem durch den Respekt vor den positiven Veränderungen, die der Sangiovese und besonders der Chianti Classico erlebt haben.

Der *Gallo Nero* hat heute mehr denn je die von mir geliebten Veilchen- und Sauerkirscharomen. Der Geschmack und die Kraft des Sangiovese ändern sich übrigens nachvollziehbar mit dem Anbaugebiet: Je weiter südlich man kommt, desto wärmer ist es und desto reifer schmecken die Weine. Und am Ende unserer Toskanatour kann Markus es nachvollziehen, dass der Sangiovese im kühlen Chianti des Gallo Nero anders als im Brunello-Gebiet von Montalcino schmeckt. In Montalcino besitzt der Sangiovese einen ganz eigenen Ausdruck. Boden, Klima und Ausbauzeit führen zu kräftigeren Gerbstoffen und reiferen Aromen. Langlebig sind beide Weine. Und es überrascht mich selbst, dass ich plötzlich von einer eigenen Weinbar im idyllischen kleinen Ort Panzano im Herzen des Gallo-Nero-Gebietes träume.

Wo sich ganz Italien trifft

Da Weinhändler und Restaurantbesitzer nicht unentwegt durch Italien reisen können, um neue Weine für ihr Sortiment zu entdecken, nutzen sie die wichtigste Weinmesse Italiens, die Vinitaly, und besuchen ihre Winzer in Verona. Auch wir nutzen diese einmalige Gelegenheit, ganz Italien an nur einem Ort zu treffen. Für mich ist die Vinitaly 2010 schon die dreizehnte, Markus ist zum ersten Mal hier. Er ist sichtlich beeindruckt von der schieren Größe der Veranstaltung. Mehr als 4.000 Weinerzeuger! Jede Region beansprucht ein bis zwei riesige Hallen für sich; das Gedränge auf den Gängen erinnert an einen Hauptbahnhof zur Hauptverkehrszeit. Eigentlich ist die Vinitaly nur für Fachbesucher zugänglich, doch viele bringen ihre Freunde mit und genießen auf der Messe einen weinseligen Tag. Schon auf den Zufahrtswegen am Morgen herrscht das blanke Chaos. Man flucht und schwört sich, das nicht noch mal mitzumachen – und ist natürlich im nächsten Jahr wieder da. Spätestens am Nachmittag ist es auf der Messe so ausgelassen, dass man als außenstehender Betrachter kaum auf die Idee käme, hier würde ernsthaft gearbeitet. Trotzdem werden hier die wichtigsten Verkaufsabschlüsse getätigt. Abends verlagert sich die Messe bei unzähligen Arbeitsessen in die Restaurants der Stadt. Wer nicht rechtzeitig reserviert hat, bleibt hungrig.

Vor rund 40 Jahren, als die Vinitaly zum ersten Mal stattfand, wurde übrigens kein Wein geöffnet. Es wurde lediglich über die Flaschenausstattung, den Preis und die Transportkosten gefeilscht. Weinbewertungen, heute im Überfluss vorhanden, suchte man damals vergeblich. „Und in Zukunft?", fragt Markus. „Die Zukunft ist das Weinbuch", erkläre ich, „das Weinbuch möchte den Weinen ein Gesicht geben, ihren Charakter beschreiben, ohne diese auf die Bestleistung eines Winzers zu reduzieren." Mit diesem Ansatz ist es eine besondere Chance, im Rahmen einer Messe zu fotografieren und die Vielfalt Italiens auch in den Gesichtern festzuhalten, die Macher in den Weinwelten ohne eine Wertung „bester Winzer" zu zeigen. Es ist auch eine Verbeugung vor den Winzern, die uns Vertrauen und Offenheit bei den Besuchen entgegengebracht haben.

Friaul feiert den Wein

Auf der Suche nach dem Zauber der italienischen Weine machen wir auch den Weißwein-Hochburgen Südtirol und Friaul unsere Aufwartung. „Da kannst du die zwei faszinierendsten Weißweingebiete nacheinander weg genießen", erkläre ich Markus, der als Rieslingfreund erst einmal überzeugt werden will. Unsere Ankunft im Friaul fällt auf das Wochenende, an dem das große Weinfest Friuli DOC in Udine stattfindet. Die Straßen der Innenstadt und die pittoresken Plätze sind gefüllt mit jungen und jung gebliebenen Menschen in Weinlaune. Ganz Friaul scheint auf den Beinen zu sein. Markus staunt nicht schlecht, denn es sind fast nur Einheimische unterwegs. Man diskutiert mit eleganten, langstieligen Weingläsern in der Hand, wer dieses Jahr den besten Friulano gemacht und wie der Sauvignon Blanc dieses Jahr den heißen Sommer überstanden habe.

Wein dient hier nicht als selbstverständliches, alltägliches Getränk zum Essen. Es ist eher so, dass das Essen die Beilage für den Wein ist, der hier generell einen großen Stellenwert hat. Wein ist ein Thema, mit dem man sich auseinandersetzt, er liefert unerschöpflichen Gesprächsstoff, bietet neben dem kulinarischen auch intellektuellen Genuss. Jeder hat seine Lieblingswinzer und kennt deren Vorstellungen. Jeder weiß, wer dieses Jahr den Volltreffer beim Ribolla Gialla oder Pinot Grigio gelandet hat.

Im großen Zelt an der Piazza gibt es eine Auswahl von Weißweinen, dazu den luftgetrockneten San-Daniele-Schinken aus der Region und als Begleiter zu den zahlreichen Rotweinen ein Wildschweinragout mit Polenta. Eine Ska-Band spielt auf mit einer Musik, die sehr nach Balkan klingt. Wir sind ja auch nicht weit weg, Winzernamen wie Primosic, Podversig und Sidarich zeugen davon.

Triest überrascht uns in positivem Sinne. Das „Tor zum Balkan" im entlegenen Zipfel Norditaliens steht wie keine zweite Stadt für das moderne Friaul. Hier mischen sich die Kulturen, hier liegt einer der beeindruckendsten Plätze ganz Italiens mit direktem Meereszugang, die Piazza dell'Unita. Hier schnuppern wir an einem anderen Kulturkreis und sind doch in Italien.

Das gilt auch für Südtirol. Dort fallen uns sofort die gut erhaltenen Höfe und der bäuerliche Wohlstand ins Auge. Hier tuckern, anders als in Apulien oder Kampanien, nur die neuesten Traktormodelle durch die Weinberge. Markus, vom ewig gleichen italienischen Cappucino-und-Cornetto-Frühstück schon leicht angenervt, ist glücklich über die üppigen Morgenmahlzeiten mit Schinken und Käse. Südtirol ist halt schon ein bisschen wie zuhause. Man spricht mehrheitlich deutsch, isst Knödel und pflegt einen geregelten Tagesablauf.

Wir sitzen am letzten Abend in Kaltern bei einem Glas Vernatsch zur Wurstvesper, und uns fehlt in dieser wunderschönen Landschaft rein gar nichts zum puren Glück. Während ich auf den spitzen Kirchturm schaue, steigen in mir Bilder der schwarzen Bruchsteinhäuser in der Umgebung von Randazzo auf und der ebenso intensiven wie beglückenden beiden Tage am Ätna. „Eine Welt für sich", sage ich zu Markus; und damit ist die Idee der „Weinwelten" geboren. Ich bin unendlich dankbar für die Erfahrungen, die ich auf den Reisen zum italienischen Wein machen durfte. Und ich bin dankbar für die Möglichkeit, sie mit anderen Weinliebhabern zu teilen und ihnen den Zugang zu einem faszinierenden Universum zu öffnen.

Gesichter des italienischen Weins

Seite 18 – 19 von links nach rechts

Alessio Planeta (Sizilien)
Marco Ricasoli / Rocca di Montegrossi (Toskana)
Ottavia Giorgi di Vistarino / Tenuta Rocca di Giorgi (Lombardei)
Romano Dogliotti / La Caudrina (Piemont)
Gianni Iseppi / Cantina Vini Tipici Aretini (Toskana)
Marko Primosic (Friaul)
Conte Alberto Zecca / Conti Zecca (Apulien)
Massimo di Lenardo (Friaul)

Cecilia und Marina Piacitelli / Morgassi Superiore
Elisabetta Stucchi-Prinetti / Badia a Coltibuono (Toskana)
Pasquale Carparelli und Francesco Liantonio / I Pastini und Torrevento (Apulien)
Laetizia Cesani (Toskana)
Contessa Guerrieri-Rizzardi (Venetien)
Sandro Cavicchioli (Emilia-Romagna)
Francesco Bardi / GIV (Apulien)
Laura Bianchi / Castello di Monsanto (Toskana)

Annalisa Zorzettig (Friaul)
Giovanna San Martino di San Germano / Marchesi Alfieri (Piemont)
Alessando Garetto (Piemont)
Gregory Perrucci / Le Felline (Apulien)
Renzo Cotarella / Marchese Antinori (Toskana)
Sabino Loffredo / Pietracupa (Kampanien)
Sergio Mottura (Umbrien)
Stefano Garofano / Azienda Monaci (Apulien)

Antonio Coletti Conti (Latium)
Marchese Alberto de Gresy / Cisa Asinari dei Marchesi di Gresy (Piemont)
Tiziana Settimo (Piemont)
Elisabetta und Sergio Fagiuoli / Montenidoli (Toskana)
Anna Maria Abbona (Piemont)
Quinto Fausti / Tenuta De Angelis (Marken)
Federica Morricone / Villa Medoro (Abruzzen)
Paola, Luca, Nicolò de Ferrari Corradi / Podere Boscarelli (Toskana)

Seite 20 – 21 von links nach rechts

Andrea Sartori (Venetien)
Chiara und Luca Giannotti / Fazi Battaglia (Marken)
Luciano Piona / Tenuta Cavalchina (Venetien)
Laura Rizotti / Balestri Valda (Venetien)
Alessia und Marchese Piero Antinori / Marchese Antinori (Toskana)
Elisabetta Gnudi-Angelini / Caparzo (Toskana)
Harald Schraffel / Cantina Nals Margreid (Südtirol)
Mamete Prevostini (Lombardei)

Carlo und Gianfranco Garofoli (Marken)
Valentino Sciotti / Farnese vini (Abruzzen)
Francesco Montresor / Otella (Venetien)
Sabrina Tedeschi (Venetien)
Nicodemo Librandi (Kalabrien)
Emilio Pedron / GIV (Venetien)
Cristina Geminiani / Fattoria Zerbina (Emilia-Romagna)
Claudio Tipa / Collemassari (Toskana)

Marco und Simona Faccenda / Cascina Chicco (Piemont)
Marina Marcarino / Punset (Piemont)
Aliosha Goldschmidt / Corzano e Paterno (Toskana)
Alois Lageder (Südtirol)
Massimo Zorzettig / La Tunella (Friaul)
Beatrice und Serena Contini Bonacossi / Capezzana (Toskana)
Josè Rallo / Donnafugata (Sizilien)
Francesco Bindocci / Il Poggione (Toskana)

Piero Mastroberardino (Kampanien)
Fausto Peratoner / Cantina La Vis (Trentino)
Alberto Ruggeri / Le Colture (Venetien)
Federico Giuntini / Fattoria Selvapiana (Toskana)
Elvira Bortolomiol (Venetien)
Antonio Santarelli / Casale del Giglio (Latium)
Patrizia Felluga / Zuani (Friaul)
Elisabetta Foradori (Trentino)

Piemont

BAROLO UND DER NEBBIOLO
BARBARESCO UND DER NEBBIOLO
BARBERA AUS ASTI UND ALBA

Genuss hat einen Namen

DAS PIEMONT IST MIT LEGENDÄREN ROTWEINEN UND HIMMLISCH DUFTENDEN TRÜFFELN, BEZAUBERNDEN LANDSCHAFTEN UND CHARMANTEN STÄDTCHEN, URALTEN BURGEN UND WUNDERSCHÖNEN SCHLÖSSERN, HOHEN ALPENGIPFELN UND MEDITERRANEN SEEN EIN FEST FÜR ALLE SINNE. GANZ BESONDERES AUGENMERK VERDIENT DIE BAROCKE HAUPTSTADT TURIN, DIE SICH VON IHRER SCHOKOLADENSEITE ZEIGT.

Fiat und Fußball – meist das Einzige, was man mit Turin assoziiert. Verständlich. Spätestens mit der Fertigstellung des riesigen Automobilwerks im Stadtteil Lingotto im Jahr 1923 ist der Name Fiat untrennbar mit der Stadt Turin verbunden. Die Teststrecke auf dem Dach des Werks ist ebenso legendär wie der illustre Agnelli-Clan als Eigner des größten Autokonzerns Italiens. Nicht minder legendär ist Juventus Turin, einer der traditionsreichsten und erfolgreichsten Fußballvereine der Welt. Der wird allerdings schon seit 1923 von Fiat gesponsert und gehört seit dem Börsengang von Juventus Ende 2001 mehrheitlich der Familie Agnelli. Also gibt es doch nur Fiat und Fußball? Nein, auch Lancia, Pirelli und andere Betriebe der Autoindustrie. In Anbetracht dessen, dass rund drei Viertel aller italienischen Autos in Turin produziert werden, wundert es nun wahrlich nicht, dass viele glauben, Turin sei das italienische Detroit – also eine Industriestadt, die man bei einer Italienreise getrost links liegen lassen kann. Tja, so kann man sich irren! Torino ist nämlich eine der prächtigsten Barockstädte Europas. Elegant, prunkvoll, geschichtsträchtig. Dazu noch eingerahmt von einer eindrucksvollen Alpenkulisse und mit der grünen hügeligen Landschaft des nahe gelegenen Monferrato und der Langhe.

Vor rund 2.000 Jahren als römisches Feldlager gegründet, sah Turin so manche Herren kommen – und gehen. Ihre Überbleibsel säumen heute Turins Straßen und Plätze: die eindrucksvolle Porta Palatina der Römer, die Schlösser, Kirchen und Statuen der Savoyer, die vielen wunderschönen Barock-Palazzi aus Turins Blütezeit unter der Herrschaft der französischen Königin Maria Christina. Weltberühmt ist der Dom San Giovanni mit seiner Renaissancefassade, in dessen Kapelle das angebliche Leichentuch Christi gehütet wird. Es wird freilich nur alle 25 Jahre gezeigt, das nächste Mal im Jahr 2025. Ein weiteres Highlight ist der elegante Palazzo Reale, in dem Vittorio Emanuele II. zum König gekrönt wurde, der Turin für vier Jahre zur Hauptstadt Italiens machte. Zu den Höhepunkten gehört auch der weit sichtbare Kuppelbau der Mole Antoneliana. Einst als Synagoge geplant, beherbergt er heute eines der größten Kinomuseen Europas. Wer mit dem gläsernen Fahrstuhl im Inneren des Bauwerks auf die Aussichtsplattform in die schwindelnde Höhe von 167 Metern fährt, hat einen umwerfenden Panoramablick auf die Umgebung Turins bis zu den Alpen. Verirren wird sich übrigens in Turin wahrscheinlich niemand: Die ganze Stadt wurde, wie später Manhattan, im Schachbrettmuster erbaut, so dass man sich schnell zurechtfindet.

Seite 22 – 23: Barock- und Neuzeitensemble der Piazza Castello in Turin.

Seite 24: Von der Piazza Vittorio Veneto die Via Po hinauf und speisen in den engen Gassen der Altstadt gegenüber der Palazzo Madama.

Süße Verführungen

Für Flaneure und Schleckermäulchen ist Turin geradezu ein Paradies. Schon alleine der barocken Arkaden wegen, die sich stolze 18 Kilometer lang durch die historische Altstadt ziehen. Sie wurden erbaut, damit die königliche Parade auch bei schlechtem Wetter abgehalten werden konnte. Heute reihen sich unter den hohen Bögen die schönsten Geschäfte aneinander – von Boutiquen aller Luxus- und Modelabels der Welt über Delikatessenshops bis hin zu Antiquitätengeschäften. Daneben laden unzählige Cafés und Bistros zur Einkehr ein. Besonders attraktiv sind die 13 historischen Kaffeehäuser, wo man auf wunderschönen, mit Samt bezogenen Stühlen in zauberhaftem nostalgischen Ambiente mit uralten Spiegeln, prächtigen Intarsien, Kristalllüstern, verschnörkelten Geländern und Balustraden ein Shopping-Päuschen machen kann. Vielleicht bei einem Aperitif, denn der wurde hier in den Arkaden erfunden. In einem kleinen Geschäft in den Arkaden der Piazza Castello stellte Antonio Benedetto Carpano im Jahr 1786 nämlich mit einem Aufguss aus Kräutern und Gewürzen einen aromatisierten Wein her – die Geburtsstunde der Vermouth-Marke *Punt e Mes*. Das Getränk fand schnell Liebhaber und Nachahmer. So entstanden im Piemont diverse Unternehmen, die bis heute berühmte Aperitifs wie Cinzano oder Martini herstellen.

In den Arkaden zeigt sich Turin aber auch von seiner Schokoladenseite – und zwar im wortwörtlichen Sinne.

„Unter den schönen, guten Dingen, die Turin zu bieten weiß, werde ich nie den Bicerin vergessen, ein herrliches Getränk aus Kaffee, Milch und Schokolade", schrieb Alexandre Dumas im Jahr 1852. Das herrliche Getränk ist nach wie vor eine *der* Spezialitäten der Hauptstadt des Piemonts. Stilecht genießt man es in dem schon 1763 an der Piazza della Consolata eröffneten Caffè Al Bicerin, einem der ältesten, geschichtsträchtigsten und auch schönsten Kaffeehäuser Turins. Hier wurde die Kaffeespezialität *Bicerin* erfunden, und hier genossen schon Giacomo Puccini und Friedrich Nietzsche die kalorienreiche Köstlichkeit. Wer Schokolade und Nougat liebt, befindet sich in der Stadt am Po ohnehin im siebten Himmel. Die Nougat-Schoko-Praline *Gianduiotto*, der Nougat-Brotaufstrich Nutella und Mon Cherié, deren Piemont-Kirsche nicht zwingend im Piemont wuchs, sind nur einige der endlos vielen süßen Verführungen Turins.

Verabschieden wir uns von Turin. So attraktiv wie die Hauptstadt ist nämlich auch der Rest des Piemonts. Italiens größte Provinz, die an die Schweiz und an Frankreich grenzt, hat zwar keinen Zugang zum Meer, dafür aber berauschende Landschaften bis zum Abwinken. Piemont bedeutet am Fuß der Berge. Der Name ist Programm: Die schneebedeckten höchsten Gipfel der Alpen umschließen das Piemont als mächtiger Halbkreis im Norden. Hier liegt das Eldorado für Wintersportler und Trekkingfans, hier entspringt auch Italiens längster Fluss, der Po. Wasserratten und Sonnenanbeter finden im Piemont zwar keine Meeresküste, die gepflegten Promenaden, die schattigen Parks und luxuriösen Hotels an den grünen Ufern des Lago Maggiore und Lago Di Orta sind aber eine wunderschöne Alternative. Das Landschaftsbild der Po-Ebene zwischen den Städten Pavia und Vercelli ist dagegen fast eintönig: Reisfelder, soweit das Auge reicht, nur unterbrochen von schnurgeraden Straßen oder endlosen Reihen von Pappeln und Maulbeerbäumen. Aber auch dem kann man einiges abgewinnen. Am schönsten ist das größte Reisanbaugebiet Europas im Frühjahr, wenn Milliarden junger zartgrüner Triebe die gefluteten Reisfelder bedecken. Ein piemontesisches Sprichwort sagt: „Reis wächst im Wasser heran und beschließt seine Tage in Wein." Anders ausgedrückt: Ein Schuss Wein darf in keinem Risotto fehlen.

Ein Duft liegt in der Luft

Für diesen Schuss Wein springen wir ins Hügelland der Langhe, des Roero und des Monferrato, wo das Herz des Piemonts schlägt. Ganz grob geografisch umrissen liegt die Langhe rechts vom Fluss Tanaro, das Roero links davon und das ausgedehnte Monferrato östlich von beiden bis zu der Grenze mit der Lombardei. Auch wenn alle drei Gebiete ganz eigenständig und im Erscheinungsbild nicht ganz einheitlich sind, fließen sie zu einer einzigartigen Landschaft zusammen. Hügel reiht sich an Hügel, mal in endlos rollenden sanften Wellen, mal unterbrochen von etwas breiteren Tälern. Hier Weinreben, soweit das Auge blickt, dort ein bezauberndes Mosaik von Obstgärten, Wäldern, Weinfeldern und Haselnussplantagen. Immer wieder streift das Auge über die unterschiedlichsten Panoramen, die je nach Jahreszeit in erdiges Braun, saftiges Grün oder

Vom zauberhaften Städtchen Verduno sieht man bis zu den schneebedeckten Gipfel der Alpen.

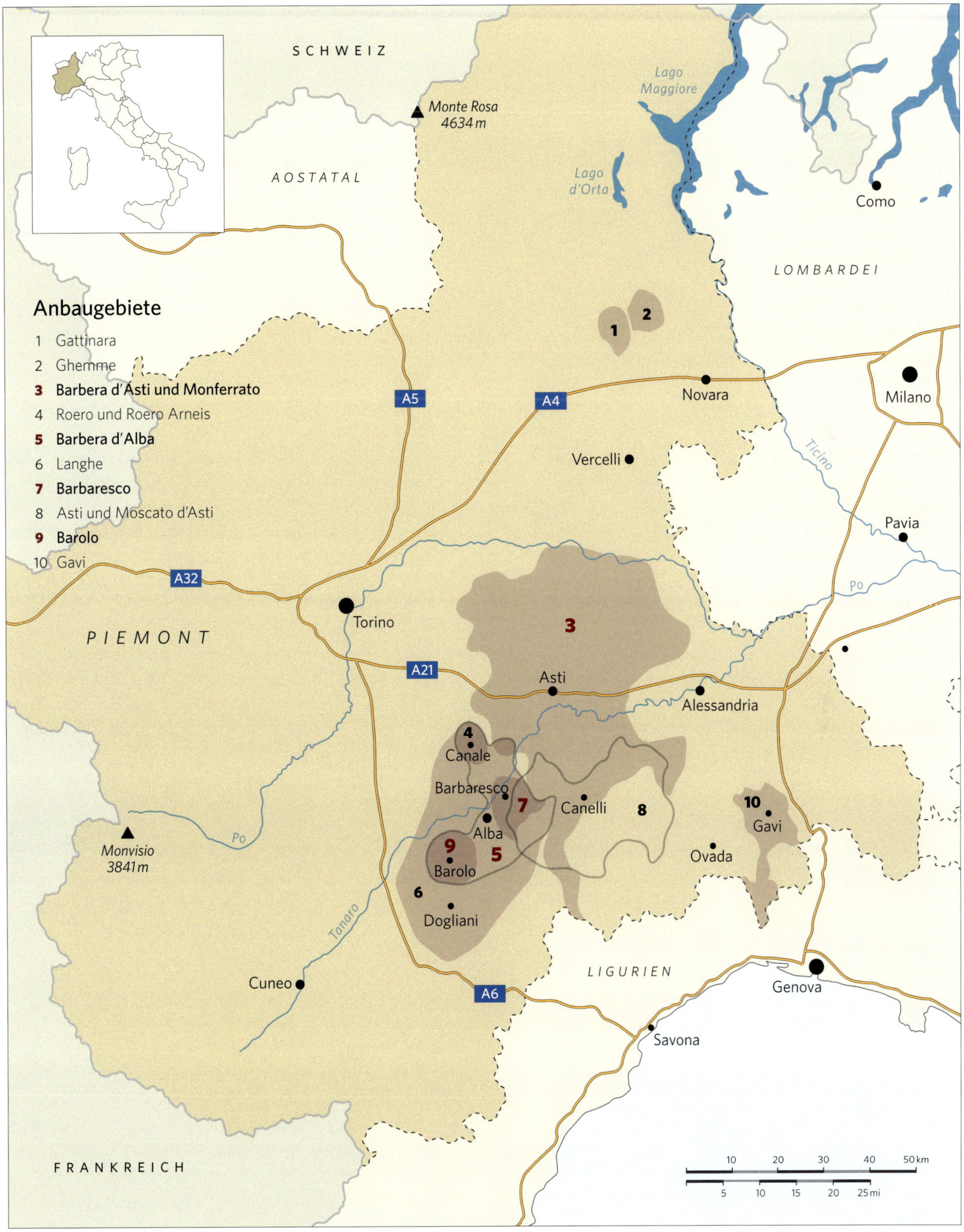
SCHWEIZ
Monte Rosa 4634 m
AOSTATAL
Lago Maggiore
Lago d'Orta
Como
LOMBARDEI
Anbaugebiete
1 Gattinara
2 Ghemme
3 Barbera d'Asti und Monferrato
4 Roero und Roero Arneis
5 Barbera d'Alba
6 Langhe
7 Barbaresco
8 Asti und Moscato d'Asti
9 Barolo
10 Gavi
A5
A4
Novara
Milano
Vercelli
Ticino
Pavia
A32
Po
Torino
PIEMONT
A21
Asti
Alessandria
Canale
Barbaresco
Canelli
Alba
Gavi
Ovada
Barolo
Dogliani
Monvisio 3841 m
Tanaro
Cuneo
LIGURIEN
Genova
A6
Savona
FRANKREICH
10 20 30 40 50 km
5 10 15 20 25 mi

Haselnüsse wachsen im Hügelland des Piemont und werden zu feinem Nougat verarbeitet.

Schwarze Sommertrüffel kosten weniger als die weißen, duften aber auch weniger.

kunterbunte Herbsttöne getaucht werden. Die Sinfonie aus Farben und Formen wird im wahrsten Sinne des Wortes getoppt von wuchtigen Burgen, romanischen Kirchen, imposanten Schlössern, hohen Türmen oder pittoresken Städtchen. Kaum ein Hügel, der nicht von einer Sehenswürdigkeit gekrönt ist. Und kaum ein Ort, in dem man nicht auf den Spuren der Vergangenheit wandeln kann. Das Herz des Piemont ist ein uraltes Kulturland, das jeden Besucher in seinen Bann zieht.

Im Herbst liegt ein ganz besonderer Duft in der Luft, der Feinschmecker aus aller Welt magisch anzieht. Wie ein Schleier aus Gaze liegt dann der Morgennebel über der Langhe. Später, wenn die Mittagssonne die Nebelschwaden über dem Hügelmeer verscheucht hat, wird man am Horizont den Gipfelkranz der Alpen sehen können. Aber jetzt, in der Morgendämmerung, erkennt man gerade mal die Umrisse der Bäume. Und die des *trifolao*, des Trüffelsuchers, der mit seinem weißen Hund durch ein Wäldchen stapft. Mit seinem Stock, dem *barot*, weist er dem Hund den Weg. „Baica si, baica bin!" – Such hier, such gut! – ruft er dem Hund auf Piemontesisch zu. Der Vierbeiner rennt von Baum zu Baum, die Nase nahe an der feuchten Erde. Plötzlich bleibt er stehen, steckt seine Nase tiefer in den Waldboden. „Pijlo!" – Hol ihn raus! – fordert der Trifolao. Ein vorsichtiges Scharren, ein knappes „Speta si!" – Warte! – und dann hat der Trifolao das Objekt der Begierde in der Hand. Den *Tuber Magnatum Pico* nämlich, den knolligen Schlauchpilz, der unter der Walderde in Symbiose mit dem Wurzelgeflecht von Eichen, Pappeln und Weiden gedeiht, besser bekannt als weißer Alba-Trüffel. Nur wenig später wird der Fund den Besitzer wechseln – irgendwo am Straßenrand von Kofferraum zu Kofferraum oder auf dem Trüffelmarkt in Alba. Die riesige Halle inmitten des mittelalterlichen Stadtkerns ist der berühmteste Trüffelhandelsplatz der Welt und das Mekka für Gourmets. Alljährlich sind es rund 500.000 Menschen, die dem Lockruf des weißen Goldes folgen. Sie müssen nur das Wort „Alba-Trüffel" hören – und schon schlagen ihre Nasen aus wie Wünschelruten.

„... con tartufo bianco?", fragt der Padrone der Trattoria dell'Arco, die man nur ein paar Schritte vom Trüffelmarkt entfernt in einem Hinterhof findet. Das kleine, eher schlicht eingerichtete Lokal ist nicht nur berühmt als Wiege der Slowfood-Bewegung, es ist auch eine der besten Adressen für den Genuss der hiesigen Trüffel. „Naturalemente, con tartufo bianco!" Der betörende Duft weißer Alba-Trüffel weht nicht nur hier durch den Gastraum. Ganz Alba ist quasi geflutet vom intensiven Aroma des Trüffels. In allen Lokalen der Stadt hobelt man das weiße Gold über die eher deftigen und/oder schlichten typischen Gerichte des

Rohmilchkäse von der Kuh, der sich im Nebbiolotrester verfeinern durfte.

Piemonts. Über die Bandnudel-Spezialität *tajarin*, der viele Eier ihre quietschgelbe Farbe geben. Über das *uovo in cocotte*, ein verlorenes Ei in Käsecreme. Über das *carne cruda all'albese battuta al coltello* – eine Art Rindercarpaccio, nicht fein, sondern etwas dicker geschnitten und mit dem Messer flach geklopft. Und natürlich adelt der *tartufo bianco* auch das Risotto, das mit dem Schuss Wein verfeinert wird.

Es ist schon sensationell, wie sich der Geschmack all dieser Speisen mit den Aromen des Tartufo verbindet. Bei solchen Hochgenüssen denkt man noch nicht mal an die Rechnung, die nicht die kleinste sein wird. Er ist eben eine Luxusdelikatesse, der weiße Alba-Trüffel aus der Langhe, die beste unter allen Trüffel-Sorten. Und entsprechend hoch ist sein Preis. Um die 3.000 Euro kostet ein Kilo, je nachdem, wie viele Trüffel es gibt. Und das hängt, glaubt man einem italienischen Bauernspruch, von der Güte des Weinjahrgangs ab. Hat viel Sonne für ein gutes Weinjahr gesorgt, gibt es wenig Trüffel – und umgekehrt. Da fragt man sich, was einem lieber ist – viele Trüffel oder beste Weine. Am liebsten beides!

Wer sich mit dem animalischen Duft und dem erdigen, ursprünglichen Geschmack des Trüffels nicht anfreunden kann: Weiter südlich, in der oberen Langhe (Alta Langa), wird es wilder und bergiger. Hier hat man sich auf den Anbau von Haselnüssen spezialisiert. *Tonda gentile delle Langhe* – die zarten Runden aus der Langhe – heißen die hier geernteten köstlichen Nüsse, aus denen der leckere frische Haselnusskuchen *torta di nocciole* gebacken wird oder die sich dann in Turin mit Schokolade zu feinstem Nougat verbinden.

Man möchte noch endlos weiterschwärmen. Von der durch Frankreich beeinflussten Käsekultur, die duftende Hart- und Weichkäse wie *Raschera*, *Castelmagno*, *Robiola di Roccaverano*, *Gorgonzola*, *Bra* oder *Toma* hervorbringt. Von den fantasievollen Nudelspezialitäten wie den mit Fleisch gefüllten *agnolotti alla Piemontese*. Von der cremigen *bagna cauda*, der warmen Sauce aus Olivenöl, Sardellen und Knoblauch, in die man rohes Gemüse dippt. Von den knackigen *grissini*, die in Turin erfunden wurden. Und und und … Letztendlich läuft all die Schwärmerei auf eines hinaus: Genuss hat einen Namen – und der heißt Piemont! Es ist ein Territorium, das in jeder Hinsicht ein Fest für die Sinne ist, der perfekte Einklang von Natur, Geschichte, Trink- und Gaumenfreuden. *ari*

Die Faszination kommt mit dem Alter

DAS KLEINE ANBAUGEBIET SÜDWESTLICH DER TRÜFFELSTADT ALBA IM PIEMONT GILT ALS ITALIENS VORNEHMSTE HERKUNFTSREGION FÜR ROTWEIN. NEBBIOLO HEISST DIE REBSORTE, DER STOFF, AUS DEM WEINTRÄUME GEMACHT WERDEN. ALLERDINGS BRAUCHT ES WEIT MEHR ALS NUR DIE RICHTIGE TRAUBENART, UM EINEN WAHRHAFT KÖNIGLICHEN ROTWEIN ZU ERZEUGEN. SORGFALT UND KÖNNEN GEHÖREN DAZU, EINE GROSSE PORTION GLÜCK UND – VOR ALLEM – DIE RICHTIGE LAGE.

Ein Discounter preist lärmend Barolo an, ein zweiter kontert mit einem noch günstigeren Preis, woraufhin der erste mit dem Preis noch weiter runtergeht. Am Ende ist der „König der italienischen Rotweine", wie der Barolo gern genannt wird, für proletarische 6,49 Euro zu haben.

Was ist davon zu halten? Wie kommt es zu solchen Preisen? Ist man ein schlauer Fuchs, wenn man allen Weinhändlern, die mehr als dreißig Euro für eine Flasche Barolo verlangen, eine lange Nase dreht und lieber fürs gleiche Geld gleich einen Sechser-Karton mitnimmt?

Machen wir's kurz: Bei dem Handel ist man der Dumme. Zwar kann man für sechsfünfzig durchaus Weingenuss erwerben – aber eben keinen ordentlichen Barolo. Für einen angenehm zu trinkenden Valpolicella reicht der Betrag, für einen netten Nero d'Avola oder einen freundlichen Chianti. Niemals aber für einen auch nur passablen und schon gar nicht für einen exquisiten Barolo.

Die Discounter kaufen Restposten auf, die ursprünglich mehr kosten sollten, insofern seien die Weine Schnäppchen, lautet das immer wieder gehörte Argument. Mag sein. Es stimmt, dass da Weine vertickt werden, von denen zu viel Menge da ist. Aber was landet schon in so einem verzweifelten Ausverkauf? Nicht die guten Weine, sondern die Spekulationsruinen. In den Jahren, als die Preise scheinbar unaufhaltsam stiegen, haben manche Winzer und Weinbauern in der Hoffnung auf gute Rendite in untermittelprächtigen Lagen Nebbiolo gepflanzt. Innerhalb weniger Jahre wuchs die mit Reben bestockte Fläche von weniger als 1.200 auf etwa 1.800 Hektar – ein enormer Zuwachs an Menge, ein Rückschritt in Sachen Qualität. Schließlich sind die Produzenten auf dem unterdurchschnittlichen Wein sitzen geblieben. Die Krise und der allgemeine Preisverfall haben diesen Prozess verschärft. Jetzt muss der Rachenputzer weg, egal zu welchem Preis. Da kommt nun unser Discounter ins Spiel. Der sagt sich: Hauptsache, auf dem Etikett steht „Barolo", mit dem Inhalt kennen sich die Leute eh nicht aus. Und bis sie merken, dass ihnen der Wein nicht schmeckt, haben wir unser Geschäft im Reinen.

Viele würden sich ja nicht mal trauen, laut zu sagen, dass ihnen der Wein nicht schmeckt. Barolo, das hat man vielleicht schon mal gehört, ist ein großer, aber auch ein schwieriger Wein. Leute, die ihn zum ersten Mal trinken, empfinden ihn aber oft als rau, dünn, bitter, sauer, pelzig und noch einiges mehr, das man eigentlich gar nicht in den Mund nehmen möchte. Nur, stünde man nicht womöglich als Banause da, wenn man zugäbe, dass einem der Wein nicht mundet? Das ist ein bisschen wie beim modernen Theater. Hat man keine Ahnung, klatscht man sicherheitshalber umso lauter, um nicht als unkultivierter Spießer dazustehen.

Der ernste Aristokrat

Barolo, so viel ist richtig, ist ein großer und ein schwieriger Wein. Und, das kommt hinzu, es ist niemals ein billiger Wein. Was macht nun aber den Nimbus des Barolo aus? Wieso wird er höher geschätzt als die meisten übrigen Weine? Inwiefern ist seine Qualität tatsächlich überragend? Zunächst mal nimmt der Wein von seinem Charakter her eine in Italien einzigartige Stellung ein: Er ist unitalienisch ernst.

Ist nicht Italien der Inbegriff von Heiterkeit, von *dolce vita*, das gern auch mal ins *dolce far niente* übergeht? Immer ein Lied oder wenigstens ein Lächeln auf den Lippen, so gehört sich das hier. Selbst die Tragödie kommt in Form der Oper heiter daher, bei Verdi sterben Könige und Kurtisanen im Walzertakt.

Auch Italiens Weine sind im allgemeinen üppig, von südlicher Sonne geprägt. Sie strotzen vor Lebensfreude und süßer Kraft, jeder Schluck ein Genuss. Unbeschwert, saftig und geschmeidig rinnen sie die Kehle hinab.

Und dann dies: ein Wein, bei dem einem das Adjektiv heiter nicht im ersten, auch nicht im zweiten Moment und eigentlich nicht mal im Traum einfallen will. Das Wörtchen geschmeidig drängt sich ebenfalls nicht auf, von unbeschwertem Genuss spricht in Zusammenhang mit Barolo auch keiner, der noch alle Papillen am Gaumen hat. Der Wein wirkt eher schwermütig, wie die Weinberge im Spätherbst, wenn die Nebel in den Hügeln der Langhe hängen und die Sonne es kaum über den Horizont schafft.

Die dem Barolo zugewiesenen Attribute lauten ernst, streng, aristokratisch oder auch unzugänglich. Selbst in seinem Ehrentitel „König der Weine und Wein der Könige" steckt neben Bewunderung auch ehrfürchtige Distanz. Was der König bloß an diesem unnahbaren Kerl finden mag? Wieso wird der Barolo überhaupt als Wein der Könige bezeichnet? Ganz einfach, weil er es war, und zwar im wörtlichen Sinne. In der Gegend um Barolo ist die Aristokratie daheim, ein Prachtschloss reiht sich an das andere. Man war hier lange Zeit aufs Innigste verbandelt mit dem Haus Savoyen, das über Piemont und später über das geeinte Italien herrschte. Die Weinberge gehörten dem Hochadel, und so landete der Wein ohne Umweg auf der königlichen Tafel.

Dass der Barolo vom Wein des Königs auch zum König der italienischen Rotweine wurde, ist ebenfalls zumindest teilweise den Verbindungen nach außen zu verdanken. Das Piemont war stark nach Frankreich orientiert, und aus Frankreich kam auch – vom Grafen Cavour als Winemaker angeheuert – Louis Oudart, der Mann, der Mitte des 19. Jahrhunderts den ersten modernen Barolo schuf. Modern war an dem Wein, dass er nach dem Vorbild der berühmten Bordeaux-Weine komplett durchgegoren und somit ganz trocken war. Ein absolutes Novum, denn bis dahin war Barolo, wie andere Rotweine auch, immer mehr oder weniger süß gewesen.

Der neue Stil kam an bei den feinen Herrschaften. Die lebhafte Fruchtsäure, die dem Nebbiolo eigen ist, macht ihn zum besonders bekömmlichen Speisenbegleiter. Die harten Gerbstoffe, die die Nebbiolo-Beeren mitbringen, konnten sich abschleifen, der Wein bekam ausreichend Zeit dafür. An Zeit herrschte kein Mangel. Zu einem gepflegten Haushalt gehörte ein Weinkeller, der in Ausmaß, Temperatur und Luftfeuchtigkeit so beschaffen war, dass eine stattliche Anzahl von Weinen auf den richtigen Zeitpunkt warten konnte.

Mit dem Alter kommt die Eleganz

Ein junger Barolo hat sowohl eine knackige Fruchtsäure als auch ein Übermaß an Gerbsäure. Wessen Gaumen nicht von zahlreichen Weinproben abgehärtet ist, dem zieht der Wein erst einmal derart die Mundschleimhäute zusammen, dass sie pelzig werden, als hätte ihm der Zahnarzt gerade eine Spritze verpasst. Und das soll gut sein? Nun, der Barolo ist Wein für Fortgeschrittene. Kein samtiger Plüsch- und Kuschelwein.

Mit seiner Herbheit gehört er in die Kategorie Genuss für Erwachsene. So anspruchsvoll und so exquisit wie ein Kammerkonzert. Wer nicht auf vordergründigen Charme, sondern auf Tiefe setzt und bereit ist, wie ein geduldiger Liebhaber zu warten, bis das Objekt der Begierde sich öffnet, der kann mit dem Barolo glücklich werden.

Denn wenn alles stimmt, wenn er in Ruhe reifen darf, dann auf einmal wird der Spröde umgänglich. Glättet sich. Offenbart Eleganz. Wird seidig. Vielschichtig. Ist bereit, mit dem Essen zu spielen. Denn ein Barolo verlangt immer nach dem Dialog mit einer Speise. Wenn dann eine Pasta mit Trüffeln aufgetischt wird und dazu ein vernünftig – also nicht unter zehn Jahren – gereifter Barolo, dann entspinnt sich eine Beziehung zwischen den beiden. Dann nimmt er das Aroma der Trüffeln auf und entwickelt es weiter, transponiert es auf eine quasi vergeistigtere Ebene, spielt den Ball wieder zurück, zeigt neben dem Waldboden, dem der Trüffel entstammt, das schwarz-herbe Aroma von Teer. Wenn die Nudeln, vorzugsweise die dünnen, mit viel Eigelb angereicherten *tajarin*, cremig-süß auf der Zunge zergehen,

In großen Holzfässern reift der Barolo von Roberto Conterno.

setzt der Barolo noch einen drauf und überhöht mit seinem Blumenduft. Mit Veilchen, vor allem aber Rosen. Aber das sind nicht die opulent-ausladenden, schwülen Rosenaromen eines Gewürztraminers. Der Barolo bringt es doch glatt fertig, dem an sich lieblichen Rosenduft eine karge Komponente mitzugeben. Bloß nicht ins Vordergründig-Schmeichelnde verfallen! Bloß nicht oberflächlich-lieblich wirken! Nicht der himbeersüße Rosenduft ist es, eher der welkende Hauch einer bereits im Verblühen begriffenen englischen Rose, von der ein Windstoß nur einen schwachen Hauch herüberschickt. Versucht die Nase schnüffelnd den Duft festzuhalten, entzieht er sich bereits wieder und gibt nur einen erdigen Geruch preis. Jeder Verdacht von Schmeichelei muss sofort im Keim erstickt werden. Im Grunde geriert sich der Wein wie eine spröde Jungfrau.

Der Eindruck von Opulenz kommt am ehesten auf, wenn der Barolo zu dem Gericht gereicht wird, das seinen Namen und den Wohlgeschmack seiner Sauce dem Königswein verdankt: *brasato al Barolo*. Stunden und Stunden schmort Rindfleisch im Wein, bis sich die Aromen beider intensiviert und untrennbar vermählt haben. Jeder Bissen davon, begleitet von einem kräftigen Schluck, vermittelt ein Gefühl der Üppigkeit, das dem Wein sonst fern ist.

Am Barolo kann man auch die sich verändernden Lebensgewohnheiten ablesen. Einst war der Wein ausschließlich als Essensbegleiter gedacht, sollte in Verbindung mit den Speisen wirken. Heute wünschen sich die Leute, dass er auch pur, ohne Essen genossen, Trinkspaß bietet. Als Solist aber muss der Wein geschmeidiger sein als einer, der zum Essen getrunken wird. Dann die Öffentlichkeitsarbeit! Blutjung, eigentlich als Babys noch werden die neuen Weine auf den Laufsteg geschickt, müssen vor Weinkritikern und Einkäufern *bella figura* machen.

Nicht zuletzt ist der finanzielle Druck gewaltig. Denn wer soll dafür aufkommen, wenn Wein zehn, fünfzehn Jahre ungetrunken herumliegt? So etwas gilt als totes Kapital. Der Winzer mag nicht derjenige sein, der den Wein bis zur Trinkreife bei sich lagert. Die Lagerhaltung würde ihn allzu viel Platz kosten, und er müsste allzu lange darauf warten, für seine Arbeit endlich den angemessenen Lohn zu erhalten. In einer Zeit, in der Umsatzerwartungen pro Quartal berechnet werden, ist es schon genug Zumutung, dass der Winzer den Wein, wie beim Barolo vorgeschrieben, zunächst zwei Jahre im Fass, dann noch mal zwölf Monate in der Flasche in seinem Keller aufbewahren muss. In all der Zeit hat er Ausgaben, sieht aber noch keinen müden Euro. Wenn der Wein seine gesetzlich vorgeschriebene Mindestreife erreicht hat, ist er noch weit entfernt davon, trinkreif zu sein. Die Kunden aber würden den Wein am liebsten trinkreif kaufen. Sei es, dass sie in ihren Neubauwohnungen nicht über die perfekten Lagermöglichkeiten verfügen, sei es, dass ihnen die Geduld fehlt, jahrelang zu warten. Auch für die Gastronomie stellt es wirtschaftlich ein Riesenproblem dar, wenn Wein erst Jahre nach dem Einkauf den Gästen serviert werden kann. So wächst der Druck auf die Winzer, den Wein so zu bereiten, dass er schneller trinkreif ist. Der ruppige Halbstarke muss gezähmt werden.

Mancher Winzer steckt deshalb den Barolo ins kleine Eichenholzfässchen, auf dass die Gerbstoffe flanellweich werden und der Duft von Vanille, Zimt und Nelken die

Jede Farbe symbolisiert eine besondere Lage der Barolo-Weinberge.

Im Alter wird alles grau – die Rentner ebenso wie der Mergelboden.

Nasen der Verkoster umschmeicheln. Dabei sind die Eigenaromen der Traube viel spannender: Teer und Rosen! Trüffel und Leder!

Disput als Teil des Genusses

Am Barolo ist exemplarisch die Differenz zwischen Anhängern traditionellen und modernen Weins nachzuvollziehen. Die Anhänger der reinen Lehre, die einen Barolo alten Stils bevorzugen, schimpfen auf moderne „Fruchtbomben", verspotten geschliffene, fruchtbetonte Weine gern als „Önologen-Suppe" oder, schlimmer noch, als „Holzsuppe". Sie zeihen solche Weine der Charakter- und Heimatlosigkeit, nennen sie „beliebig", und den Begriff „internationale Stilistik" spucken sie aus wie korkigen Wein.

Die Freunde eines weniger kargen Tropfens mokieren sich über die Hagerkeit der altmodischen Weine. Sauer, ausgezehrt und oxidiert seien die, unsinnlich und schwächlich. So streiten sie, in aller Freundschaft natürlich, bis ihnen einer einen Monfortino vorsetzt, vom Weingut Giacomo Conterno, und plötzlich sind sich alle einig: Das ist grandios.

Roberto Conterno, der jetzige Weingut-Chef, macht einen Wein, der jenseits aller Moden und Strömungen liegt. Die gesetzlich vorgeschriebene Reifedauer im Fass wurde von ursprünglich drei auf zwei Jahre verkürzt, na und? Conterno ficht das nicht an. Seine noble Riserva, abgefüllt unter der Bezeichnung Monfortino, darf erst nach sieben, acht oder gar zehn Jahren im großen Holzfass in die Flasche umziehen. Die Modernisierer verkürzen die Gärzeit? Drosseln dabei die Temperatur, um den frischen Beerengeschmack zu erhalten? Conterno macht genau das Gegenteil. Während andere den Wein nur noch sechs Tage gären lassen, sind ihm sechs Wochen gerade recht. Während andere den Most kühlen, darf er im Hause Conterno so mollig-warm werden, wie es der Natur gefällt. Der Lohn des Eigensinns: Conternos Verehrer sind zutiefst dankbar, wenn sie überhaupt eine der jährlich etwa 8.000 Flaschen ergattern. Dass sie mehr als 200 Euro für den Dreiviertelliter hinblättern müssen, ist ihnen dabei herzlich egal.

Kommt hingegen ein 1947er Barolo von Giacomo Borgogna auf den Tisch, flammt der Streit wieder auf. Ist der Wein geprägt von Todessäure, wie die einen ätzen, oder ist er nur fein, reif, mürbe und ein echtes Erlebnis?

Das Schöne: Keiner hat Recht oder Unrecht, es geht um Geschmack und Vorlieben, gleichzeitig auch um mehr. Die Diskussion kreist um Tradition und Moderne, um Geschichte und Personen, um Lagen und Terroir. So wird aus dem vordergründig bloß kulinarischen Thema ein intellektueller Schlagabtausch unter Freunden, der Teil

Ton in Ton – der Fiat 500 in der Farbe des Bodens in Barolo.

des Genusses ist. Ein nur beerenstrotzender Schmusewein würde kaum zu solch lebhaften Gesprächen anregen.

Die Lage

Mindestens ebenso viel Gesprächsstoff wie die unterschiedliche Weinstile bieten die Lagen. Elf Ortschaften dürfen ihren entsprechend dem Gesetz verarbeiteten Nebbiolo als Barolo vermarkten: Barolo, La Morra, Serralunga, Castiglione Falletto, Novello, Monforte d'Alba, Cherasco, Verduno, Roddi, Grinzane Cavour und Diano d'Alba. Unüberschaubar, selbst für einheimische, ist die Zahl der Lagen. Die Beschaffenheit des Bodens variiert stark in der Region, eine ideale Gelegenheit, Vergleiche anzustellen. Ist es wirklich zu schmecken, wenn von einer Lage zur nächsten der Mangangehalt im Boden variiert? Wenn mehr oder weniger Eisen, mehr oder weniger Magnesium in der Erde enthalten ist? Es gibt Naturwissenschaftler, die kategorisch bestreiten, dass der Mineralgehalt des Untergrunds den Geschmack des Weins prägt. Weinkenner können über so viel ignoranten Unglauben nur müde lächeln.

Renato Ratti war der Erste, der in den 1960er Jahren Barolo aus einzelnen Lagen abfüllte – ein wahrer Terroir-Pionier. Er studierte alte Karten und Aufzeichnungen und fertigte seinerseits sehr differenzierte Lagenkarten und Notizen über seine Beobachtungen an. Slow-Food-Mitglieder veröffentlichten 1990 auf der Basis von Rattis Lebenswerk einen Atlas der Barolo-Lagen.

Inzwischen bringt der Lagen-Fetischismus kuriose Blüten hervor. Jeder kleine Weinbauer verpasst seinen Hügelchen Eigennamen in der Hoffnung, der werten Kundschaft sei so ein Lagenwein mehr wert als ein namenloser Barolo. Hunderte von Lagenbezeichnungen, vorzugsweise in Piemonteser Dialekt, kursieren inzwischen, die meisten braucht man sich nicht zu merken. Die wirklich interessanten sind längst Legende, Barolo-Liebhaber kennen sie von den Etiketten ihrer Lieblingsflaschen: Cannubi, Brunate und Sarmassa bei Barolo; Rocche und Cerequio bei La Morra; Villero und Monprivato bei Castiglione Falletti; Bussia und Ginestra bei Monforte, Lazzarito und Vigna Rionda bei Serralunga.

Der Barolo hat eine lange, bewegte Geschichte hinter sich. Bevor Camillo Cavour den Italienern ihre Verfassung und französische Weinbautechniken schenkte, war er ein süßliches, moussierendes, rötliches Getränk. Es kam kaum über die Gemeindegrenzen hinaus, fand aber doch seinen Weg an den Tisch des Königs und brachte es später zum Nobeltropfen für den verwöhnten vinophilen Weltbürger. Heute gehen die edlen Flaschen aus dem Piemont in die

GENUSSTIPP

Barolo wird zu einem festlichen Hauptgang wie einem lange in Rotwein marinierten Rinder- oder Wildbraten oder einem Hasenpfeffer serviert. Barolo sollte man nie zu kühl trinken, bei 18° C fühlt er sich erst wohl, und er braucht nicht nur das Dekantieren in eine bauchige Karaffe und die größten Gläser, sondern am liebsten auch mindestens sechs Stunden Zeit zum Atmen, das will geplant sein. Tipp: Trinken sie den Barolo über zwei oder drei Tage verteilt, er belohnt Sie dafür mit immer neuen Geschmackserlebnissen. Rund 40 bis 60 € sollten Sie im Weinfachhandel oder im Internet dafür ausgeben, wenn eine Lage darauf steht. Kleinere, weniger berühmte Erzeuger verkaufen Barolo ohne Lagenbezeichnung schon für 30 €. Auf Weinkarten ist er selten unter 80 € zu haben, wenn doch, dann lassen Sie sich Zeit damit. Zeit ist eine wichtige Konstante, denn seine Trinkreife erreicht der Barolo nach 10 bis 15 Jahren, die langlebigen Weine können für weitere 10 bis 15 Jahre schönsten Trinkgenuss bieten.

ganze Welt, auf allen Kontinenten leben Liebhaber, die den herben Charme des vornehmen Nebbiolo-Weins zu schätzen wissen. Die ersten Export-Versuche waren allerdings noch etwas holprig verlaufen. Bereits 1751 verschiffte man Fässer mit „Barol" nach England, bei der Ankunft war der Wein allerdings hinüber. Der zweite Versuch, 1767, schlug ebenfalls fehl. Die internationale Anerkennung ließ noch mehr als 100 Jahre auf sich warten. Bei der Weltausstellung 1873 in Wien aber war ihm endlich Ruhm und Ehre beschieden: Da heimste der Barolo sieben Medaillen ein. Im Folgejahr schrieb das österreichische Fachblatt Die Weinlaube, dass der Barolo „aufgrund seines vollen Geschmacks und seines angenehmen Aromas erfolgreich mit den bekannten französischen Weinen mithalten kann".

Dass er mithalten kann, ist schon lang nicht mehr die Frage. Die Frage für die nächste Zeit lautet: Werden die Winzer es schaffen, den wirtschaftlichen Erfordernissen und den Ansprüchen der Konsumenten gerecht zu werden – was beides aufs Gleiche hinausläuft, nämlich dass dem Wein weniger Zeit zum Reifen gegönnt wird – und dabei gleichzeitig den eigenwilligen, faszinierenden, störrischen Charakter des Barolo zu bewahren? *rz*

Mausempfehlungen für *den* großen, strengen Wein

Aldo Conterno www.poderialdoconterno.com
Ascheri Giacomo www.ascherivini.it
Aurelio Settimo www.aureliosettimo.com
Bartolo Mascarello www.barolodibarolo.com
Brezza Giacomo www.brezza.it
Brovia www.brovia.net
Castello di Verduno www.castellodiverduno.com
Cavallotto – Bricco Boschis www.cavallotto.com
Chiarlo Michele www.chiarlo.it
Conterno-Fantino www.conternofantino.it
Conterno Giacomo www.conterno.it
Cordero di Montezemolo – Monfalletto www.corderodimontezemolo.it
Domenico Clerico domenicoclerico@libero.it
Elio Altare www.elioaltare.com
Elio Grasso www.eliograsso.it
Fontanafredda www.fontanafredda.it
Germano Ettore www.germanoangelo.com
Gianfranco Alessandria www.gianfrancoalessandria.com
Gigi Rosso www.gigirosso.com
Marcarini www.marcarini.it
Marchesi di Barolo www.marchesibarolo.com
Massolino www.massolino.it
Mauro Veglio www.mauroveglio.com
Oddero www.oddero.it
Paolo Conterno www.paoloconterno.com
Paolo Scavino www.paoloscavino.com
Parusso Armando www.parusso.com
Ratti Renato www.renatoratti.com
Revello www.revellofratelli.com
Rinaldi Giuseppe www.barolodibarolo.com
Rocche Costamagna www.rocchecostamagna.it
Sandrone Luciano www.sandroneluciano.com
Vajra Aldo www.barolodibarolo.com
Voerzio Giovanni voerzio.gianni@tiscali.it
Voerzio Roberto voerzioroberto@libero.it

52 bzw. 39 Jahre in der Flasche:
ein 58er und ein 71er von Monfalletto.

1958
AROLO
ANNATA 1988
ONTEZEMOLO
1500 ML e - 13,5% VOL.
ITALIA
Dall' azienda viticola
ONFALLETTO
AROLO
ANNATA 1971
LO CORDERO DI MONTEZEMOLO
ITALIA

Die Langhe, eine Landschaft im Piemont mit sanft gewelltem Hügelland und endlosen Weinbergen, bietet malerische Panoramen. Gekrönt werden sie von hoch aufragenden Castelli wie dem Castello di Barolo (oben) und pittoresken Dörfchen, die oft nur aus ein paar Häusern bestehen. Allgegenwärtig sind die Alpen als Hintergrundkulisse. Hier liegen die weltweit bekannten Skigebiete von Turin, wo 2006 die olympischen Winterspiele stattfanden.

VENITE ADOREMUS

COMUNE DI NEIVE

Ein Mann, ein Dorf

ZWEI KONTRÄRE KONZEPTE, EINE ERFOLGSGESCHICHTE. AUF DIESEN KURZEN NENNER KÖNNTE MAN DIE GESCHICHTE DES BARBARESCO BRINGEN. DAS WINZIGE DORF, DAS DEN GLEICHNAMIGEN WEIN HERVORBRINGT, BEHERBERGT NÄMLICH BEIDES: ITALIENS BERÜHMTESTEN WINZER SOWIE DIE MÖGLICHERWEISE BESTE WINZERGENOSSENSCHAFT DES LANDES.

Kann Wein weiblich sein? Oder männlich? Die Rede ist jetzt nicht von der Pflanze, der Rebe. Der hat man das Geschlechtsleben ja bereits energisch ausgetrieben. Im Weinberg darf sich nicht einfach hemmungslos vermehrt werden, wo kämen wir denn da hin! Ganz züchtig, ausschließlich durch Ableger, darf Wein sich fortpflanzen, ohne Spaß am Sex, denn nur so ist garantiert, dass die Jungpflanzen von derselben Beschaffenheit sind wie die Mutterpflanzen. Wenn von maskulinem oder femininem Wein die Rede ist, geht es um das fertige Getränk. Gern wird unterstellt, dass „die Frau an sich" es zart und elegant liebt. Ein femininer Wein wäre also ein feiner, eleganter Wein, das Gegenteil von einem wuchtigen, kantigen, womöglich mit harschen Gerbstoffen durchsetzten Tropfen. Die Frage nach der Zuordnung zu einem Geschlecht ist im Fall des Barbaresco insofern von Bedeutung, als er stets in Bezug auf den aus derselben Rebsorte gekelterten Barolo definiert und dabei immer als der elegantere, zartere, eben der femininere der beiden beschrieben wird. Wer daraus schließen wollte, dass der Barbaresco ein Leichtgewicht ist, läge allerdings gründlich daneben.

Italien ist einer der weltgrößten Weinexporteure. Logisch, dass die weltumspannende Beliebtheit des italienischen Weins nur möglich ist, weil die meisten seiner Vertreter leicht zu trinken sind. Valpolicella, Pinot Grigio oder Soave bieten unkomplizierten Genuss, dafür braucht es kein Wein-Abitur. Aus dem gewaltigen italienischen Wein-Ozean ragen allerdings die drei großen B heraus wie schroffe Felsklippen: Barolo, Barbaresco und Brunello sind die drei steinernen Monumente, die eben nicht den leichten Trinkgenuss bieten, sondern im Wortsinne anspruchsvoll sind: Sie beanspruchen den Weintrinker, wollen ergründet und verstanden werden. Zwei von ihnen entstehen im Piemont; die beiden Orte, nach denen sie benannt sind, Barolo und Barbaresco, liegen kaum 20 Kilometer Luftlinie auseinander. Südwestlich der Provinzhauptstadt Alba die Ortschaft Barolo, im Nordosten Albas und in nächster Nähe zum Fluss Tanaro das 700-Seelen-Dorf Barbaresco, der Wortherkunft nach das Barbaren-Dorf. Der Barbaresco ist also einer dieser drei mächtigen Weine. Insofern ist die Sache mit der femininen Zartheit doch äußerst relativ.

Barbaresco kann nicht ohne Verweis auf Barolo erklärt werden. Der ist und bleibt die Referenzgröße, weil er die längere Tradition, das größere Anbaugebiet, die höheren Lagen, die strengeren Regeln hat. Beide, Barolo wie Barbaresco, werden aus Nebbiolo-Trauben gekeltert. Die Traube reift spät, wird oft erst im Oktober gelesen, wenn *la nebbia*, der Nebel, in den Weinbergen hängt. Beide müssen, um unter den Ortsnamen vermarktet zu werden, zu 100 Prozent aus Nebbiolo gewonnen sein. Die Rebe ist nicht ganz einfach. Sie reift spät und ist dadurch einigem Risiko durch wechselhaft-herbstliches Wetter ausgesetzt. Sie stellt hohe Ansprüche an den Standort und findet den besten Platz eben in ihrer Piemonteser Heimat. Zum Hansdampf-in-allen-Gassen taugt sie nicht. Das macht sie attraktiv für alle, die im Wein neben dem sinnlichen auch den intellektuellen Genuss suchen, für die Wein nicht nur lecker, sondern auch authentisch und ein Spiegel seiner Herkunft sein soll. Die Nebbiolo-Traube ist von markanter Säure geprägt, ihre Schalen geben zudem jede Menge Gerbstoffe ab, die anfangs hart und kantig sind. Zwei Eigenschaften, die ebenfalls verhindern, dass Barolo oder Barbaresco jedermanns Liebling würde. Die sich aber auch zum Vorteil auswirken: Die Säure macht den Wein zum idealen Essensbegleiter für die deftige Piemonteser Küche, die Gerbstoffe schenken dem Wein ein langes Leben. Wer also Geduld hat und dem Wein mal eben zehn bis 20 Jährchen Zeit zum Reifen zugesteht, erhält einen seidig-eleganten, vielschichtigen Wein. Das könnte man wieder feminin nennen – beim Barolo wie beim Barbaresco.

Angelo Gaja ist ein ausdruckstarker Mensch, auch ohne Worte.

Mit den Unterschieden verhält es sich ein wenig wie bei Zwillingen: Sie können einander so sehr ähneln, und doch bleibt lebenslang der später Geborene der ewige Zweite. Der Barolo ist und bleibt also der große Bruder, die Reihenfolge ist unumkehrbar. Zweitrangig ist Barbaresco aber schon lange nicht mehr. Seit wann, das ist recht präzise anzugeben – nämlich seit er kam: Angelo der Große. Angelo der Erneuerer. Angelo, der den Barbaresco neu erfunden hat. Angelo Gaja.

Plötzlich berühmt

Torre del Bricco, Turm des Hügels, heißt der stattliche mittelalterliche Wehrturm, der das Dorf Barbaresco überragt. Er gilt seit Jahrhunderten als Wahrzeichen des Orts. Inzwischen ist ein weiteres Wahrzeichen hinzugekommen. Es ist nicht weithin sichtbar, sondern besteht aus einem kleinen Stück Papier mit vier dicken weißen Lettern auf schwarzem Grund – und man muss es sich schon leisten können, es nach Hause mitzunehmen. Es handelt sich um das Etikett des berühmtesten Barbaresco-Produzenten, ach was, des berühmtesten Winzers von ganz Italien. GAJA steht auf dem Etikett, und das muss schon fast reichen. Klein und unscheinbar und nur aus nächster Nähe zu entziffern steht darunter dann Barbaresco, dazu der Jahrgang und, kaum noch wahrnehmbar, die übrigen vom Gesetz vorgeschriebenen Informationen.

Angelo Gaja also, Jahrgang 1940, Sohn des Giovanni Gaja, Enkel des Weingutgründers Angelo Gaja, hat die Piemonteser Weinwelt auf den Kopf gestellt. Wenn heute das Piemont als Italiens vornehmste Weinregion gilt, ist das großteils sein Verdienst. Das wissen auch die übrigen Winzer zu schätzen, selbst wenn sie Gajas Ideen nicht teilen. Ziemlich heftig hat der energiegeladene Angelo nämlich das Piemont aufgemischt, hat althergebrachte Vorstellungen mir nichts dir nichts über Bord geworfen und damit viele vor den Kopf gestoßen. Ein moderater Alkoholgehalt von zwölfeinhalb Prozent? Ist für Schwächlinge! Bedächtiger Ausbau in großen, alten Fässern? Ach, die Ewiggestrigen! Die kleinen französischen Barriques mussten es auf einmal sein. Die geben, weil frisch ausgeflämmt, ordentlich Röst- und Gewürznoten – Vanille! – an den Wein ab. Zuvor aber kam der Most in Edelstahl, wo er während der Vergärung gekühlt wurde, damit der volle Beerengeschmack erhalten bleibt. Der Wein soll eine Wucht sein. „Ist er zu stark, bist du zu schwach", war das Motto, und Weinfreunde aus aller Welt vergötterten ihren Angelo dafür. Dann kam er auch noch auf die Idee, die internationalen Sorten Cabernet und Merlot zu pflanzen, und selbst sein eigener Vater fand, das sei eine Schande. Ironisch nannte Angelo den Wein denn auch *Darmagi* – Schande. Die internationale Weinkritik aber lobte den Neuerer in den höchsten Tönen. Dass sich Modernisierer und Hüter der Tradition stritten wie die Kesselflicker – sei's drum. Die internationale Weinwelt richtete ihre Aufmerksamkeit auf das Piemont, und davon profitierten alle, egal wie groß oder klein, wie alt oder neu ihre Holzfässer waren. Selbst Gaja ist inzwischen ein Stück vom Holzweg abgekommen, setzt die Eichenfässchen behutsamer ein als zu Beginn. Dass extreme Barrique-Noten, bei denen Vanille den typischen Duft von Teer und Rosen übertönt, doch nicht das Wahre sind, hat er als einer der Ersten begriffen.

Übernommen hatte Angelo Gaja das Weingut 1961 von seinem Vater Giovanni, der viele Jahre Bürgermeister von Barbaresco war. Gegründet hatte es 1859 Großvater Angelo als winziges Zwei-Hektar-Gut. Rotweine waren damals noch süßlich, auch der Barbaresco. In Barolo aber, wo all die Aristokraten mit ihren guten Beziehungen zu Frankreich saßen, hatte ein Franzose es geschafft, den Wein erstmals vollkommen durchgären zu lassen. Die Hefe hatte den gesamten Zucker in Alkohol verwandelt, der Wein war staubtrocken. Auch hier, in Barbaresco, arbeiteten sie daran, dem Nebbiolo den Zucker komplett auszutreiben. 50 Jahre nach dem ersten trockenen Barolo hatte schließlich auch Barbaresco seinen ersten modernen Rotwein. Diesen Quantensprung in Sachen Weinqualität verdankte es Domizio Cavazza, Direktor der Genossenschaft und zugleich Direktor der Weinbauschule in Alba.

Die *produttori*, wie die Genossen hier kurz genannt werden, beeindrucken bis heute mit überdurchschnittlicher Qualität. Grundsätzlich ist das Genossenschaftswesen einer Spitzenqualität nicht zwingend förderlich. Es hilft dem finanzschwachen Einzelnen, weil Kosten für Gerät und Vermarktung geteilt werden. Es stachelt aber nicht unbedingt zum Ehrgeiz an – schließlich verschwinden die eigenen Trauben, selbst wenn sie von allerhöchster Güte sind, in der Regel im großen Einerlei, und statt des eigenen Namens steht bloß der Gruppenname auf dem Etikett. Die Genossen aus Barbaresco haben es trotzdem verstanden, durch ein System von Kontrollen und finanziellen Anreizen ein ungewöhnlich hohes Niveau zu erreichen. Für viele Kenner der italienischen Weinwelt sind die Produttori die beste Genossenschaft Italiens. Seit 1967 – dem Jahr Sechs nach Angelo Gajas Amtseinführung auf seinem Weingut – füllen sie die Weine aus ihren besonderen Lagen, ihren Grands Crus, getrennt ab.

Feine Unterschiede

Wer tiefer in die Materie eintauchen und den Charakter der einzelnen Lagen ergründen will, dem sei eine horizontale Barbaresco-Verkostung ans Herz gelegt. Begeben Sie sich mit einer interessierten Freundesrunde zu Tisch und probieren all die Einzellagenweine, die die Produttori anbieten – *Asili*, *Montefico*, *Montestefano*, *Muncagatta*, *Ovello*, *Pajé*, *Pora*, *Rabajà* und *Rio Sordo* – aus ein und demselben Jahrgang. So, im unmittelbaren Vergleich, werden Sie die feinen Unterschiede wahrnehmen können, die zwischen Weinen bestehen, die vielleicht nur wenige 100 Meter entfernt voneinander wachsen und doch aufgrund unterschiedlicher Bodenverhältnisse ganz verschiedene Charaktere entwickeln.

Die Produttori liefern Barbaresco für etwas mehr als 20 Euro die Flasche, die feinen Lagenweine sind für rund 30 Euro zu haben. Alles ausgezeichnete Rotweine, die ausschließlich in großen Holzfässern reifen. Die Genossen sind keine Revoluzzer. Ihr Stil hat sich beständig entwickelt, über Jahre und Jahrzehnte hinweg, dabei haben sie durchaus so etwas wie Vollkommenheit erreicht. Ihre Weine sind stimmig, in sich ruhend. Dass sie so gut arbeiten, liegt natürlich auch an ihren jeweiligen Chefs. Das Sagen im Keller hat Gianni Testa, eine Spitzenkraft. Unternehmensleiter ist der promovierte Agronom Aldo Vacca; er war, bevor er 1991 als kaufmännischer Direktor bei den Produttori anheuerte, bei Angelo Gaja im Marketing tätig.

GENUSSTIPP

Barbaresco ist seinem Wesen nach kein Solist, sondern ein Essensbegleiter. Ist der Barbaresco noch eher jung und gerbstoffreich, gleicht am ehesten ein Stück gegrilltes, halbblutiges Entrecôte vom Rind die jugendlichen Ecken und Kanten aus. Für den Wein in besten Jahren kommt jedes Schmorgericht ebenso recht wie Pasta mit Sugo von Wild. In der Trüffelsaison ist das Schlichteste das beste: *tajarin*, die feinen Bandnudeln, ordentlich mit Trüffeln überhobelt. Für Käse – unter den Käsesorten des Piemont ragt der köstlich mürbe *Castelmagno* heraus – muss der Wein unbedingt gereift sein. Einem bereits sehr reifen Barbaresco verpasst ein Gericht mit gebratener Leber eine regelrechte Verjüngungskur. Im Fachhandel sollte ein Barbaresco zwischen 25 und 40 € kosten, ausgesuchte Einzellagen bis zu 60 €. Trinken Sie jetzt die Jahrgänge 1997 und 1998, und warten Sie noch mit 1996 und 1999!

Mausempfehlungen für königlichen Barbaresco

Ada Nada www.adanada.it
Angelo Gaja www.gajawines.com
Bruno Giacosa www.brunogiacosa.it
Bruno Rocca www.brunorocca.it
Ca del Baio www.cadelbaio.com
Cantina del Pino www.cantinadelpino.com
Cigliuti Fratelli www.cigliuti.it
Cisa Asinari dei Marchesi di Gresy www.marchesidigresy.com
Cogno, Novello www.elviocogno.com
Cortese Giuseppe www.cortesegiuseppe.it
La Spinetta www.la-spinetta.com
Orlando Abrigo www.orlandoabrigo.it
Pelissero www.pelissero.com
Prinsi www.prinsi.it
Produttori del Barbaresco www.produttoridelbarbaresco.com
Punset di Marina Marcarino www.punset.com
Rocca Albino www.roccaalbino.com
Sottimano www.sottimano.it

Dessen Marketing weist originelle Züge auf: Wer die Webseite gajawines.com anklickt, erblickt nur die vertrauten weißen Buchstaben auf schwarzem Grund. Sonst nichts. Wer sich so einen Scherz leistet, muss sich seiner selbst und seines Erfolges schon sehr sicher sein. Mangelndes Selbstbewusstsein hat denn auch noch keiner Angelo Gaja nachgesagt.

Der Winzer, der dem als feminin geltenden Barbaresco einen klotzigen Schuss Testosteron verpasst hat, hat gleichzeitig den Grundstein dafür gelegt, dass sein Luxus-Wein – auf ganz andere Art – wieder weiblich wird. Nach und nach überlässt er nämlich seinen beiden Töchtern Gaia und Rossana das Steuer. Gaia ist ein charismatisches Strahlekind, mit wachem, offenem Blick, klarer Stimme und sicherem Auftreten – ganz der *papà*. Natürlich macht sie Marketing. Die jüngere Schwester Rossana, die Introvertiertere, hat erst einmal Psychologie studiert: „Das hilft, um in dieser Familie bestehen zu können." Derart gefestigt hat sie dann Önologie studiert und außerdem im toskanischen Familiengut das Weinhandwerk von der Pike auf gelernt. Jetzt steht sie Kellermeister Guido Rivella, der seit 1970 so zuverlässig wie innovativ Angelos Weg mitgeht, zur Seite. Nicht zu vergessen Angelos Frau Lucia, die für die Verwaltung des Unternehmens verantwortlich ist. Keine kleine Aufgabe, denn von der winzigen Zwei-Hektar-Klitsche des Großvaters hat sich das Gut zum in alle Welt exportierenden Betrieb gemausert, der allein im Piemont 100 Hektar bewirtschaftet und weitere Flächen in der Toskana bearbeitet.

Angesichts der Bedeutung, die Gaja für die Entwicklung und das Renommee des Barbaresco besitzt, überrascht, dass er nur einen einzigen Wein als Barbaresco etikettiert. Er ist, wie es die Vorschrift gebietet, aus 100 Prozent Nebbiolo. Seine exorbitant teuren Lagenweine – *Sori Tildin*, *Sori San Lorenzo* und *Costa Russi* – nennt er nicht so. Das darf er auch nicht, denn er mischt ihnen einen geringen Anteil Barbera unter. Angelo Gaja erlöst für seine Lagenweine trotz der scheinbaren Herabstufung auf die geringer geschätzte Bezeichnung Langhe Nebbiolo DOC irre Preise. 200, 300 Euro und mehr, je nach Jahrgang, sind für die Einzelflasche fällig.

Da kann er auch selbst mal großzügig einkaufen gehen. Den seinem Weingut gegenüberliegenden Palazzo, der sich einst im Besitz des ersten Direktors der Genossenschaft befand, hat Angelo Gaja vor wenigen Jahren seinem Gut einverleibt, ein unterirdischer Gang verbindet heute beide Gebäude. Seinen Status als ungekrönter König des Dorfs kann dem Bürgermeistersohn nun wirklich keiner mehr streitig machen. Nur die ehemalige Dorfkirche San Donato gehört ihm nicht, die bleibt Gemeinde-Eigentum. Heilige Messen werden hier nicht mehr gehalten, höchstens Wein-Messen: Das säkularisierte Gotteshaus beherbergt die Barbaresco-Vinothek. *rz*

Ruhige Abendstimmung in der Hauptstraße von Barbaresco.

Ob mit Gemüse, Fisch, Fleisch oder Käse gefüllt, quadratisch, dreieckig, halbmondförmig oder rund, ob mit glattem, gezacktem oder gewelltem Rand – den Ravioli sind in puncto Form und Füllung keine Grenzen gesetzt. Im Piemont heißen sie *agnolotti*, in der Emilia Romagna kennt man sie als *tortelli*, die Ligurier nennen sie *pansoti*, auf Sardinien nennt man sie *culingiones*, das sind längst nicht alle Namen. Aber egal, unter welchem Namen sie serviert werden – lecker sind die gefüllten Teigtaschen immer.

FIERA

Die Welten des Barbera

BARBERA HAT IN NUR DREI JAHRZEHNTEN EINE BEMERKENSWERTE REBSORTEN-KARRIERE HINGELEGT. EINST ALS RUSTIKALER MASSENWEIN VERRUFEN, IST ER HEUTE EINE ERNST ZU NEHMENDE ALTERNATIVE ZU DEN NEBBIOLO-WEINEN DER GEGEND UND KANN MIT GUTEM PREIS-LEISTUNGS-VERHÄLTNIS PUNKTEN. DAS STÄDTCHEN ASTI MIT SEINEN TRABANTEN WIE ALGIANO TERME ODER NIZZA MONFERRATO IST DAS ZENTRUM – HIER IST DER BARBERA DER ROTE KÖNIG.

Eine Stunde benötigt man für die Fahrt von der geschäftigen Auto-Metropole und Piemont-Hauptstadt Turin ins Weinstädtchen Asti – auf den ersten Blick ein schmuckloses, nüchternes Verwaltungsstädtchen mit wenig Charme. Die Geschichte erzählt von Handwerk und Banken. Asti biedert sich nicht mit einer Infrastruktur aus Andenkenläden und Restaurants mit einem *menù turistico* an auswärtige Gäste an. Besucher sind willkommen – wenn sie sich denn in den piemontesischen Alltag einfügen und dem Takt der Bewohner anpassen. Genau diese Unverfälschtheit macht den Reiz der Innenstadt mit ihren Bürgerhäusern und den Geschäften aus, die in erster Linie darauf ausgerichtet sind, die Einheimischen zu versorgen.

Die hügelige Landschaft rund um Asti, das Astigiano und das Monferrato, besitzt fast alles, was das Piemont auszeichnet: eine kleinteilige, wild und verwachsen wirkende Gegend mit Wäldchen, kleinen Gehöften und Weingärten im Wechsel. Nur gewaltige Burgen auf Hügeln sucht man vergebens, markante Blickfänge sind die Kirchtürme vieler kleiner, sympathischer Orte. Im Laufe der Jahrhunderte entstanden hier – auch bedingt durch die Erbgesetze, die eine Aufteilung der Besitztümer vorsahen – viele kleine Landwirtschaften und Bauernhöfe, auf denen für die Selbstversorgung gearbeitet wurde. Wein bildete einen selbstverständlichen Bestandteil der Ernährung, gehörte zu den Grundnahrungsmitteln, nahrhaft und Freude spendend. Bis heute ist die Landwirtschaft von Familienbetrieben geprägt.

Die Sommer sind trocken und heiß, während im Winter regelmäßig Schnee fällt und die Weingärten bedeckt. Besonders reizvoll ist hier der Herbst. Intensiv leuchten die Farben dieser Jahreszeit im piemontesischen Licht, und es duftet intensiv nach Waldboden und Laub – was übrigens auch eine der einprägsamsten Aromakomponenten der hiesigen Rotweine ist.

Barbera ist im Piemont die mit Abstand am weitesten verbreitete Rebsorte, gut die Hälfte aller Rebflächen sind mit ihr bepflanzt. Seit dem 13. Jahrhundert, als er erstmals in einem Schriftstück dokumentiert wurde, wahrscheinlich noch länger zurück, war der Wein vor allem bei den Bauern sehr beliebt. Weil er robust war, wenig Pflege brauchte und selbst in widrigsten Jahren ohne großen Produktionsaufwand einiges abwarf. Die Sorte liebt heiße Sommer. Und der typisch piemontesische Mix aus der Hitze des Tages und der Kühle der Nacht ist ein wichtiger Faktor, der die Säure in der Beere erhält und die Fruchtigkeit fördert. Die Rebe entwickelte über die Jahrhunderte durch spontane Mutationen unzählige Varianten. In Zeiten der Masse-ist-Klasse-Gläubigkeit der sechziger und siebziger Jahre wurden vor allem jene Stöcke vermehrt, die hohen Ertrag brachten, die Qualität wurde zur Nebensache. Klar, dass Feinheit und Langlebigkeit nicht eben die hervorstechenden Merkmale eines solchen Massen-Barbera waren. Diese Negativ-Auslese führte dazu, dass viele Weinkundige der Rebsorte als solcher wenig Gutes zutrauten. Außerdem überstrahlte Nebbiolo als der Elegante und Prächtige ohnehin alles. Umso größer war die Verblüffung, als in den frühen achtziger Jahren der erste Edel-Barbera lanciert wurde. Giacomo Bologna aus Rocchetta Tanaro vom Weingut Braida wurde mit seinem *Bricco dell'Uccellone* (*uccellone* heißt großer Vogel) Vorreiter für einen völlig neuen Barbera-Stil.

Tu Gutes und rede darüber

Er ließ der Rebe, mit der die Winzer zuvor meist etwas achtlos umgegangen waren, höchste Sorgfalt angedeihen, reduzierte die Erträge und las rigoros aus. Er besann sich

Gegensätzliches aus Jahrhunderten: Palazzo des Weinguts Marchesi Alfieri in San Martino Alfieri aus dem Jahr 1721...

auf seine Erfahrungen mit französischen Weinen und begann gemeinsam mit seinem Weinmacher Giuliano Noè, den Barbera aus der Lage Bricco dell'Uccellone in Barriquefässern auszubauen. Kurzum, er behandelte die gering geschätzte Sorte wie ein nobles Gewächs – was sie dann tatsächlich mit höchster Qualität dankte. Die Traube, an sich gerbstoffarm, gewann durch die zeitweilige Lagerung in kleinen Eichenfässchen Tannin hinzu, gleichzeitig rundete sich dabei die zur Spitzheit neigende Säure der Frucht. Die der Rebsorte eigene Säure kann adstringierend wirken wie bei unreifen Birnen oder Äpfeln, während sie bei idealer Reife an Frühlingsgrün und frisch geschnittenes Gras erinnert. Der Uccellone war die Geburtsstunde des Barbera für anspruchsvollen Genuss.

Da es aber nicht reicht, großartigen Wein zu erzeugen, sondern man ihn auch auf den Weg in die Welt bringen muss, traf es sich glücklich, dass Giacomo Bolognas Tochter Raffaella sich später in den Österreicher Norbert Rheinisch verliebte. Der übernahm die Exportleitung und trug seinen Teil dazu bei, den feinen Wein im deutschsprachigen Ausland und im Rest der Welt bekannt zu machen. Die Maßstäbe, die das Weingut Braida mit dem Uccellone setzte, machten sich auch andere Winzer zu Eigen: zum Beispiel die Familie Pastura von der Cascina La Ghersa in Moasca nahe Nizza de Monferrato. Die Pasturas führten ein Restaurant in Turin und besaßen auch einige Weinberge, die den Hauswein für ihr Restaurant lieferten. Ihre Vorfahren Oswaldo und Luigi Bologna pflanzten in den Zwanzigern einen durch die Reblaus zerstörten Weingarten neu an, der bis heute existiert. Der Name des Rebbergs, Vignassa, klingt eher abschreckend, denn er bedeutet „hässliche Rebstöcke". Der Barbera aus der Lage Vignassa, der seit 1989 als Einzellagenwein ausgebaut wird, ist hingegen wunderschön: elegant, harmonisch, ausgewogen. Massimo Pastura führt das darauf zurück, dass „ältere Rebstöcke ihren Ertrag selbst regeln. Außerdem wurden die Rebstöcke für den Vignassa niemals überfordert, viel zu produzieren".

Inzwischen hat sich Barbera emanzipiert, hat Ansehen erworben und eine treue Anhängerschaft gefunden. Barbera d'Asti ist ein animierender, kühl-dunkelfruchtiger Rotwein mit appetitlich saftiger Säure und zurückhaltend-feinem Gerbstoff, anders als Barolo und Barbaresco, die deutlich kräftigere Gerbstoffe haben. Werden gut ausgereifte Trauben geerntet, erinnert Barbera an saftige Süßkirschen – die berühmten Piemont-Kirschen. Einen Schritt weiter auf der Reifeskala erinnert die Frucht an süße Zwetschgen und zerfließt regelrecht am Gaumen. Zu all dem gesellt sich ein kräftiger Hauch Piemont – nach Erde und dem Duft des Herbstes. In einer Region mit vielen kleinen landwirtschaftlichen Betrieben, von denen jeder einzelne nicht eben

... Cantina Sociale di Antignano e San Martino Alfieri im Nachbarort Antignano aus dem Jahr 1959.

mit Geld gesegnet ist, ist die Bildung von Genossenschaften ein probates Mittel, um der Not abzuhelfen. Gemeinsam kann man sich Geräte und eine Kellerei anschaffen, die für jeden einzelnen Betrieb zu teuer wären. Mit vereinten Kräften lassen sich die erzeugten Produkte auch effizient – und vor allem: in eigener Regie – vermarkten. Das System ermöglichte also nicht weniger als die Befreiung der Bauernschaft aus bedrückender Armut und Abhängigkeit und bewirkte darüber hinaus so etwas wie eine gemeinschaftliche Identität, ein Wir-Gefühl, vor allem im Gegensatz zu den Aristokraten in den benachbarten Langhe.

Durchgreifender Wandel

Seit den fünfziger Jahren verarbeitet nun in fast jedem Ort des Anbaugebietes eine *cantina sociale*, wie die Genossenschaften hier heißen, riesige Mengen an Barbera-Trauben. Bis in die siebziger Jahre blühten die Genossenschaften. In den Neunzigern, als die Ansprüche stiegen, höherwertige Qualitäten verlangt wurden und auch der Handel internationaler wurde, hielten nicht alle Genossen Schritt: Für die notwendigen technischen Investitionen fehlten manchen das Geld, manchen auch die Einsicht in die Notwendigkeit, Dinge zu ändern. Weinbauern traten aus, füllten selbst in Flaschen und vermarkteten sich selbst, was höheres Prestige und bessere Preise brachte. Vorbilder wie Braida und La Ghersa ermutigten manchen ehrgeizigen Weinbauern zum Schritt in die Selbstständigkeit. Die Zahl der Weingüter stieg kontinuierlich und wurde durch die Euphorie für die Rebsorte Barbera am Ende der neunziger Jahre zusätzlich angeheizt. Schließlich schenkten auch Gastronomie und Handel dem Barbera die Beachtung, die er verdient. Dass die Preise von Barolo und Barbaresco in den Neunzigern durch die Decke schossen, machte den in seiner Qualität deutlich verbesserten Barbera zur attraktiven Alternative.

Barbera gibt es heute in einfachster Qualität als Piemonte Barbera, als meist prickelnden Barbera del Monferrato aus den Hügeln nördlich von Asti und – deutlich anspruchsvoller – als Barbera d'Asti und Barbera d'Alba. Doch auch innerhalb von Barbera d'Asti ist die geschmackliche Bandbreite groß. Darauf reagierten die regionalen Weinbaupolitiker mit der Benennung von sogenannten Unterzonen, die auch am Etikett vermerkt werden, und mit der Definition einer Topkategorie, dem Superiore, der erst mit dem Jahrgang 2009 nach langem Ringen grünes Licht bekam. Diese Unterzonen zu Barbera d'Asti sind Anbaugebiete mit besonderen Klimabedingungen, deren Weinstil sich vom Barbera d'Asti abhebt. Der Ort Nizza beispielsweise ist eine der wärmsten Gegenden im Gebiet, hier reifen die

GENUSSTIPP

Besonders hinreißend schmeckt Barbera zur piemontesischen Version von *carpaccio*, bei der Rindfleisch in etwas stärkere Scheiben geschnitten und gern auch mit Trüffel behobelt wird. Dazu reicht man *bagna cauda*, wörtlich: warme Sauce, bei der man möglichst viele Sorten rohes, in mundgerechte Stückchen geschnittenes Gemüse in eine warme Sauce aus Butter oder Olivenöl, Anchovis und Knoblauch tunkt.

Für einen Barbera d'Asti und Barbera d'Alba sollte man im Fachhandel zwischen 7 und 14 € ausgeben. Fragen Sie, ob der Wein im kleinen Holzfass oder im geschmacksneutralen Stahltank ausgebaut wurde. Nur die Topweine aus dem Barrique rechtfertigen auch Preise auf Barolo-Niveau jenseits der 20 €, denn der Barbera ist der gehobene Alltagswein des Piemont.

Mausempfehlungen für ganz viel Piemont im Glas

Agostino Pavia mauro.pavia@crasti.it
Alfiero Boffa www.alfieroboffa.com
Braida www.braida.it
Cascina Castlet www.cascinacastlet.com
Dezzani www.dezzani.it
Eredi di Armando Chiappone www.eredechiappone.com
Giulio Accornero www.accornerovini.it
La Giribaldina www.giribaldina.com
La Tenaglia www.latenaglia.com
Marchese Alfieri www.marchesialfieri.it
Marenco www.marencovini.com
Michele Chiarlo www.chiarlo.it
Massimo Pastura – La Ghersa www.laghersa.it
Tenuta L'Arbiola www.arbiola.it
Tenuta La Meridiana www.tenutalameridiana.com
Tenuta Garetto www.garetto.it
Tenuta Olim Bauda www.tenutaolimbauda.it
Terra da Vino www.terredavino.it
Villa Terlina www.villaterlina.it

Sehr guten Barbera d'Alba erzeugen die Winzer, die im Weinkapitel Barolo und Barbaresco empfohlen sind.

Seite 53: Im Juli ist die Barbera-Traube noch grün, danach kommt mit der Reife auch die dunkelviolette Farbe in die Beerenhaut.

Trauben besser aus als in anderen Ecken. Das Monferrato wiederum ist wohl die Urheimat des Weinbaus im Piemont, was durch zahllose historische Fundstücke wie Amphoren oder Werkzeuge belegt ist. Einige Filetstücke der heutigen Barbera-Produktion sind im Asti-Gebiet die Weinberge der Gemeinden Costigliole d'Asti und Agliano Terme.

Barriquefässer haben sich neben den traditionellen großen Holzfässern zum Ausbau der Weine etabliert. Doch Barrique-Ausbau erfordert Sensibilität, Erfahrung und handwerkliches Können. Einige Winzer sitzen noch immer dem Missverständnis der neunziger Jahre auf, dass Barbera alleine durch kräftiges Tannin aus einem heftig getoasteten Holzfass das Rückgrat erhält, das er braucht. Mehr galt damals zwar mehr – ist aber heute jedenfalls zu viel. Die guten Produzenten von heute verstehen es allerdings, ihr Know-how und ihnen zur Verfügung stehende Mittel je nach Jahrgang und Struktur des Weines einzusetzen, um das Beste herauszuholen: Vom traditionellen großen Holzfass aus Eiche oder Kastanie über das kleine Eichenfass, das Barrique, führt der Weg auch einige Winzer wieder zum Ausbau im Edelstahl oder im altehrwürdigen Zementtank. Gekonnt angewandt sind dies Möglichkeiten, die dem Barbera guttun und ihn zu einem fruchtig-frischen, niemals zu üppigen Wein machen, der seinen Piemontcharakter voll ausspielen kann. Und genau darin liegt seine Besonderheit.

Während sich im Astigiano bis heute alles ausschließlich um Barbera dreht, ist die Rebsorte in der Langhe, um die Stadt Alba, neben Nebbiolo in vielerlei Hinsicht nur die ewige Zweite. Das ist nicht schlimm, denn Zweiter zu sein, wo die Nummer Eins von so überragender Prominenz ist wie im Falle des Barolo, ist alles andere als ehrenrührig. Dazu kommt, dass im direkten Vergleich auch die Vorzüge des zweitplazierten Barbera deutlich wahrnehmbar sind: Da ist einmal der Preisvorteil, denn die Preise für Barbera enden etwa dort, wo die für Barolo anfangen. Manch einer wird sich sagen: dann doch lieber den besten Barbera als den drittbesten Barolo – zumal der Barbera früher seine optimale Trinkreife erreicht und weniger Geduld und Lagerzeit erfordert.

Nachteil für die Nummer Zwei: Die besten Lagen sind – eben wegen des höheren Preises, die damit zu erzielen sind – dem Nebbiolo vorbehalten. Vorteil des Alba-Barbera wiederum: Die Winzer der Langhe bringen seit vielen Generationen Weinbauerfahrung mit, was bedeutet, dass im Barbera d'Alba trotz seines Zweitwein-Status sehr viel önologisches Know-how steckt. Vom Stil her unterscheiden sich die Weingeschwister, vorsichtig verallgemeinert, so: Barbera d'Alba wirkt insgesamt feingliedriger im Mund, während Barbera d'Asti mit seiner volleren, saftigen Frucht überzeugt. *ls*

KURZ EINGESCHENKT

Ein Fluss als Grenze

Der Fluss Tanaro trennt das Anbaugebiet Roero von seinen berühmten Nachbarn Barolo und Barbaresco. Die ehrgeizigen Winzer rund um das Städtchen Canale arbeiten mit den gleichen Rebsorten, dem Nebbiolo und Barbera. An den Erfolg der Barolo-Winzer reichen sie jedoch nicht heran. Es fehlt ihnen die frühe Förderung des Weinbaus durch den Adel, was zu einer viel späteren Hinwendung zum Qualitätsweinbau führte. Und es fehlt ihnen an Häuptlingen. Aber die Freunde des Nebbiolo können hier – für einige Euro weniger – ihren Lieblingsrotwein finden. Das entspannte piemontesische Alltagsgefühl wird in der Via Roma kostenlos mitgeliefert. Am Beginn der Straße liegt nämlich mit der Enoteca Regionale die Weinhandlung von Canale, in der man eine fast komplette Auswahl der Roero-Weine findet.

Einen erschwinglichen Nebbiolo für den Alltag zu erstehen, war in der Vergangenheit kein leichtes Unterfangen. Denn die Barolo-Winzer hatten ja für kleineres Geld ihre Barbera- oder Dolcetto-Weine als Alternative im Angebot. Heute nutzen etliche Winzer die Weinherkunft Nebbiolo d'Alba bzw. Langhe Nebbiolo für einen Teil ihrer Weinmenge. So können sie den Nebbiolo früher in den Verkauf bringen und das Geld in Traktoren und Holzfässer für ihren Barolo investieren. Nebbiolo d'Alba darf wie Barbera d'Alba in allen drei Gebieten erzeugt werden, die Grenzen des Langhe Nebbiolo sind noch weiter gefasst.

Klein dagegen sind die Nebbiolo-Anbaugebiete Gattinara und Ghemme im Norden des Piemonts. Sie erhielten früh den Adelstitel DOCG. Dennoch sind es zwei Weinanbaugebiete, die etwas im Abseits liegen, schon rein geografisch. Mit ihren kleinen Mengen werden die Handvoll Winzer von der Weinwelt aber kaum wahrgenommen.

Alltagswein im positiven Sinne

Mittags zum Essen steht ansonsten der Dolcetto auf dem Tisch. Er ist im positiven Sinne ein Alltagswein, der viel Trinkfreude und Frucht mitbringt, ohne den herausfordernden Gerbstoff eines Nebbiolo oder die präsente Säure eines Barbera zu besitzen. Im Herbst beginnen die Winzer die Weinlese mit dieser Sorte, denn die zuckersüßen Trauben (*dolcetto* – kleiner Süßer) sind bereits im September reif zum Ernten. Der Dolcetto ist weit verbreitet und besitzt in den Hügeln von Asti, Aqui, Diano d'Alba, Ovada und Dogliani ein eigenes Anbaugebiet. Er ist dennoch kein Exportschlager, obwohl der Weintrinker ihn in den Restaurants vor Ort gerne trinkt.

Dass er zu mehr als einem vorzüglichen Alltagswein taugt, das loten die Winzer in Dogliani aus. In dem hoch gelegenen Anbaugebiet stehen die ältesten Reben, deren konzentrierter Saft einen Ausbau im kleinen Holzfass verträgt. Frucht und Struktur vereinen auch die Winzer der Albaregion in ihren Dolcetto-Weinen, die vom Können der erfahrenen Nebbiolo-Winzer profitieren.

Auch Ovada besitzt eine ganze Menge an Dolcetto-Weinbergen, doch liegt das Anbaugebiet abseits der ausgetretenen Pfade und hat angesichts der stattlichen Konkurrenz in der Nachbarschaft einen schlechten Startplatz.

Weißwein mit Klang

Die berühmten Rotweine verstellen den Blick auf die Weißweinschätze des Piemont. Und damit ist nicht in erster Linie der Gavi gemeint, der in Deutschland bereits seine Anhänger hat. Sein Hoheitsgebiet liegt fern ab der Langhe, in den Hügeln des Orts Gavi. Im Gavi wird die Rebsorte Cortese verwendet, die sich in der Wucht und Frucht relativ zurückhaltend gibt. Mineralisch gelingen die Weine in der kleineren Unterzone Gavi di Gavi, die schon vom Namen her ein Gewinn ist, weil er besonders einprägsam und melodisch ist.

In der Langhe hat sich mit der Rebsorte Arneis, die mehr Frucht und Körper als die Sorte Cortese mitbringt, ein zweiter Weißwein in den Vordergrund gespielt und bereits eine Fangemeinde aufgebaut. Auch die Sorte gedeiht in den sandigen Böden im Roero-Gebiet prächtig. Die Vorzüge der Arneis verliehen in der Vergangenheit – in kleineren Anteilen – dem Rotwein Nebbiolo mehr Geschmeidigkeit und Frucht.

Für beide Weißweine, den Gavi aus der Rebsorte Cortese wie auch den Arneis aus dem Gebiet Roero gilt, dass sie jung getrunken werden sollten. Weitaus seltener, aber nicht weniger spannend ist die Sorte Favorita der Langhe, die mit ihrer lebendigen Säure und ihrem schlanken Körper ein beliebter Wein auf dem Mittagstisch in Barolo ist, wenn es mal kein Roter sein soll.

Zum Dessert einen Asti

Das an Weinen reiche Piemont besitzt auch den bekanntesten „Süßwein" Italiens. Es ist der Asti Spumante, der in großer Menge aus der Moscato-Traube im Gebiet südlich von Asti erzeugt wird. In den Orten Canelli und Santo Stefano Belbo schlägt das Herz allein für den Moscato, obwohl mit

Barbera und Dolcetto die Rotweinsorten nicht fehlen. Das Geschäft teilen sich einige große Unternehmen, ihre Marken wie Cinzano oder Martini sind in fast allen Supermärkten zu haben. Kulturell unterschiedlich sind die Trinkgewohnheiten: Während er in Deutschland das ganze Jahr über getrunken wird, öffnen die Italiener ihren Asti vor allem in der Weihnachtszeit zum *panettone*, dem traditionellen Hefekuchen mit Rosinen. Denn Asti Spumante ist ein Frischeprodukt, das seine facettenreichen Muskataromen direkt nach der Versektung am intensivsten ausspielt. Die Kohlensäure und die großzügig im Sekt verbliebene Traubensüße wirken dabei als natürlicher Geschmacksverstärker für die bezaubernden Aromen. Asti ist Genuss ohne Reue, denn ein Asti Spumante hat mit 7,5 Vol% wenig Alkohol. Noch weniger Alkohol – dafür eine intensivere Süße – enthält der Moscato d'Asti. Er ist das Premiumprodukt der Asti-Erzeugung, weil die Winzer sorgfältiger die Trauben auswählen und bei der Herstellung noch feinere facettenreiche Aromen und Bläschen erhalten. So hat sich der Moscato d'Asti in der italienischen Gastronomie, auch in Sterne-Lokalen, zu einem beliebten Dessertbegleiter emporgeschwungen; wahrlich ein Hochgenuss für all diejenigen, die viel Süße bei moderater Säure mögen.

Rote Spezialitäten

Piemontfans mit einer Vorliebe für ausgefallene Rote kommen im Astigiano Monferrato auf ihre Kosten. In dem ausgedehnten Gebiet wachsen die lokalen Sorten Freisa, Ruché und Grignolino. So duften die besten Grignolino-Weine betörend nach Rosen, Nüssen sowie weißem Pfeffer und überraschen trotz ihrer recht hellen Farbe mit einer präsenten Gerbstoffstruktur. In der Umgebung des Orts Castagnole Monferrato gibt es eine Handvoll Kleinwinzer, welche die seltene Sorte Ruché wiederbelebt haben. Und dies zu Recht, denn ihr pfeffriger Charakter, der Rosenduft und ein präsenter Gerbstoff machen den Wein zu einem unkonventionellen, sprich: interessanten Rotwein. Viel Gerbstoff besitzt auch die Rebsorte Freisa, aus der nur wenige Winzer noch reinsortigen Wein keltern. Stattdessen nutzen sie die Eigenschaften, um ihrem Barbera d'Asti etwas mehr Struktur zu geben. Mal abgesehen vom Ruché können sich alle genannten Rotweine beim Eingießen unerwartet als Perlwein entpuppen; besonders im nördlichen Monferrato ist etwas Kohlensäure im Rotwein durchaus üblich.

Roero und Arneis:
Deltetto www.deltetto.it
Cascina Chicco www.cascinachicco.it
Ca Rossa www.cascinacarossa.com

Gavi:
Morgassi www.morgassisuperiore.it
La Giustiniana www.lagiustiniana.it

Dolcetto:
Annamaria Abbona www.amabbona.com
Pecchenino www.pecchenino.it

Siehe auch Empfehlungen Weinkapitel Barolo und Barbaresco

Moscato d'Asti:
Caudrina www.caudrina.it
Paolo Saracco www.paolosaracco.com
Marenco www.marencovini.com

Lombardei

MARIAE
NASCENTI
M

Sperimentale
ALFA-ROMEO
MILANO

Alles dreht sich um Mailand

MAILAND IST DIE WIRTSCHAFTSKAPITALE ITALIENS, DIE LOMBARDEI DIE FINANZKRÄFTIGSTE REGION DES LANDES. DIE MAILÄNDER SIND ABER NICHT NUR TÜCHTIG, SONDERN KREATIV OBENDREIN. HIER WIRKEN DIE BESTEN DESIGNER ITALIENS – WENN NICHT DER WELT. HART ARBEITEN, SCHNELL LEBEN UND SICH NUR DAS BESTE GÖNNEN, LAUTET DIE DEVISE. GEPROTZT WIRD NICHT UNBEDINGT, MANCHE KOSTBARKEIT OFFENBART SICH ERST BEI NÄHEREM HINSEHEN.

Die internationale Sprache des Geldes ist italienisch, und eigentlich müsste man sagen: lombardisch. Conto und Sconto, Giro und Saldo sind unschwer als italienisch zu identifizierende Begriffe. Der wichtigste, der Lombardsatz, der den Zinssatz bezeichnet, zu dem sich Banken gegenseitig Geld leihen, geht auf die Lombarden zurück, die im Mittelalter eine führende Rolle im europäischen Geldverkehr spielten. Florierende Wirtschaft, eine unverklemmt-pragmatische Einstellung zum Geld sowie Liebe zu Kunst, Kultur und Genuss verbinden sich in der Lombardei und besonders ihrer Hauptstadt Mailand zwanglos. Vor gut einem halben Jahrtausend konnte sich der Mailänder Herzog Lodovico Sforza erlauben, den prominenten Leonardo da Vinci zu engagieren, der für die Kirche Santa Maria della Grazia das berühmteste Wandgemälde der Welt schuf: das Abendmahl.

Später bekam mit dem Duomo di Santa Maria Nascente die Stadt eine der prachtvollsten Kirchen der Christenheit. Kein Besucher, der nicht wenigstens ein Foto von der Fassade des Mailänder Doms gemacht hätte. Erst das dämmrige Licht im Inneren bringt die phantastischen Kirchenfenster, die am Ende des von riesigen Säulen gehaltenen Kirchenschiffes angebracht sind, zum Leuchten. Sie stellen einen weiteren Superlativ dar: Es sollen die größten Kirchenfenster der Welt sein. Der Dom lässt sich besteigen, man kann zwischen den Zinnen wandeln; von der Dachterrasse des Kaufhauses gegenüber ist man auf Augenhöhe mit dem wahrhaft magischen Gebäude.

Im ausgehenden 18. Jahrhundert trug die österreichische Kaiserin Maria Theresia ihren Teil zur Mailänder Kultur bei, indem sie die damals zum Habsburgerreich gehörende Stadt mit einem Opernhaus beschenkte, das in der Musikwelt führend wurde. Wirklich geschafft hatte es ein Opernsänger oder eine Primadonna erst, wenn er oder sie in der Scala gastiert hatte.

Seite 56 – 57: Der Mailänder Dom im abendlichen Alltagsgewimmel – erhaben und magisch.

Seite 58: Alfa Romeo – Eleganz seit 1910.

Prada für den *papà*

Heute widmen sich Mailands Kreative profaneren Sujets. Sie bauen keine Dome, sondern Möbel – und sind darin Weltmeister. Das italienische Design der Fünfziger und Sechziger, das heute wieder nachgefragt ist, wurde großteils in Mailand entwickelt. Hier ist die schlichte Eleganz der Stühle und Tische, Lampen und Sideboards erfunden worden, hier wird sie heute noch gelebt – pompöser Glamour ist was für Hollyood und die Amerikaner.

Wer geschickt ist mit Stift und Pinsel, malt nicht Kirchenwände an, sondern zeichnet lieber Modeentwürfe – die wiederum zur Weltspitze gehören. Dolce & Gabbana, Versace oder Prada, das sind die begehrten Embleme, die von hier in alle Welt reisen, mit denen sich heute die gut betuchten Asiaten schmücken. In der Mailänder Modewoche, der berühmten Sfilata Ende September, ist dieser Zauber sogar in den Innenstadtgassen zu spüren. Die Sfilata ist den Akkreditierten vorbehalten, den Chefredakteurinnen von Elle und Vogue und wie sie alle heißen. Doch auf einer Bühne am Dom finden ausgesuchte Laufstegshows für Bürger und Touristen statt, die dabei das Gefühl haben, sie seien auch wenigstens ein bisschen dabeigewesen. Während der Modewoche laufen noch mehr langbeinige, grazile Models durch die Straßen als sonst, eilen spärlich bekleidet von einer Veranstaltung zur nächsten. Mailänder Mode, genauer: Prada, vermag sogar die hohe Geistlichkeit für sich einzunehmen. Und so findet sich so ein Stück Mode auf einmal im Vatikan wieder: in Form von leuchtend roten Schuhen an den Füßen des Heiligen Vaters. Denn der Papst aus Bayern hat für die Treter aus Mailand offenbar ebenso ein Faible wie zahlreiche Hollywood-Stars und Fotomodelle. Auch die motorisierten Fortbewegungsmittel, die in der Stadt entstehen, sind mehr als bloße Gebrauchsgegenstände: Ein Alfa Romeo hat durchaus Kult-Potenzial.

Nicht zuletzt ist Mailand auch kulinarisch Spitze. Da ist zum einen die traditionelle Mailänder Küche mit ihren Glanzlichtern: *risotto alla milanese*, das raffiniert-schlichte Reisgericht mit edlem Safran und Rindermark. *Ossobuco alla milanese*, die geschmorten Beinscheiben vom Kalb, ein echter Festschmaus. Schließlich der berühmte Welt-

Klassiker, die *cotoletta alla milanese*, die, wenn man den Italienern glauben darf, zu Unrecht im Rest der Welt unter dem Namen Wiener Schnitzel bekannt ist. Im Restaurant Bagutta wird es zelebriert, hier servieren die flinken Kellner in gewohnter Effizienz die tpyischen Gerichte, zwar für ein paar Euro mehr, dafür sind die Portionen umso kleiner, doch wen stört das schon.

Auch der *panettone*, jener XXL-Kuchen mit Trockenfrüchten und Rosinen soll im 15. Jahrhundert in einer Mailänder Bäckerei als *pan di Toni*, Tonis Brot, entstanden sein. Allerhand Legenden ranken sich um seine Entstehung, die hübscheste erzählt von einer Liebesgeschichte. Bäcker Toni hatte nämlich eine schöne Tochter, deren Verehrer sie allnächtlich in der Bäckerei besuchte und eines Tages auf die Idee kam, eine ordentliche Portion Butter in den zuvor kargen Brotteig zu mischen. Von da an war ganz Milano verrückt nach Tonis köstlichem Brot.

Für ihre kulinarischen Höhenflüge hatten die Lombarden beste Voraussetzungen, sie konnten über die Jahrhunderte aus dem Vollen schöpfen. In der Po-Ebene wie auch in den Bergen bringt die Landwirtschaft alles hervor, was gut und nahrhaft ist. Getreide, Obst und Reis gedeihen hier prächtig, auf den Wiesen weiden Rinder, die Milch für Butter, Sahne und Käse – als prominentester Vertreter sei hier der köstliche *taleggio* genannt – sowie bestes Fleisch liefern. Während in armen Regionen *Polenta*, also Maisbrei, traditionell ein Hauptnahrungsmittel war, dient Mais hier bevorzugt als Schweinefutter und verwandelt sich in aromatisch-zarten Schinken. Typisch, dass hier selbst ein schlichtes Grundnahrungsmittel wie Reis zur viel diskutierten Gourmet-Kostbarkeit wird, über die Feinschmecker unermüdlich debattieren können. Nimmt man für Risotto idealerweise *Arborio*? Oder *Carnaroli*? Für die lombardischen Lokalpatrioten ist die Sache klar: Der einzig Wahre ist der *Vialone nano*, der in den bewässerten Feldern der Po-Ebene wächst.

Schließlich sind da die Seen mit ihrem Vorrat an delikaten Süßwasserfischen: der Iseo- und der Comer See, beide vollständig zur Lombardei gehörend, dazu Gardasee und Lago Maggiore, die immerhin zum Teil weit lombardisch sind. Was beim westlichen Ufer des Gardasees noch als weiche Hügellandschaft daherkommt, das sind beim Iseo-See schon ausgewachsene Berge und beim Lago Maggiore ein steil abfallendes, mit Villen gepflastertes Bergseepanorama, das in seinen Bann zieht.

Bei solch günstigen Voraussetzungen ist es nur folgerichtig, dass auch die neuere italienische Küche zunächst in Mailand zu ihrem Höhenflug ansetzte. Als erstes italienisches Gasthaus wurde 1993 das Mailänder Restaurant von Koch-Altmeister Gualtero Marchesi – der seitdem als

Der Iseo-See zur blauen Stunde – eine Oase für die Seele und den Gaumen.

In der prächtigen Passage Vittorio Emanuele zwischen Duomo und Scala darf Prada nicht fehlen.

Erfinder der modernen italienischen Küche gilt – mit drei Michelin-Sternen ausgezeichnet. Das war im Jahr 1985, was insofern sehr passend ist, als es für ganz Italien ein kulinarisch bedeutsames Jahr war; da formierte sich nämlich die Slow-Food-Bewegung, die sich in den Folgejahren von Italien in die ganze Welt ausbreitete. Marchesi sagt von sich selbst, dass er sich viel in der Mailänder Kunstszene bewegt und deren Kreativität seine Art des Kochens beeinflusst habe. Der Erfolg eines Gerichts, so der Meister, liege „in seiner Einfachheit, in der Logik und in der Liebe begründet".

Mittags belegte Brote, abends Sterneküche

Der feinen Küche widmet sich der tüchtige Mailänder vorzugsweise am Abend. Das Bewusstsein dafür, dass man ausreichend Geld braucht, um sich den schönen Dingen des Lebens widmen zu können, ist ausgeprägt, deshalb stürzt man sich bereitwillig in die Arbeit und verzichtet dafür sogar auf die in Rest-Italien populären zeitraubenden Mittagsgelage. Weil man sich aber dennoch irgendwie ernähren muss und das Qualitätsbewusstsein stets wach bleibt, hat sich hier eine Sandwich-Kultur entwickelt, die aus den praktischen schnellen Happen, die hier *tramezzini* heißen, kleine Luxus-Teilchen macht. Zu den besten Adressen gehören die Bar della Crocetta und das De Santis, hier bilden sich am Mittag lange Schlangen. Zum Ausgehen am Abend empfehlen Mailänder ihren auswärtigen Besuchern, das Stadtviertel Naviglio aufzusuchen, benannt nach den *navigli*, einem ausgeklügelten Kanalsystem, welches seit der Antike Mailand mit diversen Wasserstraßen verband, die bis zum Aufkommen von Bahn und Straßen die wichtigsten Transportwege für Menschen und Güter waren. Übrig geblieben ist eine belebte Ausgehmeile mit zahlreichen Bars und Restaurants mit guter bis ausgezeichneter Küche, in der sich heute das Nachtleben abspielt.

Das beste Essen bereitet bekanntlich ohne adäquate Weinbegleitung nur halb so viel Freude. Kein Problem für die Region, die mehrere Anbaugebiete ihr Eigen nennt. Der gute Ruf als dynamische und experimentierfreudige Weinregion beruht auf der Franciacorta, wo hochklassige Schaumweine in traditioneller Methode hergestellt werden, nach Richtlinien, die nicht minder streng sind als jene der Champagne. Um die Verbindung zwischen Wein und

Das Restaurant Bagutta. Mailänder Küche von einem Trattoria-Toskaner – eine Institution.

Speisen geographisch perfekt zu machen, hat Kochvirtuose Marchesi im L'Albereto, dem eleganten Landhotel von Franciacorta-Unternehmer Vittorio Moretti, ein weiteres Restaurant eröffnet. Doch auch andere Anbaugebiete haben es in den letzten Jahren zu Ruhm und Ehre gebracht: Oltrepò Pavese, wo inzwischen neben schlichten Perlweinen auch ausgezeichnete Schaumweine entstehen, sowie das an der Grenze zur Schweiz gelegene Veltlin – italienisch Vatellina, lombardisch Valtulina. Deren feinste Spezialität ist der rote Sfursat aus Nebbiolo. Daneben trinken die Mailänder in den schicken Bars und Restaurants alles, was gut und vor allem teuer ist; die Weinkarten strotzen nur so vor teuren Etiketten, die sich Geschäftsleute auf Spesen leisten, wenn sie ihre Partner oder potenziellen Kunden ausführen.

Eine Hymne für die Freiheit

Die stolzen Lombarden lieben ihre Freiheit und Unabhängigkeit. 1848 erkärte Mailand seine Unabhängigkeit vom Habsburgerreich Österreich. Der Überlieferung nach hat ein Wahl-Mailänder, der in der Emilia geborene Giuseppe Verdi, musikalisch seinen Teil zu den Unabhängigkeitsbestrebungen beigetragen. Mit seiner einprägsamen, gefühlsbetonten Melodie wurde der Gefangenenchor der im März 1842 in der Mailänder Scala uraufgeführten Oper *Nabucco* zu einer Art inoffizieller Nationalhymne und der Name des Komponisten gar zu einer kryptischen Chiffre für ein geeintes Königreich. Denn V.E.R.D.I. konnte als Abkürzung gelesen werden für *Vittorio Emanuele Re d'Italia*, den König also, den sich Garibaldi und andere Freiheitskämpfer als Oberhaupt eines geeinten Italiens wünschten. Heute stehen die Statuen von Garibaldi in vielen italienischen Städten, sind die Prachtstraßen von Venedig bis Palermo nach den einstigen Polit-Rebellen benannt.

Mailand ist eine rastlose Stadt, in jeder Hinsicht. Alles wird ausprobiert, in allen Bereichen des Lebens, und ebenso rasch wieder verworfen, sollte es nicht funktionieren. Anders als Rom, wo man sich gern auf Tradition und Traditionelles beruft, ist Mailand zukunftsorientiert, ob es sich nun um die Weltausstellung 2015 handelt oder um die Modeschauen für übernächstes Frühjahr. Der Alltagsrhythmus der Stadt ist ein schnelles Stakkato, der Treibstoff Adrenalin. Die Wege in der Metropole sind lang, dennoch empfiehlt es sich für alle, die mit dem Auto anreisen, den Wagen im Parkhaus zu lassen und sich mit dem Bus fortzubewegen, statt sich selbst im dichten Verkehr durchzukämpfen.

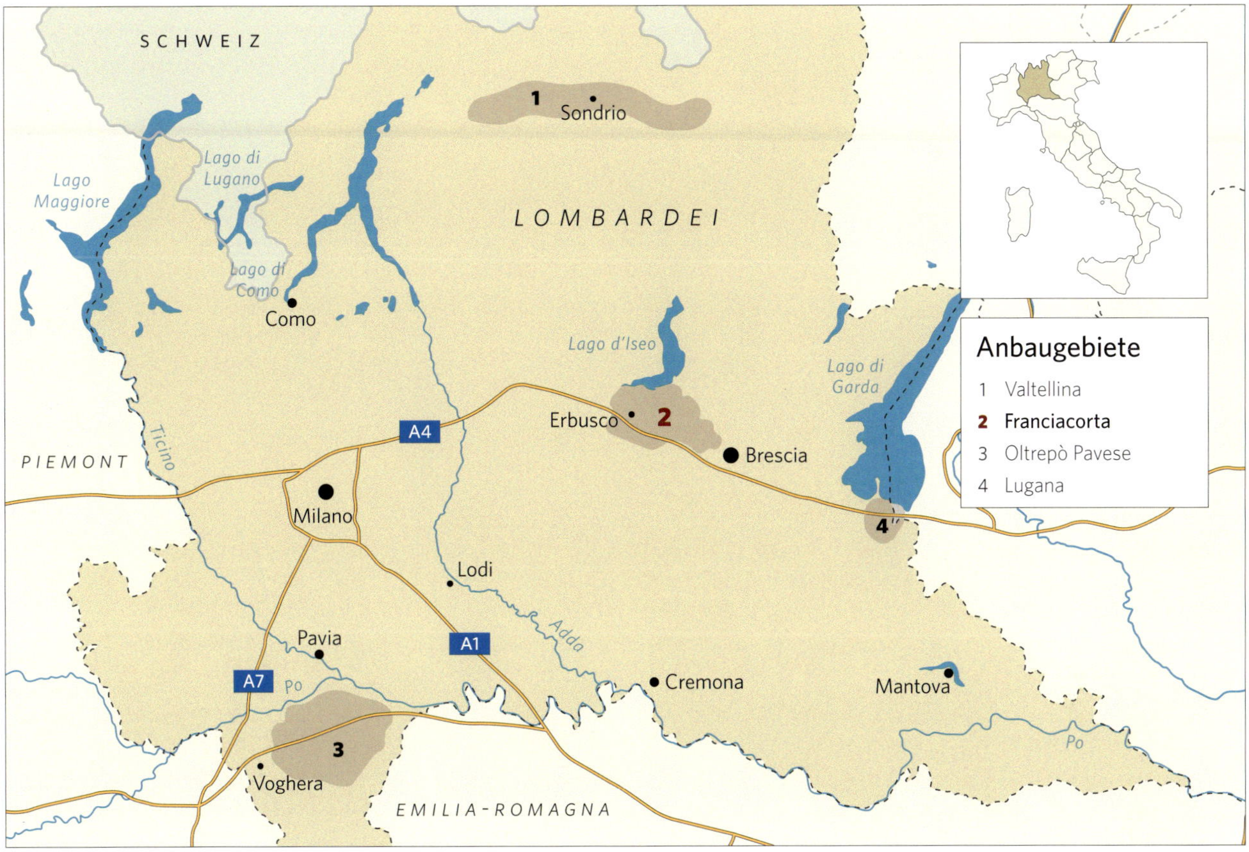

Wer sich nach einigen Tagen rasanten Slaloms zwischen Hochkultur und Einkaufsparadies ermattet fühlt, könnte nach Brescia ausweichen, zweitgrößte Stadt der Lombardei und als Wirtschaftszentrum die Nummer Drei Italiens. Auch hier, zwischen Garda- und Iseo-See, versteht man zu arbeiten und ordentlich Geld heranzuschaffen, und wenn die Stadt auch nicht so aufregend ist wie Mailand, so bietet sie dafür ein wenig mehr Muße. Bauwerke aus Antike, Mittelalter, Renaissance und Barock besitzt die Stadt im Überfluss. Schon die zentrale Piazza della Loggia mit ihrem prachtvollen Renaissance-Palast und dem Turm mit der astronomischen Uhr aus dem 16. Jahrhundert ist ein Fest für Fotografen.

Zu den moderneren Attraktionen gehören die Auto-Rennen. 1927 startete von Brescia aus die erste Mille Miglia, das legendäre Tausend-Meilen-Rennen. Drei Jahrzehnte lang faszinierte das Rennen Geschwindigkeits fanatiker, bis es nach einem katastrophalen Unfall eingestellt wurde. 1977 erlebte es als Mille Miglia Storica eine Neuauflage. Bei der Oldtimer-Rallye kommt es nicht mehr auf Schnelligkeit, sondern auf gleichmäßige Fahrkunst an. Die meisten Siege fuhr Platzhirsch Alfa ein.

Exklusives Automobilrennen und eine hohe Golfplatzdichte in der Region könnten die Vermutung nahelegen, dass die Lombarden in Sachen Sport recht versnobt sind. Aber weit gefehlt, denn da ist noch Gott Calcio, der Fußball, der die Gemüter bewegt wie kaum etwas anderes. Gleich zwei Spitzenmannschaften beherbergt die Lombarden-Metropole: den in Rot-Schwarz gewandeten AC Milan sowie den in Blau-Schwarz kickenden Club Inter Mailand. Wenn beide Mannschaften im Fußballstadion San Siro an der Mailänder Peripherie zum Lokalderby aufeinandertreffen, ist die Hölle los. Vor ein paar Jahren musste ein Spiel sogar abgebrochen werden, weil die Tifosi derart heftigen Krawall veranstalteten. Der Faszination des testosterongesteuerten Sports ist auch Staatschef Berlusconi verfallen, dem neben allerlei Fernsehsendern auch der AC Milan gehört – oder jedenfalls so gut wie.

Mit den Mailändern teilt sich Brescia die historisch verbürgte Freiheitsliebe. Im Kampf gegen die Habsburger tat sich die Stadt so hervor, dass die Italiener ihr den Ehrennamen Leonessa d'Italia, Löwin Italiens, verliehen. Heute äußert sich die Freiheitssuche weniger dramatisch. Kleine Fluchten am Wochenende hin zu den benachbarten Seen reichen den hart arbeitenden Städtern in der Regel, um ihnen das Gefühl von Freiheit und Muße zu vermitteln. Den riesigen Gardasee überlassen sie dabei gern den Teutonen, insbesondere den Bajuwaren, und ziehen sich lieber an die exklusiveren Gestade des Iseo-Sees zurück. *rz*

Italiens feinste Perlen

INSPIRATION UND HANDWERKLICHES KÖNNEN, DAZU DIE ERFORDERLICHEN FINANZIELLEN MITTEL – MIT DIESEN ZUTATEN HAT DAS ANBAUGEBIET FRANCIACORTA ES GESCHAFFT, INNERHALB WENIGER JAHRZEHNTE ZUM QUALITATIV FÜHRENDEN SCHAUMWEINHERSTELLER ITALIENS AUFZUSTEIGEN. DER NAME DES GEBIETES IST HEUTE GLEICHZEITIG SYNONYM FÜR EIN ANSPRUCHSVOLLES FESTLICHES GETRÄNK, DAS KEINEN VERGLEICH MIT ANDEREN BERÜHMTHEITEN SCHEUEN MUSS.

Ein Stückchen Papier, wenige Quadratzentimeter groß, in Gold und Grün gehalten, mit gezacktem Rand und millionenfach gedruckt, ist der ganze Stolz des achtzigjährigen Franco Ziliani und der Mitarbeiter des Weinguts Berlucchi in Borgonato. Eine Briefmarke ist es, die eine Flasche Spumante und ein Weingut zeigt, dazu den Schriftzug *Berlucchi 1961–2011*. Dort nämlich, auf dem Weingut Berlucchi in Borgonato, einige Kilometer südlich des Iseo-Sees, fing alles an. Dort kelterte vor einem halben Jahrhundert der junge Franco Ziliani, der in der Champagne die Schaumwein-Herstellung erlernt hatte, den ersten italienischen Spumante, der im Champagner-Verfahren hergestellt wurde. Damals durfte man das noch so nennen.

Inzwischen haben die Franzosen diese Bezeichnung für alles, was nicht der Champagne entstammt, längst verbieten lassen. Aber heute würde auch jeder Erzeuger in der Franciacorta auf den Begriff pfeifen. Viel lieber ist den stolzen Lombarden inzwischen die Herkunftsbezeichnung Franciacorta. Schließlich ist es doch eine viel größere Auszeichnung, wenn die eigene Gebietsbezeichnung zum Synonym für Spitzenqualität wird, als wenn man ständig Anleihen bei anderer Leute gutem Ruf nehmen muss. Mit der Sechzig-Cent-Briefmarke wurde erstmals überhaupt ein Weingut in Italien geehrt. Damit ist der Franciacorta quasi in den Rang eines Nationalheiligtums aufgestiegen.

Es ist aber auch ein edles Getränk. Die Regeln für die Erzeugung von Franciacorta sind mindestens ebenso streng wie die Vorschriften zur Champagner-Bereitung, sowohl, was die Herstellung als auch, was die Lagerzeiten betrifft. Die Trauben dürfen nur aus genau definierten Lagen innerhalb der festgelegten Anbauzone kommen. Hier wie dort sind nur jeweils drei Rebsorten zugelassen, die allesamt zur Burgunderfamilie gehören. Maßgeblich sind in beiden Fällen der weiße Chardonnay und der rote Pinot Noir, der in Italien Pinot Nero heißt. Nur in der untergeordneten dritten Sorte unterscheiden sich Champagner und Franciacorta: In Frankreich ist der rote Pinot Meunier Dritter im Bunde, in der Franciacorta Pinot Bianco, also Weißburgunder. Eine kluge Wahl, denn Weißburgunder gerät in ganz Norditalien ungewöhnlich gut.

Die einzelnen Rebsorten werden getrennt vergoren und erst die fertigen Grundweine in der gewünschten Mischung zusammengefügt. Dieser Zusammenschnitt, die Cuvée, durchläuft die zweite Gärung in der Flasche. Damit der Wein wieder zu gären beginnt und die anmutig perlenden Bläschen entstehen, muss ihm als Initialzündung Hefe mit etwas Zucker zugesetzt werden. Als Verschluss bekommen die Flaschen fürs Erste einen ganz gewöhnlichen Kronkorken. Auf die Schönheit kommt es in dem Moment nicht an, denn jetzt verschwinden die Flaschen erstmal für viele, viele Monate im Keller. Je länger nämlich die Hefe mit dem Wein, der jetzt ein Schaumwein ist, verbunden bleibt, desto feiner und dichter wird die Perlage und desto subtiler auch wird das Aroma.

Mindestens 18 Monate müssen die Standard-Cuvée oder der Rosé auf der Hefe liegen, 30 Monate ist das vorgeschriebene Minimum für den Franciacorta Millesimato, den Jahrgangsschaumwein. Volle fünf Jahre gar ruht der Franciacorta Riserva samt Hefe in der Flasche. Bevor er in die Welt entlassen wird, muss das feine Getränk sich in den letzten Wochen noch einer Bewegungskur unterziehen. Immer nur ein ganz kleines Ruckeln, wiederholt noch und noch, bis am Ende der Flaschenhals ganz nach unten geneigt ist und die Hefe sich dort unten sammelt. Kurz taucht der gläserne Hals in ein Eisbad, der Hefepfropf gefriert und wird sofort, wenn der Kronkork entfernt ist, durch den Druck der Kohlensäure herausgeschleudert.

Sanft und bezaubernd ist die Weinlandschaft der Franciacorta.

Das bisschen, was jetzt an Menge in der Flasche fehlt, wird wieder aufgefüllt. Bei dieser Gelegenheit entscheidet sich, wie trocken der Schaumwein sein wird. Unübersichtlich groß ist die Anzahl der Bezeichnungen für ein vollkommen trockenes Produkt, bei dem die Flasche nur durch einen Schluck ungesüßten Wein ergänzt wird: Auf der Flasche kann *Dosaggio Zero* stehen oder *Pas Dosé*, gebräuchlich ist auch *Non Dosé*, *Dosage Zero* oder *Brut Zero*. Diese Art, den Schaumwein knochentrocken zu belassen, birgt hohe Risiken. Denn schon ein winziges Quäntchen Süße macht Wein geschmeidiger und gefälliger und ist vor allem auch imstande, leichte Unausgewogenheiten gnädig zu verdecken. Damit ein zuckerfreier Schaumwein mit Genuss zu trinken ist, muss er absolut makellos sein. Dem Wein noch die winzigste Zuckermenge zu verweigern, zeugt also von enormem Selbstbewusstsein des Winzers.

Ist die Flasche – gesüßt oder ungesüßt – aufgefüllt, kommt der richtige Korken zusammen mit dem Drahtkörbchen, der Agraffe, auf die Öffnung. Der Franciacorta ist jetzt versandbereit. Ob man nun das ganze Verfahren als *Méthode Champenoise* bezeichnet oder, wie bei uns, als *traditionelle Flaschengärung* oder eben als *metodo classico*, wie man in Italien sagt – eine aufwendige Art der Produktion ist es auf jeden Fall, was auch erklärt, dass so ein Schaumwein nicht nur einen Wert, sondern auch seinen Preis hat.

Nenn einen Franciacorta nie Spumante

Die Italiener verliebten sich auf Anhieb in ihren neuen Luxus-Spumante. Ungeachtet des Preises wuchs die Nachfrage schneller als die Produktion. Jahr für Jahr wurden weitere Weinberge angelegt, und inzwischen liefern 2.500 Hektar Rebfläche das Ausgangsmaterial für die köstlichen Prickler – doch das ist immer noch weit weniger als ein Zehntel der Anbaufläche in der Champagne. Noch weitaus größer ist der Unterschied in der Ausbeute: Einer Jahresproduktion von rund zehn Millionen Flaschen in der Franciacorta stehen gewaltige 350 Millionen in der Champagne gegenüber.

Kaum mehr als 100 Erzeuger produzieren in dem kleinen, zur Provinz Brescia gehörenden Anbaugebiet westlich des Gardasees den Luxus-*Spumante*. Obwohl, Spumante soll man ja gar nicht sagen, das hören sie hier nicht gern. Eigentlich bezeichnet dieses Wort ja ganz korrekt und allgemein jede Art von Schaumwein. Darüber hinaus hört es sich für uns Liebhaber der italienischen Sprache schwungvoll und prickelnd an. Die aufs Image bedachten Franciacorta-Produzenten fürchten allerdings, dass es eher wie Krethi und Plethi klingt, weil unter der Bezeichnung so allerhand und nicht nur Gutes auf dem Markt ist – nicht anders als bei uns unter dem Begriff Sekt, der ebenfalls

Jede einzelne Flasche wird in die Hand genommen und kräftig die Hefe aufgeschüttelt – doch nur mit Schutzhelm.

Himmel und Hölle beinhalten kann. Franciacorta hat man den Edelschäumer also zu nennen, gefälligst.

Zu denen, die früh das Potenzial der Gegend erkannt haben, gehört Vittorio Moretti. 1977 gründete der Baumagnat in Erbusco das Franciacorta-Gut Bellavista. Schön ist die Aussicht von dort in der Tat. Sanft fällt die Landschaft zum Lago d'Iseo hin ab, dessen ausgleichender Wirkung zu verdanken ist, dass die Franciacorta von allzu üblen Temperaturschwankungen verschont bleibt. Denn in der kalten Jahreszeit mildert er die eisige Luft, die von Norden her einströmt, im Sommer schützt er vor der gleißenden Hitze der Po-Ebene. Drei Grad mehr im Winter, dafür drei weniger im Sommer – auf diese Weise ist das Franciacorta-Gebiet mit seinen Rebstöcken bestens geschützt gegen klimatische Extreme.

Luxus hinter hohen Toren

Harmonisch fügen sich Hügel, Rebzeilen und vereinzelte Gehöfte, dazu im Hintergrund die malerischen Ausläufer der Alpen zu einem angenehmen, wenngleich unspektakulären Ganzen. Der Iseo-See ist im Vergleich zum nahe gelegenen Gardasee deutlich kleiner und verfügt nicht über dessen touristische Infrastruktur. Weniger Hotels, weniger Lokale, keine Nippes- und Nepp-Läden. Unaufgeregt und in sich ruhend wirkt die Gegend.

Grandezza zeigt sich häufig erst, nachdem man hohe Tore durchschritten hat und etwa das zum Moretti-Besitz gehörende luxuriöse Gästehaus L'Albereta betritt. Das empfängt die Besucher mit geradezu theatralischem Gepränge. In einer der Suiten gibt es gar ein echtes Himmelbett: Der Raum ist oben offen, man schläft im Luxusbett und doch unter freiem Himmel.

Es geht aber auch eine oder mehrere Nummern kleiner. Vom einfachen *agriturismo*, der Übernachtungsmöglichkeiten auf dem Weingut bietet, über solide Mittelklassehäuser bis zum Luxus-Resort mit Wellness-Paradies ist alles geboten, um sich ein paar vergnügte und erholsame Tage zu machen. Vor allem Mailänder nutzen die Franciacorta gern zur Wochenend-Landpartie mit Wein und Wellness. Und ob das Domizil dabei mehr oder weniger komfortabel ist, ist vielleicht sogar zweitrangig. Was immer vom Feinsten ist, sind die Perlen im Glas.

Besonders fein perlen sie beim *Satèn*, einer echten Spezialität der Region. Der innovative Moretti war es, der dem Franciacorta-Spektrum diese Facette hinzufügte: Der Satèn ist ein rechter Mundschmeichler. Er besteht nur aus weißen Trauben, und der Kohlensäuregehalt ist im Vergleich zu den übrigen Franciacorta leicht reduziert. Da er aber wie

GENUSSTIPP

Die Franciacorta ist kulinarisch zweigeteilt. In Seenähe werden Süßwasserfische als Spezialität serviert. Der Ort Clusane gilt als Hochburg der *tinca al forno*, mit Käse, Semmelbröseln und Kräutern gefüllte, mit Olivenöl beträufelte und im Ofen gebratene Schleie, die mit Polenta serviert wird. Je weiter weg vom See, desto fleischlastiger werden die Speisen. Eine der Köstlichkeiten dort ist *manzo all'olio*, eine stundenlang in Olivenöl gekochte Rinderbrust, die mit einer Sauce aus Zwiebeln, Karotten, Lauch und Sardellen serviert wird. In Deutschland sind die meisten Franciacorta-Künstler vertreten, ihre Weine sind in der Gastronomie eine gute Alternative zum Champagner, vor allem beim gut sortierten Italiener können Sie es ausprobieren. Wie in vielen Weinkarten sind auch hier die bekannten Marken am häufigsten zu finden. Im Fachhandel und Internet gibt es für 20 bis 35 € eine breite Palette an Franciacorta, also lohnt sich das Ausprobieren.

Mausempfehlungen für beschwingten Genuss

Barone Pizzini www.baronepizzini.it
Bellavista www.bellavistawine.it
Ca del Bosco www.cadelbosco.it
Enrico Gatti www.enricogatti.it
Ferghettina www.ferghettina.it
Guido Berlucchi www.berlucchi.it
Il Mosnel www.ilmosnel.it
La Montina www.lamontina.it
Le Marchesine www.lemarchesine.it
Majolini www.majolini.it
Monte Rossa www.monterossa.com
Ricci Curbastro www.riccicurbastro.it
San Cristoforo www.sancristoforo.eu
Uberti www.ubertivini.it
Villa www.villafranciacorta.it
Villa Crespia www.arcipelagomuratori.it

jene ebenfalls lange in der Flasche reift, ist die sanfte Perlage schön dicht und rund und hinterlässt ein cremig-seidiges Gefühl im Mund.

Lieber Begleiter als Solist

Allzu oft bekommt Franciacorta nur die Rolle des Aperitifs vor einem Festmahl zugewiesen. Damit ist der prickelnde Wein im Grunde unterfordert. So sieht das jedenfalls Laura Gatti vom Weingut Ferghettina in Adro. Ihr Vater hat 1991 das Weingut neu gegründet, hat sich damit selbstständig gemacht, nachdem er 20 Jahre lang in einem anderen Franciacorta-Betrieb beschäftigt war. Die Jahresproduktion beträgt mittlerweile eine Viertelmillion Flaschen, der weitaus größte Teil entfällt dabei auf den Brut, eine Cuvée aus vornehmlich Chardonnay mit einem Fünf-Prozent-Anteil Pinot Nero. Gefragt, ob sie davon täglich trinke, sagt Tochter Laura Gatti, sichtlich erstaunt, wie man das überhaupt fragen kann: „*Ma certo* – aber gewiss doch!" Denn der feine Schaumwein dient hier weniger als Aperitif für besondere Gelegenheiten, sondern ist der selbstverständliche tägliche Essensbegleiter.

Zum Hauptgericht darf es gern auch mal der Rosé sein, der bei Ferghettina zu 100 Prozent aus Pinot Nero besteht. Wieso der rosa ist und nicht rot, wo er doch ausschließlich aus roten Trauben gekeltert ist? Normalerweise machen sich die roten Trauben im fertigen Schaumwein unsichtbar. Selbst wenn er zu 100 Prozent aus Pinot Nero, also ausschließlich aus roten Trauben besteht, hat er in der Regel die Farbe von hellem Stroh. Denn mag auch die Beerenhaut tiefblau sein, das Fruchtfleisch und damit der Saft ist es nicht.

Werden die Trauben nur rasch gepresst und hat der Saft keinen Kontakt mit der Beerenhaut, bleibt die Flüssigkeit hell und klar. Erst wenn die Beerenschalen eine Weile im Saft liegen bleiben, geben sie Farbe an den Saft ab, der sich zuerst hellrosa und dann immer kräftiger rot färbt. Das machen sich die Winzer bei der Herstellung von Rosé zunutze. Sobald die gewünschte Rosa-Färbung erreicht ist, wird der Most von den Beerenhäuten getrennt. Neben Farbe geben die Traubenschalen bei dieser Gelegenheit auch ein wenig Tannin an den Most ab, der Wein wirkt dadurch kraftvoller.

Auch bei Ca' del Bosco, übersetzt: das Waldhaus, dem international renommiertesten Franciacorta-Produzenten, ist man überzeugt, dass der edle Schäumer ein idealer Speisenbegleiter ist; so sehr, dass man ihn ohne Essen nicht mal zur Probe reichen mag. So geschehen bei einer umfassenden Verkostung auf dem Weingut. Seine Top-Cuvée *Annamaria Clementi* 2002 rückte der Chef während der Probe nicht heraus, sondern präsentierte sie erst beim anschließenden Mahl: „Weil sie einfach am besten zum Essen passt." *rz*

Der Kohlensäurenebel kriecht nur für eine Zehntelsekunde über die Flaschenöffnung.

KURZ EINGESCHENKT

Extremweinbau

Das Valtellina-Tal ist etwas ganz Besonderes: Die Weinreben kleben hier förmlich am Fels. Meist sind es winzige Parzellen auf terrassierten Weinbergen, die von Stützmauern gehalten werden, damit sie an den steilen Bergflanken nicht hinunter ins Tal rutschen. Dazu kommen ein raues Alpenklima und mit dem Nebbiolo eine zwar robuste, aber sehr spät reifende Hauptrebsorte.

In den ersten Nachkriegsjahrzehnten floss der Wein aus dem Valtellina-Tal in Strömen und für kleines Geld durch die Kehlen der benachbarten Schweizer. Die Zeiten sind längst vorbei.

Die Rebfläche ist freilich deutlich zurückgegangen. Unter anderem, weil die jungen Lombarden der Landwirtschaft den Rücken kehrten und in die Städte zogen. Heute sind es nur noch zwei Dutzend Kellereien, die in aufwendiger Handarbeit die steilen Terrassen bearbeiten. Deshalb verdienen die Rotweine Valtellina Superiore und Valtellina Sforzato zu Recht das Prädikat Extremweinbauweine. Die ausdrucksstärksten Weine stammen aus den besonders sonnigen Einzellagen wie Grumello, Sassella und Inferno. Fruchtbomben sind diese Weine trotz viel Sonne aber nicht. Dafür sorgt die Rebsorte Nebbiolo mit ihrer präsenten Säure und markanten Gerbstoffen. Geschmacklich geben die Weine eher die Kargheit der Landschaft wie auch das Grenzklima wieder.

Der dichteste Wein der Gegend, der Sforzato (*sforzat*, der Erzwungene), wird auf ganz besondere Art hergestellt. Die Winzer lassen nämlich einen Teil ihrer Trauben vor der Weiterverarbeitung erstmal für mehrere Wochen auf dem Dachboden antrocknen, um die Inhaltsstoffe zu konzentrieren. Des Weiteren wird er für etliche Monate im Holzfass ausgebaut. Übrigens kann *sforzo* auch mit sich Mühe geben übersetzt werden.

Schick und angesagt ist der Valtellina Superiore sicherlich nicht, auch wenn er seit etwa zehn Jahren etwas mehr beachtet wird. Immerhin legen viele Mailänder und einige nostalgische Schweizer auf ihrem Weg aus den Skigebieten einen kurzen Stopp in Sondrio ein. So landen einige Kisten in den großen Kofferräumen zwischen Skischuhen und Designertaschen.

Schäumender Pinot Noir

Im Gegensatz zum Valtellina ist das Oltrepò Pavese eine sanfte Hügellandschaft, die sich südlich von Pavia bis zur Grenze zum Piemont und der Emilia erstreckt. Hier wird mehr Pinot Noir angebaut als irgendwo anders in Italien. Die im Oltrepò verwendeten Spielarten des Pinot Noir eignen sich freilich nicht für große Rotweine, sie sind traditionell die Grundlage für die Sekterzeugung. Diese besitzt – wie auch im angrenzenden Piemont – einen großen Stellenwert. Denn das Oltrepò wurde wie das Piemont mehrere Jahrhunderte von den Sekt liebenden Savoyern regiert. Tradition hat auch die Geschäftsbeziehung mit der Nachbarregion: Die großen Erzeuger in der Lombardei verkaufen ihren Grundwein an Sektkellereien im Piemont und in Deutschland, wo er in großen Sektmarken verschwindet. Wenige Winzer setzten bisher konsequent auf hochwertige Flaschenweine oder Sekte in Eigenvermarktung. In jüngster Vergangenheit haben sie sich aber zusammengerauft, um mit dem Metodo-Classico-Sekt Oltrepò Brut qualitative Zeichen zu setzen. Er wird ausschließlich nach Champagnerart in reiner Flaschengärung erzeugt. Selbstverständlich gibt es diesen auch als Rosé-Version aus 100 Prozent Pinot Noir.

Lugana klingt gut

Die Winzer des Oltrepò können schon ein bisschen neidisch auf ihre Kollegen vom süd- und südwestlichen lombardischen Teil des Gardasee sein. Denn dort hat es der Lugana – ein einfacher, fruchtiger Weißwein aus der Rebsorte Trebbiano di Lugana – bereits zu etwas gebracht. Sein Anbaugebiet ist das Hinterland des südlichen Gardasees von Desenzano bis Peschiera del Garda. Der Wein ist im Ausland angesagt, sogar angesagter als die nahe gelegenen Weißweine Garda Classico oder Bianco di Custoza. Besonders die Münchner lieben ihren Lugana, denn in der Bayernmetropole gehört er längst zum Alltag. Nun erobert er mit Rückenwind auch den Norden der Republik. Lugana ist unkompliziert und klingt irgendwie wie „sonniges Italien" – damit ist alles gesagt!

Oltrepò Pavese:
Giorgi di Vistarino www.contevistarino.it
Monsupello www.monsupello.it

Valtellina:
Mamete Prevostini www.mameteprevostini.com
Nino Negri www.ninonegri.it

Lugana:
Ca' dei Frati www.cadeifrati.it
Ottella www.ottella.it

Ligurien und Aostatal: Grenzgebiete

IN LIGURIEN WACHSEN LIEBLICHE WEISSE UNTER DEM MILDEN EINFLUSS DES MEERES. IHRE KLEINE MENGE WIRD FAST KOMPLETT VOR ORT GETRUNKEN, IN DER HAUPTSTADT GENUA UND VON DEN VIELEN WANDERTOURISTEN, DIE DURCH DIE BELIEBTE LANDSCHAFT CINQUE TERRE STREIFEN. SZENENWECHSEL – VOM MEER IN DIE BERGE. SO HOCH WIE IM AOSTATAL/VALLE D'AOSTA IST KEINE REBE IN EUROPA HINAUSGEKOMMEN. DORT ERZEUGEN EINE HANDVOLL KELLEREIEN MEIST SPRITZIGE WEISSWEINE AUS EINHEIMISCHEN SORTEN. BEIDE EXTREME VERBINDET LEDIGLICH, DASS SIE ANS PIEMONT GRENZEN.

Glücklich, wer in Ligurien dem Winzerberuf nachgeht, denn hier übersteigt die Nachfrage bei Weitem das Angebot. Die Kleinwinzer können sich noch so recken, aber aus den felsigen Terrassen der Riviera im kleinen Anbaugebiet Cinque Terre nördlich von La Spezia ist nicht mehr herauszuholen. Denn in diesen kleinen Parzellen fällt die Erntemenge per se meist klein aus. In dem zweiten Anbaugebiet, den Colli di Luni, herrschen dagegen Anbaubedingungen wie in der angrenzenden Toskana, und die Winzer können den geplanten Ertrag pro Hektar einfahren. Was ernten die Winzer in Ligurien? Der Vermentino ist hier die Rebsorte Nummer eins. Sie ist auch der Hauptbestandteil der Weißweine des dritten Weinanbaugebietes Riviera Ligure di Ponente, das sich westlich von Genua bis zur französischen Grenze erstreckt. Vermentino schmeckt in Ligurien nach mediterranen Kräutern, und bei seinem insgesamt weichen Geschmack hinterlässt er eine leicht salzige Note am Gaumen. Daneben ist die weiße Sorte Pigato eine rein ligurische Spezialität mit antiker Herkunft. Auch sie profitiert von den durch die Sonne aufgeheizten Terrassen oberhalb des Meeres, da sie dadurch ihr typisches Aroma von Kräutern und Feldblumen bei kräftigem Körper entwickeln kann. Das Meer drückt den Weinen seinen Stempel auf.

Eindeutig vom Bergklima geprägt sind die Weine dagegen im Aostatal. Was nicht verwundert, denn die Trauben wachsen in den höchst gelegenen Weinbergen Europas. Wer über den großen St.-Bernhard-Pass die Alpen überquert, der aus dem nördlichen Piemont in die Schweiz führt, kann die Reben bewundern. Sie erstrecken sich auf Weinbergterrassen bis zu einer Höhe von 1.300 Metern und profitieren im Dreiländereck Italien, Frankreich und Schweiz von den weinbaulichen Einflüssen aller drei Länder. Denn hier macht ein besonderes Mikroklima den Weinbau überhaupt erst möglich: Da das Tal von hohen Bergen hufeisenförmig eingeschlossen ist, herrscht ein vergleichsweise trockenes Klima, die Berge bieten den Reben Schutz vor Wind und schlechtem Wetter, dennoch müssen sie extreme Winter und relativ heiße Sommer ertragen. Diese erlauben auch in den ungewöhnlichen Höhen die Erzeugung von kräftigen Rotweinen. Und wer einen Roten aus den Bergen probieren möchte, dem sei der *Vin de la Sabla* von Les Cretes aus den Sorten Barbera und den beiden einheimischen Sorten Fumin und Petit Rouge empfohlen. Es handelt sich freilich nur um eine kleine Menge, die in der kargen, abgelegenen Umgebung angebaut wird. Wie im benachbarten Schweizer Anbaugebaut Wallis ergeben die angebauten lokalen Weißweinsorten frischfruchtige Weine. Die aromareiche Rebsorte Petit Arvine und die eigenständige Sorte Blanc de Valdigne, die im Herkunftswein Blanc de Morgex et de la Salle am oberen Talende eingesetzt wird, liefern die ausdrucksstärksten Weißweine. Es sind meist helle, rassige und oft leicht perlende Weine mit zitrusartiger Frucht und einem Duft von Bergkräutern, was bei der Umgebung ja naheliegt.

Cinque Terre:
Agricoltura Riomaggiore, Manarola, Corniglia, Vernazza e Monterosso www.cantinacinqueterre.com

Vermentino Colli di Luni:
Lambruschi Ottaviano www.ottavianolambruschi.com

Aostatal:
La Crotta di Vegneron www.lacrotta.it
Les Crêtes www.lescretesvins.it
Cave du Vin blanc de Morgex et de la Salle www.caveduvinblanc.com

Südtirol

VERNATSCH IM ST. MAGDALENER UND KALTERER SEE
WEISSBURGUNDER AUS SÜDTIROL

OFMODERNANDCONTEMPORARYART
NEA

Der Berg ruft

ALPINE BERGKULISSEN UND PALMEN, TRADITIONSBEWUSSTSEIN UND MEDITERRANE LEICHTIGKEIT, ALPENBAROCK UND AVANTGARDISTISCHE ARCHITEKTUR, FOLKLORE UND MODERNER STYLE – SÜDTIROL IST WAHRLICH MEHR ALS EINEN BLICK WERT. UND AUCH MEHR ALS EINEN SCHLUCK! DENN JENSEITS DES BRENNERS VERSETZEN ENGAGIERTE WINZER QUASI BERGE, UM SO ANSPRUCHSVOLLE WIE SÜFFIGE WEINE ZU PRODUZIEREN.

Sie sind von beeindruckender Schönheit, diese bleichen Felstürme des Rosengartens, die vor Jahrmillionen als Korallenriffs im tropischen Meer entstanden. Schon tagsüber, wenn sich ihre gewaltigen Zacken in den tiefblauen Himmel recken, schlägt das Herz jedes Naturliebhabers höher. Aber wenn die Abendsonne sie in Flammen setzt, dann stockt einem angesichts der in magischem Rosarot leuchtenden Dolomitengipfel schier der Atem.

Nicht minder atemberaubend sind die markanten Felswände der Drei Zinnen im Hochpustertal, dem wild zerrissenen Bergmassiv des Langkofel mit seinen vielen Türmen oder die glitzernden Gletscher des mächtigen, fast 4.000 Meter in die Höhe ragenden Alpengipfels des Ortler – doch auch das sind nur die Highlights der spektakulären alpinen Szenerie mit über 300 steinernen Riesen, die Höhen über 3.000 Meter erreichen. Sie bilden mit den endlos weiten sattgrünen Almen, den kristallklaren Bergseen, den märchenhaften Wäldern aus dunkelgrünen Latschenkiefern und wildromantischen Schluchten ein überaus reizvolles Landschaftsmosaik. Es wird noch ergänzt durch die malerischen Täler, in deren mediterranem Klima Feigen, Palmen, Granatäpfel und Oleander gedeihen, die im Frühjahr von den weißen Blüten der großen Apfelplantagen überzogen sind und deren Rebgärten an den Flanken der Berge nach oben klettern.

Der Fülle an Naturschönheiten, aber auch dem mediterran geprägten Klima verdankt es Südtirol, dass es sich schon früh zu einem beliebten Urlaubsziel entwickelte. Schon gleich nachdem die österreichische Kaiserin Sissi 1870 ihre Ferien im Meraner Raum verbrachte, war Sommerfrische in Südtirol beim Adel und der besseren Gesellschaft angesagt. Jahrzehnte später lockte der legendäre Bergsteiger und Schriftsteller Luis Trenker mit seinen unzähligen Heimatfilmen und -romanen in sein Heimatland.

Aber da rollten schon die Pkw-Karawanen des deutschen Wirtschaftwunders gen Süden. Und nicht wenige, die sich mit ihrem Käfer über den Brenner- oder den Reschenpass gequält hatten, blieben gleich im Norden Italiens hängen. Die Sonne schien, die Naturschönheiten begeisterten – und man sprach Deutsch! Wozu weiter in den Süden düsen?

Den Südtirolern war es recht. Schließlich lebten sie weitgehend von der Landwirtschaft – und das auf kleinstem Raum. Auch wenn Südtirol mit rund 7.400 Quadratkilometern – etwa der dreifachen Fläche von Luxemburg – zu den größten Provinzen Italiens gehört: Mal gerade drei Prozent sind bewohnbar, und nur ein Drittel der Fläche kann – teils nur mühsam – landwirtschaftlich genutzt werden. Der Rest: Fels und Wälder. Also stieg so mancher Südtiroler Bauer einfach um, vermietete Gästezimmer, verwandelte sein Domizil hoch in den Bergen in eine Pension, wurde zum

Seite 72 – 73: Das atemberaubende Massiv der Langkofelgruppe in den Grödner Dolomiten gehört zu den Highlights der Südtiroler Gebirgswelt.

Seite 74: Der gläserne Kubus des Museion bereichert seit 2008 das Stadtbild Bozens.

Die Wirtshaus-Institution Vögele ist mit wunderschönen alpinen Antiquitäten ausgestattet.

Berge, Wald und Weinreben rahmen das kleine Dorf Oberplanitzing an der Gemeindegrenze von Kaltern zu Eppan ein.

Kellner oder Gastronomen. Und spätestens mit der Fertigstellung der Brenner-Autobahn vor rund 35 Jahren wurde der Tourismus zum bedeutendsten Wirtschaftsfaktor, wobei die Deutschen rund die Hälfte der jährlich fünf Millionen Touristen ausmachen. Der Fremdenverkehr, gepaart mit landwirtschaftlichen Erfolgsprodukten wie den selbst in China beliebten Äpfeln, brachten den 500.000 Einwohnern Südtirols Wohlstand – ein Status, den es zu halten gilt.

Tradition und Trend

Es ist noch gar nicht lange her, da verband man mit Südtirol jene traditionsverhaftete und idealisierte heile Bergwelt, die Luis Trenker einst beschrieb – vom Edelweiß über knorrige Bergbauern mit Trachtenhut bis hin zu Speckbrettl und Kalterer Wein. Eben genau das, was über Jahrzehnte die Generation 50 plus ins Land holte, für deren Kinder Südtirol aber zu verstaubt war. Die Zeiten sind vorbei! Südtirol hat sich vom Ferienziel mit Alpenbarock und Folklore in eine Urlaubsdestination verwandelt, die Tradition und Trend auf höchst attraktive Art und Weise verbindet. Nun zieht es auch die Trendsportler nach Südtirol. In St. Vigil bei Bruneck hangeln sich Adrenalinjunkies an Drahtseilen über Hänge und Schluchten von Baum zu Baum. Auf der Ahrn wagen die Rafter den wilden Ritt über Stromschnellen den Fluss hinunter. Von den Drei Zinnen springen mutige Basejumper in die Tiefe, am Reschensee trifft sich die internationale Snowkite-Elite, und am Ritten düsen die Downhillbiker über Stock und Stein.

Ganz offensichtlich hat man im erzkonservativen Südtirol Gefallen daran gefunden, das verstaubte Image abzulegen. Überall verknüpft man Vertrautes mit frischen Ideen. Der Name Luis Trenker steht heute für ein Lifestyle-Label, unter dem man Mode-Kollektionen für die betuchte Brettl-Community verkauft. Hotels mit Almhüttencharme locken mit Infinity-Pools, auf den Bilderbuchbalkonen mit Herzschnitzereien steht Lounge-Mobiliar, in Wellness-Oasen setzt man auf die heilenden Kräfte der Natur – von Peelings mit Vinschgauer Marmor über das Ultner Schafwollbad bis hin zu Treatments aus heimischen Produkten wie Kastanien oder Bergsalz. Hinter so mancher geschichtsträchtigen Hotelfassade verbirgt sich ein ultramoderner Kern. Heimisches Lärchenholz in organischen Formen prägt so manche avantgardistische Neubauten, von denen einige der weltberühmte Bozener Designer und Stararchitekt Matteo Thun entwarf. Unter anderem gab er der Meraner Therme ihr eindrucksvolles zeitgenössisches Gesicht aus Glas und Stahl.

Apropos Meran! Die Kurstadt aus Sissis Zeiten lockt mit einem charmanten Mix aus Palmen und Gletscher,

Gemeinsam innehalten – das können diese jungen Südtiroler Traubenlieferanten am besten bei einem Glas Wein.

Tradition und Moderne. Hier uralte Laubengänge, herrliche Parks und Prachtbauten aus der Belle Epoque, dort großstädtischer Chic, moderne Kunst, zeitgeistige Fassaden und trendige Shoppingadressen. In der Landeshauptstadt Bozen ist man ebenfalls auf der Höhe der Zeit angekommen, ohne die traditionellen Wurzeln zu vernachlässigen. Die mittelalterliche Altstadt, deren enge Gassen von uralten Laubenhäusern mit prachtvoll bemalten Fassaden und schmucken Erkern gesäumt werden, hat bei aller Gediegenheit spritziges italienisches Flair. In den gotischen Arkaden der Bozener Lauben locken die Südtiroler Designer mit stylischer, alpin inspirierter Mode. Nicht weit entfernt vom historischen Bau des Südtiroler Archäologiemuseums, in dem jährlich mehr als 250.000 Besucher die gut gekühlte Mumie Ötzi bewundern, finden Liebhaber zeitgenössischer Kunst den avantgardistischen Glaskubus des Modern Art Museums Museion. Und die Bozener Nächte können inzwischen auch so richtig lang sein.

Klasse statt Masse

Mit demselben Elan, mit dem die Südtiroler ihr touristisches Profil der Neuzeit anpassten, ging man auch als Weinland den Weg von der Massenproduktion in Richtung Qualität. Südtirol zählt zu den kleinen Weinregionen Europas, nur knapp ein Prozent der Weine Italiens stammt aus Südtirol. Der Weinbau vollzieht sich weitgehend in den Tälern von Etsch und Eisack, die sich bei Bozen treffen. Die Weingärten – in der Regel kleine Parzellen – ziehen sich von den Talsohlen über deren hügelige Ränder auf Terrassen die steilen Bergflanken empor.

Im Wesentlichen wächst der Wein auf Höhen von 200 bis zu 900 Metern. In den nach Süden hin geöffneten Tälern herrscht ein warmes mediterranes Klima, denn die Lage südlich des Alpenhauptkamms schützt das Anbaugebiet vor kalten Nordwinden. Es gibt aber starke Temperaturunterschiede zwischen Tag und Nacht wie auch zwischen den Jahreszeiten, was ein schönes Gleichgewicht von Fruchtigkeit und Säure in den Trauben begünstigt. Rein geologisch gedeihen die Reben auf von Lehm durchmischtem roten Porphyr, Urgesteinsböden, Dolomitgestein oder sandhaltigem Mergel. Dies alles lässt eine imposante Vielfalt an Rebsorten zu.

Freilich verarbeiten nur rund 100 der insgesamt 5.000 Südtiroler Weinbauern ihre Trauben selbst zu Wein. Die anderen verkaufen sie an eine der 40 Privatkellereien und die 16 Kellereigenossenschaften. Ein Grund dafür ist, dass die meisten Weingartenbesitzer aufgrund der gebirgigen Lage nur einige relativ kleine Parzellen besitzen, die darüber hinaus auch noch verstreut liegen. Es lohnt sich einfach nicht, in eine eigene Kellerei zu investieren. Dafür ist der Ertrag zu gering, und die Wege sind zu weit. Insofern gründeten sich schon früh große Genossenschaften, die heute durch Traubenpreise, die deutlich höher sind als beispielweise im Süden Italiens, den Weinbauern ihr Grundeinkommen sicherten und noch sichern, das durch Nebentätigkeiten wie den Apfelanbau ergänzt wird.

So weit, so gut. Freilich bestand noch in den achtziger Jahren das Gros des Angebots aus eher belanglosen Durchschnittsweinen, von denen der größte Teil in die Schweiz ging oder von den Touristen gegen den Durst getrunken wurde. Durch diese Ausrichtung auf Masse statt Klasse wurde der Durst auf Südtiroler Weine freilich immer kleiner, denn die Kundschaft wurde anspruchsvoller, was dann auch zu einem grundlegenden Richtungswechsel führte. Auch in der Weinproduktion setzte man fortan – wie später im Tourismus – auf eine Kombination von Innovation und Tradition.

Tradition, indem man den regionalen Rebsorten wie Vernatsch oder Gewürztraminer durch mehr Ausdruck und Charakter zu neuem Glanz verhalf. Innovation wiederum, indem international gefragte Sorten wie zum Beispiel Sauvignon Blanc oder Merlot mit ins Portfolio aufgenommen wurden. Vom Anbau der Reben bis zur Verarbeitung im Keller wurde mit fortschrittlichen Methoden und modernster Technik die Qualität der Weine konsequent vorangetrieben. Inzwischen hat sich Südtirol zum Produzenten für rote und weiße Spitzenweine gemausert, die höchste Anerkennung finden und Weintrinkern jeglicher Couleur eine enorme Bandbreite bieten. Weine mit Charakter, die so individuell sind wie ihre Macher.

Zu verdanken ist dies den Winzerpersönlichkeiten, die schon vor über 30 Jahren in ihrem konservativen Umfeld neue Wege beschritten, dabei durch Rat und Tat Überzeugungsarbeit leisteten. Dazu gehört Dr. Luis Raifer, der gerne als die Lokomotive des Südtiroler Weinbaus bezeichnet wird. Der ehemalige Leiter der Kellereigenossenschaft Schreckbichl, die heute von seinem Sohn Wolfgang geführt wird, setzte schon um 1970 die Weichen für eine rigorose Qualitätsweinerzeugung und machte Schreckbichl zu einer

Der Patscheiderhof auf dem Ritten, dem Bozener Hausberg, ist berühmt für Knödelspezialitäten wie Speckknödel-Suppe.

der besten und innovativsten Kellereien Italiens. Früh gesellte sich Hans Terzer dazu, der als junger Kellermeister von St. Michael-Eppan die Möglichkeiten für die Erzeugung hochwertiger Weine erkannte und umsetzte, womit er der Kellerei auch im Ausland zu Ruhm und Ehre verhalf. Alois Lageder ist der dritte Name, der für die Erneuerung der Südtiroler Weinwelt steht. Ein Idealist durch und durch, mit Respekt vor Traditionen, Kompetenz und Weitsicht, innovativen Ideen und dem Mut, diese auch umzusetzen.

Der Funke ist auf die meisten der Weinproduzenten Südtirols übergesprungen. Man arbeitet allerorten mit Engagement und Ehrgeiz im Namen der Qualität, was sich nicht zuletzt darin ausdrückt, dass man auch das Erscheinungsbild der Kellereien und Weingüter mit pfiffigen und/oder innovativen Ideen der neuen Philosophie anpasste. Nun bereichern aufregende, teils provokante Kellereineubauten das Landschaftsbild, und so mancher Verkaufsraum toppt das Ambiente der Vinotheken in den Trendmetropolen Italiens.

Der Innovationsschub machte auch vor den Küchen des Landes nicht halt. Man serviert zwar weiterhin die althergebrachten deftigen Spezialitäten des Landes wie die typische Brotzeit mit Südtiroler Speck, Käse aus Bergbauernmilch und Schüttelbrot, die Speckknödel, Schweinsrippen und Schlutzkrapfen. Man verwöhnt aber auch mit italienischen Raffinessen und kreativster Küche, die heimische Zutaten mit innovativen Zubereitungsmethoden paart. Da wird dann ein heimischer Rehrücken in Birkenlaub pochiert oder Risotto mit Latschenkieferpesto angerührt, knuspriges Spanferkel trifft auf Kaviar und Apfelstrudel auf Vanille-Espuma.

Man genießt auch weiterhin in urgemütlichen Stuben wie der des schon kultigen, fast 500 Jahre alten Patscheiderhofs hoch oben im Gebirge bei Bozen oder des Wirtshauses Vögele, seit Jahrhunderten eine Institution in Bozen. Man schlemmt aber auch in trendigen Szenelokalen oder Sternerestaurants, deren Dichte in keiner anderen italienischen Provinz so groß ist wie in Südtirol. Womit das landschaftlich so reizvolle Genussland jenseits des Brenners in jeder Beziehung in der Moderne angekommen ist. *ari*

Blick auf die Weinberge oberhalb des Kalterer Sees. Wer die Weine von Südtirols südlichster Weinregion probieren will, sollte die traditionsreichen Kalterer Weintage besuchen, die jährlich an einem Wochenende Anfang September stattfinden. Dann präsentieren auf dem Marktplatz von Kaltern sämtliche Winzer des Ortes ihre Weine und laden zur Verkostung ein – natürlich bei kulinarischer und musikalischer Begleitung.

FLIEDER-HOF ❖ EBERLE-HOF
OBERMOSER-HOF ❖ TROGER-HOF
UNTERMOSER-HOF ❖ PLONER-HOF
GLÖGGL-HOF ❖ KANDLER-HOF
HUCK-HOF ❖ TRÖGLER-HOF
MAGD.WEINST. ❖ REISEGGER-HOF
GASTHOF EBERLE
=WEINVERKAUF =ZIMMER
=RESTAURANT =APARTMENTS

Vernatsch
Cup 2008

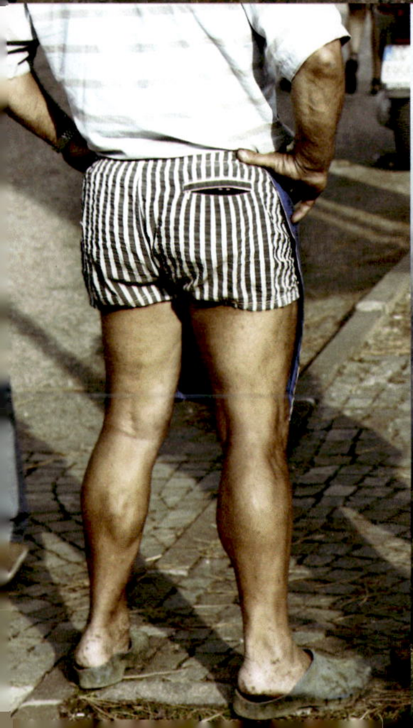

Lokalmatador

ER IST KEINER DIESER OPULENTEN GROSSEN WEINE. ABER DAS WILL DER SÜDTIROLER VERNATSCH JA AUCH GAR NICHT SEIN. ER ZEIGT DEN WEINFANS LIEBER, DASS SICH UNKOMPLIZIERTES TRINKVERGNÜGEN UND HOHE QUALITÄT NICHT AUSSCHLIESSEN.

Der Weg zum Vernatsch geht hoch hinauf, mit der Seilbahn auf das Vigiljoch. Dort liegt das Vigilius Mountain Resort wie ein großer Baumstamm auf dem Bergrücken oberhalb des Städtchens Lana. Der Stararchitekt Matteo Thun hat das Öko-Luxushotel aus Holz, Lehm und Glas so gestaltet, dass die Grenze zwischen Natur und Architektur fließend ist. Hier oben liegen einem nicht nur die Weingärten des Meraner Talkessels zu Füßen, man blickt auch auf die des Etschtals bis hin zu den Dolomiten. Ein wunderschöner und passender Rahmen für den Vernatsch Cup, bei dem alljährlich Weinspezialisten und Fachjournalisten als Jury die zehn besten Weine aus der Rebsorte Vernatsch küren. In der klaren, frischen Bergluft auf 1.500 Metern Höhe schmeckt man den ohnehin schon deutlichen Unterschied zwischen den einzelnen Weinen noch deutlicher heraus. Den Unterschied, den die Böden und Mikroklimata der jeweiligen Anbaugebiete verursachen. Und auch den Unterschied, den die Weine durch die individuelle Handschrift ihrer Erzeuger erhalten.

Der eine hat eine hellrote Farbe, so manchem Rotweinfan fast schon zu hell. Der andere leuchtet in strahlendem Kirsch- oder kräftigem Rubinrot. Und dann gibt es auch welche mit granatroten Nuancen. Mal duftet der Vernatsch nach roten Beeren, Blüten und Mandeln, mal nach Kirschen, Himbeeren und Brombeeren, bei einigen kommen noch Anklänge von Veilchen oder Nelken hinzu. Es sind filigrane Tröpfchen dabei, aber auch vollmundige, elegante ebenso wie deftige. Viele sind sehr fruchtig, haben eine milde Säure, fließen eher samtig die Kehle herunter. Manche kommen mit springlebendiger Frische daher. Dann gibt es welche mit dezenten, geschmeidigen Gerbstoffen oder mit ausgeprägter Saftigkeit, einige sogar mit leichter Würze. Und der klassische bittere Nachgeschmack, der an Mandeln erinnern, ist mal mehr, mal weniger ausgeprägt und wird auch schon mal von ausgeprägten Kirschnoten begleitet.

In puncto Qualität ist der Level der Weine insgesamt sehr hoch, manche bewegen sich sogar in erstaunlichen Höhen. Darüber hinaus sind sie süffig, verführerisch süffig. Und sie sind von jener Leichtigkeit, die unbeschwerten und unkomplizierten Genuss erlaubt. So einen Wein wünscht man sich nach einer Wanderung durchs Gebirge, oben auf der Panoramaterrasse einer Almhütte, und dazu ein Jausenbrettl mit würzig-mildem Tiroler Speck. Den kann man sich aber auch gut zu einem Carpaccio von der Bergforelle vorstellen. Oder an der Bar, als Begleiter zum berauschenden Gespräch. Von dem trinkt man auch gerne das eine oder andere Glas mehr.

„Diese Vielseitigkeit ist eine der oft unterschätzten Qualitäten des Vernatsch", so Ulrich Ladurner, Besitzer des Vigilius Mountain Resorts und immer schon bekennender Liebhaber des Vernatsch. Um die Qualität dieses klassischen Südtiroler Weins zu fördern, rief er im Jahr 2004 den Vernatsch Cup ins Leben, was von nicht wenigen Südtirolern mit einem milden Lächeln quittiert wurde. Das ist nun auch nicht sehr verwunderlich. Denn was unter dem Namen Vernatsch verkauft wurde, war über Jahrzehnte nicht gerade von berauschender Qualität, ein eher dünnes und höchst durchschnittliches, im besten Falle einigermaßen süffiges Tröpfchen. Das trank man gegen den Durst, und/oder um sich zu preiswert berauschen: jedenfalls die Südtirol-Touristen, an die man Vernatsch in der Doppelliterflasche verramschte. Bis zu 90 Prozent der gesamten Jahresproduktion gingen aber fassweise in die Schweiz, wo man ihn als Allerweltswein in Kneipen verscherbelte oder als Verschnittwein verarbeitete. Die Südtiroler selber griffen, wenn sie die Lust auf einen Rotwein überkam, lieber zu edleren Tropfen aus der Toskana oder anderen italienischen Regionen. Mit anderen Worten: Das Image des Vernatsch war im Keller, und mit zunehmendem Qualitätsbewusstsein seitens der Verbraucher rutschte dann nach und nach auch die Nachfrage in den Keller. Das war Ende der siebziger Jahre.

Heute spitzen die Weinkenner die Öhrchen, wenn von Vernatsch die Rede ist. Denn es hat sich viel

Auch im biodynamischen Weingut Manincor gilt: Je weniger Trauben am Rebstock heranwachsen, umso höher ist deren Qualität.

getan. Der Vernatsch hat zu ungeahnten qualitativen Höhenflügen angesetzt, seit man nicht nur beim Anbau der Reben, sondern auch im Keller von der Masse zur Klasse umstieg. Zwar gehört Vernatsch nach wie vor nicht zu den schweren Wuchtbrummen, die Jahre im kleinen Barriquefass reifen und vor Aromen sowie Tanninen nur so strotzen. Die man nur zu besonderen Anlässen entkorkt, weil man schon angesichts ihrer satten roten Farbe in Ehrfurcht erstarrt. Aber als Wein für jeden Tag entspricht Vernatsch heute dem Trend zu leichteren, fruchtig-frischen Weinen, qualitativ hochwertig, aber nicht kapriziös. Und er passt in seiner Vielfalt sowohl zur herzhaften Südtiroler Küche wie zur mediterranen Küche, ja selbst zu angesagten Genüssen wie Sushi, Sashimi & Co. Der geneigte Vernatsch-Einsteiger könnte beim Einkauf allerdings schnell den Überblick verlieren. Der Südtiroler Vernatsch kommt nämlich unter unterschiedlichen Namen auf den Markt, vor allem als Kalterer oder Kalterersee Auslese, St. Magdalener, Bozner Leiten und Grauvernatsch.

Die Rebsorte Vernatsch, auf italienisch Schiava, ist eine sogenannte autochthone Rebsorte. Also eine Rebsorte, die dort wächst, wo sie auch ursprünglich herkommt. Auch wenn oft behauptet wird, dass Vernatsch als älteste Rebsorte Südtirols schon in der Römerzeit angebaut wurde, schriftlich erwähnt wurde sie erstmals im Jahr 1229. Mitte des 17. Jahrhunderts soll sie dann nach Württemberg gelangt sein, wo sie als Trollinger bekannt ist.

Die Vernatsch-Rebe braucht viel Wärme, um einen qualitativ hochwertigen Wein zu ergeben. Allerdings vertragen die Trauben direkte Sonnenbestrahlung nicht sehr gut, sie brauchen also Schatten. Daher wird Vernatsch in sogenannter Pergel-Erziehung angebaut. Unter Pergeln versteht man die Rebengerüste aus Holz und Draht, die wie Lauben aussehen. An ihnen ranken sich die Triebe der Reben entlang, bilden mit ihren Blättern ein Laubdach, das den darunterhängenden Trauben Schatten bietet. Außerdem sorgt das Blätterdach für ein Miniklima, bei dem Feuchtigkeit, Temperatur und Luftverhältnisse weitgehend konstant bleiben. Und auch dafür, dass der Boden bei großer Hitze nicht so schnell austrocknet.

Früher waren die meisten der kleinen Weinparzellen, die wie ein Flickenteppich Südtirols Weinlandschaft bilden, mit Pergeln bedeckt. Schäfchen weideten unter den Dächern aus Weinblättern, so manches Liebespärchen fand hier auch ein geschütztes Plätzchen, fürs sommerliche Picknick boten sie Schatten – damals noch eine Weinlandschaft für Romantiker! Heutzutage bestehen viele Pergeln nur noch aus schlichten Drahtgestellen und sind auch tiefer gelegt. Nun ist kein Platz mehr für Schafe, Liebespaare und Picknick. Dafür aber sind die Trauben noch näher

Der mild-würzige Südtiroler Speck ist ein streng kontrolliertes Qualitätsprodukt – und der Traumpartner des Vernatsch.

am Boden und profitieren von der dort gespeicherten Wärme. Gut für die Trauben- und damit auch die Vernatsch-Qualität, schlecht für die Romantiker. Aber die bekommen in Südtirol ja ohnehin schon genug fürs Auge geboten.

Die Zarten und die Kräftigen

Fast alle Winzer Südtirols bauen neben anderen Rot- und Weißweinrebsorten auch Vernatsch an. Seit der Absatzkrise in den achtziger Jahren zwar deutlich weniger, dafür aber auch mit deutlich mehr Liebe als zuvor. Der Vernatsch steht in der Regel nur noch dort, wo er optimale Bedingungen findet. Er wird heute auf etwa 22 Prozent von Südtirols Rebfläche angebaut, das ist nur noch knapp ein Drittel wie zu Zeiten der Massenproduktion. Im Weinberg wird der Ertrag zugunsten der Traubenqualität reduziert. Es findet eine strengere Selektion des Rebmaterials statt, auch im Keller geht man behutsamer und innovativer vor. Und mit den so steigenden Qualitäten treten auch die Unterschiede der verschiedenen Herkünfte immer deutlicher zu Tage.

Die klassischen und größten Anbaugebiete liegen um Bozen, Meran und Kaltern. Sie prägen mit ihren unterschiedlichen Böden und regionalen klimatischen Bedingungen den Geschmack des Weins. Und sie geben den Vernatsch-Weinen auch ihre verschiedenen Namen. Der St. Magdalener wächst um das gleichnamige Dörfchen oberhalb von Bozen. Er ist der kraftvollste Vernatsch von allen. Er darf auch bis zu zehn Prozent Lagrein enthalten, ein Wein aus der einheimischen Rebsorte Lagrein, der ihm noch mehr Power gibt. Von den Hügeln, auf Südtirolerisch: Leiten, rund um die Landeshauptstadt stammt der Bozner Leiten, ein eher milder Vertreter seiner Art. Der bekannteste Vernatsch-Wein ist der Kalterer oder Kalterersee Auslese. Er stammt – wie es der Name schon sagt – von den Weinbergen auf den sonnenverwöhnten Hügeln rund um den Kalterer See. Ein angenehm milder Vernatsch wächst hier heran, gerbstoffarm, fruchtig, weich, mit zartem Mandelaroma.

Der Südtiroler Grauvernatsch hat seinen Namen vom typischen Grauschleier, der in der letzten Reifephase auf der Beerenhaut liegt. Er kann aus allen Ecken Südtirols stammen, die für seinen Anbau geeignet sind. Er ist allerdings ein empfindliches Etwas und neigt dazu, während oder kurz nach der Blütezeit mal einige, mal einige mehr von seinen Blüten abzuwerfen. Somit ist der Ertrag instabil, was die meisten Winzer davon abhält, sich ihm zu widmen. Man findet ihn daher eher selten. Aus ihm entsteht die wohl eleganteste Spielart unter den Weinen der Vernatsch-Traube, die sich durch einen zarten Veilchenduft und Waldfruchtaromen hervortut.

GENUSSTIPP

Der Vernatsch ist ein Allrounder. Dank seines unkomplizierten Wesens macht er immer eine gute Figur – als Afterwork-Schoppen ebenso wie als Schlummertrunk, auf der Sommerterrasse wie beim Après Ski. Beim Kombinieren mit Speisen bietet Vernatsch ein breites Spektrum. Seinen Traumpartner hat er in einem weiteren Südtiroler Lokalmatador gefunden, im köstlichen Südtiroler Speck nämlich. Die Serviertemperatur sollte 16° C nicht überschreiten. In Supermärkten kann man sich die Suche nach Vernatsch sparen. Er wird eher im Repertoire eines auf italienische Weine spezialisierten oder sehr breit sortierten Weinhändlers zu finden sein. Ganz gewiss bekommt man ihn aber in den diversen Weinshops im Internet – und zwar zu Preisen zwischen 6 und 10 €.

Mausempfehlungen für süffigen Vernatsch

Glögglhof / Gojer www.gojer.it
Griesbauerhof / Mumelter www.tirolensisarsvini.it
Josef Brigl www.brigl.com
Kellerei Bozen www.cantinabolzano.com
Kellerei Girlan www.girlan.it
Kellerei Kaltern www.kellereikaltern.com
Manincor www.manincor.com
Obermoser / Rottensteiner www.obermoser.it
Schwarhof / Loacker www.loacker.net
Tiefenbrunner www.tiefenbrunner.com
Waldgries / Plattner www.waldgries.it

Seite 87: Vernatsch-Reben prägen die liebliche Landschaft rund um den Kalterer See.

Kommen wir zu denen, die dem Vernatsch gerade ein neues, besseres Image verpassen. Es sind nicht wenige. Denn – wie gesagt – fast jede Genossenschaft, fast jedes Privatweingut und auch die kleinen freien Weinbauern, die ihre Trauben selbst vinifizieren, bauen Vernatsch an – und verwandeln ihn in wunderbare Tropfen. Einer davon ist Christian Plattner, dessen klassischer St. Magdalener in jedem Jahr seit Bestehen des Vernatsch Cups zu den zehn Siegern gehörte. Der junge Weinmacher entspricht zwar optisch eher einem Großstadt-DJ als einem Winzer. Sein wunderschöner historischer Ansitz Plattner Waldgries, der aus dem 12. Jahrhundert stammt, wirkt dafür wie ein Weingut aus dem Märchenbuch. Auf einem Hang, eingebettet von Oliven-, Lorbeer- und Feigenbäumen, Palmen und Oleander und vor allem Reben, liegt es in der Gemeinde St. Justina im klassischen St.-Magdalener-Gebiet bei Bozen. Hier ist Plattner aufgewachsen, hier kennt er jede Erdkrume, das ist sein Terroir. Und das pflegt und hegt er mit beeindruckendem Sachverstand und mit viel Liebe nach biologischen Prinzipien. Das schmeckt man auch. Bei seinem St. Magdalener Classico ebenso wie beim Lagrein und den anderen Weinen, die in den uralten, tiefen Kellergewölben zwischen Skulpturen und Bildern reifen. Bei aller Eleganz, bei aller Finesse und aller Ausgewogenheit sind sie immer auch charaktervolle Vertreter ihres Terroirs. Echte Südtiroler Jungs, die so viel Power haben wie ihr Macher.

Ein anderer versetzt für einen guten Vernatsch Berge – und zwar im wortwörtlichen Sinne. Michael Graf Goëss-Enzenberg trug für die neue Kellerei seines Weinguts Manincor oberhalb des Kalterer Sees einen ganzen Weinberg ab, um ihn dann aus Landschaftsschutzgründen an Ort und Stelle genau so wieder herzustellen. Vom zukunftsweisenden Neubau sieht man freilich so gut wie nichts. Die ganze Anlage ist nämlich in den Weinberg integriert – wie ein Bergwerk, nur aus Beton gegossen. Nur der rechteckige Verkostungsraum aus Holz und Glas ragt gleich neben dem alten Renaissance-Ansitz von 1608 ganz dezent und fast schon zierlich aus der Erde. Daneben öffnet sich der Schlund zu den drei unterirdischen Stockwerken, wo auf rund 3.000 Quadratmetern alles untergebracht ist, was man für eine innovative, schonende und umweltbewusste Produktion eines guten Tropfens braucht – vom Gärbehälter bis zur Lagerhalle, von Bio-Wärme aus dem Erdreich bis zu Transportmöglichkeiten mittels natürlicher Schwerkraft. Da versteht es sich schon fast von selbst, dass man die Weinberge von Manincor biodynamisch bewirtschaftet. Was Graf Goëss-Enzenberg und sein Kellermeister Helmuth Zozin im Einklang mit der Natur aus Vernatsch produzieren, lässt sich freilich auch schmecken: ein klassischer Südtiroler Kalterersee – sanft, saftig, süffig! *ari*

Christoph und Wally Wörndle servieren in ihrem schmucken Restaurant Turmbach in Eppan regionale Speisen mit mediterranem Einschlag. Vor der Fußball-WM 2010 bewirteten sie die deutsche Nationalmannschaft, die ihr Trainingslager in Eppan hatte. Zum Kalbsrückensteak mit Spargelspitzen und Almkäse überbacken empfahlen die beiden charmanten Südtiroler einen gereiften Südtiroler Weißburgunder.

Gipfelstürmer

VON ROT ZU WEISS – SÜDTIROLS REBENLANDSCHAFT WECHSELT LANGSAM, ABER STETIG DIE FARBE UND GEWINNT DAMIT AN ANSEHEN. ALLEN VORAN ZEIGEN DIE ELEGANTEN UND RASSIGEN WEISSBURGUNDER, ZU WELCHEN HÖHENFLÜGEN SÜDTIROLER WEISSWEINPRODUZENTEN FÄHIG SIND.

Er ist ein echtes Kind seiner Heimat, der Südtiroler Weißburgunder. Er trägt all das in sich, was sein Anbaugebiet ausmacht. Seine grünlich-hellgelbe Farbe fängt die Strahlen der Sonne ebenso ein wie das Grün der Bergwiesen. Sein Duft erinnert an die Äpfel, die neben seinen Rebgärten im großen Stil angebaut werden, aber auch an die Birnen aus den Obstgärten der Region. Er schmeckt so klar und frisch wie die Luft im Gebirge, so mineralisch wie die Böden aus Kalk, Granit, Schiefer und Porphyr, auf denen er wächst. Er hat aber auch eine straffe Säure, die ihm das Temperaturgefälle zwischen Tag und Nacht bewahrt. Im reiferen Alter ist er so cremig und buttrig wie die Bergbauernbutter von den Almen. Und als charaktervollster Weißwein Südtirols hat er auch die Kraft, die vonnöten ist, um an die Spitze zu klettern, an die Spitze der italienischen Weißweine nämlich.

Das kommt nicht von ungefähr. Das Terlaner Becken im mittleren Etschtal zwischen Bozen und Meran bietet Weißweinreben beste Anbaubedingungen. Ebenso das zu Füßen des Mendelgebirges zwischen Bozen und Tramin liegende Anbaugebiet Überetsch mit den traditionsreichen Weinbaugemeinden Eppan und Kaltern. Denn in ganz Südtirol sorgen der Windschatten der Alpen, 300 jährliche Sonnentage und die gute Verteilung der Regenmengen sowie die Bodenbeschaffenheiten dafür, dass sich Weißweinreben besonders wohlfühlen.

Wie wohl, das zeigt die hohe Traubenqualität des Weißburgunders, der vor rund 150 Jahren nach Südtirol kam und dort fast überall angebaut wird – vom kühlen Eisacktal bis zum heißen Unterland. Man pflanzt ihn in Höhen über 350 Metern an, was er liebt, denn dort bekommen die Reben genügend Sonne, werden aber durch die kühleren nächtlichen Temperaturen erfrischt, was die Frucht- und Säurebildung fördert. Die Südtiroler Weißburgunder – auf italienisch Pinot Bianco – sind in der Regel sehr lagenbetont. Anders ausgedrückt: Ihr Charakter entspricht der Weinlage, auf der sie gedeihen. Da jede einzelne Lage sowohl ein ganz spezifisches Mikroklima wie auch eine ganz eigene Bodenstruktur hat, zeigen die Weine einen ausgeprägten gebietstypischen Charakter. So sind die Weißburgunder aus Terlan im Etschtal, wo die Reben tiefe Wurzeln bilden müssen, um in den trockenen, humusarmen Porphyr-Böden genügend Wasser zu bekommen, besonders mineralisch, während von den warmen sonnigen Lagen um Tramin mit Böden aus Kalk- und Dolomitgestein eher mollige und vollmundige Weißburgunder stammen. Die Südtiroler Weißburgunder sind eben besonders ausdrucksstarke Botschafter ihres Terroirs.

Umso erstaunlicher, dass man in Südtirol so lange brauchte, um zu erkennen, dass der Weißburgunder das Zeug hat, die höchsten Gipfel der Weinwelt zu stürmen. Lange war die Welt in Südtirol rot, und Weißweine spielten nur eine Nebenrolle. Noch vor 30 Jahren war weniger als ein Drittel der gesamten Rebfläche mit Weißweinreben bepflanzt, der Rest gehörte den Roten, allen voran dem Vernatsch. Da man in Südtirol gerne etwas länger an Traditionen festhält und sich an Althergebrachtes klammert wie die Bergsteiger an Felswände, musste schon jemand kommen, der den Willen und auch die Kraft hatte, in den erzkonservativen Köpfen der Südtiroler Weinbauern Berge zu versetzen. Jemand wie Hans Terzer! Ein Mann, der im Jahr 1977 als junger Spund von 22 Jahren die Verantwortung für die Weinproduktion der Kellereigenossenschaft St.-Michael-Eppan übernahm und sie mit Ehrgeiz, Kompetenz, Leidenschaft und konsequentem Handeln in eine der innovativsten Kellereien Italiens verwandelte.

Der heute europaweit geschätzte promovierte Önologe erkannte schon früh, dass Südtirol für den Anbau hochwertiger Weißweine geradezu prädestiniert ist. Und er leistete Pionierarbeit, indem er mit seinem schon legendären Dickschädel die Genossenschaftsmitglieder davon überzeugte, in ihren Rebgärten den Anteil weißer Rebsorten zu erhöhen. Teils auf eine ganz eigene rigorose Art: So sperrte er beispielsweise bei einer Mitgliederversammlung die Türen zu, bis die von ihm erwünschte Mehrheitsentscheidung

Am frühen Morgen sind die Weißburgunder-Trauben oft noch mit Bergtau bedeckt.

Kalk, Granit, Schiefer, Porphyr – viele Stützmauern der Weinberge geben ein exaktes geologisches Abbild der Böden wieder.

zustande kam. Vor allem aber, indem er die Weinbauern bei ihren Bemühungen um herausragende Traubenqualitäten stets mit Rat und Tat unterstützte und sie dann auch entsprechend hoch entlohnte. Das führte letzten Endes dazu, dass die Eppaner Genossen inzwischen um die höchsten Preise wetteifern. In ihren Diskussionen geht es oft darum, wer am Martinstag am besten dasteht. An diesem wichtigsten Tag für die Weinbauern wird nämlich die Höhe der Auszahlungen festgelegt.

Die Überzeugungsarbeit Terzers führte Anfang der Neunziger zu einem großen weißen Ruck in den Weingärten der 355 Genossenschaftsmitglieder im Herzen der grandiosen Rebenlandschaft des Südtiroler Überetsch. Inzwischen hat sich der Anteil von 80 Prozent Rotwein auf jetzt 70 Prozent Weißwein verschoben. Gemäß Terzers Credo produziert man auch die hochwertigsten Weine in entsprechenden Mengen zu durchaus genießerfreundlichen Preisen. Er sagt: „Mein Ziel ist es, Weine von allerhöchster Qualität zu produzieren – und zwar nicht nur in homöopathischen Mengen und für eine exklusive Schicht von Weintrinkern."

Dies erreicht man, indem man sowohl beim Anbau wie auch im Keller Tradition und Innovation verknüpft. So werden die Weinberge umweltfreundlich bearbeitet, um das biologische Gleichgewicht der Reben zu fördern. Im Keller arbeitet man mit neuester Technologie, nutzt aber auch immer noch die traditionellen großen Holzfässer aus der Gründerzeit der Genossenschaft. Die Verknüpfung zeigt sich auch in den Gebäuden der Kellerei, die wie eine Trutzburg an der Südtiroler Weinstraße thront: Neben dem Jugendstilbau, der zwei Jahre nach Gründung der Genossenschaft im Jahr 1909 fertiggestellt wurde, liegt nun ein zeitgenössischer Anbau mit klaren Linien. Hier kann man in modernem Ambiente die Weine der Genossenschaft probieren und kaufen. Auch dieser Publikumsmagnet ist von Terzer angeschoben worden, der wie ein Dirigent seinem Orchester den Genossen den Takt angibt.

Zwar wurde Hans Terzers Arbeit immer von viel Kritik begleitet. Aber nur seinen fortschrittlichen Ideen und seinem konsequenten Qualitätsdenken ist es zu verdanken, dass die Kellerei heute zur Riege der besten Weißweinproduzenten ganz Italiens gehört. Wobei der Weißburgunder ganz eindeutig im Mittelpunkt der Produktion von St. Michael-Eppan steht. Er macht fast ein Fünftel des gesamten Sortenspiegels aus. Der weiße Star der Kellerei und auch ein Aushängeschild für das Qualitätspotential der Südtiroler Weißweine ist der Weißburgunder *Schulthauser* aus der Selektions-Linie. Sie umfasst eine Auswahl außergewöhnlicher Weine, von denen viele als Best-Buy in Südtirol gelten. Der Weißburgunder hat es aber auch

Der von Wolken umhüllte Rosengarten ist der Blickfang, wenn man über die Bozener Rebgärten gen Norden schaut.

in die berühmte St.-Valentin-Linie geschafft, die nur den absoluten Spitzengewächsen vorbehalten ist.

Junge Talente sorgen für Furore

Neben den bekannten Stars des Genossenschaftswesens wie Hans Terzer und Luis Raifer von der Kellerei Schreckbichl ist es seit einigen Jahren vor allem der hoch talentierte Nachwuchs unter den Südtiroler Weinmachern, der neue Maßstäbe setzt. Harald Schraffl beispielweise, der auch zwei Jahre in Terzers Reich arbeitete. Der junge Kellermeister der Genossenschaft Nals-Magreid verblüfft, seitdem er 2005 die Verantwortung für die Weinproduktion übernahm, Jahr für Jahr mit einem Weinsortiment, vor dem selbst anspruchvollste Weinkenner den Hut ziehen. Die Weinparzellen der rund 140 Weinbauern der Genossenschaft liegen entlang der gesamten Südtiroler Weinstraße – von Nals im Norden bis ins südliche Margreid – und ziehen sich bis zu einer Höhe von 900 Metern hoch. Und hier verbringt der engagierte Schraffl viel Zeit, um seine Winzer vor Ort zu beraten, damit sie die unterschiedlichen mikroklimatischen und geologischen Gegebenheiten ihrer einzelnen Lagen optimal nutzen – und um gegebenenfalls auch korrigierend einzugreifen. So kann Harald Schraffl auf exzellentes Traubenmaterial zurückgreifen, das er so behutsam wie möglich und mit so viel moderner Technik wie nötig auf seinem Weg in die Flasche begleitet. Der talentierte Weinmacher hat ein Händchen dafür, den Charakter jeder Rebsorte und Einzellage sehr eindeutig und klar herauszuarbeiten. Diese Begabung zeigt sich unter anderem beim Weißburgunder *Sirmian*. Er spiegelt mit seiner lebhaften Säure, der kraftvollen aromatischen Fülle und der frischen Struktur ganz wunderbar die gleichnamige Lage oberhalb von Nals. Hier auf über 600 Meter Meereshöhe schaffen Böden aus Lehm und Kalkgestein und die hohe Sonneneinstrahlung ideale Voraussetzungen für diesen beeindruckenden Pinot Bianco.

St. Michael-Eppan und Nals-Magreid sind selbstverständlich nicht die einzigen Genossenschaften, die mit ihren Weißburgundern für Furore sorgen. Zur Riege der Top-Produzenten gehört auch die traditionsreiche Cantina Terlan mitten im Weinbaugebiet Terlan zwischen Bozen und Meran. Die eher kleinere Genossenschaft mit rund 100 Mitgliedern hat sich mit Weißburgundern von beachtlicher Komplexität und erstaunlicher Langlebigkeit einen Namen gemacht. Woher ihre deutlich hervortretende Mineralität stammt, zeigt der moderne Erweiterungstrakt der Kellerei eindruckvoll: Er ist mit rötlichem Porphyr verkleidet, dem typischen Gestein der Gegend, das auch den

GENUSSTIPP

Der Südtiroler Weißburgunder ist ein toller Aperitif, aber auch ein vielseitiger Speisenbegleiter. Unter anderem passt er perfekt zu Weißkrautsalat mit Pressknödel, dem Alpenklassiker unter den Vorspeisen. Selbstverständlich ist er auch der beste Begleiter der cremigen Südtiroler Weinsuppe, die aus Weißburgunder, Fleischbrühe, Eidottern und Sahne zubereitet und mit in Butter gerösteten sowie mit Zimt gewürzten Toastwürfeln serviert wird. Am besten schmeckt er mit einer Temperatur von 10 bis 12° C. Dass man die Südtiroler Weißburgunder nicht für 4 € an der Tankstelle bekommt, versteht sich von selbst. Auch in den Weinregalen durchschnittlicher Supermärkte wird man kaum fündig werden. Der Gang zum Fachhändler oder die Suche in Internetshops lohnt aber allemal. Und da liegen die Preise im Schnitt zwischen 6,50 und 12 €.

Mausempfehlungen für mineralischen Weißburgunder

Alois Lageder www.aloislageder.eu
Elena Walch www.elenawalch.com
Gumphof / Prackwieser www.gumphof.it
Hartmann Donà hartmann.dona@rolmail.net
Hofstätter www.hofstatter.com
Ignaz Niedrist www.fws.it
Kellerei Nals Margreid www.kellerei.it
Kellerei Schreckbichl www.colterenzio.it
Kellerei St.-Michael-Eppan www.stmichael.it
Kellerei St.-Pauls www.kellereistpauls.com
Kellerei Terlan www.kellerei-terlan.com
Kellerei Tramin www.cantinatramin.it
Laimburg www.laimburg.bz.it
Manincor www.manincor.com
Peter Zemmer www.zemmer.com
Stroblhof www.stroblhof.it
Unterortl / Castel Juval www.unterortl.it

Seite 95: Nicht nur das Weincenter Kaltern, auch viele anderen Kellereien locken mit so schicken wie trendigen Verkaufs- und Verkostungsräumen.

Weißburgunder entscheidend prägt. Man hat sich schon vor vielen Jahren der Entdeckung der Langsamkeit gewidmet. Konkreter: Kellermeister Rudi Kofler setzt auf eine ganz langsame und schonende Vinifikation, die sich bis zu zehn Jahren hinziehen kann. So holt er eine ganz besondere und sehr tiefgehende Aromenstruktur hervor, die Koflers Weißburgunder zu sehr eigenwilligen Vertretern ihrer Art macht. Die besten Qualitäten sind meist älter als zwölf Jahre, was ihnen ein noch breiteres Aromenspektrum gibt und eine noch größere Eleganz und Finesse verleiht. Berühmt ist die Genossenschaft übrigens auch für ihren Terlaner, eine Cuvée aus Weißburgunder, Chardonnay und Sauvignon Blanc, die in Terlan schon vor rund 100 Jahren kreiert wurde.

Wer nun glaubt, die Genossenschaften machen das Gerangel um die besten Weißburgunder Südtirols unter sich aus – falsch. Auch unter den privaten Weingütern und den ganz kleinen freien Weinbauern, die ihre Trauben selber weiterverarbeiten, findet sich so mancher Weißburgunder-Spezialist. Der junge Markus Prackwieser vom Gumphof aus dem Eisacktal ist so einer. Im Gumphof lebt man zwar schon seit Generationen vom Traubenanbau. Aber der Junior beschloss, als er den Betrieb von seinem Vater übernahm, dass er fürderhin seine Trauben selber vinifiziert. Und das macht er nun schon seit einigen Jahren mit Bravour! Wobei es ihm die steilen Weinberge am Fuße des Schlernmassivs mit einer Neigung von 50 bis 70 Prozent wahrlich nicht leicht machen. Hier ist in jeder Phase des Anbaus reine Handarbeit angesagt, was den jungen Prackwieser aber ganz offensichtlich zu Höchstleistungen anspornt, denn er hat es geschafft, auf seinen hoch gelegenen Weinparzellen für jede Rebsorte den optimalen Standort zu finden. „Mein Ziel ist es, meinen Kunden einen anregenden Wein anzubieten, der Aufschluss über seine Umgebung und seinen Urheber gibt", so Prackwieser. Das ist ihm insbesondere mit seinen Weißburgundern bestens gelungen. Schon der Pinot Bianco aus der Basislinie überzeugt durch dynamische Frische und feine Mineralität. Und der Weißburgunder Praesulis – der Name stammt vom nahe gelegenen Schloss Prösels – gehört mit seiner Vielschichtigkeit, Würze, Länge und den mineralischen Noten zu den großen Weißweinen Südtirols.

Summa summarum kann man nur darüber staunen, wie viel Leidenschaft so ein Weißburgunder bei den ansonsten nicht gerade Esprit versprühenden Südtirolern entfacht! Bei den alten Hasen unter den Kellermeistern, die mit Weitsicht, fortschrittlichem Denken und Biss die Grundlagen gelegt und rigoros durchgezogen haben. Und bei den jungen Spunden, die mit beiden Beinen fest auf dem Südtiroler Boden stehen, aber genügend Wagemut haben, die festgetretenen Pfade zu verlassen. Sie alle haben mit ihren wundervollen Weißburgundern die Gipfel der italienischen Weißweinproduktion gestürmt. *ari*

KURZ EINGESCHENKT

In Weiß

Aromatisch ist Trend. In Italiens Metropolen sind Südtiroler Weißweine aus den aromatischen Rebsorten Gewürztraminer und Sauvignon Blanc so gefragt, dass vor allem vom Gewürztraminer wenig für den Export übrigbleibt. Diese intensiv nach Rosen und Nelken duftende Sorte stammt höchstwahrscheinlich aus Südtirol. In den Weinbergen des Ortes Tramin am südlichen Ende des Kalterer Sees wurde sie jedenfalls erstmals gefunden, von dort stammt auch gesichert ihr Name, und dort werden auch großartige Weine aus der aromareichen Rebsorte produziert. Einen Gewürztraminer erkennt selbst der unerfahrene Weintrinker sofort: an seinem einzigartigen Duft nämlich. Darüber hinaus auch an seinem überaus üppigen Körper und sehr gehaltvollen Geschmack. Sein Markterfolg führte, nachdem es Lieferengpässe gab, zur Ausweitung seiner Rebflächen, weshalb der Gewürztraminer heute zu den auch mengenmäßig wichtigen Weißweinsorten Südtirols gehört.

Infolge der Reduzierung des Anbaus von Vernatsch und Weißburgunder konnte der aromatische Sauvignon Blanc ebenfalls zulegen. In Südtirol schmeckt diese international verbreitete Sorte nach Holunderblüten und Cassis, manchmal zeigt sie auch grüne Noten, wie man sie aus der Gemüseküche kennt. Darüber hinaus hat der Sauvignon Blanc wie alle Weißweine Südtirols viel Frische und einen mineralischen Kern. Im Eisacktal, dem kühlsten Anbaugebiet innerhalb Südtirols, ist diese Frische und Mineralik nochmal zusätzlich potenziert. Generell gilt für Liebhaber weißer Weine: Ganz Südtirol erzeugt saftig mineralische, frische Weißweine mit Körper und klar definiertem Rebsortencharakter, die unverwechselbar nach Südtirol schmecken – vom Weißburgunder bzw. Pinot Bianco über den Pinot Grigio und Chardonnay bis zum Gewürztraminer.

Gewürztraminer, Sauvignon Blanc:
Siehe Empfehlungen Weißburgunder

Lagrein, Blauburgunder:
Klosterkellerei Muri-Gries www.muri-gries.com
Josephus Mayr www.tirolensisarsvini.it
Franz Haas info@franz-haas.it

Eisacktal:
Hoandlhof / Nössing, Brixen www.suedtirolerwein.com
Köfererhof / Kerschbaumer www.koefererhof.it

In Rot

Die Vielfalt der Südtiroler Weine zeigt sich auch bei den Rotweinen. Beliebig ausweiten kann man die Rebfläche in Südtirol nicht, denn die Traube konkurriert stets mit dem Apfel als zweitem erfolgreichen Landwirtschaftsprodukt. Dank der deutlichen Reduzierung der Vernatsch-Anbaufläche in den neunziger Jahren wurden aber Flächen frei für die angesagteren Rotweinsorten Lagrein und Pinot Noir.

Lagrein steht für das rote Südtirol wie keine zweite Sorte. Sie ist eine der ältesten Rebsorten in ganz Italien, eng verwandt mit dem Teroldego aus dem Trentino und dem Lambrusco aus der Emilia Romagna. Trotz dieser Verwandtschaft schmeckt der Lagrein als typisches Kind Südtirols völlig anders. Die Rebsorte ist farblich tiefdunkel violett, fast schwarz. Neben viel Fruchtsäure besitzt sie einen ganz eigenen Gerbstoff, der an Unterholz, schwarze Beeren und Tinte erinnert. Lagrein fühlt sich am wohlsten auf den Schwemmlandböden im Bozener Talkessel. Seine Ursprünge hat er rund um das Klosterstift Muri-Gries im Bozener Stadtteil Gries und am nördlichen Rand der Stadt unterhalb des St.-Magdalener- Anbaugebiets entlang der Eisack. Auch wenn die städtebauliche Expansion ihn immer weiter zurücktreibt, halten sich die Lagrein-Weinberge innerhalb der Stadt bislang noch wacker. Da Lagrein als urtypische einheimische Sorte viel Aufmerksamkeit erhält, haben ihn auch Winzer im Unterland und dem Überetsch kräftig angepflanzt, weshalb die Rebfläche gewachsen ist.

Glücklicherweise bietet das kleine Südtirol mit seiner Bodenvielfalt diversen Rebsorten ein geeignetes Plätzchen für den Anbau. So auch dem Pinot Noir oder Blauburgunder, wie er in Südtirol heißt. Er bevorzugt eher kalkhaltige Böden mit einem kargen Untergrund, wo der Wind die Trauben nach dem Regen relativ schnell abtrocknet. Die Böden des Ortes Mazzon im Unterland gelten als die besten Lagen für den Blauburgunder. Ein Südtiroler Blauburgunder besitzt die für die Rebsorte typischen feinen Gerbstoffe, die noble, zurückhaltende Frucht und einen Gesamtauftritt, der ihn als Südtiroler Bergwein erkennbar macht. Anders verhalten sich die internationalen Sorten Cabernet Sauvignon und Merlot, die im Zuge der Neubepflanzungen im letzten Jahrhundert das Sortenspektrum Südtirols bereichert haben. Sie haben sich noch nicht voll ins Südtiroler Weinleben integriert, sie vermitteln im Glas unter allen Weinen des Landes am wenigsten den Geschmack von Südtirol.

Eine Bergwelt für sich

VON DER SONNE VERWÖHNT UND VON BERGEN GESCHÜTZT ZEIGT SICH SÜDTIROLS NACHBAR, DAS TRENTINO, VON SEINER BERAUSCHENDEN SEITE. MIT WEINEN, DIE DEN ALLTAGSGESCHMACK TREFFEN. ABER AUCH MIT INTERESSANTEN TROPFEN FÜR KENNER.

Fast senkrecht aufragende Gipfel, die Skulpturen gleichen. Glasklare Bergseen, malerische Wasserfälle und rauschende Wildbäche. Knallgrüne Wälder auf ausgedehnten Hochplateaus. Sonnige Strände am von mediterraner Vegetation und steilen Felsen umrahmten Gardasee. Pittoreske Dörfer und das Hauptstädtchen Trient mit seinen vielen Kulturdenkmälern. Das Trentino ist schon ein attraktives Fleckchen Erde. Es reicht von den Gletschern der Dolomiten bis hin zu den Oliven- und Zitronenhainen des Gardasees. Im Norden grenzt es an Südtirol, im Osten an das Veneto und im Westen an die Lombardei, dazwischen präsentiert sich das Land als ein Mosaik aus verschiedenen Landschaften. Das Herz des Trentino bildet das langgestreckte Tal der Adige (Etsch), in dem sich ein Großteil des Trentiner Weinbaus konzentriert. Es betört durch die allgegenwärtige Gebirgskulisse, von der die bis auf 1.000 Meter kletternden Weingärten malerisch eingerahmt werden. Kein Wunder, dass schon Goethe diesen optisch berauschenden Weingarten in *Die italienische Reise* als den schönsten Italiens pries.

Das mediterrane Klima des Gardasees lässt auch spät reifende Trauben zwischen den kühlen Bergen gut gedeihen. Denn während der Vegetationsperiode wirkt das, durch die hohen Bergflanken geschützte Tal der Adige wie ein gigantischer Warmluftkanal, in dem die Luft des Mittelmeerraums nach Norden zirkuliert. Und auch die geologischen Voraussetzungen, d.h. die steinigen Böden, sind für die Weinqualität förderlich.

Das Trentino besitzt zwar eine doppelt so große Rebfläche wie der Nachbar Südtirol, das beschriebene Potential nutzen aber nur wenige Winzer. Gestandene Winzerpersönlichkeiten wie in Südtirol sind eher selten, da drei riesige Genossenschaften die Weinerzeugung weitgehend unter sich aufteilen, die sich auf ansprechende Alltagsweine spezialisiert haben. Nur vereinzelt blitzt das Außergewöhnliche auf, wie bei der Ritratti-Weinlinie von der Cantina La Vis. Auf Privatwinzerseite mangelt es an Vordenkern, die zu Höchstleistungen bei der Traubenproduktion und im Keller anspornen. Nur wenige Charakterköpfe wie der charismatische Mario Pojer vom Weingut Pojer & Sandri oder die geradlinige Winzerin Elisabetta Foradori bringen Spannung in die Weinwelt der *vignaioli*, der Weinbauern (www.vignaiolitrentino.it). Was nicht heißen soll, dass es keine guten Weine im Trentino gäbe. Die Weißweine sind durch die Bank frisch, fruchtig und angenehm säurebetont. Pinot Grigio ist die mit Abstand meist angebaute Weißweinsorte, denn der hat in den USA und anderen Exportmärkten seine Liebhaber gefunden. Die erfolgreichsten Rebsorten im hochwertigen Segment des Fachhandels sind aber Chardonnay und Pinot Noir, die vor allem zur Erzeugung des prickelnden Trento DOC genutzt werden. Was Giulio Ferrari zu verdanken ist, der vor über 100 Jahren die Technik aus der Champagne ins Trentino brachte und mit der Produktion eines hochwertigen italienischen „Champagners" begann. Doch auch als Rebsortenwein liefert die Sorte Chardonnay rassige, animierende Weine, die oft unterschätzt werden.

Unter den Rotweinen überzeugen die kernigen Weine aus den Rebsorten Marzemino und Teroldego, die nur im Trentino angebaut werden. Aus Marzemino werden mittelkräftige Weine produziert, die durch brillantrote Farbe, blumig-fruchtigen Duft und bitterherben Geschmack auffallen. Der Teroldego bringt dagegen Weine mit intensiver Farbe und Kraft hervor. In der Nase ist er ein ganzer Kerl mit intensiver Beerenfrucht und packenden Düften von Erde, Trüffel und Leder. In jugendlichem Alter ist er eher kantig, wild und ungezähmt. Im Alter kann er sich zu einem Verführer mit komplexem, kräftigem und würzigem Geschmack sowie stets markantem Gerbstoff und rescher Säure entwickeln.

Rotwein:
Foradori www.elisabettaforadori.com
Eugenio Rosi www.vignaolideltrentino.it

Sekt:
Ferrari www.ferrarispumante.it

Weißwein:
Pojer & Sandri www.pojeresandri.it
Cesconi www.cesconi.it
Cantina La Vis www.la-vis.com

Venetien

AMARONE AUS DEM VALPOLICELLA
SOAVE UND DIE GARGANEGA
CONGELIANO-VALDOBIADDENE PROSECCO UND DIE GLERA

Ganz großes Kino!

WELTBERÜHMTE STÄDTE WIE VENEDIG UND VERONA, TRAUMHAFTE LAGUNENLANDSCHAFTEN, FASZINIERENDE KULTURDENKMÄLER, ERHABENE DOLOMITENGIPFEL UND DER BEZAUBERNDE GARDASEE – WAS DAS FACETTENREICHE VENETO ZU BIETEN HAT, IST SCHON GANZ GROSSES KINO. DANEBEN BIETET DIESE BENEIDENSWERT FRUCHTBARE REGION AUCH EINE REIHE BEMERKENSWERTER WEINE – VOM SPRITZIGEN PROSECCO BIS ZUM VOLLMUNDIGEN VALPOLICELLA.

Glück muss man haben, um einen Platz auf der Terrasse von Giovanni Ranas edler Trattoria Tre Corone zu ergattern. Bei Italiens Nudelkönig kommt man in den Genuss von köstlicher, frisch gemachter Pasta wie den schon legendären Tortellini, deren reichhaltige Füllung nur von hauchdünnem Teig umgeben ist. Man offeriert aber auch eine von Küchenchef Alessio Bottin modern interpretierte Veroneser Küche. Radicchio-Risotto mit Amarone, Miesmuscheln mit Tomatenconfit, ein Strudel von *Monte-Veronese*-Käse mit Mousse vom Weichkäse *Crescenza*, Stockfischpüree mit Blätterteig … ganz großes Kino für den Gaumen! Dazu ein Gläschen des am Gardasee nahe von Verona wachsenden herrlich fruchtigen Bardolino oder einen anderen Tropfen aus der grandiosen Auswahl von Weinen aus dem Veneto – wunderbar! Und als wäre es nicht damit schon genug, sitzt man auch noch auf der Piazza Brà und damit auf einem der Logenplätze für das kleine Spektakel vor dem großen Spektakel.

Am späten Nachmittag strömen Menschen aus aller Herren Länder auf der weitläufigen Piazza in der malerischen Altstadt von Verona zusammen. Die einen suchen sich unter den hohen Bäumen am plätschernden Brunnen ein schattiges Plätzchen. Die anderen zücken zum hundertsten Mal die Kamera, um jeden Winkel der vielen historischen Bauten rund um den Platz festzuhalten. Einige suchen mit verzweifelten Blicken nach einem Schwarzhändler, der noch Opernkarten für die Vorstellung am Abend in petto hat. Nach und nach versammeln sich Tausende vor der Arena di Verona. Das mächtige römische Amphitheather wurde im 1. Jahrhundert n. Chr. erbaut, um das Volk mit Brot und Spielen zu unterhalten. Mehr als 25.000 Menschen ergötzten sich damals an Gladiatorenkämpfen; heute stehen in den Sommermonaten Opern auf dem Programm. Opern – das ist eigentlich zu profan ausgedrückt. Ganz großes Kino trifft es schon eher!

Man muss es einfach miterlebt haben, wie die Horden von Operfans die Steinstufen des antiken Rondells stürmen, sobald sich die Tore zur Arena um Punkt Sieben Uhr öffnen. In Windeseile werden Rotweinflaschen, Käse, Schinken, Brot, Trauben und Melonen aus den Kühltaschen gezogen. Und dann macht man es sich auf den mitgebrachten Sitzkissen gemütlich, tafelt vergnügt wie bei einem Picknick auf der grünen Wiese, tauscht den eigenen Käse gegen die Salami der Nachbarn, reicht die Flaschen herum, palavert, liest Zeitung, studiert das Libretto, steigt die antiken Stufen hoch bis an den Rand der Arena und genießt die Panorama-Aussicht über die Stadt.

Oben in der Arena ist schon fröhliche Volksfeststimmung, wenn im Orchestergraben noch nicht mal die Notenständer aufgebaut sind. Und auch die teuren nummerierten Plätze unten füllen sich nur langsam. Aber gegen neun Uhr ist alles da, wo es hingehört: Die „bessere Gesellschaft in Frack und Abendkleid sitzt auf ihren Plätzen, das Orchester auch, die Sterne glitzern am dunklen Himmel, der Dirigent wurde schon unter frenetischem Applaus zu seinem Pult geleitet, das Licht geht aus, Tausende von mitgebrachten kleinen Kerzen werden entzündet. Die Spiele können beginnen …

Die sensationelle Akustik, die grandiosen Solisten, die prächtigen Kostüme, die opulente Kulisse, die riesigen Chöre, die Masse an Statisten – Oper in der Arena von Verona ist ein unvergleichliches Open-Air-Spektakel.

Seite 98 – 99: Beliebt bei Touristen und Tauben: der Markusplatz in Venedig.

Seite 100: Veronesische Eleganz in der Bar Sotto Riva.

Auf Veronas Piazza delle Erbe trifft man sich nach der Vinitaly.

Egal ob Wagner, Bizet oder Verdi, es ist eine völlig neue Dimension des Operngenusses. Eine Flut an Ovationen schwappt nach jeder Arie durch die Arena. Brava, bravi! Da capo! Zugaben gibt es mitten in der Aufführung. Immer wieder unterbricht der Dirigent, lässt die Arien wiederholen. Und bei der Arie des Gefangenenchors von Verdis Oper *Nabucco*, der heimlichen Nationalhymne Italiens, singen alle mit. „Va', pensiero, sull'ali dorate…" (Flieg, Gedanke, getragen von Sehnsucht…), aus 20.000 Kehlen mit Inbrunst vorgetragen, das ist atemberaubend. So richtig großes Kino!

In Verona kann man sich verlieben. Nicht nur der Oper wegen. Sie ist ja nur ein Beispiel dafür, wie fließend in dieser bildschönen Stadt die Grenzen zwischen Geschichte und Gegenwart sind. Auch wenn die Veroneser, umgeben von imposanten Relikten aus der Römerzeit, gotischen Monumentalbauten, mächtigen Burgen der Skaliger, malerischen Palazzi aus der Renaissance und kunstvollen Kirchenbauten, wie in einem Freilichtmuseum leben, sie sind ein modernes, weltoffenes und auch heiteres Völkchen. Und sie haben ein Händchen fürs Business. Das zeigen sie auch bei der Vermarktung von Romeo und Julia, Veronas berühmtem Liebespaar. Alljährlich strömen alleine Zigtausende in das schmucke Städtchen an der Etsch, um die Schauplätze der tragischen Romanze zu besichtigen. Das Paar ist freilich reine Fiktion und stammt aus der Feder von William Shakespeare. Nur die bei Shakespeare verfeindeten Familien des Paares, die Capuletis und Montecchis, lebten tatsächlich in Verona. Aber weil so viele Touristen nach dem Balkon von Julia fragten, gaben ihnen die geschäftstüchtigen Veroneser, was sie wollten. Wer heute das Haus der Capuletis besichtigt, steht in einem ehemaligen Stall, der in den dreißiger Jahren umgebaut wurde, wobei man ihm ein antiquarisches Innenleben und den berühmten Balkon verpasste. Und täglich führen nun junge Schauspieler die berühmte Szene aus Shakespeares Drama vor. „Es war die Nachtigall und nicht die Lerche…" – auch wenn sie nie gestorben sind, in Verona leben sie noch heute. Großes Kino – und eine gute Einnahmequelle für die Stadt!

Business und Wein

Verona kann noch mehr. Es ist nach Mailand und Bologna die bedeutendste Messestadt Italiens. So findet in jedem Frühjahr die Vinitaly statt, *das* Ereignis für die Weinbranche. Rund 4.000 Aussteller präsentieren zigtausend Weine. Fast jeder dritte Besucher kommt aus dem Ausland, darunter 2.500 Journalisten aus aller Welt. Was die Vinitaly von anderen Messen abhebt, ist ihr Glamour-Faktor. Bestimmen anderswo graue Anzüge und ernstes Business das Bild, lassen es sich viele Aussteller der Vinitaly nicht nehmen, ihre Weine mit gutem Essen zu kombinieren. Vom Stand mit Edel-Catering ist es nie weit zum nächsten Funktionär, der gönnerhaft in ein Blitzlichtgewitter lächelt. An der nächsten Ecke macht ein Minister *bella figura* beim TV-Interview, das abends in den Nachrichten gesendet wird. Um Scheinwerfer sammelt sich immer ein Pulk Menschen, vielleicht wird man ja selber bei einem Kameraschwenk erfasst. Und anders als bei vergleichbaren Weinmessen tummeln sich unter den rund 150.000 Besuchern auch Privatmenschen,

Ein imponierendes Relikt aus der Römerzeit: die Arena di Verona an der Piazza Brà.

die irgendwie von ihrem Hauswinzer oder Weinhändler eine Einladung bekommen haben. Selbst die *bambini* dürfen mit. Für sie läuft der Mix aus VIP-Event und Volksfest ganz offensichtlich unter Vorschulveranstaltung. Und nach Messeschluss geht es weiter in den vielen Restaurants und Weinstuben der Stadt, wo aufgefahren wird, dass sich die Tische biegen. Ganz großes Kino – und gut fürs Geschäft!

Verona ist die Eingangspforte zum Veneto, das sich im Nordosten Italiens von den Dolomiten bis zur Po-Ebene erstreckt. Der Veneto war lange bettelarm. Noch bis Anfang der siebziger Jahre wanderten Millionen Menschen aus. Dann setzte der Boom ein, und heute strotzt Venetien vor Wirtschaftskraft. Namen wie Aprilia, Elektrolux und Benetton sind hier zu Hause. Das meiste Geld spült aber der Tourismus ins Land, und auch die Landwirtschaft hat einen hohen Stellenwert, nicht zuletzt, weil Venetien zu den bedeutenden Weinregionen Italiens gehört. Von Prosecco über Soave und Valpolicella bis Amarone reicht die Palette der weltbekannten Weine. Und wer sich auf deren Fährte begibt, wird feststellen, dass auch die Landschaften des Veneto ganz großes Kino bieten.

Nördlich von Verona liegt der Gardasee wie ein blaues Juwel inmitten einer hinreißenden Landschaft, die von Alpenpanoramen und Grüntönen dominiert wird. Das kleine Meer am Fuß der Alpen, wie der Gardasee auch genannt wird, teilen sich drei Provinzen. Im Norden gehört der See zum Trentino, im Westen zur Lombardei und im Osten zu Venetien. Riviera degli Ulivi, Oliven-Riviera, nennt man diesen östlichen Teil des größten Sees Italiens. Das milde, fast schon mediterrane Seeklima lässt hier Olivenbäume gedeihen, überall flirren deren silbrige Blätter im Sonnenlicht. Eigentlich aber müsste man die Gegend Weinriviera nennen, denn die sanften Hügel jenseits des Seeufers sind vor allem mit Reben bedeckt. Das ist so in der Umgebung des quirligen, von Touristen bevölkerten Örtchens Bardolino, wo der gleichnamige Wein angebaut wird. Das ist auch so im Valpolicella-Gebiet zwischen Gardasee und Verona, aus dem der berühmte Rotwein Amarone stammt. Hier gehen liebliche Weinberge, Obst- und Olivenbäume mit rustikalen Bauernhöfen und prachtvollen Villen eine harmonische Verbindung ein.

Aber auch östlich Veronas wartet mit dem Weinanbaugebiet Soave eine landschaftliche Perle. Hier ragt das üppig mit Zinnen bekränzte Kastell des mittelalterlichen Städtchens Soave aus einer weitläufigen, fast ebenen Rebenlandschaft hervor.

Im Nordosten Venetiens laden die weißen Zacken der Dolomiten zum Gipfeltreffen. Im Sommer erzeugen die 3000er, die aus grünen Tälern ragen, bei Wanderern und Bergsteigern Hochgefühle. Im Winter wedeln die Skifahrer über die Pisten, und abends trifft man sich mit der italienischen High Society zum Après-Ski in den Bars von Cortina d'Ampezzo. Da dürfte dann auch der Prosecco in Strömen fließen, denn seine Heimat Conegliano-Valdobbiadene liegt nicht weit entfernt am Fuße der Berge.

Verlockende Lagunen

Im Po-Delta, wo Italiens längster Fluss ins Mittelmeer fließt, zeigt sich Venetien von einer ganz anderen und ganz stillen Seite. Sandige Meeresbuchten, mäandernde Flussarme, schnurgerade Kanäle, glitzernde Fischteiche, schmale Dämme, Lagunen voller Muscheln und eine schier endlose Schilflandschaft voller Vögel bestimmen das riesige Feuchtgebiet. Hier spielen der Mensch und seine kleinen Siedlungen nur untergeordnete Rollen, hier herrscht der Rhythmus der Gezeiten. Natur pur! Aber auch das ist ganz großes Kino, genau genommen ganz großes amphibisches Kino!

Wer es quirliger braucht: Nicht weit entfernt locken die feinen goldgelben Strände der Adriaküste zum *dolce vita*. Alleine im beliebten Seebad Jesolo aalen sich Tausende von Sonnenanbetern in den in Reih und Glied stehenden Liegestühlen. Die Bambini toben am Strand, der hier nur seicht ins Meer abfällt, und die Jugend tobt sich nachts in den berühmten Nightlife-Locations von Jesolo aus.

Und auch zur Kultur ist es nicht weit. Venedig ist quasi einen Steinwurf von Lido di Jesolo entfernt. Die weltbekannte Lagunenstadt ist *die* Attraktion von Venetien und eines der kulturellen Highlights ganz Italiens. Wie oft

Der Gardasee bietet bezaubernde Lichtspiele – insbesondere, wenn Wolken über den Himmel ziehen.

wurde der morbide Charme Venedigs schon beschrieben, wie oft der Canale Grande, die verwinkelten Kanäle und romantischen Gassen besungen, wie oft die 400 Brücken, die Piazza San Marco und die Gondeln gemalt, fotografiert und gefilmt? Ja, Venedig ist faszinierend, es erfüllt alle Klischees mit links, es ist ganz, ganz großes Kino.

Aber braucht man es wirklich, mit Tausenden auf dem Markusplatz zu stehen und die Tauben zu füttern? Braucht man eine verträumte Gondelfahrt vorbei an den bröckelnden Fassanden der prachtvollen Paläste, ein überteuertes Mahl mit Blick auf die romantisch illuminierte Rialto-Brücke, die Besichtigung des Dogenpalasts im touristischen Bienenschwarm? Ja, das braucht man, unbedingt.

Vielleicht aber ist Venedig nicht dann am schönsten, wenn es sich in Vollmondnächten von seiner romantischsten Seite zeigt, sondern dann, wenn es sich für den Alltag rüstet. Am frühen Morgen nämlich. Dann schieben sich im Morgennebel die Gondeln voller Gemüse durch das Labyrinth der Kanäle, Händler verkaufen Meeresgetier aus Kühljollen, die Frachtboote vom Großmarkt beliefern die Besitzer von Gemüseläden, Müllboote tuckern von einem Anlegesteg zum anderen, und die Fähren sind voll mit ganz „normalen" Menschen auf dem Weg zu ihrem Arbeitsplatz. Ja, auch das braucht man, auch das sind Impressionen, die faszinieren – großes Alltagskino.

Das gibt es auch in einer *bacari*, einer der simplen Weinstuben in den schmalen, maroden Gassen jenseits der Touristenströme. Hier treffen sich die Venezianer auf einen Schwatz, genießen *cicchetti*, Kleinigkeiten wie frittierte Tintenfischchen, eingelegte Sardinen, Fleischbällchen in Sauce oder *tramezzini* aus der Vitrine, trinken dazu ein *ombra*, ein Schlückchen Wein. Aber wo oder wie auch immer man Venedig kennen lernt: *La Serenissima*, die Durchlauchteste, umgibt ein Zauber, den auch die jährlich einfallenden 16 Millionen Touristen nicht schmälern können.

Um ausgiebigst zu tafeln, ist Venedig vielleicht nicht die allererste Adresse. Nicht, weil es die venezianischen Köche nicht drauf hätten, sondern weil man den Gästen für ein Mahl gerne besonders tief in Tasche greift. Um die Küche des Veneto kennen zu lernen, ist man in anderen Städten und den pittoresken Dörfern besser aufgehoben. Ganz grob gesagt, verschmelzen in Venetiens Kochtöpfen die Früchte des fruchtbaren Landes mit denen des Meeres zu bodenständigen Gerichten. Zwar unterscheidet sich die Küche

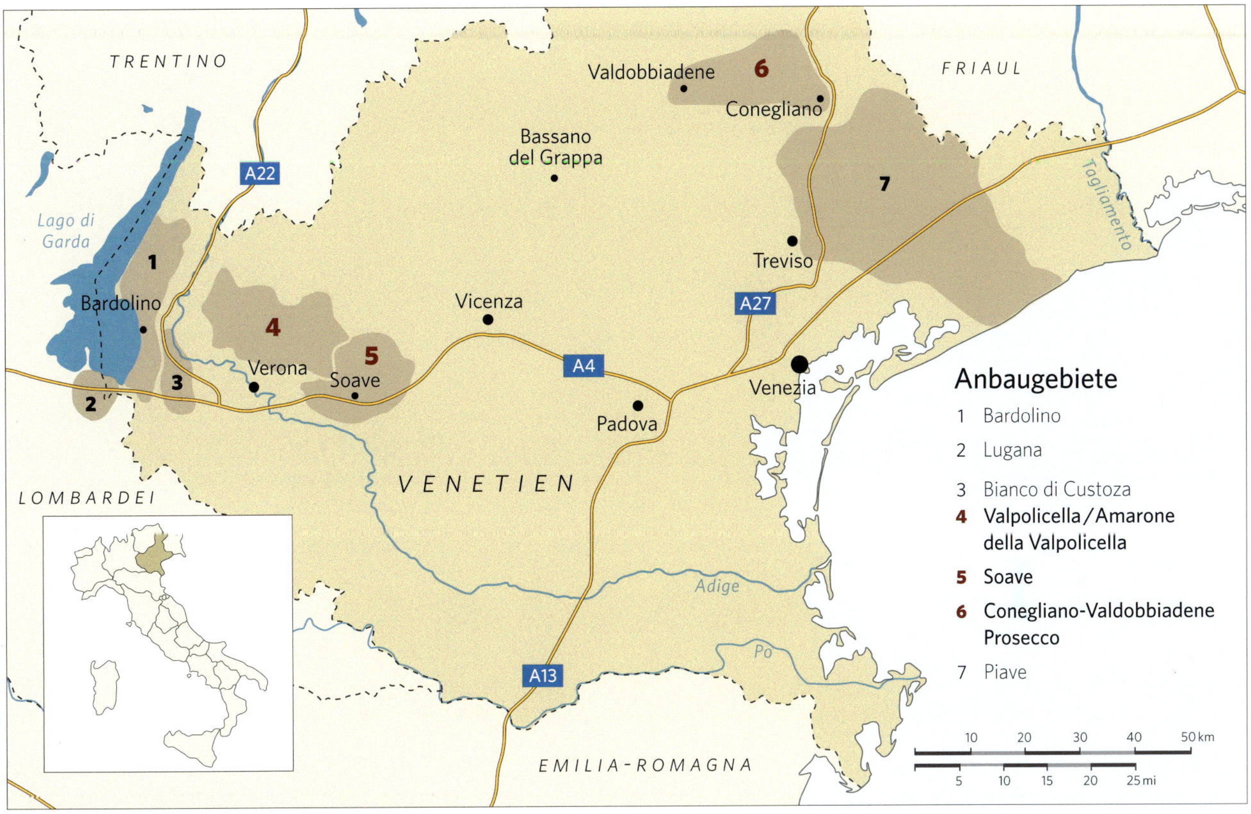

Spritziger Ausblick auf die Hügel von Conegliano.

in den verschiedenen Bezirken, aber die Basis der venetischen Küche sind Reis, Polenta, Bohnen und Stockfisch. Dies wird ergänzt um regionale Spezialitäten wie Radicchio aus Treviso, Spargel von Bassano del Grappa, Wurzelsellerie aus Verona, Wild aus den Bergen, Süßwasserfische vom Gardasee und die in den flachen Lagunengewässern gezüchteten Mies- und Herzmuscheln, um nur einiges zu nennen. Zu den bekannten Gerichten der venetischen Küche gehören die *fegato alla veneziana*, die Kalbsleber mit Zwiebeln, und das Erbsenrisotto *risi e bisi*. Weniger bekannt ist, dass das *carpaccio* aus Venedig stammt. Das wurde nämlich um 1950 in Harry's Bar vom Inhaber Giuseppe Cipriani erfunden, der es nach dem Renaissance-Maler Vittorio Carpaccio benannte, der für seine leuchtenden Rottöne berühmt war.

Beenden wir die kleine Venetienreise mit Johann Wolfgang von Goethe. „Ein köstliches Schauspiel, der Gardasee, den wollte ich nicht versäumen, und bin herrlich für meinen Umweg belohnt", vermerkte er im Tagebuch seiner berühmten Italienreise. Und so ein köstliches Schauspiel findet man nicht nur am Gardasee. Denn egal ob Landschaften oder Städte, Kunstwerke oder Kulinarien – das Veneto ist insgesamt ein köstliches Schauspiel. Ganz großes Kino, wie man heute sagt! *ari*

OLOMEO BREGANZE
BEATO BARTOLOM

BOTTEGA VINI

Bunt und ausgelassen geht es auf der Vinitaly in Verona zu – Italiens wichtigster Weinmesse, die jährlich im April stattfindet. Mittlerweile gibt es die Weinmesse nicht nur in Italien. Mit der Vinitaly World Tour geht man auf die Reise nach Übersee. In Mumbay und Neu Delhi, in Chicago, New York und Washington DC., Tokyo und Hongkong gibt es freilich nur einen kleinen Ausschnitt – und es mangelt auch am Dolce Vita, das in Verona nach der Messe für Entspannung sorgt.

RECIOTO
BERTANI

GB.&P. GARBELLOTTO SPA
BOTTI
BARILI
TINI
1775

VENDEMMIA
1983
Speri
Speri

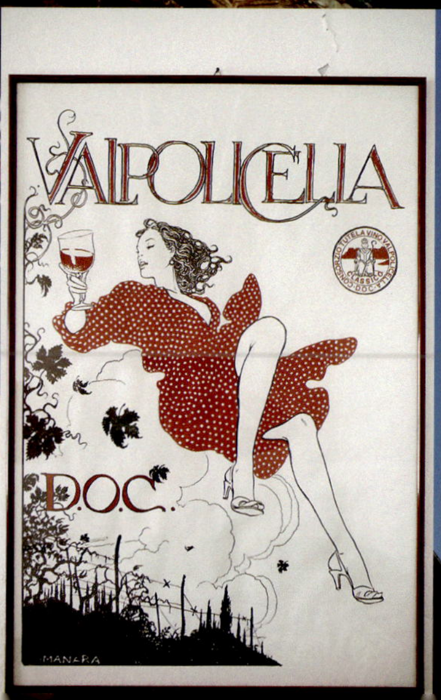

VALPOLICELLA
D.O.C.
MANARA

Ein wahres Muskelpaket

ER SCHMECKT, ALS HÄTTE ES IHN SCHON VOR JAHRHUNDERTEN GEGEBEN: SÜSS, SCHWER, INTENSIV NACH FASSHOLZ UND ÜBERREIFEN FRÜCHTEN. DABEI IST AMARONE EINE RELATIV NEUE ENTDECKUNG, DIE DIE ITALIENISCHE WEINWELT IN DEN LETZTEN ZEHN JAHREN GANZ ORDENTLICH AUFGEMISCHT HAT. REBSORTEN, DIE ES NUR IM ANBAUGEBIET VALPOLICELLA GIBT, EINE AUSGEFALLENE HERSTELLUNGSTECHNIK UND WEINE, DIE STILISTISCH IHRESGLEICHEN SUCHEN: DER BÄRENSTARKE AMARONE IST GANZ SICHER DER AUSGEFALLENSTE SPITZENWEIN ITALIENS.

Amarone hat es geschafft, definitiv. Noch vor einigen Jahrzehnten gab es kaum Etiketten, die den Namen Amarone della Valpolicella trugen. Heute wird der Rote in einem Atemzug mit den unbestrittenen Königen Brunello und Barolo genannt. In manchen Beziehungen ist Amarone sogar populärer als Brunello und Barolo, seine Pendants aus der Toskana und dem Piemont. Sein intensiver Geschmack nach Rumtopffrüchten ist bei italophilen Weintrinkern sehr beliebt. Doch seine Breitenwirkung ist längst nicht das einzige, was ihn abhebt. Amarone ist ein schwerer Wein, der eindeutig süß schmeckt, obwohl er meist nicht mehr Zucker hat als andere trockene Weine. Er ist ein Rotwein und wird gemacht wie ein Süßwein. Er hat eine bisher weitgehend unerforschte Fähigkeit zu reifen und schmeckt auch jung genial. Wie andere Spitzenweine wächst er in einem begrenzten Gebiet. Trotzdem gibt es kaum Lagennamen, die diese exklusive Herkunft unterstreichen.

Das Veroneser Schwergewicht ist der Einzelgänger unter den italienischen Spitzenweinen. Am Tisch der Besten hat er seinen Platz, aber irgendwie gehört er nie richtig dazu. So ein bisschen wie ein zu Reichtum gelangter Rapper auf dem Opernball. Sicher hat er seine musikalischen Erfolge, aber über die Muskelpakete und das Bling-Bling rümpft man hinter seinem Rücken die Nase.

So mancher schielt aber auch neidisch auf die eigenwilligen Tropfen. Auf den ersten Blick erschließt sich jedoch nichts Geheimnisvolles in den Weinbergen. Die Reben im Valpolicella wachsen in schmalen Tälern, die sich wie Streichhölzer nebeneinander aufreihen und von kühlen Fallwinden der Alpen bestrichen werden. Oft als Finger einer offenen Hand beschrieben, verlaufen sie alle in Nord-Süd-Richtung von den Vorbergen der Alpen Richtung Adria. Das Classico-Gebiet beschränkt sich auf die Gegend rund um die wichtigsten Weinorte Fumane und Negrar.

Nach der Ernte wandern die besten Trauben dann statt in die Mostpresse auf den Dachboden oder einen gut durchlüfteten Lagerplatz. Dort trocknen sie ausgebreitet mehrere Monate. Während des sogenannten *appassimento* verlieren die Trauben ein Drittel, manchmal bis zur Hälfte ihres Gewichtes. Vor allem Wasser verdunstet. Zucker, Säure und Extraktstoffe bleiben umso konzentrierter zurück.

Wenn die Trauben kurz vor oder erst nach Weihnachten gepresst werden, sind sie fast schon Rosinen – oder verfault. Das Appassimento hat nämlich seine Tücken. Milder Wind, der vom nahen Gardasee herüber und durch die offenen Dachluken weht, soll den Trocknungsprozess fördern und vor allem verhindern, dass sich Fäulnis über das Traubengut hermacht. Trotzdem muss der Winzer immer wieder aufwändig die Trauben umschichten und verdorbene aussortieren. Meistens läuft auch noch irgendwo ein Ventilator. Aber „man braucht auch eine gute Portion Gottvertrauen, um sich auf solche Hausmittel zu verlassen“, seufzt Riccardo Tedeschi. Der Winzer aus Pedemonte macht einige der gefeiertsten Amarones und bedient sich dazu lieber moderner Technik. Besucher seines Weinguts führt er in einen Raum, den man durch eine Luftschleuse erreicht. Hat man die zwei Türen passiert, steht man in einem gleichmäßig kühlen Zug trockener Luft. Die Temperatur wird computergesteuert und damit auch die Luftfeuchtigkeit. „Aber nur, wenn es nötig ist, also Schimmel sich in der feuchten Atmosphäre ausbreiten könnte“, erklärt Tedeschi. „Sehr aufwändig, aber nichts ist in dieser Phase riskanter als unkontrollierte Fäulnis.“

Je länger und sorgfältiger das Appassimento gemacht wird, desto größer ist das Konzentrat der Inhaltsstoffe. Dabei entstehen durch chemische Veränderung des

Fruchtzuckers wertvolle Geschmacksstoffe wie spezielle Polyphenole und Resveratrol, die Weinfreaks geradezu elektrisieren. Am Ende der Trockenzeit haben die Trauben bei Tedeschi die Hälfte ihres Gewichts verloren. Dicker, zuckriger Most läuft aus den schrumpeligen Beeren. Und der kniffligste Teil beginnt erst. Die Trauben enthalten extrem viel Zucker, aus dem während der Gärung viel Ethanol entsteht. Damit die üppigen Aromen des späteren Amarones nicht in einer Überdosis Alkohol ertrinken, bleiben die Beerenschalen erstmal im abgepressten Most liegen. „Bei den niedrigen Temperaturen im Winter oft mehrere Monate", erzählt Tedeschi mit echter Begeisterung. Denn so zieht der Wein Gerbstoffe aus, die ihn später sehr langlebig machen.

Gleichzeitig passiert aber etwas, das manche Winzer gern als das *miracolo del amarone* bezeichnen. Ab einer Konzentration von etwa 15 Prozent Alkohol sterben die so effizienten Hefen ab, dann stoppt die Gärung von selbst, was im normalen Leben bedeutet: Der Wein bleibt süß.

In großen Fässern verfeinert sich der Amarone.

Rendezvous mit Holzbalken und Holunderblüten

Nur beim Amarone klettert der Gradmesser weiter, auf 16 Prozent Alkohol und manchmal mehr. Lange Zeit konnte niemand das Phänomen erklären, und die werbetaugliche Geschichte vom Wunder hat vielen Winzern auch völlig gereicht. Erst vor einigen Jahren fanden Weinwissenschaftler in Venetien heraus, dass ein spezieller Hefestamm hinter dem Wunder steckt. Der fühlt sich auch bei höheren Prozentzahlen und Temperaturen wohl, wie sie im Sommer nach der Ernte auftreten. Nach der langen Gärzeit schließen sich nochmal zwei Jahre in großen slowenischen Eichenfässern an, die die wilden Aromen des jungen Weins behutsam harmonisieren.

Tedeschi entkorkt einen seiner Amarones. Aus der schweren bauchigen Flasche fließt eine dicke, dunkelviolette Essenz, die vielleicht das eigentliche Wunder des Amarone ist. Sie duftet nach Teer, sehr reifen Kirschen und altem Holz. Das ist zunächst nichts Außergewöhnliches. Der Erstkontakt mit der Zunge besteht aber aus einem samtweichen, cremigen Saft, der seine Aromen in bisher kaum gekannter Intensität in die Mundhöhle entlässt. Mit seiner enormen Kraft wirkt er süß, vielleicht wie ein Portwein. Das ist er aber nicht, auch nicht zuckrig, nur ewig lang. Die bei vielen italienischen Rotweinsorten so prägnante Säure ist beim Amarone moderater und wird durch die Vielschichtigkeit und die Fülle überspielt. Wieder sind es alte Holzbalken und schwarze Kirschen, Dörrpflaumen und Holunderblüten. Mit etwas Zeit kommen noch Wiesenkräuter und schwarze Beeren dazu. Je länger man wartet, desto mehr Geschmackseindrücke melden sich am Gaumen. Leder? Kakao? Der Amarone hört nicht auf. Während er den Gaumen hinunterrinnt, scheinen alle Nuancen minutenlang nochmal auf, und die gefühlte Süße mischt sich mit einem deutlichen Bitterton, wie ihn in Öl eingelegte schwarze Oliven oder dunkle Schokolade haben. Auslöser sind einmal mehr Phenole und chemische Verbindungen, die tatsächlich in Kakao vorkommen. *Amaro* heißt auf Deutsch bitter, und wer den ersten herbsüßen Schluck Amarone seines Lebens durch die Kehle rinnen lässt, der weiß auch ohne Chemie-Baukasten, dass er diesen Namen verdient.

In seiner Stilistik, in jedem Detail seines Auftretens ist der Amarone so ungewohnt anders, dass auch gutmütige Weinfreunde darüber schon mal heftige Meinungsverschiedenheiten haben. Die einen entdecken ein neues Universum, die anderen wenden sich angegruselt ab. Zu intensiv, zu stark, zu alkoholisch. Der Amarone hat wenig mit den spielerisch leichten Weinen gemein, die man in Italien zum Essen trinkt. Doch ob man ihn mag oder nicht, vergessen wird man das erste Rendezvous mit dem Amarone wohl nie.

Ein bisschen in Vergessenheit geraten ist das erste Auftauchen des Amarone. Trauben auf Strohmatten zu trocknen, wie man es auch für den bekannten Vin Santo

Der Blick übers Fumanetal auf die Kirche von San Giorgio und die veronesische Ebene.

macht, ist keine neue Technik. Schon die alten Römer hatten den Bogen raus. Denn aus den rosinierten Trauben gewann man einen Wein, der alkoholreicher und deshalb haltbarer war, so dass er auch mal den einen oder anderen Feldzug mitmachte.

Aber die Marschverpflegung war süß; so wie es bis heute der Recioto ist, der auf die gleiche Weise wie der Amarone entsteht, aber nicht durchgärt. Seit der Antike floriert die Landwirtschaft, und seit jeher haben Winzer sich in den kleinen Tälern angesiedelt. Um die Herkunft des Namens Valpolicella zu erklären, wird gerne das lateinisch-griechische Wortgemisch *vallis poly cellae* angeführt und mit Tal der vielen Keller übersetzt. Wer durch Weinörtchen wie Fumane, San Floriano oder Negrar fährt und die endlosen Hinweisschilder zu den Weingütern sieht, glaubt das gerne.

Die Region Veneto vom Gardasee bis Venedig nennt man nicht umsonst das Weinfass Italiens, auch wenn jahrhundertelang keins mit Amarone dabei war. Selbst Giulia Capulet, tragische Hauptfigur aus dem Shakespeare-Drama *Romeo und Julia*, hätte ihren Giftbecher bestenfalls mit Recioto versüßen können. Der war angesagt in Veroneser Adelskreisen, anders als heute, wo er – als einer der vielschichtigsten Dessertweine Italiens anerkannt – doch nur ein Nischendasein fristet. Ein paar 100.000 Flaschen stehen einem Millionenheer von Amarones gegenüber.

Der subjektive Faktor

Der Begriff Amarone taucht zum ersten Mal erst 1939 auf einem Lieferschein auf. Was vorher war und wer die Herstellungstechnik entwickelte, bleibt unklar. Die ersten Amarones entstanden wahrscheinlich in Erntejahren, denen ein sehr warmer Sommer folgte, in dem die Hefen ungewollt weiter Zucker in Alkohol verwandelten. Doch bei einer so dünnen Beweislage muss in der Weingeschichte meist eine ähnliche Legende herhalten: Ein Kellermeister hatte unachtsam ein Fass Recioto vergessen. Als er seinen Fehler bemerkte, hatte er den köstlichen Amarone geschaffen. Ein Zufall mag es gewesen sein. Der Rest der Geschichtsschreibung wurde wohl wie immer bei ein paar Gläsern Wein abgewickelt. Auf dem ältesten heute bekannten Fass Amarone steht die Zahl 1940; 13 Jahre später tauchten die ersten Gutsabfüllungen auf. Damals wie heute gab und gibt es in den Weinbergen eine Vielzahl von Rebsorten, die meisten findet man nur hier und hat ihre Namen nie gehört. Oseleta, Croatina oder Dindarella stehen aber fast immer unter ferner liefen und stiften eher Verwirrung.

Wirklich relevant sind am Ende nur drei Sorten. Die wichtigste nennt sich Corvina Veronese, hat dunkle Beeren mit dicker Haut und vielen Tanninen darin. Sie geben den Weinen Stärke, Langlebigkeit, einen Geschmack von

Die Villa Novare ist ein Wahrzeichen des Valpolicella.

Kirschen und Bittermandel, der wohl als Hauptverdächtiger für den Abgang des Amarone gelten kann. Das Problem der Rebe ist aber, dass der Rest eher mau ausfällt. Obwohl es – wie meistens in der Weinwelt – einige interessante Beispiele für reinsortige Corvinas gibt, fehlt es mitunter an frischer Fruchtigkeit.

Das Aroma liefert oft die zweitwichtigste Rebsorte des Valpolicella, die Rondinella. Die äußerlich ähnlichen violett-schwarzen Trauben sind aromatischer, aber es fehlt an Gerbstoff, der für Struktur sorgt. Als Rebsorten-Wein sind sie ebenso ein Reinfall wie die Molinara. Deren rötliche Beeren sehen aus, als ob sie mit Mehl bestäubt wären – Mühle bedeutet auf Italienisch *mulina* – und ergeben auch keinen ordentlichen Wein. Im Amarone setzen sie aber mitunter mit etwas Extra-Säure oder hellerer Farbe noch ein Tüpfelchen auf das I.

Den Ernst der Lage erkennen

Mit der Zusammensetzung der Rebsorten und der Qualität der Trauben beeinflusst der Winzer den späteren Wein. Doch das ist noch lange nicht alles. Wo und wie lange die Trauben getrocknet werden, macht einen großen Unterschied. Je länger, desto konzentrierter wird der Wein, das versteht sich von selbst. Aber es gibt noch weitere Stellschrauben. Mitentscheidend ist schließlich die Lagerung des Weins. Traditionell waren große Fässer dafür vorgesehen. So zog sich die Fermentation zum trockenen Wein viele Monate hin, in denen der Wein oxidierte. Diese Alterung schlägt sich in sherryartigen Tönen wie Haselnüssen und Trockenfrüchten nieder. Heute benutzen viele Winzer Stahltanks ohne Luftkontakt, in denen der Reifeprozess mit speziellen Zuchthefen zügig und kontrolliert abläuft. Fruchtige Geschmacksbomben sind meist das Ergebnis. Viele setzen nach dieser Zeit noch auf Fasslagerung, die mehr Reifearomen und Gewürznoten beisteuert. Wieder andere beschleunigen auch diesen Vorgang durch viele kleine, neue Holzfässer, in denen der Reifeprozess schneller ohne den Verlust von Farbe abläuft.

Keinen anderen Wein kann man durch menschlichen Einfluss so markant beeinflussen wie den Amarone della Valpolicella. Logisch, dass zumindest Winzer, die auf der Suche nach Spitzenergebnissen sind, sich auch mit Weinberglagen auseinandersetzen. Schließlich variiert die Bodenbeschaffenheit von Hang zu Hang. In trockenen, hoch gelegenen Weinberglagen am Ende der Täler zum Beispiel entstehen kraftvoll-fruchtige Weine mit viel Gerbstoff und einem besonders ausgeprägten Aroma.

Nicht wirklich überraschend hat Riccardo Tedeschi das für sich längst entdeckt, und zwar 1918. Tedeschis Großvater, dem er seinen Vornamen verdankt, kaufte schon, als der letzte Kanonendonner des I. Weltkriegs noch nicht ganz verhallt war, den Monte Olmi. Er hatte das Potenzial des Lehm-Kalk-Bodens erkannt, der die gegensätzlichen Aromen des Amarone im Zaum hält und ihm einen festen Kern gibt. Monte Olmi war einer der ersten Amarones aus Einzellagen und zählt bis heute Jahr für Jahr zu den besten. Moderne Technik wie spezielle Tanks, die den gärenden Most immer wieder über die gehaltvollen Schalen pumpen, ergeben einen Wein, der zwar noch intensiver und üppiger, aber auch klarer in den Aromen ist.

Um zu sehen, wie entscheidend schon Einzelmaßnahmen sein können, reicht es, wenn man von Tedeschis Weingut in Pedemonte ein paar Straßen weiter zum Weingut von Speri geht. Kollege Paolo Speri, der ebenso auf eine lange Ahnenreihe wie moderne Technik verweisen kann, erntet die Trauben für seinen Lagenwein am Monte Sant'Urbano. Speri sucht weniger den wuchtigen Ausdruck der Frucht. Er mazeriert nach der traditionellen Methode relativ kurze 30 Tage. „Dadurch hat der Wein weniger Wucht und Fülle im Mund und lässt sich leichter mit Speisen kombinieren", sagt Paolo Speri, der ebenso zurückhaltend wie sein Amarone wirkt. Alles in allem sind die Menschen im Tal eher schüchtern und gar keine Lautsprecher, wie es eben der Amarone in vielen Fällen ist.

Nicht zuletzt introvertierten Könnern wie Riccardo Tedeschi und Paolo Speri verdankt der Amarone seine Beliebtheit heute. Die ersten, die ihn so richtig in ihr Herz geschlossen haben, waren die Skandinavier. Dort wurde Weinkultur in den neunziger Jahren richtig populär. Da kam der schwere Amarone gerade recht. Doch der Image-Schub kommt auch nicht unverdient. Valpolicella galt und gilt in Deutschland als leichtes Weinchen, das für die Grillparty gerade so gut ist wie für eine Sangria. Doch seit den nuller Jahren zeigen Winzer und Weine aus den sehr eigenen Rebsorten, was in ihnen steckt. Es stehen reichlich Winzer zur Auswahl, unter 165 Erzeugern des Anbaugebietes findet sich ein gesunder Mix von großen und kleinen, traditionellen und experimentierfreudigen Betrieben. Sie machen verlässliche, preiswerte Weine genauso wie hochfeine und ausgefallene Tropfen, sogar eine ordentliche Genossenschaft ist dabei. Mit den Gewinnen der ersten guten Jahre und den positiven Marktprognosen im Blick wurde fast jeder dritte Hektar Weinberg neu bepflanzt. Dies sind für jedes Gebiet elementare Investitionen, die sich mittelfristig in der Weinqualität auszahlen werden.

Sogar die Bürokratie, an der sonst kaum ein Winzer ein gutes Haar lässt, verdient ein kleines Lob. Es gibt strenge, aber sinnvolle Regeln für die Produktion. Vor allem die vorgeschriebenen Höchstmengen sind festgelegt – und werden überwacht. Schon während die Trauben auf den Speichern trocknen, schauen die Herren vom Weinbauverband gern mal vorbei. In der Vergangenheit wurden bei so einer Gelegenheit zwei Millionen Kilo Trauben deklassiert. Solche Aktionen entfalten wohltuende Langzeitwirkung. Ein vernünftiger Winzer wird das Erreichte nicht mit rufschädigenden Schummeleien in Gefahr bringen. Jede Flasche Amarone trägt heute zudem eine Banderole mit einer fortlaufenden Nummer. Auf der Website des Konsortiums kann damit jedermann überprüfen, wann und von wem der Wein abgefüllt wurde.

Wo andere Anbaugebiete alten Zeiten hinterhertrauern und sich vor der Konkurrenz aus Übersee fürchten, hat die Zukunft für Amarone gerade erst begonnen. Privatleute wie Gastronomen lecken sich die Finger nach ihm, gerade im Ausland. Viele Weine haben Facelifts oder ein ganz neues Design bekommen und werden damit womöglich allgemeine Trends setzen. Und irgendwann sind Muskelpakete und Bling-Bling dann auch auf dem Opernball angesagt.

Giampaolo Speri mit seinem trinkfreudigen Amarone.

GENUSSTIPP

Ein Amarone verlangt nach einem gleichwertigen Muskelpaket, da kommt der *Gorgonzola* gerade recht. Wer keinen Blauschimmelkäse mag, dem empfehlen wir eine kross gebratene Ente mit Kastanienmus. Der Valpolicella Ripasso harmoniert dagegen auch mit würzigen Pastasoßen, wenn sie leicht süßlich abgestimmt sind. Ganz allgemein können der Amarone oder der Ripasso ruhig etwas kühler als andere Rotweine serviert werden, weil sie eine eigene Fruchtsüße besitzen. Mächtigen Weinen mit mehr als 15,5 Vol% sollte man eine Stunde Zeit in der Karaffe gönnen. Als populären Wein gibt es den Amarone schon mal im Supermarkt, doch der Fachhandel hat die zuverlässigen Winzer im Angebot. Mit 30 bis 60 € ist der Preis erstligareif, die Ripassoliga begeistert mit ähnlichen Gaumenfreuden schon für 10 bis 20 €. Selbst italienische Restaurants in Deutschland führen vergleichsweise wenige Amarone-Weine, wohl deshalb, weil sie an die Speisenkombination ganz eigene Anforderungen stellen.

Mausempfehlungen für dicht gewebten Amarone

Accordini Stefano www.accordinistefano.it
Antolini www.antolinivini.it
Begali www.begaliwine.it
Bertani www.bertani.net
Brigaldara www.brigaldara.it
Ca' La Bionda www.calabionda.it
Corte Sant'Alda www.cortesantalda.it
Corteforte www.corteforte.it
Dal Forno www.valpolicella.it
Fratelli Recchia www.recchiavini.it
Guerrieri-Rizzardi www.guerrieririzzardi.it
Le Salette www.lesalette.it
Marchesi Fumanelli www.squarano.com
Michele Castellani www.castellanimichele.it
Monte dall' Ora www.montedallora.com
Nicolis www.vininicolis.com
Roccolo Grassi www.roccolograssi.it
Santa Sofia www.santasofia.com
Sartori www.sartorinet.com
Speri www.speri.com
Tedeschi www.tedeschiwines.com
Tenuta Sant'Antonio www.tenutasantantonio.it
Trabucchi www.trabucchivini.it
Valentina Cubi www.valentinacubi.it

Ripasso und Valpolicella Superiore

Neben Amarone gibt es in dem Anbaugebiet Valpolicella zwei weitere Weine, die von denselben Hängen geerntet und aus denselben Rebsorten gemacht werden. Trotzdem ergeben sie ganz andere Weinstile. Valpolicella, der Wein, der den Namen des Anbaugebietes trägt, wird vinifiziert, ohne den Amarone-Prozess zu durchlaufen. Nur die besten Trauben dürfen sich Superiore nennen und müssen mindestens ein Jahr reifen. Viele einfache Valpolicellas sind eher Leichtgewichte mit flotter Säure und frischer Frucht, nicht nur im Vergleich zu Amarones. Die Superiores jedoch sind rubinrot und konzentriert, ihre milde Säure macht sie harmonisch. Es sind Weine für jeden Tag im besten Sinn, aber im Vergleich zu Amarones doch eine andere Welt. Ein echter Glücksfall ist es deshalb, dass die Valpolicella-Winzer noch ein Ass im Ärmel haben, das die Lücke zwischen Alltagswein und Aromenbombe füllt. Im Ripasso treffen sich beide wieder. Der Trester des Amarones, die Stiele und Schalen, die nach der Fermentation übrigbleiben, enthält noch viel Zucker und Geschmacksstoffe. Darüber gießt man den fertigen Valpolicella und setzt so die alkoholische Gärung wieder in Gang. Quasi im zweiten Vorbeigehen, italienisch: *ripassare*, spendiert man dem Alltagswein rosinige Süße und Fülle, Duft und eine Extraportion Alkohol. Ein Hauch Amarone im Alltag sozusagen, nur deutlich leichter und preiswerter.

Auch das Ripasso-Verfahren ist eine uralte Tradition im Valpolicella-Gebiet. Trotzdem gab es jahrelanges juristisches Gerangel um das Recht auf den Begriff. Erst seit 2007 dürfen alle Winzer ihren Ripasso wieder Ripasso nennen. Seitdem ist er mehr als angesagt. In absehbarer Zeit wird er wohl genauso beliebt sein wie Amarone.

Für die Winzer bleibt nur noch die Frage: Wie viel von welchem Wein mache ich? Ob Valpolicella, Ripasso oder Amarone, es sind die gleichen Trauben, der Unterschied liegt einzig in der Verarbeitung. Allerdings braucht man unterschiedliche Mengen für die verschiedenen Weine. Der große Durst der vornehmlich ausländischen Amarone-Trinker lässt derzeit die Trauben für den einfachen Wein knapp und damit teurer werden. Der Ripasso-Boom trägt dazu bei. *zig*

Gorgonzola ist ein ebenso kräftiger Partner für den Amarone.

Sotto Riva, die Weinbar in der gleichnamigen Straße, ist kein Touristentreff. Hier erlebt man das bodenständige Verona abseits des Touristentrubels von Piazza delle Erbe und Piazza Brà. Hier trinkt der siebzigjährige Veroneser sein Gläschen Rotwein ebenso wie die fünfzigjährige Geschäftsfrau und die jungen Leute. Im Sommer weist ein Schild am Eingang darauf hin, dass der Service aufgrund der Hitze etwas länger dauert.

Montecchia di Crosara
Roncà
Castelcerino
Brognoligo
Costalunga
Monteforte d'Alpone
Soave
S. Bonifacio
M. Castellaro
M. Grande
Val Dell'Acqua
La Rocca
Colombara
Fittà
T. Alpone
T. Tramigna
S. Vittore
S. Matteo
S. Lorenzo

Ein Name als Programm

SOAVE, DAS KLINGT HIMMLISCH. ERST RECHT WENN ES EIN ITALIENER SAGT: SOOAAAAVE RINNT WIE REINSTER WEIN DURCH DIE KEHLE. DIE WÖRTLICHE ÜBERSETZUNG, WEICH, SANFT, ZART, BRAUCHT DA EIGENTLICH SCHON KEINER MEHR. GÄBE ES DAS WORT NICHT, EINE WERBEAGENTUR HÄTTE ES ERFINDEN MÜSSEN – UND SICH MIT DER KREATION EINE GOLDENE NASE VERDIENT. DEM WEISSWEIN HAT SEIN ATTRAKTIVER NAME LEIDER NICHT IMMER GENUTZT. DOCH WER HEUTE DIE BESTEN TROPFEN AUFTUT, STEHT MINDESTENS MIT EINEM BEIN AUF EINER WOLKE.

Von der Terrasse der Enoteca Il Drago übersieht man die Hauptstraße. Zumindest den größten Teil mit der Kirche San Lorenzo Martire und dem Café Mattielli, wo es die sahnige hausgemachte Eiscreme gibt. Ein Stück die Via Roma hinunter stehen noch einige beim *apero* vor dem Casablanca, und am Ende ragt ein mittelalterliches Stadttor auf, von denen es hier vier Stück gibt. Viel größer ist Soave nicht, aber wer auch nur ein klitzekleines Faible für Wein hat, nähme mit der Terrasse allein Vorlieb. Hinter den steinernen Arkaden des alten Palazzos treibt der warme Wind ein paar Kirschblütenblätter vor sich her, und während man auf einen kleinen Teller selbstgemachte *tortelli di valeggio* mit Salbeibutter wartet, wählt man aus vielleicht zwei Dutzend Soaves aus. Egal welche Flasche kommt, sie sind alle richtig. Auf der Weinkarte ist die Crème der Winzer versammelt.

Für den ersten Schluck wartet man am besten einen ganz windstillen Moment ab. Soaves sind zuerst zurückhaltend und fein, nicht aufdringlich. So wie der *Pressoni* der Cantina del Castello, der duftet leicht nach weißen Blüten und schmeckt nach Pfirsich. Im Glas entwickeln sich die Aromen eine ganze Zeit weiter, das ist der Reiz. Schließlich hinterlässt er am Gaumen eine feine Spur von Holunder und feuchten Steinen. Arturo Stocchetti, Inhaber der Cantine und Präsident des Consorzio di Soave, könnte man gleich besuchen gehen. Sein Weingut ist Teil des Palazzos, die schmale Hofeinfahrt führt zu seinem alten Gewölbekeller. Gebaut wurde der Komplex schon im 13. Jahrhundert mitten in der Altstadt unterhalb des Schlosses, das die Scaliger, die damaligen Herrscher von Verona, etwa zur gleichen Zeit bauten. Der Clan setzte so konsequent auf seine Kernkompetenzen Kriegführung und Brudermord, dass er schon im nächsten Jahrhundert selbst Geschichte war. Für den Geheimgang zwischen Castello und Weinkeller gab es daher einleuchtende, wenn auch nicht mehr genau zu klärende Gründe. Jedenfalls hat die Cantina daher ihren Namen.

Als nächstes kommt ein *Monte Carbonare* von Suavia auf den Tisch. Er hat die gleiche strohgelbe Farbe, teilt sich aber mit Noten von Mandarinen und Salbei, Heu und Mandeln deutlicher mit. Auch der Abgang ist um einiges cremiger, mit vielen Südfrüchten und Honig, und trotzdem wieder elegant mineralisch. Beide Weine sind typisch für Soaves, die im Stahltank ausgebaut wurden, um ihre Aromen möglichst klar darzustellen.

Einen anderen Stil arbeiten Chiara und Alberto Coffele heraus. Ihr *Alzari* besteht aus einem Teil getrockneter Trauben. Nach einem Jahr in Eichenfässern haben sich so dichte Aromen von Bananen und Pecannüssen entwickelt. Auch zu Coffele geht es gleich die Straße hinunter, ein Katzensprung, wenn man sich nicht zu einem Schlenker in die Käserei La Casarsa verführen lässt. Dort gibt es den *Monte Veronese*, der im Hügelgebiet nördlich der Stadt schon seit Jahrhunderten gemacht wird. Im Mittelalter akzeptierten Geschäftsleute ihn als Zahlungsmittel, so begehrt waren die feinsalzigen Stücke. Heute verschmelzen deren Aromen von Heu, Nüssen und Salz geradezu mit Coffeles Reciotto, der süßen Variante des Soave.

Wer das wunderschöne Soave-Gebiet nicht verpassen will, muss diesen Verführungen aber widerstehen. Wir nehmen das Auto und lassen die komplett erhaltene Stadtmauer mit ihren 24 Türmen hinter uns. Im Rückspiegel taucht noch einmal die pittoreske Burg mit den auffälligen Schwalbenschwanz-Zinnen auf. Wüsste man nicht genau, dass sie echt ist, auch hier könnte eine Werbeagentur die Finger im Spiel haben.

Vor der Casablanca-Weinbar in Soave wird nicht nur über Wein diskutiert.

Ein Wein für Julia

Zwischen die Rebgärten ist nur noch ab und zu ein Kirchturm oder eine Villa getupft. Das schmale Band von Hügeln, in die man von Soave fährt, wurde zuerst 1931 als Weinregion kartiert. Die Hänge von hier bis Monteforte d'Alpone im Osten, dem historischen Kerngebiet, sind geologische Überreste alter Vulkane. Deren mineralhaltiger Basaltstein bedeutet zusammen mit gelegentlichen Lehmkalk-Schichten ein kleines Paradies für Rebstöcke. In den steinigen Böden fließt alles Wasser schnell ab, weshalb die Pflanzen ihre Wurzeln tief ausstrecken müssen, um an lebenswichtige Nährstoffe zu kommen. Auf diesen langen Transportwegen nehmen sie viele Mineralien auf, die in den Weinen später als Töne von Feuerstein wieder auftauchen.

Woher der Name Soave stammt, bleibt allerdings im Dunkeln. Die üblichen Erklärungsversuche bemühen Shakespeares Romeo, der den Wein nach einem Treffen mit Julia getrunken und „Soave!" geschwärmt haben soll. Wobei weder ganz geklärt wurde, ob er den Wein oder seine Geliebte damit meinte, noch wie eine Romanfigur zu einer historischen Figur werden kann. Auch Dante Alighieri, Zeitgenosse der Scaliger und Dichter der *Göttlichen Komödie*, wurde ernsthaft ins Spiel gebracht.

Was den Wahrheitsgehalt angeht, sind diese Geschichten so blutarm, dass selbst das Soave-Konsortium auf seiner offiziellen Website lieber über einen geheimnisvollen Zufall spekuliert. Ganz gut möglich ist es, dass der Soave seinen Namen von der Volksgruppe der Sueben hat, die in Venetien im 6. Jahrhundert als Folge der vielen Wanderungsbewegungen der Zeit aus Deutschland ankamen. Dass ausgerechnet spröde Schwaben die Namensgeber des Soave sein sollen, ist natürlich nicht so werbewirksam.

Schon Anfang des 20. Jahrhunderts verkauften die großen Weinhandelshäuser von Verona den Soave im In- und Ausland. Auf manchen Exportmärkten wurde der sanfte Tropfen ab den sechziger Jahren zu einer Art Inbegriff des italienischen Weißweins. Angeblich weigerte sich Frank Sinatra einmal rundweg, an einem Tisch Platz zu nehmen, wenn ihm kein Soave seiner Lieblingsmarke Bolla serviert würde.

Die Spätfolgen des Booms waren aber die, die so viele italienische Regionen durchleben mussten. Große Produzenten und Kellereien machten große Geschäfte. Auf Druck der Weinindustrie wurde die Soave-Zone, die erste geschützte Herkunft, die es in Italien gab, ausgeweitet. Stattliche 4.000 Hektar Voralpenebene mit in weiten Teilen für den Weinbau weniger geeigneten fetten Schwemmlandböden durften sich Ende des 20. Jahrhunderts Soave DOC nennen.

Soave ist einer der meistgeernteten Weißweine Italiens und bis heute der mit dem größten Exportvolumen. Für die kleinen Winzer dagegen war der Soave nie ein großes Geschäft. Um mit den niedrigen Literpreisen, die die Großabnehmer ihnen zahlten, über die Runden zu kommen, pressten die Winzer den Reben immer größere Erträge ab. Später wurden noch ertragreichere, aber ausdruckslose Rebsorten zugelassen und die Menge auf Kosten der Qualität weiter vergrößert. Für viele Ausländer war Soave bald mehr ein Markenname als ein Weingebiet, und es kam, wie es kommen musste: Am Ende stand Soave für Billigwein. Die wenigen Winzer, die nach Qualität strebten, waren in dem riesigen Meer langweiliger Massenweine kaum auffindbar.

Neue Regeln für das 21. Jahrhundert

Geblieben sind die Betriebsstrukturen bis heute. Viele kleine Traubenbauern verkaufen noch immer an große Abnehmer. 85 Prozent der gesamten Soave-Produktion erledigen Genossenschaften. Wer dort seine Trauben abliefert, kann meist keine allzu großen Sprünge machen. Aber es geht auch anders. Langsam, aber stetig setzt sich Qualität durch. Selbst eine Kellerei wie Bolla, die im Jahr gigantische 15 Millionen Flaschen Soave umsetzt, macht einige gute Soaves in den Weiten des Anbaugebiets. Die größte Genossenschaft, die Cantina di Soave, produziert einerseits Billigweine, die bei deutschen Discountern für weniger als zwei Euro zu haben sind. Aber es gibt dort den *Rocca Sveva*, der sich auch auf der Weinkarte des Il Drago gut machen würde. Er stammt aus dem historischen Kerngebiet, der Classico-Zone des Soave, in der bestimmte Lagen anerkannt, Rebsorten und Höchsterträge vorgeschrieben sind.

Da sitzen auch die vielen kleinen Winzer, die immer noch besser werden wollen. Mit Akribie arbeiten sie die Vorzüge einzelner Lagen heraus, die so bisher kaum bekannt waren. Das Konsortium, der Berufsverband der Winzer, steckte viel Geld in die wissenschaftliche Erforschung der Hauptrebsorte Garganega. Durch Selektion tragen die Reben heute hochwertigere Trauben, und auch die Anbaubedingungen sind besser verstanden.

Nur die Popularität der Garganega lässt zu wünschen übrig. Im Gegensatz zu Konkurrentinnen wie Pinot Grigio oder Sauvignon Blanc ist sie nämlich kaum bekannt. Die spätreifende Sorte, aus der der Soave zu mindestens 70 Prozent bestehen muss, wächst nur in Venetien und hat sich dort ideal an ihre Umgebung angepasst. Hauptnachteil ist die Wuchskraft der Garganega, die in den falschen Händen für Übererträge sorgt.

Genetisch verwandt mit der Rebsorte, aber qualitativ minderwertig ist die Trebbiano Toscano, die im besten Soave zum Glück nicht mehr erlaubt ist. Auch andere Zweitrebsorten sind auf dem Rückzug; wer Qualität sucht, konzentriert sich auf Garganega. Falsch behandelt, wird aus vielen italienischen Weißweinsorten ein neutraler, wässriger Wein, weshalb nur ein fähiger Winzer hilft.

Ein gereifter Monte-Veronese-Käse und dazu ein Glas Recioto di Soave – das passt!

GENUSSTIPP

Endlich mal ein Wein, der sich harmonisch mit Gemüsesuppe und weißen Bohnen verbindet. Kommt ein fassgelagerter Soave auf den Tisch, reibt man etwas köstlichen Monte Veronese aus Lessinia mit in die Suppe und hat schon ein kleines Festessen. Die feinen Aromen mögen es nicht zu kalt, 13 oder 14° C reichen. Die preiswertesten Soaves sind Eckartikel im Supermarkt. Wer nicht den billigsten nimmt, wird auch von Großanbietern wie Bolla und Bertani gut bedient. Beim Fachhändler oder im gut sortierten Kaufhaus findet man einen guten Alltags-Soave schon mal für 5 €, doch die kleinen Winzer brauchen 7 bis 10 €. Auf Weinkarten ist er dagegen selten zu finden und wenn, dann ist die Auswahl übersichtlich.

Mausempfehlungen für Romeos und Julias

Balestri Valda www.vinibalestrivalda.com
Bolla www.bolla.com
Cantina del Castello www.cantinacastello.it
Cantina di Soave / Rocca Sveva www.cantinasoave.it
Coffele www.coffele.it
Fattori www.fattorigiovanni.it
Filippi & Filippi www.cantinafilippi.it
Gini www.ginivini.com
Montresor www.vinimontresor.it
Montetondo www.montetondo.it
Pieropan www.pieropan.it
Suavia www.suavia.it
Vicentini www.vinivicentini.com

Der muss vor allem im Weinberg aufmerksam sein. Im Veneto machte die traditionelle Pergolaform einige Probleme. Die Wuchsform besteht aus einem hohen Stamm, an dem der Landarbeiter gut arbeiten kann, und so vielen Trieben wie möglich. Die biegen sich im Sommer unter der Last vieler geschmacksarmer Trauben. Moderne Anbaumethoden beschränken sich auf ein, zwei Triebe, die an Drähten angebunden werden. Es entstehen nur wenige Trauben pro Stock. Je nach Klima kann man Blätter entfernen und so bestimmen, wie viel Licht die Traube bekommt. Solche Anbautechniken gelten als Standard im Qualitätsweinbau weltweit und haben sich im Soave Classico durchgesetzt.

Alte Reben für Weine mit Verstand

Doch ändern kann man die Erziehungsform im Nachhinein nicht. Ein etwas anderer Rebschnitt hilft zwar, die Erntemenge im Herbst ein bisschen zu senken. Aber im Ernstfall muss der alte Rebstock gerodet werden, und das tut man ungern. Bis zur ersten Ernte braucht ein neuer allein vier Jahre, in denen man nichts mit ihm verdient. Und dann dauert es noch lange, bis er wirklich gute Trauben trägt. „Oder man macht es eben mit Verstand", sagt Filippo Filippi, Winzer aus Castelcerino, und zwirbelt mal kurz durch seinen wuchtigen Vollbart. Man weiß nicht so richtig, ob sich darunter ein Grinsen andeutet oder er die Zähne zeigt. Jedenfalls sind viele seiner besten Rebstöcke in Pergolaform geschnitten wie eh und je. Nach biodynamischen Prinzipien, die kaum Pflanzenschutzmittel, aber viel Naturbeobachtung zulassen, erntet er davon Trauben für einige geniale Weine. Auch die *Grüne Ernte*, bei der man, um die Erntemenge zu begrenzen, mitten im Sommer die Hälfte der Trauben liest und im Weinberg als Dünger liegen lässt, findet bei ihm nicht statt. „Damit gleicht man doch nur die Übererträge schlechter Reben aus", winkt er ab. Filippi erntet von 60 Jahre alten Pergolen, die nicht auf hohe Erträge gezüchtet sind. Seine Lagen haben Böden, deren Zusammensetzung stark variiert. An einem kleinen Tisch in seinem Weinkeller zeigt er die verschiedensten Gesteinsbrocken, die oft Muscheln und Schnecken eingeschlossen haben. Einige der Fossilien stammen aus der Lage Castelcerino, dem uralten Weinberg, der trotzdem nur zur Hälfte zum Kerngebiet Soave gehört. Jeden Gast führt Filippo zu der Grenze, die mitten über sein Grundstück verläuft. Von dem nicht klassifizierten Teil, den kaum bekannten Colli Scaligeri, macht er Weine mit würziger Frucht, dem Duft von Kamille mit Mineralien und Bittermandeln im Abgang. Ein paar Noten von Brot und Bäckerei sind auch öfter dabei. Denn Filippo lagert seine Weine gerne mit den Gärhefen, bevor er sie in Flaschen abfüllt. Sein *Vigne delle Bra „20 mesi sui lieviti"* wächst in der von Bäumen umstandenen Lage Bra. Der Wein bleibt – daher der Name – auf den Hefen für 20 Monate, in denen er neben einer bemerkenswerten Intensität die Aromen von süßen, weißfleischigen Früchten und frischem Teig entwickelt. „Garganega, reinsortig", sagt er, „mehr braucht man eigentlich nicht." Dieses Mal ist es wohl ein Lächeln unter seinem Bart. Das Wort Soave steht bei allen Flaschen von Filippi ziemlich klein auf dem Etikett. Die Weine aber sind sanft und weich, wie es nur Soave sein kann. *zig*

Terrasse der Enoteca Il Drago in Soave.

Filippo Filippi vom Weingut Filippi probiert konzentriert seinen Soave Castelcerino, der auf dem Vulkangestein in der Nähe gewachsen ist. Das Weingut liegt nur wenige Kilometer von Verona entfernt über den Hügeln von Soave in Castelcerino. In der Villa Visco, einem Landgut aus dem 14. Jahrhundert, das auch ein Gästehaus beherbergt, kann man sich, umgeben von Wäldern und Weinbergen, entspannen und die guten Tropfen des Hauses genießen.

osteperunanotte

Dolce Vita mit leichtem Druck

WENN PROSECCO EIN MENSCH WÄRE, ER WÜRDE ZU JEDER PARTY EINGELADEN. ER HÄTTE MASSENHAFT FREUNDE AUF FACEBOOK, ABER WAHRSCHEINLICH KEINE PEINLICHEN FOTOS. NUR MANCHE LEUTE HIELTEN IHN FÜR OBERFLÄCHLICH. DER VENEZIANISCHE SCHÄUMER VERSPRÜHT NÄMLICH NOTORISCH GUTE LAUNE UND IST DABEI SO LEICHT, DASS EIN GLAS MEHR NOCH KEINEM GESCHADET HAT. KRITIKER HALTEN SEINE BLUMIG-FRUCHTIGE ART FÜR LANGWEILIG. SIE SOLLTEN MAL EINEN PROSECCO AUS CONEGLIANO-VALDOBBIADENE PROBIEREN.

Am Eingang steht ein Butler im Frack. Die Herren tragen teure Anzüge, die Damen breitkrempige Hüte und lange Kleider, deren Säume manchmal gewollt nachlässig über den Marmorboden schleifen. Kirstalllüster und steinerne Büsten sorgen in den Sälen des Schlosses für das mondäne Umfeld. Hinter den meterhohen Fenstern und einem mit dem Lineal vermessenen Figurenpark breiten sich die Hügel des Weinbaugebietes nördlich von Venedig aus, während die bernsteingoldene Sonne auf die Rebgärten scheint. Genau so, wie sich Lieschchen Müller und die Hersteller von Schokokugeln eine Party in der italienischen High Society vorstellen, sieht es im Castello di San Salvatore in Susegana aus. Zumindest, wenn das Consorzio per la Tutela del vino di Conegliano-Valdobbiadene Prosecco sein Weinfest auf dem Weltkulturerbe feiert.

An den Tagen des Vino in Villa treten die Büsten und Fresken sogar etwas zurück hinter den Tischchen mit Perlwein, die überall aufgestellt sind. Im Angebot der rund 80 Winzer ist Prosecco von trocken bis süß. Überall perlt der prickelnde Wein in den Kelchgläsern, duftet meist etwas nach Äpfeln und Birnen, manchmal auch nach Mandeln und Blütenblättern.

Kritiker klagen gern, er sei neutral oder sogar langweilig. Ersteres stimmt mitunter, Letzteres nie. Gerade mit seiner Leichtigkeit hebt Prosecco überall unkompliziert die Stimmung. Milde Kohlensäure statt nervenden Geblubbers, fruchtige Frische statt aggressiver Säure und eine charmante Süße statt eines Abgangs, der Zunge und Gaumen zusammenzieht, nur damit der Wein sich trocken nennen darf.

Prosecco ist nicht nur sehr zugänglich, mit seiner leichten Art macht er sich bei jeder Gelegenheit beliebt. Ein Gläschen zum späten Frühstück? Mit seinem moderaten Alkoholgehalt haut er keinen aus den Schuhen. Als Aperitif legt er niemanden fest, und irgendwann zwischendurch ist er auch nicht verkehrt. Italiener schätzen ihn sogar zum Dessert. Vor allem, wenn er aus Conegliano-Valdobbiadene kommt. Oberhalb der weiten venezianischen Ebene lehnen sich die Weingärten des Kerngebietes der Anbauzone eng an das Dolomitenmassiv im Norden und machen schon einen etwas alpinen Eindruck. Steil und karg sind die Abhänge, auf denen die Reben wachsen. Der durchlässige Lehmkalkboden bildet einen idealen Untergrund für Weinstöcke; Fallwinde aus dem Norden sorgen für kühle Nächte, die den Trauben gut tun.

Unerwartet schön – die Landschaft

Zwischen den Weingärten verstreut liegen zauberhafte Dörfer im venezianischen Stil, auf den sanften Hügeln thronen dreistöckige Landhäuser, vor denen Libanon-Zedern wachsen. Die getünchten Bruchsteinfassaden leuchten ocker und ziegelrot, und die Kirchen haben spitze Türme. Beides sind Andenken an Österreich, zu dessen Monarchie das Veneto bis Anfang des 19. Jahrhunderts gehörte. Die Mischung aus bieder-braver k.u.k. Architektur und venezianischen Schnörkeln gibt dem Landstrich einen eigenen Charme. Im Westen und im Osten begrenzen die namensgebenden Städte Valdobbiadene und Conegliano das Kernland des Prosecco. In Conegliano gibt es neben einer der ältesten und größten Weinbauschulen Italiens auch eine jährliche Dame Partie mit lebenden Spielsteinen. Parallel dazu wird in den Bars *Enodama* gespielt, wobei die Spielsteine durch Rot- und Weißweingläser ersetzt werden. Doch auch wer die Veranstaltung verpasst, muss keinen Mangel fürchten. In den Bars fließt der Prosecco jeden Tag in Strömen.

Kleine Weinberghäuschen schmiegen sich an steile Hänge: Conegliano-Valdobbiadene.

„Weil nur das Herzstück des Prosecco Weine hervorbringt, deren Identität man schmecken kann", sagt Elvira Bortolomiol aus Valdobbiadene. Ihr Großvater Giuliano führte Ende der vierziger Jahre die Tankvergärung in der Region ein und legte damit den Grundstein für den modernen Prosecco. Der *Banda Rossa* von Bortolomiol ist seit Jahrzehnten das Aushängeschild der Kellerei. Denn die Trauben aus Conegliano-Valdobbiadene sind reifer und komplexer als die der vielen Proseccos aus der weiten Ebene von Venezien bis ins Friaul. Der Wein duftet typisch nach Äpfeln und Birnen, aber auch etwas nach frischem Brot und Orchideenblüten. Eine feine Süße macht ihn charmant am Gaumen. Im blitzblanken Keller von Bortolomiol bestimmt die High-Tech-Ausrüstung mit Stahltanks und pneumatischen Pressen das Bild. „Zwei Millionen Flaschen füllen wir hier pro Jahr ab", erzählt Bortolomiol stolz. Trotzdem entstehen sehr individuelle Proseccos.

Ein bisschen weniger sind es bei Le Colture im nahen Santo Stefano. Schon seit dem 16. Jahrhundert sei seine Familie im Weinbau, so Winzer Alberto Ruggieri. „Wir kennen den Boden, die Trauben und alle Risiken im Weinkeller aus dem Effeff", sagt er und setzt dazu eine wichtige Miene auf. Mit Boden ist vor allem Cartizze gemeint, ein steiler Hang aus Mergel, Sandstein und Lehm, der sich wie ein Amphitheater krümmt. In dem Kessel fängt sich die Sonne und sorgt dafür, dass die spät reifenden Trauben genügend Licht und Wärme bekommen. Die Einzellage Cartizze ist das Sahnestück des riesigen Prosecco-Gebietes. Auf knapp fünf Prozent der Fläche ernten die glücklichen Winzer weniger als ein Prozent der Erntemenge. Es sind die besten Trauben, die die Region hervorbringt.

Im Weinkeller verarbeitet Ruggieri das Material wie die meisten Spitzenwinzer zu *Vino spumante*, also Sekt, der mehr Kohlensäure als der *Frizzante* enthält. „Das gibt den Proseccos mehr aromatische Intensität." Besonders seinem Cartizze, den er stolz nach seiner Herkunft benannt hat. Aus dem Glas mit der strohgelben Flüssigkeit duftet es stärker nach reifen Birnen und weißen Pfirsichen als bei anderen Proseccos. Mit seinen Aromen von Orangenblüten und leicht welken Rosenblüten erinnert er fast an Parfum. Im Mund fühlt er sich cremig-weich an, die Aromen bleiben länger am Gaumen. Trotzdem wirkt er prickelnd frisch mit der notorisch unaufdringlichen Säure. Noch dazu hat der Cartizze, wie fast alle Proseccos, egal ob sie für kleines Geld im Supermarktregal stehen oder zu den Spitzenweinen des

Anbaugebietes zählen, im Abgang eine feine Süße, die am Ende jeden versöhnlich stimmt.

Mit diesem Stil hat sich der Prosecco weltweit Freunde gemacht. Einige seiner treuesten Gefährten wohnen in Deutschland. Hier passte der leichte Italo-Tropfen Mitte der neunziger Jahre wie angegossen zur Münchner Schickimicki-Szene und avancierte bald zum Trend im gesamten deutschsprachigen Raum. In den letzten Jahren boomt nun auch der amerikanische Markt, und der Prosecco ist dort auf allen gesellschaftlichen Ebenen angekommen. Auch US-Präsident Barack Obama begoss seine Amtseinführung 2009 mit Prosecco, wie Fachmedien staunend berichteten. Werder Bremen hat ihn zu seinem offiziellen Getränk erklärt, das man am besten gleich im hauseigenen Internetstore erwirbt. Der Vize-Rekordmeister animiert seine Anhänger, mit *Fan-Prosecco Nr. 12* „ihren Verein auf eine neue Weise zu genießen". Selbst im Deutschen Bundestag floss bei Empfängen reichlich Prosecco. Erst nach Intervention einer Ex-Weinkönigin wird nun auch inländischer Schaumwein ausgeschenkt.

Etwas mehr auszugeben lohnt sich

Mengenmäßig trinken die Deutschen viel mehr Prosecco als deutschen Sekt, und die großen Kellereien in Norditalien bedienen sie gern. Hergestellt wird Prosecco nämlich nur zum kleineren Teil in Conegliano-Valdobbiadene. Fast das Dreifache, 160 Millionen Flaschen, kommt aus den weiten Ebenen des Veneto und in Zukunft sogar aus dem Friaul, so will es eine neue Gesetzgebung. Solche Proseccos haben kaum noch eine Bindung zu dem begrenzten Anbaugebiet, aus dem sie stammen, und sind genau die Sorte Wein, die Kritiker oft genervt beiseitestellen. Vermarkten können nur große Discountketten Mengen in solchen Größenordnungen. In den Verhandlungen mit Aldi, Lidl & Co. wird aber Tacheles geredet, was den Preis angeht. Im andauernden Preiskampf der Branche rutschte der Prosecco so immer wieder mal in preisliche Niederungen, die existenzgefährdend für die Winzer sind. Ein bis zwei Euro für die Flasche markieren den traurigen Tiefpunkt der Preisspirale. Das ist weniger, als italienische Erzeuger im Land für ihre Ware verlangen. Irgendwer zahlt also drauf bei solchen Aktionen. Manchmal ist es der Verbraucher, dem statt Prosecco aus den ohnehin anspruchsloseren Herkünften eine Fälschung aus Billigweinen anderer Regionen untergeschoben wird.

Aber letztlich perlt auch das an dem italienischen Lebenskünstler ab. Prosecco bedeutet Party, und dabei ist keine Rede von Sparen. Der Aperol-Sprudel-Mix *Spritz* wurde in kurzer Zeit zum Trend-Aperitif. Im *Bellini*, einem Aperitif, der in den dreißiger Jahren in Venedigs legendärer Harry's New York Bar entstand, spiegelt sich noch mehr das mondäne Element des Sprudlers. Ähnlich sieht das wohl die US-amerikanische Milliardenerbin Paris Hilton, die den venezianischen Perlwein für sich als Einnahmequelle entdeckt hat. In goldene Blechdosen abgefüllt, geht der Tropfen unter dem Namen *Rich* über den Tresen und schlägt vor allem in der Gastronomie enorm ein. Szenegänger sonnen sich vermutlich im Glamour des Party-Girls, das als Werbeträgerin seinen eigenen Beitrag leistete. Die Markenbesitzerin kurbelte den Verkauf unter anderem an, indem sie nackt und golden angemalt durch einen Werbespot in der Wüste krabbelte. Offensichtlich nimmt die Hotelerbin, die ihren Prosecco „als besonderes Vergnügen und Belohnung am Ende eines Tages" begreift, ihr Produkt selbst ernst. Mit diversen Trunkenheitsfahrten hat die laut Guinness-Buch „am meisten überexponierte Persönlichkeit" zumindest ein Faible für alkoholische Getränke bewiesen.

Die Herstellung von Prosecco ist gar nicht mal so schwierig. Bei der Vergärung zu Alkohol entsteht naturgemäß

Für die Prosecco-Erzeugung ist der Druckmesser unerlässlich.

GENUSSTIPP

Wann man Prosecco trinkt? Eigentlich immer. Schon bei einem launigen Frühstück macht er eine gute Figur, zum Picknick, zum *tramezzino* zwischendurch, zu Sushi, als Aperitif zu kleinen Häppchen, im kultigen *Spritz* und erst recht im *Bellini* mit Pfirsichmark. Seine Leichtigkeit ist das große Plus des Prosecco. Ein einfaches Fischgericht mit milden Aromen kann man ihm auch anvertrauen. Bei gehaltvollen Speisen muss er allerdings passen. Erst zum Nachtisch kommt wieder seine Stunde: Feines Gebäck, Mürbteig, Obstkuchen und Blätterteig mit Crème veredelt hochwertiger Prosecco, gern auch mit Restsüße. Solche Weine findet man jedoch nie beim Discounter und auch selten im Restaurant. Ein guter Fachhändler verkauft ihn für 6 bis 12 €. Ein *Frizzante* ist immer preiswerter als ein *Spumante*, weil darauf pauschal ein Euro Sektsteuer anfällt. Prosecco trinkt man immer jung.

Mausempfehlungen für den besonderen Prosecco

Adami www.adamispumante.it
Bisol www.bisol.it
Bortolomiol www.bortolomiol.com
Carpene Malvolti www.carpene-malvolti.com
Case Bianche www.casebianche.it
Col Vetoraz www.colvetoraz.it
Conte Collalto www.collaltowines.com
La Farra www.lafarra.it
La Tordera www.latordera.it
Le Colture www.lecolture.it
Nino Franco www.ninofranco.it
Silvano Follador www.silvanofollador.it
Sorelle Bronca www.sorellobronca.com
Perlage www.perlagewines.com
Villa Sandi www.villasandi.it

Kohlendioxid. Die ersten Proseccos sprudelten wahrscheinlich, weil es im Winter zu kalt für die Gärhefen der spät geernteten Trauben wurde und die Fermentation abbrach. So prickelte der Wein im nächsten Jahr ganz von selbst, und ein bisschen Zucker war auch noch übrig. Das war auch ganz gut so, die Weißweine allein sind nämlich eher bescheiden. Ihren Esprit entfalten sie erst im *Spumante oder Frizzante*. Heute vergären Kellermeister den Saft der ertragstarken Trauben zügig in dichten Drucktanks, so dass das CO_2 nicht entweichen kann und sich in der Flüssigkeit einlagert. Wer größere Mengen produziert – kleine Gebinde lohnen sich nicht – macht aus preiswertem Grundmaterial recht zügig ein fertiges Produkt. Solche Aussichten lieben große Abfüllbetriebe, die in der Vergangenheit auch schon mal nicht ganz legale Einsparmöglichkeiten wie Weine fremder Rebsorten oder Anbaugebiete nutzten. Seit der Weinmarktreform der EU im Jahre 2009 gibt es jedoch neue Spielregeln. Heute ist das gesamte Produktionsgebiet des bisherigen Prosecco zur *Geschützten Herkunft*, DOC, aufgewertet. Das bedeutet, dass nur noch der Most von Trauben genau umrissener Provinzen zu Prosecco versektet werden darf. Das kleine Kernland zwischen Conegliano und Valdobbiadene wurde mit dem höchsten Prädikat *Geschützte und garantierte Herkunft*, DOCG, ausgestattet und muss dafür die Erntemenge noch weiter begrenzen.

Der Clou an der Gesetzesänderung ist aber, dass Prosecco nicht mehr der Name einer Traubensorte, sondern des Produktionsgebietes ist. Die Ex-Prosecco-Traube heißt jetzt Glera, ein altes Synonym aus dem Nachbargebiet Friaul. Die Weinbaupolitiker verhinderten so, dass Prosecco aus anderen Regionen mit dem Rebsortennamen als billigster Tafelwein abgefüllt werden darf. Irgendwie ein italienischer Geniestreich. Die Gesetzesänderung, die auf Anhieb etwas beschwipst wirkt, bereitete einer ganzen Reihe von Profiteuren jedoch gehörig Kopfschmerzen, darunter Abfüller, die fern von Venetien, manche sogar in Deutschland, bis dahin ganz legal Prosecco unter dem Prädikat *Typische geografische Benennung* abgefüllt hatten. Schluss mit verwirrenden Sortenverschnitten wie Verduzzo-Prosecco und Phantasienamen, die doch nur verschleiern wollten, dass sie gar keine richtigen Proseccos waren.

Das Aus kam auch für Dosen. Nur noch Glasflaschen in bestimmten Farben sind genehm, was die Firma Rich AG mit ihrem Paris-Hilton-Blechle kurzzeitig vor ein Problem stellte. Die Marke benannte man eilig in Rich Secco um, erhältlich in den Geschmacksrichtungen Venice (mit Kräutern), Fire (Whiskey, Cola, grüner Tee), Vampire (Wodka, Blutorange). Unter dem Label ist auch ein Perlwein aus Glera erhältlich. Die Rebsorte, die früher unter dem Namen Prosecco bekannt war, stammt wahrscheinlich aus einer kleinen Region in der Nähe von Triest. Deren Wein mochten schon die alten Römer, sie nannten ihn *vinum Pucinum*. Das Dorf *Pucinum* existiert noch heute. Es heißt Prosecco. Es gibt dort auch viele Winzer, aber Prosecco dürfen sie ihren Wein erst neuerdings nennen. *zig*

Marken bestimmen die Welt – zwei Prosecco-Marken sind auch dabei: Welche sind es?

CARPENÈ MALVOLTI
1868
ROSADA
ARREDAMENTI
astoria
VENETO BANCA
ARTINOX
GOPPION CAFFE'
euroflex
Carraro
TONON
AIR CONDITIONING
IRINOX
HOTEL
astoria
Imbalcarton
euroflex
GB COMPANY
GB COMPANY
GB COMPANY
GB COMPANY

KURZ EINGESCHENKT

Vom See, da komm ich her

Venetien besitzt einen superlangen Adriastrand, eine faszinierende Bergwelt rund um Cortina d'Ampezzo und das bezaubernde Venedig. Für die Deutschsprachigen ist jedoch der Gardasee der gefühlte Mittelpunkt der Region. Und hier wächst auch der Bardolino, ein Wein, der in Deutschland und in Italien in den letzten zehn Jahren ins Abseits geraten ist. Zu Recht, sagen die einen. Sie werfen den Kellereien vor, den großen Namen mit bescheidenen Qualitäten und niedrigen Preisen in den Staub getreten zu haben. Wieder andere führen ins Feld, dass dieser Wein einfach nicht der Nachfrage nach kräftigen, tieffarbenen Rotweinen entsprach. Wer auch immer Recht haben mag: Der Bardolino ist wieder da, zumindest im Bewusstsein der italienischen Weintrinker, die rund um den Gardasee, in Mailand und Venedig zuhause sind. Zahlreich besuchen sie die Verkostungen und Weinfeste, die das Konsortium in Bardolino veranstaltet.

Der Ort Bardolino stand Pate für den Namen des Anbaugebietes, das sich an den sanften Hängen rund um den Ort und die Nachbargemeinden Lazise und Garda erstreckt. Die Weine aus dieser Gegend tragen die Bezeichnung Classico, die auf dem Etikett stehen kann, aber nicht muss. Vor der Einführung der DOC im Jahre 1968 kamen zum Bardolino-Gebiet einige weitere Orte in der östlichen und südlichen Umgebung des Gardasees hinzu. Nun darf in Peschiera del Garda und auch in Valeggio sul Mincio Bardolino erzeugt werden, aber ohne den Zusatz Classico. Die verwendeten Rebsorten sind überall gleich, nämlich Corvina, Corvinone, Rondinella und Molinara. In kleineren Anteilen dürfen beim Bardolino auch Sangiovese und Barbera eingesetzt werden, die den Weinen mehr Geschmackstiefe bringen können.

Ein Bardolino ist ein Wein vom See, ein Wein für den lauen Sommerabend, der durch seine Fruchtigkeit überzeugt, selten durch seinen kräftigen Gerbstoff. Und damit liegt er voll im Trend der süffigen Weine. Die Krone für unbeschwerte Trinkfreude gebührt ganz sicher dem Chiaretto, der Rosé-Version des Bardolino.

Bei aller Trinkfreude, die der Bardolino bietet: Es gibt auch facettenreiche und kräftige Rotweine vom See mit Tiefgang und dennoch der typischen Fruchtigkeit der hier verwendeten Rebsorten. Nämlich Bardolino Superiore, die beste Bardolino-Qualität, die all das in sich vereint, was diesen Wein ausmacht – und zudem noch gerbstoffbetonter ausfällt. Wer in der Gegend ist, sollte mal bei der Contessa Maria-Cristina Loredan-Rizzardi vorbeischauen, die sich engagiert für das Anbaugebiet einsetzt. In ihrem Weingut Guerrieri-Rizzardi am See bietet sie Weinproben und Führungen an. Ein Besuch bei der Contessa sagt mehr als 1.000 Worte, denn innerhalb des historischen Gemäuers kann man quasi die Geschichte des Bardolino atmen.

Weißweinalternativen

Zwei Weißweingebiete liegen in der Nachbarschaft der Bardolino-Zone. Zum einen das des Lugana, den sich das Veneto mit der Lombardei teilt (siehe KE Lombardei). Er hat in München und Umgebung schon seine Liebhaber gefunden. Solchen Erfolg wünschen sich die Winzer auch für den zweiten Weißen, den Bianco di Custoza. Eine große Genossenschaft und einige Privatbetriebe arbeiten daran: Sie erzeugen fruchtige, leichte Weißweine in Seenähe.

Glera ist ...

Und dann gibt es noch eine neue gesetzliche Regelung. Die besagt, dass der Prosecco nun auch im Friaul angebaut werden darf, weil die Rebsorte ursprünglich aus dem Ort Prosecco unweit von Triest stammt. Da sie jetzt ein Gebietsname ist, darf die Rebsorte nicht mehr Prosecco heißen, sondern wird Glera genannt. Das Anbaugebiet ist für diesen Weintypus nun riesig groß. Es war auch vorher schon recht groß, und wer das Herz des Sekts oder Perlweins sucht, der findet es im historischen Gebiet Conegliano-Valdobbiadene (siehe Weinkapitel). Ihre Rotweine beziehen die erfolgreichen Prosecco-Vermarkter oft aus dem weitläufigen Piave-Gebiet im Hinterland von Venedig. Entlang des superbreiten Kieselsteingebirgsflussdeltas des Piave entstehen herbe Rotweine und leichte Weißweine, die selten die Faszination eines großen Rotweins oder die Leichtigkeit eines Bardolino versprühen.

Bardolino:
Cavalchina www.cavalchina.com
Guerrieri-Rizzardi www.guerreri-rizzardi.it
Le Fraghe www.fraghe.it

Lugana:
Siehe Kurz eingeschenkt Lombardei

Bei einem Glas Prosecco flirtet es sich leichter.

Friaul

FRIULANO AUS DEM FRIAUL
COLLIO BIANCO

Am Rand und obenauf

IM COLLIO GIBT ES DEN FEINSTEN SCHINKEN UND DEN RAFFINIERTESTEN WEISSWEIN ITALIENS. DA SIND SICH EXPERTEN EINIG, AUCH WENN NUR WENIGE DEN LANDSTRICH ZWISCHEN ÖSTERREICH, SLOWENIEN UND DEM MITTELMEER BEREIST HABEN. DIE MENSCHEN IM FRIAUL KEHREN IHRE QUALITÄTEN SELTEN NACH AUSSEN. GENAUSO IST ES MIT IHREN WEINEN. WER ABER EINMAL MIT LAND UND LEUTEN FREUNDSCHAFT GESCHLOSSEN HAT, GEWINNT EINE REGION ITALIENS FÜR SICH, DIE SICH IMMER TREU GEBLIEBEN IST.

Wer spätnachmittags im Caffè Urbanis in Triest seinen Espresso verschüttet, tut sich damit in mehrfacher Hinsicht nichts Gutes. Nicht nur nimmt er sich den Kaffeegenuss, weil das Heißgetränk dort in bester Qualität serviert wird, sondern gefährdet auch die Business outfits seiner Nachbarn. Triest ist Hauptsitz des Kaffeerösters Illy und seiner Università del Caffè. In den Apero-Bars um die Piazza dell'Unità stehen die Gäste nach Feierabend dicht gedrängt, und dabei verhaken sich schon mal Gucci-Embleme in Bulgari-Manschettenknöpfen. Deren Träger liefen noch bis eben durch die Büroetagen von Unternehmen wie Generali.

Der Versicherungs-Multi hat sich hier schon vor 100 Jahren mit einem klassizistischen Prachtbau sein Denkmal gesetzt und reichlich Nachahmer gefunden. Regierung und Stadt leisteten sich je einen Palazzo, ebenso der Konzern Lloyd Triest. Deshalb sind die Straßen um den Platz heute gesäumt von ornamentverzierten Fassaden. Während die Sonne langsam in der Adria versinkt – die vierte Seite der Piazza ist offen zum Meer –, glühen die mit Goldintarsien verzehenen Sandsteinmauern mit ihren Skulpturen, als wollten sie das ganze Haus in Gold verwandeln.

Triest ist die Bilderbuchversion einer reichen Handelsstadt. Ab 1382 hatte es zu Österreich gehört, das es für lange Zeit zu seinem wichtigsten Handelshafen und Marinestützpunkt ausbaute. Der Kalte Krieg drängte Triest und die gesamte Region zwar in eine Randposition. Doch innerhalb der EU der 27 Mitgliedsstaaten liegt die Stadt im extremen Nordostzipfel Italiens wieder mittendrin. Innenstadt und Canale Grande sind herausgeputzt; und nicht wenige der Bohnen für sechs Millionen Tassen Illy-Kaffee, die täglich getrunken werden, werden in dem geschäftigen Adriahafen verladen. In den letzten Jahren ist auch eine ganze Menge Wein aus Friaul dazugekommen. Viele der Frachtschiffe nehmen Kurs auf New York, wo sich die Weißweine eine gute Reputation erarbeitet haben.

Doch anders als die Herkunftsorte anderer weltweit bekannter Weine wie des Chianti kennt kaum jemand das entlegene Grenzland, aus dem die Tropfen stammen. Wer die Hauptstraße von Triest Richtung Norden entlang der slowenischen Grenze in die Berge fährt, erlebt auch kein Klischee-Italien. Keine Zypressen, keine Oliven – wenig würde sich hier als Motiv für ein Weinetikett anbieten, mit dem Winzer die Anmut der Landschaft auf ihren Wein übertragen wollen.Wer die Weine sucht, reist in eine Welt ohne Glamour, dahin, wo Triest Trst heißt, weil die Einwohner zu Hause italienisch und slowenisch sprechen und wo viele finden, dass sie für die reichen Städter Menschen zweiter Klasse sind. Andererseits laufen die Städtchen wie Gorizia oder Cormòns kaum Gefahr, als der unvermeidliche Geheimtipp im nächsten Webportal aufzutauchen, um sich dann bei näherem Hinsehen doch nur als weiteres Touristendorf zu entpuppen, in dem Leute ihr Geld mit Gipsmadonnen und Schlüsselanhängern verdienen.

Stattdessen bekommt man in den hübschen Orten das, was man so selten bekommt, wenn man es sucht: authentisches Leben. Die Leute trinken ihren Espresso in uralten Bars mit dunkler Holzvertäfelung. Und wer sich für eine Stunde vor das Longobardo am Marktplatz von Cividale del Friuli setzt, bekommt 60 Minuten echten italienischen

Romantischer Sonnenuntergang mitten in der City. Die Piazza dell'Unità ist offen zum Meer.

Seite 134 – 135: Im Friaul helfen noch die alten Leute aus dem Dorf bei der Lese, andernorts heutzutage eine Seltenheit.

Seite 136: Klassizistische Fassaden an der Piazza dell'Unità.

Das Ristorante Aquila d'Oro im Castello di Trussio führt einen der begehrten Michelin-Sterne.

Lifestyle vorgeführt. In aller Regel ohne Digitalkameras und Stadtplan wälzende Kulturtouristen.

Dabei hätten die genug zu sehen, so wie das über 1.000 Jahre alte dreieckige Kloster Santa Maria in Valle südlich des Marktplatzes. Von dessen ebenfalls dreieckigem Innenhof mit dem zauberhaften Säulengang und dem Brunnen tritt man in die kleine Kapelle. Darin wölbt sich ein romanischer Fries, auf dem rankende Reben und dicke reife Trauben aus dem Stein gearbeitet sind. Das gibt es kein zweites Mal auf der Welt. Um das Jahr 1200 entstand in Cividale ein silberner Altaraufsatz mit lateinischer Inschrift. Die Buchstaben wurden mit vorgefertigten Werkzeugen eingeschlagen, mehr als 200 Jahre bevor Johannes Gutenberg den Buchdruck erfand. Palazzi, Kirchen und Klöster machen aus vielen Plätzen historische Schmuckstücke.

Nicht nur Triest, erst recht das Anbaugebiet Collio ist nicht ohne Wenn und Aber italienisch. Die rätselhaft erscheinenden Begriffe auf vielen Weinetiketten wie Klin, Col Disôre, Pomédes oder Segrè sind Furlan, die lokale Sprache, die dem Katalanischen fast mehr ähnelt als dem Italienischen. Auf den Straßen sind die Ortsnamen zweisprachig angegeben. Und der größere Teil des Collio liegt in Slowenien. Der Austausch unter den Winzern diesseits und jenseits der Grenze ist lebhaft.

Wechselnde Herrschaften und Einflüsse gab es in fast allen europäischen Regionen. Allzu oft sind die historischen Beschreibungen nicht viel mehr als Allgemeinplätze. Im Collio standen sich nicht nur Römer und Barbaren, Katholiken und Protestanten gegenüber. Mindestens seit der Antike ist die Region an der Grenze zwischen Alpen und Adria begehrt. Eroberer aus dem Norden suchten den Mittelmeerzugang; wer aus dem Süden kam, wollte sich die Passage auf den Balkan sichern. Deshalb waren hier nicht nur Julius Caesar und Karl der Große. Zu den Invasoren zählten bereits der Patriarch von Aquileia oder der König von Illyrien, die längst niemand mehr kennt.

Unvergleichbar heftig trafen die Region aber die Auseinandersetzungen des 20. Jahrhunderts. Im I. Weltkrieg tobten hier zwölf der blutigsten Materialschlachten. Mehrere 100.000 Soldaten starben bei den Kämpfen zwischen Italien und Österreich-Ungarn im Trommelfeuer, bei Giftgasangriffen, durch Minenwerfer und an Typhus. Knochen, verrostete Koppeln und Bajonette dieser armen Teufel findet man noch heute an einigen Stellen. In diesen

Isonzo-Schlachten, die am Ende nicht kriegsentscheidend waren, wurden Bergen die Gipfel abgesprengt und das prächtige Gorizia schwer zerstört.

Auch der II. Weltkrieg brachte verheerende Kämpfe. Und am Ende verlief die Grenze zwischen Italien und Jugoslawien mitten durch Gorizia. Am Bahnhofsplatz, der Piazza Transalpina, grenzte jahrelang Nato-Territorium an das des Warschauer Pakts. Erst seit 2004 mit Sloweniens EU-Beitritt ist die Teilung endlich Vergangenheit.

Die Menschen im Collio haben sich mit der Geschichte arrangiert. In Cividale steht eine Statue Julius Caesars, der aus der keltischen Siedlung eine Stadt machte, in Cormòns ziert Kaiser Maximilian I. von Habsburg den Dorfplatz. Das Collio hat dem Rest der Welt verziehen – und vertraut vor allem auf sich selbst. „Mein Weingut ist im italienischen Katasteramt aufgeführt", sagt etwa Edi Keber, Winzer in dritter Generation. Sein Vater musste sich mit österreichischen Behörden herumschlagen. Den Großvater schikanierten slowenische Verwaltungsangestellte. Wenn man ihn nach seiner Nationalität fragt, nimmt er seine Gäste manchmal mit in den Keller, den sein Großvater in den Berg getrieben hat. Die stabile Struktur hat sich bewährt, und ganz hinten, vorbei an uralten Fuderfässern und modernen Stahltanks, hat er in einer Nische ein kleines Regal. Dort zieht er eine Flasche Bianco aus dem Jahr 1968 hervor. Das war der erste Jahrgang mit der offiziellen DOC-Bezeichnung, an der Umsetzung hatte sein Vater großen Anteil. Edi zeigt auf die Banderole mit der Abfüllnummer 001. Den würde er nicht für einen Diplomatenpass tauschen.

Auf dem Weg von Gorizia nach Udine kommt man an Ara Pacis Mundis vorbei und findet die eigene Antwort der Menschen hier auf die Fragen der Geschichte. Das gravitätische Mahnmal steht auf dem Hügel Medea und ist den Opfern aller Kriege in aller Welt gewidmet.

Weiß-rosa Gotik

Udine, die zweitgrößte Stadt Friaul-Julisch Venetiens, bildet einen krassen Kontrast zum Klassizismus von Triest. Wer vor der Stadtmauer parkt, kann direkt zum Schloss gehen und über den parkartigen Vorplatz schlendern, die alte Steintreppe hinunter auf die Piazza della Libertà und in ein kleines Zauberland eintauchen. Durch den Ortskern führen Gassen mit Kopfsteinpflaster, in denen sich die üblichen Palazzi finden. Der schönste unter ihnen ist jedoch wie zum Trotz gotisch, gewagt gestaltet für einen Venezianer in rosa-weiß gestreift. Von den prächtigen Brüstungen der Loggia del Lionello kann man zusehen, was die Udinenser

In Udine gibt es immer etwas zu feiern: die Piazza della Libertà am Abend des Weinfests Friuli DOC im September.

Landwirtschaft und *frico* sind Tradition im Friaul. Zumindest bei den köstlichen Käseplätzchen wird daran niemand etwas ändern.

auf der Piazza mit der großen Freiheitsstatue so treiben. Oder man lässt sich weiter mitziehen auf der Via Rialto bis zur Piazza Matteotti, wo die Bauern des Umlands schon vor über 1.000 Jahren ihre Waren auf dem Markt verkauften. Zwischen Gotik- und Renaissancebauten drängen sich nicht nur die für jeden Italiener unentbehrlichen Bekleidungsgeschäfte, sondern auch Bars, die nicht über mangelnden Zulauf klagen können. An den Theken und unter den Arkaden fließt der *vino* in Strömen. Kaum jemand bestellt Softdrinks. Ältere Damen und Studenten, auch Barflies unter zwanzig nippen glücklich an ihrem Spritz, Friulano oder Collio und diskutieren darüber. In Udine beobachtet man im Konzentrat, was für die ganze Region gilt: Hier leben Leute mit Wein – und nicht erst, wenn sie über fünfzig sind. Am liebsten auf einem der vielen Märkte oder Feste. Dann bummeln Gott und die Welt umher, Menschen mit slawischem Gesichtsschnitt beäugen Antiquitäten, luftgetrocknete Schinken oder die Band des Festivals. Meistens hallen dann Polka-Rhythmen durch die Straßen.

Den harten Dialekt, den die Friulaner ihrem Italienisch geben, versteht allerdings nicht jeder, zumal er von Dorf zu Dorf anders ist. Viele Leute sprechen ohnehin lieber friulano oder slowenisch oder zimbrisch oder uralte Varianten des Deutschen. Diese verschiedenen Brocken der Vergangenheit tauchen auch in der Küche auf. Wie fast immer in bergigen Regionen ist das Essen nahrhaft wie Lasagne mit geräuchertem Käse oder Eintopf mit Sauerkraut: Dazu gibt es in manchen Bergdörfern *kartuffla*. *Fricos*, Käse-Kartoffelkuchen aus der Pfanne, passen hier nicht nur zu jeder Tageszeit, sondern auch zu jedem Wein. San-Daniele-Schinken, sicher das feinste Produkt der Region, harmoniert bestens mit der bodenständigen Rebsorte Friulano.

Insgesamt changiert die Speisekarte oft zwischen italienisch und deftig österreichisch wie beim Gulasch mit Polenta oder Schweinenacken in *salsa bechamela*. Vieles könnte tatsächlich auch in Tschechien oder Deutschland auf der Karte stehen, manches sogar in der Schinkenstraße auf Mallorca. Doch aus der Rustikalität der Hausmannskost zu folgern, dass es in den Restaurants des Collio

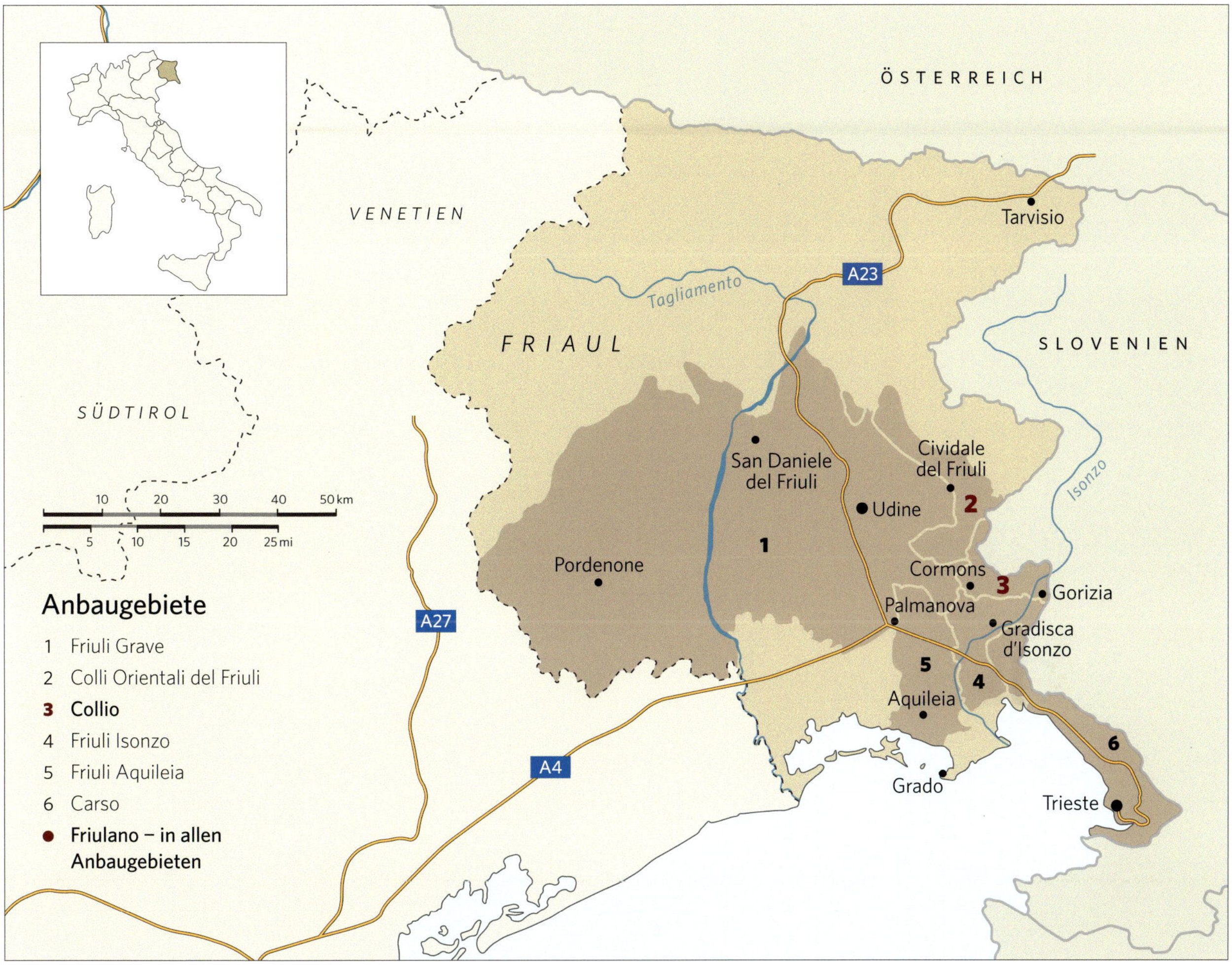

ebenso deftig zugeht, bleibt zum Glück ein Trugschluss. Tatsächlich schaffen Friauler Köche das, was Köche auf der weiten Welt immer gern für sich zum Leitsatz erklären und so selten einlösen. In den Restaurants spielen sie souverän mit den lokalen Zutaten, indem sie mit Asino-Käse einen Touch von Wacholderrauch an einen Kürbisflan zaubern. Am Tisch trifft das Gericht dann auf einen blumigen Sekt, und beide gehen eine geniale Verbindung ein. Solches Können zahlt sich aus. Acht Restaurants im Friaul führen den begehrten Michelin-Stern, der für italienische Köche besonders schwer zu erkochen ist. Auch Tonino Venica kocht auf hohem Niveau, indem er traditionelle Lebensmittel mit neuen Zubereitungsmethoden variiert. In seinem Restaurant Tavernetta Al Castello, das als Gastronomie am Rande eines Golfplatzes nicht so richtig ins Auge fällt, nascht man schon zum Apero einen Frico. Doch wo sonst eine Käsebombe im Magen detoniert, sind die Aromen des deftigen Snacks hier auf einen dünnen Chip aufgebracht. So gebändigt, flirten die Fettprotze mit einem Ribolla Gialla mit dem feinen Duft von Mandarinenschalen.

Wie viele Menschen im Collio ist diese ländliche Rebsorte oft verschlossen und unzugänglich für einige Zeit, doch dann offenbart sie eine charakterliche Fülle, die man selten findet. Es folgen Risotto mit Todestrompeten und Speck, in dem sich die intensiven Aromen umkreisen wie Goldfische im Glas, und ein Schmortopf vom Kaninchen mit Pflaumen-Zimt-Sauce. Solche gebürtigen Landeier, die oft kaum für steigerungsfähig gehalten werden, katapultiert Tonino ins Universum der Haut Cuisine. Die Friulaner haben dem Rest der Welt nicht nur verziehen, sie stecken ihn auch in die Tasche. *zig*

29
30
HL23

Holz und Stahl, funktionell angeordnet und von kühlem Neonlicht beleuchtet – so sieht ein moderner Keller aus, für dessen Aufbau nicht wenige Euros investiert wurden. In den Holzbottichen wie auch in den Stahltanks wird der Most vergoren. Absolute Sauberkeit ist in allen Phasen ein wichtiger Faktor – da wird lieber einmal zu viel als einmal zu wenig der Wasserschlauch benutzt, damit alles blitzeblank ist.

Der Name der Rebe

WEINFREUNDE SCHWÄRMEN GERN VON „TERROIR" UND MEINEN DAMIT, DASS EIN WEIN SO ETWAS WIE DIE ESSENZ EINER REGION ZU SEIN HAT. EINE ART FLÜSSIGES ABBILD DER LANDSCHAFT, IN DER ER WÄCHST, SOLL ER SEIN, NACH IHREN BÖDEN UND IHREN PFLANZEN DUFTEN UND VIELLEICHT NOCH NACH DER BRISE EINES NAHEN MEERES. VON EINER REBE, DIE SO HEISST WIE DAS GEBIET, IN DEM SIE WÄCHST, DARF EINE GANZ BESONDERE HEIMATVERBUNDENHEIT ERWARTET WERDEN. INSOFERN IST DER FRIULANO EIN TERROIR-WEIN PAR EXCELLENCE.

Der Friulano ähnelt den Menschen, die hier leben. Anfangs mögen sie einem wortkarg vorkommen, sie können spröde wirken – aber nach einer Weile, wenn man sie besser kennen lernt, stellt man fest, dass sie sehr verlässliche, ehrliche Zeitgenossen sind, mit Seele und Tiefgang. Einer, der dieser Aussage zustimmt, gehört selbst zu dem beschriebenen Menschenschlag: Mauro Mauri, Winzer und Kellermeister. Sein Weißwein aus der Rebsorte Friulano gilt Jahr für Jahr als einer der besten Vertreter seiner Art. Zusammen mit seiner Schwester Alessandra hat der studierte Önologe 1990 im Städtchen Cormòns das Weingut Borgo San Daniele gegründet. Mit ihrem konsequenten Qualitätsstreben haben die Mauri-Geschwister das, was ihnen vielleicht an Tradition fehlte, mehr als wettgemacht. Heute gelten ihre Weine und insbesondere ihr Friulano als beispielhaft für die Region Isonzo.

Bei der Kultivierung des Friulano gibt es sozusagen eine Arbeitsteilung zwischen den einzelnen Anbaugebieten: Aus dem weitläufigen, flachen Grave, das mit deutlich über 6.000 Hektar die größte Anbaufläche des Friaul besitzt, kommen Weine, die unkomplizierten Trinkgenuss versprechen. Ihr Alkoholgehalt ist moderat, ebenso ist es der Preis. Die Weine sind in der Regel leicht zugänglich, man trinkt sie nach der Arbeit in den zahlreichen Bars, zur Einstimmung auf den Feierabend. Diese Weine sind frisch, sie duften ansprechend nach weißen Blüten und wollen jung getrunken sein.

Anders die Weine des sanft gewellten Collio, das sich nicht auf italienischen Boden beschränkt, sondern weit nach Slowenien hineinreicht, der Colli Orientali oder des kargen Schwemmlandes Isonzo. Hier nutzen die Winzer den von Natur aus üppigen Wuchs der Rebsorte nicht für hohe Erträge, sondern beschränken die Lesemengen drastisch, um die Konzentration der Inhaltsstoffe zu erhöhen. Die Weine hier sind gehaltvoller, tiefgründiger und langlebiger – und sie haben ihren gerechtfertigten Preis.

Insofern sind die Mauri-Geschwister mit ihrem Weingut Borgo San Daniele typische Vertreter ihres Gebietes, Zum Sich-Verzetteln neigen die beiden nicht, sie beschränken sich radikal: Wo Kollegen sich an der üppigen Auswahl von Rebsorten der Region bedienen, erzeugen sie nur vier Weine. Einer davon ist selbstredend ein reinsortiger Friulano. Er darf als einer der besten Weißweine Italiens gelten. Privatkunden erhalten für ca. 14 € Verkaufspreis ab Hof viel Wein für ihr Geld.

Sorgfalt und Behutsamkeit

Der Wein wird von Mauro Mauri auch gehätschelt, wie es sich für einen Spitzenwein gehört. Während es sonst üblich ist, bereits im März nach der Lese die Weißweine auf die Flasche zu ziehen, um sie bei Weinmessen zu präsentieren, darf Mauris Friulano zu dem Zeitpunkt noch friedlich schlummern wie in den Armen einer Mutter; erst im Sommer nach der Lese wird der Wein von der Hefe getrennt. Nach dem Umziehen in die Flasche erholt er sich noch annähernd ein halbes Jahr im heimatlichen Keller, bis er im Winter – fast eineinhalb Jahre nach der Lese – in die Welt entlassen und auf den Markt gebracht wird.

Die fruchtbetonten Weine des Anbaugebietes Grave sind bis dahin schon großteils ausgetrunken. Das Ergebnis von so viel Sorgfalt und Behutsamkeit ist ein Wein, der nichts zu tun hat mit den leichtfüßigen Gesellen, die für den schnellen, unbekümmerten Konsum gemacht sind, sondern ein anspruchsvoller, tiefgründiger Weißwein. Die Mauri selbst trinken ihren Friulano am liebsten, wenn er drei oder auch vier Jahre alt ist. „Dann ist er ein perfekter Ausdruck unserer Region", findet Alessandra. Der Kommentar ist ein Ritterschlag für den Friulano, bedenkt man, dass viele Sorten in erster Linie ihren Reben-Charakter zum Ausdruck bringen. Ein Sauvignon Blanc beispielsweise duftet fast immer nach Stachelbeeren, einen Cabernet Sauvignon verraten seine Zedernholz- und Cassis-Aromen. Solche Reben outen sich weltweit als Vertreter ihrer Art.

Nur wenige Rebsorten spiegeln den Boden wider, auf dem sie wachsen. In diese Kategorie gehört der Friulano, der nicht mit vorlautem Eigenaroma hervorsticht. Seine typischen Noten – frische Zitrusfrucht, Brennnessel, Süßmandel, Apfel, weiße Blüten – teilt er mit vielen anderen Weißen. Selbst ausgewiesene Weinkenner werden nicht sagen können: „Riecht nach Apfel und Blüten, muss folglich Friulano sein."

Friulano prunkt nicht mit lauten Aromen, was dazu verleitet, ihn zu unterschätzen. Selbst bei Jancis Robinson, die zu den weltweit führenden Weinkritikern gehört, fand sich die Rebe lange unter ferner liefen. Blumig, frisch und jung zu trinken sei der Friulano. Doch das ist nur ein Teil der Wahrheit, der ungeduldigere Zugang zum Wein.

Zwar erbringt der Friulano tatsächlich in der Mehrzahl leichte, schlichte, süffige Zechweine. Doch ehrgeizige Winzer entlocken der einheimischen Rebe einen Reichtum an Aromen, unter ihren Händen gewinnt die scheinbar schlichte Sorte Strahlkraft und verwandelt sich in eine ideale Terroir-Rebe. Ein Weinkenner, der mit der Region gut vertraut ist, wird beim Schnuppern ins Weinglas dann möglicherweise sagen: „Dieser Weißwein ist kräftig und kommt offenbar aus einer südlicheren Region als Deutschland oder Österreich, vermutlich Italien. Er ist extrem mineralisch, fast meint man, nasse Kieselsteine und trockene Erde zu riechen. In dieser Intensität kenne ich das nur aus dem Friaul. Der Wein ist dicht und hochwertig, also wird es ein Wein aus Isonzo, dem Collio oder den Colli Orientali sein. Er hat kein vorlautes Aroma, also ist es kein Sauvignon Blanc. Er hat auch nicht ganz die Geschmeidigkeit eines Pinot Grigio. Er schmeckt einfach nach Friaul – muss wohl ein Friulano sein."

Bis vor Kurzem wurde auf politischer Ebene lebhaft um die Bezeichnung für die Rebe gerungen. Ungewöhnlich ist nämlich die Geschichte des Namens. Eine halbe Ewigkeit firmierte der Wein aus der ehemaligen k. u. k. Habsburger-Provinz unter dem Namen Tocai Friulano, bis ein anderes ehemaliges Habsburger Land – Ungarn – sich mit seinem erbitterten Widerstand durchgesetzt hat.

Zwar kursieren alte Geschichten von gräflichen Kurieren, die mit Rebstecklingen im Gepäck von Friaul nach Ungarn – oder andersherum – reisten. Sie sollen belegen, dass beide Reben einen gemeinsamen Ursprung und von

Blick vom Weingut Rocca Bernarda auf die Weinbergterrassen. Die Konturpflanzung ist sehr arbeitsintensiv, aber die Weine sind besonders gut – und zusammen mit der einzelnen Zypresse und den Voralpen geben die Terrassen ein perfektes Postkarten-Motiv ab.

daher auch ein Anrecht auf denselben Namen haben. Doch mittlerweile haben Ampelographen, Rebsortenkundler, solche Überlieferungen als Legenden enttarnt. Und wenn der Friulano die Seele des Friaul ist, so ist doch der Tokajer Ungarns Seele, und den Alleinanspruch auf diesen Namen verteidigen die Ungarn ebenso nachdrücklich wie Franzosen ihr Champagner-Monopol. Mit Erfolg.

Friulano geht auch extrem

Die Winzer selbst nennen ihn für sich immer noch Tocai, auch wenn das seit 2008 offiziell untersagt ist. Doch von den Etiketten ist der Name Tocai inzwischen verschwunden. Von allen? Nicht ganz. Ein pfiffiger Winzer nämlich hat den Namen hinterrücks aufs Etikett schmuggelt. *Iacot*, also Tocai rückwärts buchstabiert, heißt der Friulano, den Stanko Radikon abfüllt. Er ist in dieser an originellen, kantigen Winzerpersönlichkeiten ohnehin reichen Gegend einer der extremsten. Sein Weingut in Gorizia im Herzen des Collio ist eine spannende Experimentierstätte.

Der Friulano, den er auf den Tisch stellt, ist auf den ersten Blick kaum als Weißwein zu erkennen. Er ist trüb und hat die Farbe von hellem Darjeeling-Tee. Deshalb fällt er bei den Juroren der staatlichen Prüfkommission auch regelmäßig durch, weil ein Weißwein doch gefälligst strahlend, hell und klar zu sein hat. Dabei duftet der *Iacot* köstlich nach getrockneten Aprikosen und Orangenschale, nach Tee und Gewürzen – und, das ist jetzt wirklich typisch für die Sorte, nach Äpfeln. Und er ist langlebig: Sieben Jahre steckt er weg wie nichts, er wirkt da gerade mal trinkreif. Das ist umso überraschender, wenn man weiß, wie der Wein entsteht.

Denn Radikon, ein Original und Rebell, hat viel experimentiert im Lauf der Jahre. Mit kleinen neuen Holzfässern und großen alten. Mit Edelstahltanks und wieder zurück zum großen Holz. Er füllt seine Weine in Halbliter- und Literflaschen mit langen dünnen Hälsen, die er selbst entworfen hat. Am ungewöhnlichsten dabei ist: Der Wein, der für die Ewigkeit gemacht scheint, ist nicht mal mit Schwefel konserviert, obwohl das doch eigentlich für einen Weißwein unerlässlich ist, damit er nicht sofort verdirbt. Radikon behandelt das makellose Lesegut, als ginge es um Rotwein, und lässt die ausgepressten Traubenschalen samt Kernen wochenlang im Wein. Dadurch gehen jede Menge Gerbstoffe in den Wein über. Das verleiht ihm Stabilität, weshalb er ihn nicht zu schwefeln braucht. Klar, dass sich das Einsatzgebiet solcher Weißweine nicht auf Fisch und Meeresfrüchte beschränkt. Solche Weißwein-Majestäten gehen nicht mal vor einem gebratenen Wildschwein in die Knie.

GENUSSTIPP

Frische und Mineralität sind Hauptmerkmale eines Friulano. Die leichteren Varianten aus dem Grave sind perfekt für den kleinen Mittags-Happen oder für den Apero an der Bar. Die gehaltvolleren aus dem Collio, den Colli Orientali oder Isonzo vertragen sich bestens mit Fisch- und Gemüsegerichten aller Art. Und die genialste wie einfachste Kombination von allen ist die mit Prosciutto San Daniele, dem luftgetrockneten Schweineschinken aus dem Friaul, der dem berühmten Parma unter Kennern den Rang abgelaufen hat. Trüffel aus dem benachbarten Istrien? Für einen gehaltvollen, voluminöseren Friulano kein Problem!

Weißweine aus dem Friaul sind im allgemeinen Weinfachhandel selten zu finden, die Italienspezialisten bieten Ihnen die ganze Bandbreite vom 8 €-Wein aus dem Gravegebiet bis zum 15 €-Wein aus dem Collio. Im Internethandel finden sie vor allem die in den Weinführern hoch gelobten Betriebe, vor Ort lassen sich in dem Gebiet mit hoher Winzerdichte auch heute noch spannende Entdeckungen machen, einige davon finden Sie in unserer Empfehlungsliste.

Das Bemerkenswerteste an den Friauler Weinen, das, was sie bei aller Gegensätzlichkeit eint, ist ihre geschliffene Mineralität. Auch die einfachsten Weine, die in den Trattorien ausgeschenkt werden, ragen durch sie aus der Belanglosigkeit heraus. Immer meint man, beim Hineinschnuppern in den Wein die Steine zu riechen, an denen die sonst so armen Böden reich sind. Ein fester Kern ist wahrnehmbar, der den Wein zusammenhält und ihm Struktur verleiht. In unterschiedlichem Maße freilich, doch immer wieder aufs Neue eine Einladung zum Weintrinken.

Die komplexen Weißweine untermauern den Anspruch, Italiens beste Weißweinregion zu sein. Ein besseres Terroir ist kaum denkbar. Trotzdem haben die Friauler Winzer in den vergangenen Jahren schmerzhaft erfahren müssen, dass sie ihre herausragende Stellung teilen mussten. Eine Zeitlang waren diese Weine nach den hochpreisigen Franzosen so ziemlich das Beste, was Europa als Weißwein zu bieten hatte. Doch Spitzenweine kommen inzwischen auch aus Deutschland, Österreich oder Südtirol. Eben deshalb besinnen die Winzer sich auf ihre Eigenheiten, und sie tun das konsequent. Selbstbewusste Lokalpatrioten unter den Winzern haben sich von den internationalen Sorten verabschiedet. Die werden gerodet und mehr und mehr durch die alten einheimischen ersetzt, in erster Linie durch den Friulano. Er ist die Seele des Friaul – und seine Zukunft. *ari*

Mausempfehlungen für ausdruckstarken Friulano

Collio Friulano:
Carlo di Pradis www.carlodipradis.it
Franco Toros www.vinitoros.com
Mauro Drius www.driusmauro.it
Radikon www.radikon.it
Renato Keber www.renatokeber.com
Ronco Severo www.roncosevero.it
Russiz Superiore www.marcofelluga.it
Villa Russiz www.villarussiz.it

Colli Orientali Friulano:
Agriano Gigante www.adrianogigante.it
Ermacora www.ermacora.it
Giordano Sirch www.sirchwine.com
La Sclusa www.lasclusa.it
La Viarte www.laviarte.it
Le Vigne di Zamo www.levignedizamo.com
Rocca Bernarda www.roccabernarda.com
Zorzettig www.zorzettigvini.it

Isonzo Friulano:
Borgo San Daniele www.borgosandaniele.it
Magnas www.magnas.it
Masut da Rive www.masutdarive.com
Ronco del Gelso www.roncodelgelso.com
Vie de Romans www.viediromans.it

Grave Friulano:
Di Lenardo www.dilenardo.it
Plozner www.plozner.it
Vistotrta www.vistorta.it

Aquileia Friulano:
Mulino delle Tolle www.mulinodelletolle.it

Ponca blau und rot: Metalle im Boden verursachen die unterschiedlichen Färbungen .

Familienangelegenheit! Wie überall in Italien beschäftigen sich auch im Friaul ganze Familien mit dem Weinbau. Bei der Familie Zorzettig in Spessa arbeiten die Generationen Hand in Hand, um herausragende Weißweine zu produzieren. Großvater Giuseppe und Großmutter Antonietta widmen sich noch heute mit Leidenschaft der Weinproduktion und geben ihre Erfahrungen am großen Tisch der Familie auch an die Enkelin Veronica weiter.

Die Sinfonie

DER WEIN, DER BENANNT IST NACH DER LANDSCHAFT, IN DER ER WÄCHST, GEHÖRT ZUM BESTEN, WAS IN ITALIEN AUS WEISSEN TRAUBEN GEKELTERT WIRD. WELCHE TRAUBEN DAS JEWEILS SIND, DARF EIN GEHEIMNIS BLEIBEN. DENN NACH DER REGEL FÜR DEN SEIT 1968 BESTEHENDEN COLLIO BIANCO DOC DÜRFEN WINZER UNTER ZWÖLF WEISSEN REBSORTEN NACH BELIEBEN WÄHLEN. KEINEN SPIELRAUM GIBT ES ALLERDINGS BEI DER QUALITÄT: DA SIND DIE MASSSTÄBE RIGOROS HOCH – MIT DER FOLGE, DASS DIE WEINE TIEFGRÜNDIG UND ÜBERRASCHEND LANGLEBIG SIND.

„Wein, der schläft" steht auf dem Schild in dem Weinort Cormons. Eine Neonreklame, wie sie normalerweise für Karibik-Bars oder Leicht-Bier wirbt, beleuchtet schwach ein Stückchen feuchte Felswand, an der sie angebracht ist. Dahinter führt eine steinerne Treppe in einen Weinkeller. Dieser ästhetische Gegensatz spielt gekonnt mit den zwei Gesichtern des Weißweins: Auf der einen Seite werden viele Weiße in Italien üblicherweise so schnell wie möglich in Flaschen gefüllt und verkauft, andererseits gibt es Weine wie den Collio Bianco, bei dem es erst nach viel Zeit im Keller erst richtig losgeht. Dem Collio Bianco tut es gut, wenn er mehr Zeit im Keller bekommt. Die weißen Cuvées haben die außergewöhnliche Fähigkeit, viele Jahre in der Flasche zu reifen und dabei immer vielschichtigere Aromen zu entwickeln.

Wenn Marco Primosic aus Gorizia einige ältere Jahrgänge seines Bianco Klin aufmacht, kann man es schmecken, dass seine Weine mit jedem Jahr etwas reifer und komplexer werden. Die subtilen Fruchtnoten werden feiner, fusionieren zu einem dichten Kern, um den sich Reifearomen wie Mandeln und Honig anlagern. Ein neuer oder ein einjähriger Wein deutet das oft noch nicht einmal an. „Die Weine brauchen, bis sie sich öffnen", weiß Marko Primosic und schenkt einen Collio Bianco aus dem Jahr 1996 ein. Der Wein ist edel gereift und hat dabei eine sehr lebendige Säure und feine Frucht bewahrt. So etwas lässt auch langjährige Weinkenner staunen. Es kommt noch besser: Ein 95er, in dem die bei uns wenig bekannte friulanische Regionalsorte Ribolla Gialla die erste Geige spielt, schmeckt nach Karamell und Kamille und ist weich wie Butter, während im Hintergrund eine feine Säure dafür sorgt, dass der Wein bei aller Reife immer noch frisch wirkt.

Wer es unbedingt wissen will, dem verrät Marko auch, welche Rebsorten den Klin ausmachen, obwohl er die Zusammensetzung gar nicht so wichtig findet. Eine Cuvée soll schließlich eine Art Gesamtkunstwerk sein, bei dem das Ganze mehr ist als die Summe seiner Teile – eine anspruchsvolle Aufgabe für den Winzer. Erst wenn die Namen fallen, erkennt man die Fruchtnoten des Sauvignon Blanc oder Kraft und Säure des Ribolla Gialla. Mehr Erfahrung als die Betreiber des Weinguts Primosic hat keiner mit der Collio-Cuvée. Markos Vater Silvestro Primosic wirkte maßgeblich an der Erarbeitung der Grundlagen für die DOC, das Herkunftsprädikat, mit. Im Hause Primosic ist auch die allererste Flasche Collio DOC zu bewundern. Sie stammt aus dem Jahr 1967 und trägt auf der Banderole die Ziffer Eins. Sie ist noch immer ungeöffnet.

Ein Dutzend Reben für einen Wein

Mit dem Kauf oder – im Lokal – mit der Bestellung einer Cuvée verbinden sich völlig andere Erwartungen als beim Ordern eines rebsortenreinen Weins. Wer einen Sauvignon Blanc bestellt, erwartet einen Wein mit knackig-frischer, durchaus auch plakativer Fruchtnote. Nach einem Pinot Bianco, das heißt einem Weißburgunder fragt, wer es etwas filigraner mag, nach Ribolla Gialla, wer die herzhafte Säure der Rebsorte zu schätzen weiß. Die Friauler Winzer sind durchaus erfolgreich mit ihren rebsortenreinen Weinen. Bei Trendweinen wie Pinot Grigio und Sauvignon Blanc ist die Nachfrage stetig hoch, und man muss nicht viel erklären.

Der Collio Bianco aber ist die Hohe Schule, weil jeder Winzer dabei seine ganz persönlichen Vorstellungen eines idealen Weißweins umsetzen kann. Wer danach verlangt, lässt sich auf ein Abenteuer ein: Man vertraut sich ganz und gar dem Winzer an und seiner Kunst, mehrere Rebsorten so zusammenzuspannen, dass die Eigenschaft der einzelnen

Mauro Mauri und Schwester Alessandra in ihrem Weingut Borgo San Daniele.

Collios gewinnen fast immer durch Dekantieren.

Traube nicht dominiert. Vielmehr soll jede, ganz wie in einem guten Orchester, zum Wohlklang, in diesem Fall also zum Wohlgeschmack des Ganzen beitragen. Dem Winzer kommt dabei die Rolle des Dirigenten zu. Ob die Kunden diese oder jene Rebe besonders mögen, ist für einen Collio Bianco unerheblich, wichtiger ist, ob einem der Stil des Weinguts liegt.

Zwölf weiße Rebsorten sind zugelassen. Wie viel er von welcher nimmt, entscheidet jeder Winzer ganz allein. Er darf sie alle nehmen, er kann sich auf einige wenige beschränken, einzelne die erste Geige spielen lassen oder sogar sortenrein aus nur einer Sorte keltern – ganz, wie es ihm gefällt.

Reben mit Migrationshintergrund

In diesem Konzert spielen etliche Rebsorten mit, die ursprünglich aus dem Ausland kamen. Invasions-Armeen, die das Collio mehr als einmal in seiner Geschichte ertragen musste, bedienten sich seiner Weine und brachten umgekehrt ihre Reben mit. Wie die meisten französischen Sorten kam der erste Chardonnay in der zweiten Hälfte des 19. Jahrhunderts ins Collio. Die aus Burgund stammende und zur Burgunderfamilie gehörende Rebe mit ihrem sortentypischen, dezenten Fruchtspektrum und den nussigen Aromen wird durch die für die Region typischen mineralischen Noten aufs Schönste ergänzt. Auch der Sauvignon Blanc mit seinen Noten von Cassis und Holunderblüten entwickelt hier einen ganz eigenen Charme.

Pinot Grigio, auf Deutsch: Grauburgunder, seit Jahren ein Modewein nördlich der Alpen, wird in der gesamten Region Friaul massenhaft angebaut. Mit seinem verhaltenen, ans Neutrale grenzenden Geschmacksprofil stillt er die Nachfrage nach leicht konsumierbaren Italo-Tropfen in deutschen Bars und Restaurants. Im Collio gerät er deutlich kraftvoller als in der weitläufigen Schwemmlandebene im Westen des Friaul. Und doch sind auch die besten meist nicht so fein und duftig wie die Weine des Bruders Pinot Bianco, auf deutsch: Weißburgunder. Die kamen angeblich 1871 im Schaft der Reiterstiefel eines gewissen Theodore

Der Sommelier in der Tavernetta al Castello: Hier wird mit höchster Konzentration dekantiert.

de la Tour nach Italien. Der Graf hatte eine österreichische Baronesse mit Landbesitz im Friaul geehelicht. Auch wenn an der Geschichte vielleicht nur ein kleiner wahrer Kern ist, Pinot Bianco ist im Friaul eine Sorte zum Verlieben mit sehr feinen Fruchtaromen, später dem Duft von Honig und Akazien.

Alte Schätze wiederentdecken

Zunehmende Bedeutung gewinnen – wieder – die regionalen Sorten. Sie liefern Weine, die sich nicht mit französischen oder neuseeländischen Pendants vergleichen lassen müssen. Dafür bieten sie ein ganz eigenes Geschmacksbild. „Sie machen den Collio Bianco einzigartig", schwärmt Edi Keber, ein Winzer, der sich schon mal als „Taliban des Friaul" bezeichnet.

Ganz Fundamentalist, hat er vor etlichen Jahren alle auswärtigen Reben gerodet und setzt auf mächtige Stammesfürsten wie den Friulano. Auch die lokale Sorte Malvasia Istriana hat einen sehr eigenen Ausdruck. Sie gibt Kebers Weinen Körper und einen Pfefferton. Für frische Säure und den exotischen Duft von Mandarinenschalen steht die elegante Ribolla Gialla, die seit rund 1.000 Jahren in der Gegend heimisch ist. Mit solchen Rebsorten braucht sich das Friaul nicht zu verstecken. Doch obwohl Malvasia und Ribolla seit dem Mittelalter in der Region kultiviert werden, sind sie in Spitzenweinen noch nicht selbstverständlich. Allzu lange glaubten die Friulaner, mit französischen Rebsorten imponieren zu müssen, und unterschätzten die eigenen kostbaren Rebbestände.

Das Geheimnis der Reife

Keber lädt gern zu einem Streifzug in die Vergangenheit ein und führt sechs Jahre alte Weine vor, die feine Reifearomen entwickelt haben, aber frisch wie ein Heuriger schmecken. Ein Wein aus dem kühlen Jahr 2004 findet anscheinend erst jetzt seine geschmackliche Erweckung. Seinem zehn Jahre alten Collio Bianco merkt man das Alter noch weniger an. Wie viele dieser Weine ist er kompakt, ohne herausstechende Säure oder klebrige Süße, aber mit vielschichtigen Aromen, die sich überlagern wie die Noten einer Sinfonie und dem Wein eine erstaunliche Tiefe geben.

Für die Alterungsfähigkeit von Weinen wird oft die Rebsorte verantwortlich gemacht. Einige wie Chardonnay gelten als sehr lagerfähig, während anderen, wie dem ebenfalls für Collio Bianco verwendeten Müller-Thurgau, nachgesagt wird, dass seine Weine rasch ermüden. Da aber fast jede Cuvée potenziell haltbare und weniger haltbare Reben beinhaltet, kann die Langlebigkeit der Weine darin auch nicht begründet sein. Chemiker verweisen gerne auf die Säure. Ein hoher Säuregehalt hemmt Oxidations- und andere Zerfallsprozesse. Collio Bianco hat aber vergleichsweise wenig Säure. So wenig, dass Winzer manchmal um die Klassifikation ihrer Weine fürchten müssen, wenn sie die in den Statuten festgelegten Säurewerte mal wieder nur knapp erreichen. Also wieder Fehlanzeige.

Terroir wunderbar – Land des Weingottes

Was die Weine noch gemeinsam haben, ist der Boden. Vor 50 Millionen Jahren war das Friaul ein Meeresbecken, auf dessen Boden sich Lehm und Schlick ablagerten, die nach und nach die Korallenbänke hochkrochen. Mit der geologischen Formung der Alpen hob sich die Ebene schließlich als Kalkstein über den Meeresspiegel.

Diese kargen Stein-Schichtungen sieht man überall in der Region. Die Friulaner nennen sie *ponca*. Durch den Druck ihres Eigengewichts verdichteten sich die kleinteiligen Sände zwar. Aber die Strukturen zerfallen an der Luft wieder zu kleinen Steinen, das macht den Boden locker, mineralreich und nährstoffarm. Alle drei Eigenschaften sind geradezu ideal für Weinreben. Denn sie können ihre Wurzeln leicht ins Erdreich schlagen, stehen nicht im Wasser, finden in Trockenphasen Feuchtigkeit, müssen aber die knappen Nährstoffe aus der Tiefe saugen. Hätte der Weingott Bacchus die Welt erschaffen, er hätte mit Ponca nicht gegeizt.

Der menschliche Faktor

Neben hervorragendem Boden ist da noch der menschliche Faktor. Die Menschen hier sind eigen. Sie haben gelernt, ungeachtet aller Invasionen und politischer Verwertungen ihr eigenes Ding zu machen. Eigentlich ist der Collio viel größer als das knapp bemessene Weinland um das Städtchen Cormòns. Der Collio reicht tief nach Slowenien hinein, wo er Brda heißt, was wie Collio Hügelland bedeutet. Jahrzehntelang verlief durch die Region die Schnittstelle zwischen Ost und West. Doch während sich die Großmächte mit Militärparaden, Atom-U-Booten und Overkill-Raten zu beeindrucken versuchten, tuckerten Winzer wie der Vater von Edi Keber, Renato, mit ihren Traktoren über die Todeslinie, um ihre Weinberge zu bearbeiten. Jeden Abend mussten sie schwer bewaffneten kalten Kriegern ihren Pass zeigen, um hinter den Eisernen Vorhang zurückkehren zu dürfen.

Und auch als die Weinwelt vollständig dem Rotwein verfiel, Barolo, Chianti und Supertoskaner en vogue waren und das Friaul als etwas angestaubt galt, machten

sie weiter ihr Ding, nämlich Weißwein vom Feinsten. Sie setzten auf Innovationen: noch besseres Pflanzgut, penible Weingartenarbeit und Kellertechnik auf dem neusten Stand. Weine mit viel Frucht waren eine erste Gegenbewegung zum dominierenden Stil Frankreichs, wo solche primären Aromen geringschätzig abgetan wurden.

Im Collio und den angrenzenden Anbaugebieten gibt es wenig Großgrundbesitz und nur vereinzelte Genossenschaften. Das Gros der Winzer macht seine Weine auf Familienbesitz, oft seit Generationen. Kompetente Winzer, die Kapital haben und die Möglichkeit, unabhängige Entscheidungen zu treffen, sind entscheidend für Innovationen im Weinbau.

Heute ist die Liste der Qualitätsfanatiker sehr lang. Namen wie Mario Schiopetto, Josko Gravner und Marco Felluga mit Russiz Superiore im Collio, Livio Felluga im Colli Orientali werden bis heute mit Ehrfurcht ausgesprochen, weil sie der Region Veränderungen gebracht haben, wie sie andernorts in Jahrhunderten nicht passierten.

Trotzdem „gab es nie Zeit, sich über Erreichtes zu freuen“, erinnert sich der Vater Primosic und bringt damit eins der wichtigsten Qualitätskriterien auf den Punkt. Winzer, die guten Collio Bianco machen, waren immer selbstkritisch und legten sich die Messlatte hoch. Ihnen geht Originalität vor Profit. So bleibt am Ende nur ein entscheidender Faktor übrig, der die überragende Qualität der Collio-Weine erklärt. Es sind die Winzer. Denn die schlafen nicht. *zig*

Hier dürfen sich auch Traktoren mal in die Kurve legen: Terrassenweinbau in den Hügeln des Collio.

GENUSSTIPP

Collio-Stile sind sehr unterschiedlich. Die Winzer selbst unterscheiden oft zwischen *vini freschi* (im Stahltank ausgebaut) und *vini baricati* (fassgelagert). Schwere Vertreter, die im Barrique Aromen aufgenommen haben, verdienen ein Sonntagsessen wie Kalbskotelett oder ähnliches helles Fleisch. Leichtere Varianten passen zu einem Mittagsmahl mit Minestrone oder Risotto, die seine feinen Nuancen nicht überlagern. Hat man ein Mittelgewicht im Glas, sind gegrillte Scampi ideale Sparring-Partner. Fast alle profitieren davon, wenn man sie einige Zeit vor dem Trinken in eine kleine Karaffe umschüttet. Collio-Weine haben seit Langem einen guten Ruf, deshalb fehlen sie weder im Italo-Fachhandel noch auf der Karte des Edel-Italieners. Beide wollen dafür ihr Geld: im Laden 12 bis 30 €, im Restaurant das zwei- bis vierfache.

Alle Macht der Mischung

Fast überall auf der Welt setzen Winzer heute auf Rebsortenweine, denn Weintrinker können sich daran leicht orientieren. Historisch sind aber die meisten Weine Cuvées, weil man die unterschiedlichen Rebsorten im Weinberg kaum erkannte. Sie wurden gemeinsam gelesen und vergoren. Bis heute enthält fast jeder Wein Anteile einer zweiten Rebsorte, auch wenn sie nur wenig geschmacklichen Einfluss hat. Die eine sorgt für mehr Säure, die andere steuert vielleicht Farbe bei. Angebaut und vinifiziert werden die Trauben heute getrennt, weil sie meist nicht gleichzeitig reifen. Der Winzer kann dann den jungen Wein verschneiden oder bis kurz vor der Abfüllung warten. Wer aber drei oder vier eigenständige Rebsorten mischen will, muss komponieren können. Im Collio Bianco gilt es, die Aromen von Sauvignon Blanc, Friulano, Chardonnay & Co. mit viel Feingefühl auszubalancieren. Eine großartige Leistung. Gute Cuvées bereiten lange Spaß im Glas. Zuerst zeigt sich der Duft der schweren Malvasia, dann kommt nach und nach der exotische Sauvignon Blanc zum Vorschein, am Gaumen meldet sich der Chardonnay mit seiner Nussigkeit, und ganz zum Schluss entdeckt man die angenehme Bitterkeit des Friulano … *zig*

Mausempfehlungen für facettenreiche Weißweine mit Tiefe

Collio Bianco:
Branko info@brankowines.com
Castello di Spessa www.paliwines.com
Collavini www.collavini.it
Colle Duga www.colleduga.com
Dario Raccaro az.agr.raccaro@alice.it
Gradisciutta www.gradisciutta.com
Edi Keber edi.keber@virgilio.it
Franco Terpin www.francoterpin.it
Isidoro Polencic www.polencic.com
Livon www.livon.it
Primosic www.primosic.com
Schiopetto www.schiopetto.it
Roberto Picech www.picech.it
Ronco dei Tassi www.roncodeitassi.it
Roncus www.roncus.it
Venica & Venica www.venica.it
Zuani www.zuanivini.it

Bianco aus dem Colli Orientali, Isonzo und Carso:
So konsequent wie die Winzer im Collio haben die Kollegen in den angrenzenden Gebieten den Bianco-Gedanken nicht verfolgt, sie setzen in erster Linie auf die Rebsortenweine. Die klimatischen und geologischen Voraussetzungen vor allem in Grenznähe sind vergleichbar, weshalb es keinen Grund gibt, ebenso gute Weißweinblends zu kreieren. Ihre Zahl hat in den letzten Jahren zugenommen.

Colli Orientali Bianco:
La Tunella www.latunella.it
Livio Felluga www.liviofelluga.it
Roberto Scubla www.scubla.com
Ronco delle Betulle www.roncodellebetulle.it

Isonzo Bianco:
Jermann www.jermann.it
Lis Neris www.lisneris.it
Renzo Sgubin info@renzosgubin.it

Carso Bianco:
Skerk www.skerk.com
Zidarich www.zidarich.it

Vier Sorten für den Bianco – Pinot-Grigio-Beeren sind dunkel, weiter im Uhrzeigersinn Chardonnay, Ribolla und Friulano.

KURZ EINGESCHENKT

Gesegnet seiest du …

Der Weingott meinte es sehr gut mit den Friulanern, denn er schüttete sein Füllhorn besonders großzügig aus und schenkte den Winzern viele Weiß- und Rotweinsorten. Vielschichtig, tief und kraftvoll sind besonders die Weißweine, die alle Komplexität und Alterungsfähigkeit besitzen. In den Achtzigern waren sie bereits die Messlatte für ganz Italien, doch dies ist fast in Vergessenheit geraten. Ganz eindeutig definieren die Gebietsvoraussetzungen die Konzentration und die Kraft der Weißweine. Es gibt ein Gefälle von Ost nach West – und zwar unabhängig von der Rebsorte. Die komplexesten Weine wachsen im Osten, und zwar im Collio, im Colli Orientali del Friuli (COF) und dem angrenzenden Isonzo. Durch Komplexität überzeugen auch die Weine der Kleinstwinzer aus dem felsigen Carso-Gebirge, die auf hartem Stein intensive, säurebetonte Weißweine produzieren. Der Westen bedient den gehobenen Alltagsgeschmack. Hier in der ausgedehnten Ebene des Anbaugebietes Grave entstehen auf den Schwemmlandböden sehr gute Weine, saubere und rebsortentypische Weiße ebenso wie Rote. Leichtere Weine werden auch zwischen Palmanova und Aquileia in Meeresnähe erzeugt, wo sandige Böden und größere Weingüter vorherrschen.

Rebsorten-Einmaleins

Neben dem Lokalhelden Friulano (siehe Weinkapitel) stehen die weißen Rebsorten Ribolla Gialla und Malvasia hoch im Kurs. Geschätzt werden die Ribolla-Weine wegen ihrer säurebetonten, zurückhaltend fruchtigen Art. Sie haben sich dank der guten Arbeit einiger Winzer in Gorizia-Oslavia und des finessenreichen Understatements im Geschmack zu kleinen Stars der Weinszene entwickelt. Etwas später gestartet ist die Malvasia, die mit ihrer Pfeffrigkeit ein prägnantes Aromenprofil und reichlich Körper mitbringt, ein Geheimtipp der Sommeliers für ausgefallene Sorten. Pinot Grigio ist in aller Munde! Er wird im kompletten Nordosten Italiens erzeugt und kommt deshalb zu bescheidenen Preisen auf den Markt, was ihm eine rege Nachfrage beschert. Das heißt aber nicht, dass es nicht auch gute Pinot Grigios gäbe. Denn im östlichen Friaul kann dieser Wein in puncto Intensität und Charakter zur Bestform auflaufen. Ein genaues Hinschmecken lohnt sich übrigens auch beim Pinot Bianco. Die Rebsorte wird zwar ebenfalls in vielen Regionen Italiens angebaut, doch aus dem Friaul kommen die Topqualitäten. Die Eleganz und Geschmackstiefe des Pinot Bianco aus den Hügelgebieten des Friauls im Osten ist unerreicht! Und ein weiterer Wein kann mit den großen der Welt konkurrieren: der Sauvignon Blanc. Er ist komplex, kraftvoll und ausdrucksstark im Geschmack. Im Friaul beherrschen die Winzer die Königsdisziplin. Denn der Sauvignon Blanc ist ein wahres Biest unter den Weißweinsorten, da er im Weinberg und Keller hinsichtlich des Erhalts der fragilen Aromen vom Winzer alles abverlangt. Und dann gibt es noch eine neue gesetzliche Regelung. Die besagt, dass der Prosecco nun auch im Friaul angebaut werden darf, weil die Rebsorte ursprünglich aus dem Ort Prosecco unweit von Triest stammt. Da sie jetzt ein Gebietsname ist, darf die Rebsorte nicht mehr Prosecco heißen, sondern wird Glera genannt. Und in ein paar Jahren dürfte dieser Perlwein Prosecco aus dem Veneto auch aus dem Friaul seine Liebhaber finden.

Ist das Friaul ein Rotweinland?

Eine Gretchenfrage! Es gibt im Friaul mehr Rotwein als allgemein erwartet, fast die Hälfte der Trauben färbt sich im Herbst rot. Gute Rotweine für den Alltag mit klarem Rebsortencharakter sind die Stärke des Grave-Gebietes. Es ist eine Hochburg der Sorten Cabernet Franc, Cabernet Sauvignon und Merlot, der friulanisch Merlott ausgesprochen wird. Das Friaul besitzt einige eigenständige Rebsorten, vom Refosco dal peduncolo rosso (auf Deutsch: mit rotem Stielgerüst) über den Schiopettino bis zum Pignolo, die alle viel gutes Tannin und eine lebendige Säure mitbringen. Genau das Richtige für Leute, die neue Rebsorten und Terroirs kennen lernen wollen. Im Reigen der vielen italienischen Rotweine von Weltformat kann das Friaul nur in einigen Fällen überzeugen. Wer sich aber im Friaul den Kofferraum mit Weinen füllt, der hat die Qual der Wahl zwischen sechs präzise gezeichneten Rotwein- und acht saftigen Weißweinsorten mit eigenem Charakter.

Pinot Grigio, Pinot Bianco, Chardonnay, Sauvignon Blanc:
Siehe Empfehlungen Friulano und Collio Bianco

Ribolla Gialla:
Gravner www.gravner.it

Rotweinsorten:
Dorigo www.montsclapada.com
Moschioni www.moschioni.eu

Reiner Wein, ja bitte!

IN SACHEN BIOWEIN GEHÖRT ITALIEN IN DIE SPITZENGRUPPE. FRIAUL UND SÜDTIROL, DIE TOSKANA UND SIZILIEN – LAUTER HOCHBURGEN DES BIOWEINBAUS. WORUM GEHT ES DA EIGENTLICH?

Im Einklang mit der Natur bewirtschafteten Europas Weinbauern über Jahrtausende ihre Rebberge. Mineraldünger war noch nicht erfunden, chemische Herbi-, Fungi-, Pesti- und Insektizide ebensowenig. So ging das mehr oder weniger gut – bis 1845. Da nahm das Unglück seinen Lauf, Europas Winzern macht es bis heute zu schaffen. Zur Ladung eines Schiffs, das damals von der amerikanischen Ostküste nach Europa segelte, gehörte nämlich ein heimtückischer Krankheitserreger mit Namen Oidium tuckeri, bekannt als Echter Mehltau. In den Folgejahren ging es Schlag auf Schlag: Nach dem Echten kam der Falsche Mehltau und, Höhepunkt des Schreckens, 1863 die Reblaus, die Europas Reben vernichtete. Mit der Reblaus hat man sich arrangiert, man propft einfach die europäischen Edelreben auf resistente amerikanische Wurzeln. Gegen den Mehltau, der sich bei feuchtem Wetter breitmacht, gibt es noch immer kein zufriedenstellendes Rezept. Darunter leidet der Bio-Weinbau, denn neben der chemischen Keule, für den Biowinzer tabu, gibt es nur zwei wirksame Mittel: Kupfer und Schwefel, Substanzen, die entschieden weniger Sympathie genießen als niedliche, läusefressende Marienkäferchen. Mehltau ist also die Schwachstelle im Bio-Weinbau. Er trifft allerdings die einzelnen Gebiete in unterschiedlichem Maß. Nur bei Feuchtigkeit droht Gefahr; wo es trocken und windig ist, haben die bösen Pilze keine Chance, dort ist Bio-Weinbau recht unproblematisch. Von daher überrascht es wenig, dass Italien, als der Öko-Anbau in Mode kam, bald die Nase vorn hatte.

Zwar waren die ersten Biowinzer in Deutschland und Frankreich aktiv, Italien folgte aber bald. Es war der nach dem Zweiten Weltkrieg sprunghaft steigende Einsatz von Chemikalien in der Landwirtschaft, der die grüne Gegenbewegung provozierte. Öko-Pioniere erfuhren aus einer 1913 von Raoul Francé verfassten Schrift Einzelheiten über *Das Leben im Ackerboden* und beschäftigten sich mit Rudolf Steiners *Grundlagen zum Gedeihen der Landwirtschaft*. Ihr Ziel: nicht jedem Problem mit einer Chemikalie zu Leibe zu rücken, sondern Boden und Pflanze so zu pflegen, dass beide gesund und stark sind und von selbst guten Ertrag – und beste Qualität! – liefern.

Vom ökologisch oder biologisch arbeitenden Betrieb über den biologisch-organischen bis zum biodynamischen reicht heute das Spektrum des naturnahen Weinbaus. Allen gemeinsam ist der Verzicht auf Kunstdünger und chemische Pflanzenschutzmittel. Weglassen von Gift reicht aber logischerweise nicht. Gegen Schädlinge und Krankheiten soll Sud von Brennnessel oder Ackerschachtelhalm helfen, frischer Mist den Boden nähren. Die konsequenteste Variante ist die Biodynamik, und viele Winzer, die anfangs bloß ein bisschen weniger Gift im Weinberg haben wollten, landen uber kurz oder lang dabei.

Es klingt ja schon wie Hokuspokus: Die Rebe wird nicht einfach geschnitten, wenn die Arbeiter gerade Zeit haben oder das Wetter passt – es will auch noch die aktuelle Mondphase berücksichtigt sein. Kein gewöhnlicher Mist düngt den Boden, sondern Hornmist, und der geht so: Man fülle ein Kuhhorn mit Mist und vergrabe es. Im nächsten Frühjahr verrühre man den Inhalt des Horns mit Wasser und versprühe dieses dynamisierte Wasser hauchfein im Weinberg. Hardcore-Vernunftmenschen finden das albern. In der deutschen Wein-Uni Geisenheim setzt man auf Empirie und hat versuchsweise je ein Drittel eines Felds konventionell, biologisch-organisch und bio-dynamisch bearbeitet. Ergebnis: Die mit biodynamischen Präparaten traktierten Böden enthalten mehr Leben, die von dort gelesenen Beeren sind die kleinsten. Klingt schlecht? Von wegen. Kleine Beeren sind besonders widerstandsfähig und haben mehr Geschmack. Vorteil Biodynamik. Unerklärlich? Na und, wenn's schmeckt …

So weit, so gut. Doch jetzt die niederschmetternde Botschaft: Biowein gibt es gar nicht. Auf korrekt etikettierten Flaschen heißt es nur „Wein aus biologisch erzeugten Trauben". Denn was mit den Trauben im Keller zu passieren hat, ist bis jetzt nur unzureichend geregelt. Gentech ist tabu, viel weiter reichen die gesetzlichen Vorschriften nicht, an einer Gesetzesnovelle wird gearbeitet. Die einzelnen Verbände stellen höhere Anforderungen an ihre Mitglieder, am striktesten, wen wundert's, die Biodynamiker. Der Mond beispielsweise gebietet nicht nur über die Arbeitsweise im Weinberg, seine Phasen bestimmen auch den Rhythmus der Arbeit im Keller. Wann der fertige Wein in die Flasche kommt, ist ebenfalls sonnenklar: bei abnehmendem Mond. *rz*

Helmuth Zozin, Kellermeister im biodynamisch arbeitenden Weingut Manincor in Südtirol, mit einer Handvoll im Kuhhorn gereiften Hornkiesel. Sein Credo: „Man kann die Kräfte der Natur nur stärken und nicht dagegen arbeiten." Er stärkt sie, indem er feingemahlenen Bergkristall in ein Kuhhorn packt, monatelang in der Erde liegen lässt und dann mit Wasser verrührt, das er auf die Pflanzen sprüht. Klingt irre? Die Antwort geben die Weine, die besonders bekömmlich und wohltuend sind. Achten Sie mal darauf!

Emilia-Romagna

LAMBRUSCO AUS SORBARA UND CASTELVETRO

Schwein gehabt

TORTELLINI, PARMIGIANO, MORTADELLA, PAVAROTTI – IN DER EMILIA KLINGEN SPEISENBEZEICHNUNGEN WIE MUSIK UND SÄNGERNAMEN WIE NAHRHAFTE LECKERBISSEN. DIE HAUPTSTADT BOLOGNA TRÄGT DEN BEINAMEN LA GRASSA – DIE FETTE – UND IST AUCH NOCH STOLZ DARAUF. DOCH WER MEINT, IN DER EMILIA WÜRDE NUR GESUNGEN UND GESCHLEMMT, SOLL WISSEN: HIER IST AUCH DIE GELEHRSAMKEIT DAHEIM. IN BOLOGNA STEHT DIE ÄLTESTE UNIVERSITÄT EUROPAS.

Die Lebenskunst, in Italien ohnehin daheim, haben sie in der Emilia zur Perfektion entwickelt. Der Inbegriff von Genuss *all'emiliana*: in einem Ferrari, Lamborghini oder Maserati die Weinberge des Lambrusco entlangfahren, ein Restaurant ansteuern und gleichzeitig hören, wie Pavarotti Arien von Verdi singt. Denn alles kommt aus diesem Streifen Land, der sich am Südufer des Po Richtung Adria entlangzieht: die fetzigsten Sportwagen der Welt, der prickelndste Rotwein, der berühmteste Schinken, der monumentalste Käse, die dickste Wurst, der imposanteste Tenor, der populärste Opernkomponist.

Es ist eine gesegnete Landschaft, hier gedeiht vieles: Mais, Weizen, Reis, Apfel-, Birnen- und Zwetschgenbäume und Weinreben. Mit dem Mais werden Schweine gefüttert, deren Keulen sich in Parmaschinken verwandeln. Aus dem Weizen mahlen die Mühlen feinstes Mehl für die Herstellung der köstlichsten Teigwaren. Auf flachen Weiden grasen die Rinder, die die Milch für den Weltkäse *Parmigiano reggiano* liefern. Breit und träge fließt der Po von Westen nach Osten in die Adria, über die Jahrtausende hat er fruchtbarste Böden angeschwemmt. Bologna, Modena, Reggio Emilia und Parma – sie alle profitieren davon. Mit jedem Städtenamen verbindet sich eine kulinarische Spezialität, oder auch mehrere.

Bologna steht für die beliebteste Pasta-Sauce, das *ragù alla bolognese*. Die Sauce aus durchgedrehtem Rindfleisch, etwas Schweinefleisch und Mortadella, dazu Karotten und Stangensellerie, Zwiebel, Knoblauch und Weißwein köchelt stundenlang vor sich hin. Denn es dauert, bis Geschmack und Konsistenz zur absoluten Perfektion zusammenwachsen. Aus Bologna stammt auch die *Mortadella*, die Monster-Wurst mit dem sanften Rosa-Ton und dem betörenden Knoblauchduft, den weißen Speckstücken und dem Durchmesser eines Platztellers, wahlweise mit oder ohne Pistazien im Angebot. Üblicherweise wird sie hauchfein aufgeschnitten, und zu Brot ist das prima.

Wer aber eine urige Brotzeit all'emiliana genießen will, säbelt besser eine knapp zwei Zentimeter dicke Scheibe von der Wurst und schneidet sie in mundgerechte Würfelchen, die jeweils mit einem kräftigen Schluck Lambrusco heruntergespült werden. Rustikal, aber lecker!

Parma ist Namensgeberin höchster kulinarischer Prominenz: Parmaschinken und Parmakäse, besser bekannt als *Parmesan*. Die ebenso delikate wie originelle *Coppa di Parma*, luftgetrockneter, mit Zimt gewürzter, aufgerollter Schweinenacken, verschwindet fast hinter so viel Berühmtheit. Der Käse entsteht aus der Rohmilch von ausschließlich mit Frischfutter ernährten Tieren. Basis ist eine Mischung aus der teilentrahmten Abend- und der Morgenmilch, dazu kommen Lab zum Gerinnen sowie Salz – nichts weiter. Gut 600 Liter braucht man für einen Käselaib, der am Ende knapp 40 Kilo wiegt. Wer sich also 100 Gramm Parmesan einverleibt, was beim Knabbern schnell passiert, weil er so unvergleichlich fein und würzig schmeckt, hat damit ein Konzentrat aus eineinhalb Litern Milch intus!

Neben so einem wuchtigen Käselaib ist ein ganzer Parmaschinken, das luftgetrocknete Hinterteil des Schweins, fast ein Leichtgewicht. Stattliche acht Kilo bringt so ein gut gereiftes edles Teil in etwa auf die Waage, und wer

Der *Aceto tradizionale extra vecchio* fließt zäh wie Honig aus der Flasche.

Seite 164–165: Ein Sportwagen der Marke Lamborghini auf der Autobahn Strada del Sole.

Seite 166: Tortellini werden in der Region per Hand geformt.

Unaufdringliche Eleganz und farbenfrohe Natürlichkeit, das ist Bologna.

die Metzgereien in den Gassen der Bologneser Altstadt sieht, in denen die ganze Decke voller Schinken hängt, kann sich ausrechnen, dass da beachtliche Werte zusammenkommen. Der Wohlstand der Region zeigt sich in der Emilia eben nicht in erster Linie mit edlen Karossen auf der Straße, sondern bevorzugt auf dem Teller. Die Keulenform des Parmaschinkens ist so etwas wie das inoffizielle Wahrzeichen der Region. Oder ist es inzwischen sogar schon amtlich?

Das Schwein hat es weit gebracht in der Emilia. Selbst die Kirche, weltlichen Werten ja nicht gänzlich abhold, hat dem Schwein ein Denkmal gesetzt, in Parma prangt es über dem Portal des spätromanischen Doms San Dominio. Ein Jahreszeitenreigen ist dort in Stein gehauen; und als Sinnbild für den Herbst hat der Bildhauer einen Mann geschaffen, der mit einer Hand ein ganzes Schwein an seinem Hinterlauf hochhält und sich anschickt, dem Tier mit einem großen Messer zu Leibe zu rücken. Trotz aller Prominenz versteckt sich das leckere Tier manchmal ganz gern, zum Beispiel in *tortellini* und *capelletti*, *mezzelune* und *ravioli*. Damit es auch nicht durch den hauchdünnen Nudelteig hindurch zu sehen ist, lässt es sich noch mit einer daunenweichen Schicht aus Butter-Käse-Sahnesauce zudecken. Wie kommt es bloß, dass die dicksten Menschen Europas ganz woanders zu finden sind?

Flüssiges Gold aus Weintrauben

Alles scheint hier üppiger, gehaltvoller, nahrhafter zu sein als andernorts. Selbst der Essig, sonst Inbegriff einer dünnen, sauren Flüssigkeit, tropft hier klebrig, dick und süß auf den Teller. Was für eine Leckerei! Mit Recht sind die Menschen aus Modena stolz auf ihren *Aceto balsamico tradizionale di Modena*. Er wird seit vielen Jahrhunderten auf dieselbe Art hergestellt: Gekochter Most aus Trebbiano- und Lambrusco-Trauben wird in einer Batterie von Fässern aus unterschiedlichen Holzarten gelagert. Durch Verdunstung konzentrieren sich die Inhaltsstoffe des Essigs, bis eine fast schwarze, intensiv würzige, süß-saure, zähflüssige Köstlichkeit entsteht, die tropfenweise zum Verfeinern von Fleischgerichten und Desserts verwendet wird. Holzart und Abfolge der Fässer, in die der Essig immer wieder umgefüllt wird, sind ausschlaggebend: Während das Holz des Maulbeerbaums ein dunkelfruchtiges Aroma abgibt, erinnert der Essig aus einem Wacholderfass mehr an Körnergewürze wie Piment, Koriander und Wacholder. Die Intensität steigt mit dem Alter des Mutterfasses. Mindestens zwölf Jahre sind es für Aceto balsamico tradizionale, 25 Jahre für den *Extravecchio*, der langsamer aus der kleinen bauchigen Flasche tropft und noch vielschichtiger schmeckt. Die Preise – bis zu 60 Euro für den Tradizionale und 90 Euro

für den Extravecchio sind atemberaubend. Und doch lebt kaum eine Familie von der Essigproduktion allein. Es ist viel Liebhaberei und Traditionsbewusstsein dabei, und die Produktion läuft nie im großen – industriellen – Stil ab. Probiert man den Aceto balsamico di Modena dagegen, der den Tradizionale-Geschmack mehr oder weniger gelungen imitiert, wird der Unterschied sonnenklar. Für den Salat wäre echter Tradizionale viel zu teuer. Aber Vanilleeis oder frische Erdbeeren mit einigen Tropfen Extravecchio haben manchem das Herz und in der Folge die Brieftasche geöffnet.

Das nötige Kleingeld ist auch bei Freunden edlen Blechs gefragt, denn nicht nur den Kulinarikern, auch Motoren- und Technikbegeisterten hat die Emilia einiges zu bieten. Ferrari in Maranello, Maserati in Modena und Lamborghini in Sant'Agata Bolognese gehören hierher ebenso wie der Zweiradhersteller Ducati in Borgo Panigale, einem Stadtteil Bolognas. Die Dichte dieser Luxusgefährte ist im Grunde genommen nicht höher als in anderen Städten, doch verweisen die Emilianer immer wieder stolz auf deren Heimat. Und vor dem Geburtshaus Enzo Ferraris in Modena, das als Museum wiedereröffnet wurde, wird bei Stadtführungen ein ehrfürchtiger Stopp eingelegt.

Vorbilder braucht das Land, im realen Leben wie im Film. Don Camillo und Peppone sind die unsterblichen Helden der Emilia. Durch die Verfilmung der Romane Giovannino Guareschis mit Fernandel und Gino Cervi in den sechziger Jahren erhielt die touristisch verkannte Region einige internationale Aufmerksamkeit. Gedreht wurden diese Klassiker der Filmgeschichte in Brescello, westlich von Modena. Der Priester Don Camillo und der kommunistische Bürgermeister Peppone vertreten die beiden Weltanschauungen, die bis heute der Gegend ihren Stempel aufdrücken: Don Camillo für tradierte Werte, Menschlichkeit, Humor und Obrigkeitshörigkeit, Peppone dagegen für politische Aufbruchstimmung, dynamische Moderne und manchmal etwas überhasteten, bisweilen verbissenen Vorwärtsdrang. In den Filmen über die beiden schlitzohrigen Rivalen spielt das Essen eine – bei *der* Herkunft! – überraschend untergeordnete Rolle. Das liegt aber an der Zeit, in der sie spielen: Kurz nach dem Zweiten Weltkrieg waren selbst hier in der Emilia die fetten Zeiten vorübergehend unterbrochen.

In gepflegter Rivalität sind auch die größeren Städte der Emilia-Romagna, angefangen von Piacenza im Westen bis Rimini an der Adria, einander verbunden. Besonders zelebriert wird diese Konkurrenz zwischen Modena und Reggio Emilia, wenn es um den besten Lambrusco geht, und auch zwischen der Hauptstadt Bologna und dem in unmittelbarer Nachbarschaft gelegenen Modena.

Ein beliebter Klassiker: hauchdünn geschnittener Parmaschinken auf Melone.

Modena ist eine Handels- und Handwerkerstadt mit einem starken bäuerlichen Fundament. Sie hat sich aus einem unabhängigen Herzogtum entwickelt, das dem Weltlichen zugewandt war. In Modena geht es friedlich zu, hier ist der bürgerliche Wohlstand zu Hause. Die Einwohner der Kleinstadt handeln und leben heute von Dienstleistungen, mittelständische Betriebe dominieren. Die Modeneser sind zufriedene Menschen, sie haben sich ihre Stadt und das Leben im Laufe der Jahrhunderte so angenehm wie möglich gestaltet – architektonisch, kulturell und kulinarisch. Autos sind aus der Innenstadt verbannt worden, Fahrradfahren ist angesagt. Menschen jeglichen Alters, in Bürokluft, im knallbunten engen Radlerdress oder in der Soutane, radeln durch die Stadt. Touristen verirren sich selten hierher. Das Zentrum ist geprägt von Gebäuden des 14. und 15. Jahrhunderts mit eher schlichten Fassaden, die mit ihren Bogengängen vor Regen und Sonne schützen. Einer davon führt zum Teatro Comunale, das im Jahre 1841 eröffnet wurde und ausschließlich der Musik gewidmet ist. Die in Italien bekannten Opernkomponisten Donizetti, Bellini und Rossini führten ihre Werke hier auf, viele Jahrzehnte später debütierte Luciano Pavarotti, der ein gebürtiger Modeneser war, in diesem bezaubernden Theater, das nun seinen Namen trägt. Die verspielte Innenarchitektur mit den geschmückten Logen stammt aus galanteren Zeiten, in denen kleine Nebenräume genutzt wurden, um sich anderen Freuden als der Musik hinzugeben. Alternativ bereitete die Dienerschaft das ebenfalls elektrisierende Essen dort vor. So viel Lebensart musste damals schon sein.

In Modena wurden auch die *Tortellini* erfunden. Gern erzählt man die Geschichte von einem Gasthaus, in dem sich Venus mit einem jungen Gott vergnügte. Der Wirt, in anderen Versionen auch der Koch des Etablissements, war nach einem ungebührlichen Blick durchs Schlüsselloch vom Bauchnabel der Venus derart fasziniert, dass er ihn in Teig nachformte. Gefüllt werden diese kleinen erotischen Erinnerungen mit Ricotta und Spinat, mit Fleisch, mit Kürbis, einfach mit allem, das sich zerkleinern und in Teigtaschen packen lässt.

Bologna mit den vielen Namen

Einen erfrischenden Kontrast zum zurückhaltenden Charme Modenas bietet die großstädtische Kapitale mit ihren fast 400.000 Einwohnern. Bologna gehörte im Mittelalter zum ersten Vatikanstaat in Italien, war also aufs Engste mit der Kirche liiert. Gleichzeitig stand es für die aufgeklärte Welt der Universitäten und war bis vor wenigen Jahren eine Hochburg der Kommunisten und Linken.

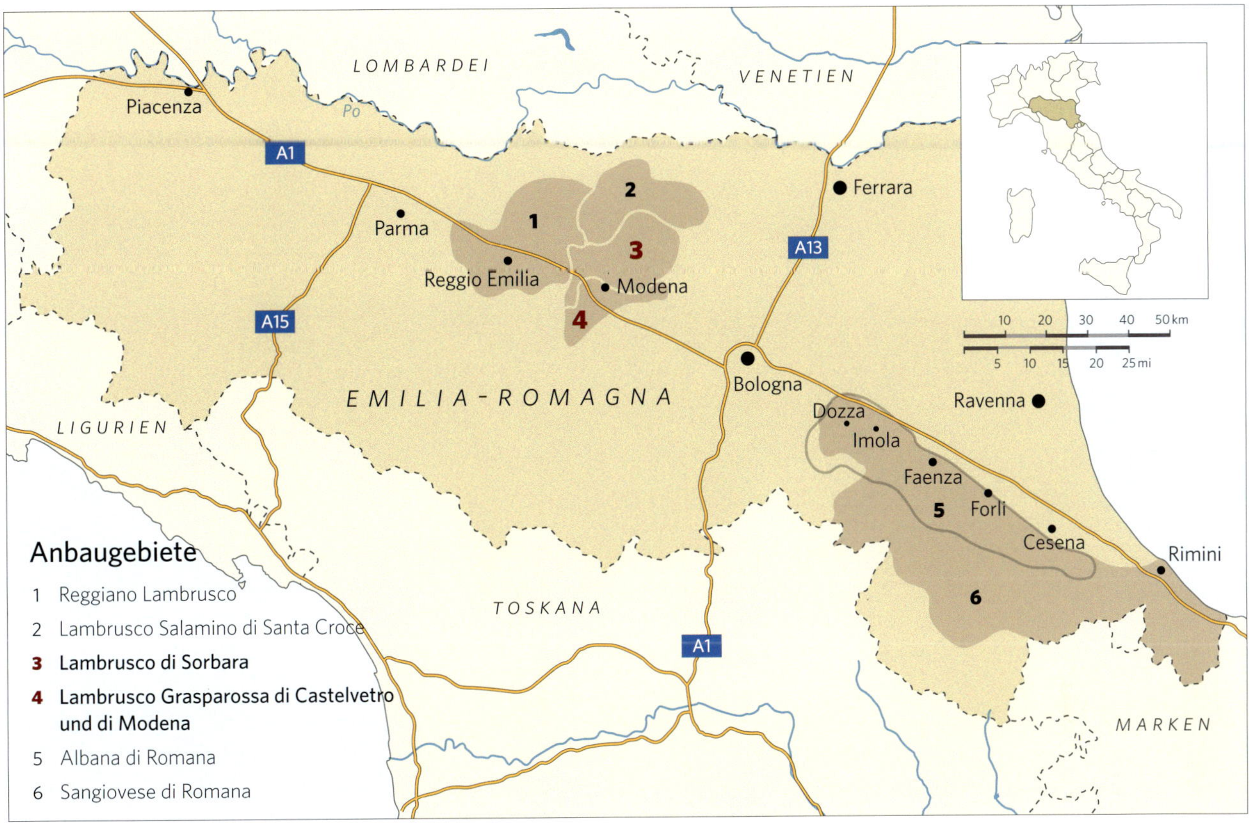

Diese Spannung dokumentiert der verbreitete Ausspruch, dass die Bologneser *mangiapreti* seien, Priesterfresser. Die Stadt atmet Geschäftigkeit und ist ein wichtiger Bahnknoten in Italien. Neben den gut gekleideten Italienern im korrekten Anzug prägen die Studenten das Stadtleben. Sie leben auf den Plätzen, in den Cafés und gehen in der Via Zamboni einkaufen. Ein bei den Bolognesern beliebter, ruhiger Ort in der Stadt ist die Piazza Santo Stefano. Ungewöhnlich der dreieckige Grundriss, an dessen Kanten Wohngebäude, Paläste und die Kirche Santo Stefano aus verschiedenen Jahrhunderten ihren Platz finden.

Die Stadt hat fast so viele Titel wie geschichtsträchtige Plätze. Alle Beinamen definieren wichtige Aspekte in der Geschichte und Gegenwart der Stadt. So bezieht sich *La Dotta*, die Gelehrte, auf Bologna als Universitätsstadt. Innerhalb der Mauern der Stadt wurde im Jahre 1088 die erste Universität Europas gegründet, an der die Fächer Medizin und Recht gelehrt wurden. Das geistige Kapital der Zukunft belebt die Stadt auf eine andere Weise als früher, als die Studentenschaft sich politisch stärker engagierte und demonstrierend durch die Straßen zog. Bologna *La Rossa*, die Rote, bezieht sich nicht nur auf die Tatsache, dass die Stadt eine Hochburg der Linken und Kommunisten war, sondern auch auf die roten Backsteingebäude, die das Stadtbild prägen. Der Beiname *La Turrita*, die mit den vielen Türmen, charakterisiert die Stadt als Ort des Wohlstands und bezieht sich auf die Geschlechtertürme, die sich Adelsfamilien im 12. und 13. Jahrhundert errichten ließen, ähnlich denen in San Gimignano. Weniger als 20 von ehemals 180 blieben der Stadt als Wahrzeichen erhalten. Und eine weitere Parallele tut sich auf, denn die beiden Türme Garisenda und Asinell in der Innenstadt neigen sich in beängstigender Weise, da der Boden unter ihnen im Laufe der Jahrhunderte Zentimeter für Zentimeter nachgegeben hat. Der Schiefe Turm von Pisa lässt grüßen. Schließlich Bolognas populärstes Attribut: *La Grassa*, die Fette. Das ist, logisch, auf das gemünzt, was in der Emilia im Allgemeinen und in Bologna im Besonderen auf den Tisch kommt: üppiges Essen, basierend auf Rind- und mehr noch auf Schweinefleisch. Kommt nun aber die als so typisch bolognesisch geltende *Mortadella* überhaupt von hier? Manche glauben zu wissen, dass die Riesenwurst, weil aus Schweinefleisch erzeugt, genau genommen zum kulinarischen Schaffen Modenas gehört. Rinder und Schafe seien nämlich Grundlage für die Küche Bolognas, da sie zur christlichen Liturgie gehören, argumentieren die Feinschmecker. So können die Menschen nach Herzenslust debattieren und sich immer entspannt um die Herkunft und den Besitz ihrer kulinarischen Reichtümer streiten. Am besten bei einem Glas Lambrusco di Sorbara aus Modena, der hervorragend zur Mortadella passt. *ls/rz*

15
2979
DOP
FEB 10

Parmigiano Reggiano – der einzige echte Parmesankäse wird nur in den italienischen Provinzen Parma, Reggio Emilia, Modena, Bologna und Mantua produziert. Vor neun Jahrhunderten begannen dort Benediktiner- und Zisterziensermönche damit, Milch zu großen Käselaiben zu verarbeiten und ließen den Parmesan ein lange Zeit lagern und reifen. Heute wird er in Großbetrieben produziert und ist ein streng kontrolliertes DOP-Produkt.

Chesterfield
Natura e Energia
Orzo espresso

Bar Ristorante La Scuderia
ESTADOS café
VIA

LI Lambrusco

ACETAIA DEL CRISTO

Ode an den Lambrusco

ROT, BILLIG UND SÜSS, DIE DREI SCHLÜSSELBEGRIFFE KLEBEN AN FAST JEDER FLASCHE LAMBRUSCO IN NORDEUROPA WIE BILLIGER ZUCKERGUSS. IN SEINER HEIMATSTADT MODENA JEDOCH LIEBT MAN DEN ROTEN SCHÄUMER TROCKEN. SO ENTPUPPT ER SICH ALS WUNDERWAFFE, WENN EIN UMKOMPLIZIERTER ESSENSBEGLEITER GEFRAGT IST. OB GARNELEN ODER MORTADELLA, SALAMI ODER TORTELLINI, BEI EINEM PRICKELNDEN LAMBRUSCO SIND SIE ALLE BESTENS AUFGEHOBEN.

Es war eine der ganz frühen Liebesgeschichten des Wirtschaftswunders: der zarte Flirt kulinarisch leicht unterkühlter Nordeuropäer mit italienischen Einwanderern, die außer ihrer Arbeitskraft noch sonniges Temperament im Gepäck hatten – und Lebensart. Nicht selten bestand die aus einer Flasche Lambrusco, und die Gastgeber wussten das zu schätzen. Rotweine mit Kohlensäure sind selten, und den Lambrusco gibt es nur in der Emilia Romagna. So avancierte der spritzige Rote in den sechziger und siebziger Jahren zum Wein gewordenen Italien. Die Menschen nördlich der Alpen tranken Sommersonne und Lebensfreude, dachten an Luxusmode und Filmstars. Lambrusco stand für das süße, prickelnde Leben. So schmeckt er auch, süß und prickelnd – und das bedeutete auch das baldige Aus der ersten Leidenschaft.

Mit den italienischen Pizzabäckern, die sich explosionsartig zwischen Kiel und Graz verbreiteten, sorgte der Lambrusco als einer der ersten Weine Italiens im Ausland für Furore. Bald besorgte man Zweiliterflaschen aus dem Supermarkt, um den Durst der eingeladenen Freunde zu stillen. Doch unmerklich, aber unaufhaltsam entfremdeten sich der Norden und der Süße. Zuerst waren es trockene Rote, wie der Chianti in der bauchigen Bastflasche, die den aufkeimenden Gusto nach trockenen Weinen befriedigten. Und während die Rotweinwelle weiterlief, startete der Prosecco in den deutschsprachigen Ländern seine steile Karriere. Schließlich nahm das weiße Pendant des Lambrusco seinen Platz ein, Ende einer Jugendliebe.

In den Regalen der Supermärkte steht der Lambrusco seitdem weit unten, in Weinhandlungen fast gar nicht. In preiswerten Zustell-Pizzerien wird er ab einer bestimmten Bestellhöhe manchmal gratis mitgeliefert; nicht jeder Kunde versteht das als Anerkennung. Etwas anders sieht das in Italien aus. Dort führt jeder ordentliche Supermarkt Lambrusco. Darauf angesprochen rümpfen Menschen in Modena die Nase ob der günstigen Preise und des süßen Geschmacks. In der Hauptstadt des Lambrusco samt Umland trinken sie ihn zum Essen, und wer einen *Cleto Grasparossa* von Chiarli getrunken hat, der weiß warum.

Dessen Rebsorte Lambrusco di Grasparossa ist von der Natur mit reichlich Pigmenten gesegnet. Allein schon, wie er mit seinen schwarz-violetten Reflexen ins Glas sprudelt, ist eine Attraktion für sich. Die Farbe hält, was sie verspricht. Der Wein schmeckt nach Brombeeren, Himbeeren und Maulbeeren mit ihrer herben Süße. Dazu Anklänge an Blätter oder Baumrinde, die einen delikaten Kontrapunkt zu den üppigen Früchten setzen. Anders als durchschnittliche Weine mit Kohlensäure entfaltet Lambrusco diese Komplexität der Aromen, die trotzdem leicht und verspielt wirkt. Von den verschiedenen Lambrusco-Sorten hat Grasparossa den höchsten Gerbstoffgehalt, das verleiht ihm eine angenehm herbe Note und einen ausgeprägten Rotweincharakter.

Zwei Weine, zwei Geschmackswelten

Probiert man im Vergleich dazu den *Premium Vecchia Modena*, sieht die Welt des Weins gleich ganz anders aus. Obwohl beide Rebsorten nur Spielarten der Lambrusco-Rebe sind, hat die Sorbara, aus der der Wein gekeltert ist, so gar keine Ähnlichkeit mit der schwarzen Schwester. Quirlige Bläschen steigen in einer hellrot-transparenten Flüssigkeit nach oben. Wäre es ein Limonade-Glas mit Strohhalm, dächte man an einen Kindergeburtstag im Garten.

Lambrusco di Sorbara schmeckt nach frischen Erdbeeren und roten Johannisbeeren. Die präsente Säure trägt die Fruchtaromen und spielt gleichzeitig mit ihnen. Weil der Wein kaum Bitterstoffe hat, tänzelt er ohne anzuecken durch die Mundhöhle und versprüht mit seiner sprudelnden Kohlensäure ein bisschen Sommerfest-Atmosphäre in jeden Winkel. In gewisser Weise verhalten sich die beiden

Weintanks aus Edelstahl. Kälte und Hygiene sind für den Lambrusco ein Muss.

Trauben wie Rot- und Weißwein. Säurefrisch und fruchtig der Sorbara, dunkelbeerig, leicht herb, mit Oliven- und Kakaonoten der Grasparossa. „Wie guter Rotwein, nur eben viel leichter", wirbt Anselmo Chiarli. Niedrige Alkoholwerte von zehn bis elf Prozent machen den Lambrusco wirklich tageslichttauglich. Chiarli ist ein Mittfünfziger mit randloser Brille und khakifarbener Weste über dem Baumwollhemd.

Neben seinen Flaggschiffen erzeugt der Erbe der Kellerei Chiarli 1860 ein paar Millionen Flaschen Wein für Supermärkte in ganz Italien. Trotz seiner Topweine kämpft er dabei mit seinem Image als Billigheimer. Denn wer Mengen absetzen will, muss sehr preiswert sein, um entsprechend große Käuferschichten zu finden. Qualität traut man ihm einfach nicht zu. Das Gründungsjahr 1860 trägt Anselmo deshalb manchmal als Segen, manchmal als Last durchs Berufsleben. Der Traditionsbetrieb schaffte für italienische Verhältnisse schon früh den Sprung auf verschiedene Exportmärkte. Im 19. Jahrhundert gab es lediglich vier italienische Weine, die in die weite Welt exportiert wurden: Lambrusco war einer davon, Barbera, Chianti und Marsala die anderen. Chiarli zeigt seinen Besuchern gern Preise, die seine Weine bei der Weltausstellung in Paris 1900 gewonnen haben.

Für Großvater Cleto Chiarli war Lambrusco das selbstverständlichste Getränk in seinem Restaurant. Als Anselmo seine Topweine in den Neunzigern *Cleto* nannte, war das Programm. Der Trockene sollte den Lambrusco wieder dahinbringen, wo er einmal war. Doch die hochwertigen Weine für die Gastronomie in der Umgebung und im Ausland hatten es nicht leicht. An dem Rufverfall nach dem Export-Boom der siebziger Jahre hatte auch Chiarli zu knapsen. „Immer wieder mussten wir gegen Vorurteile ankämpfen", sagt er.

Am Ende setzte sich Qualität doch durch. Heute steht neben der alten Scheune der Chiarlischen Wochenendvilla eine moderne Kellerei, die ganz dem Premium-Lambrusco gehört. Eigene Weinberge sind angelegt, daraus werden moderate Erntemengen in den Keller gebracht und der Saft gekonnt versektet, um die Fruchtaromen frisch zu erhalten. Auch dazu, dass Lambrusco außerhalb der Region Emilia-Romagna auf Weinkarten zu finden ist, hat er seinen Teil mit seinem Qualitätsprojekt, aus dem die Cleto-Weine entstanden sind, beigetragen.

Solche Weine finden sich heute sogar auf Weinkarten guter italienischer Restaurants. Ein ganz schöner Fortschritt gegenüber den siebziger Jahren. Da wurde das Anbaugebiet in seinen Grenzen zum ersten Mal gesetzlich definiert. Grasparossa, deren botanische Ursprünge in Castelvetro liegen, wird dort südlich von Modena an den sanften Hängen am Nordrand des Apennin-Gebirges angebaut. Der Traube Sorbara aus dem gleichnamigen Dorf gehö-

Der Präsident der Cantina di Carpi hat alles unter Kontrolle.

ren die Schwemmlandböden im Umland zwischen den Po-Nebenflüssen Panaro und Secchia. Die Gebiete trennt nur ein Steinwurf. Trotzdem hat die mutationsfreudige Rebsorte zwei sehr unterschiedliche Spielarten entwickelt, die sich auf wenigen Kilometern deutlich in Geschmack und Farbe des Weins unterscheiden. Beide entstammen einem ziemlich exklusiven Club. Die Vitis lambrusci gehört anders als fast alle bekannten hochwertigen Rebsorten nicht zur Gruppe Vitis vinifera. Seit Urzeiten wächst sie nur in der Emilia Romagna. Sie hatte also genügend Zeit, zahllose Unterarten zu bilden, die im Laufe der Jahrhunderte zu eigenen Rebsorten der Lambrusco-Familie wurden. Sorbara und Grasparosso sind die bekanntesten, jedoch bei weitem nicht die einzigen. Dritter im Bunde in Modena ist der Lambrusco Salamino di Santa Croce, der in Geschmack und Farbe zwischen Sorbara und Grasparossa liegt und zumeist in der Region getrunken wird oder als Basis für die günstigen, gebietsübergreifenden Lambrusco-Weine dient.

Feine Perlen im Winterschlaf

Fast alle Lambruscos werden auf Abruf in großen Mengen hergestellt. Dazu wird der unvergorene Most in riesigen Tanks luftdicht und gekühlt eingelagert. Kommt dann die Millionenbestellung aus Deutschland oder den USA, tritt der Kellermeister auf den Plan. Mit Hefen, die speziell auf die Bedürfnisse der Lambrusco-Herstellung gezüchtet sind, startet er den Gärvorgang. In Tanks, die 50.000 oder 100.000 Liter fassen, kontrolliert er die Abläufe genau. Leistungsfähige Kühlspiralen im Innern lassen die Reaktion bei den gewünschten Temperaturen ablaufen. Von der Kohlensäure, die als natürliches Nebenprodukt bei der Umwandlung des Zuckers in Alkohol entsteht, entweicht kein Hauch, die Behälter sind hermetisch dicht. So kommen die Bläschen in den Lambrusco. Darum müssen auch alle notwendigen Pump- und Filtervorgänge unter Druck stattfinden. Mit Stahltanks, an denen sich Rohre und Wendeltreppen hochwinden, wirken viele Kellereien eher wie Industrieanlagen. Dichtigkeit, Kühlung und Hygiene garantieren zumindest fehlerfreie Weine, was noch vor 20 Jahren alles andere als selbstverständlich war. Ist der Wein bereitet, stehen die Tankwagen schon Schlange. Abgefüllt wird meist bei einem Vermarkter wie Cavicchioli oder Chiarli 1860, der die Weine dann günstig in die Exportmärkte verkauft. Für solche Weine gibt es keine Tabellen mit den besten Jahrgängen: Lambrusco lebt von seiner Frische und wird am besten jung getrunken.

Um den Rohstoff für solche Weine zu gewinnen, wird meist geerntet, was das Land hergibt. Aber ausnahmsweise

GENUSSTIPP

Einer dünn geschnittenen Mortadella oder einer gut abgehangenen, festen Salami verschafft der hellrote Sorbara einen guten Abgang. Der tiefschwarze Grasparossa ist zu den einfach zubereiteten Tortellini mit Ricotta- oder Fleischfüllung ein Geschmacksverstärker. Doch auch als deutlich süßer *Amabile* kann der rote Perlwein ein ungewöhnlicher, raffinierter Dessertbegleiter sein. Kaufen Sie Ihren trockenen Lambrusco beim Weinhändler, der sich für authentischen Wein stark macht. Im Supermarkt kann der Griff schon mal danebengehen. Suchen Sie im spezialisierten Italienweinfachhandel ab 6 bis 12 €. Dies ist bereits die absolute Krönung der Lambrusco-Erzeugung. In Restaurants findet sich guter Lambrusco kaum. Zu riskant ist das miese Image für den Gastronomen.

Mausempfehlungen für trockenen Lambrusco

Ca Montanari www.tutelalambrusco.it
Cantina di Carpi www.cantinasocialecarpit.it
Cantina Santa Croce www.cantinasantacroce.it
Cavicchioli www.cavicchioli.it
Chiarli 1860 www.chiarli.it
Corte Manzini www.cortemanzini.it
Garuti www.garutivini.it
Riunite www.riunite.it
Zucchi www.vinizucchi.it

ist Lambrusco eine Rebsorte, die auch bei hohen Erträgen gute Qualität liefern kann. Viele Rotweine schmecken dünn, wenn zu viele Trauben pro Stock geerntet werden, weil die Konzentration der Inhaltsstoffe verwässert wird. Nicht so beim Lambrusco. Der kommt bei doppelten und dreifachen Erntemengen nur günstiger. Teuer sind nur die Investitionen in die Anlagen. Selbst in der Boom-Zeit der neunziger Jahre investierte fast kein Investor in eine neue Kellerei, kaum ein junger Winzer wagte, sich von seiner Genossenschaft zu lösen. Das Image war einfach zu schlecht. In den Flussebenen halten deshalb wenige, dafür riesige *cantine sociale* und Privatversekter die Produktion in Händen. Wo sich in anderen Regionen Hunderte von kleinen ambitionierten Weingütern unter dem Dach des Weinbauverbands drängeln, zählt das Consorzio dei Lambruschi Modenesi gerade mal elf Erzeuger, die den Markt mit 85 Prozent der Gesamtmenge versorgen.

Sehnsucht nach mehr Druck

Lambrusco ist ein Perlwein. Die unauffällige Gattungsbezeichnung unterscheidet ihn vom Schaumwein durch geringeren Druck in der Flasche. Mit anderen Worten, der Frizzante, eben Perlwein, hat weniger Kohlensäure als ein Spumante, also Sekt. Dieser Unterschied macht sich vor allem in der Art der Bläschen bemerkbar. Im Frizzante blubbern vergleichsweise wenige dicke Perlen. Er trinkt sich etwa wie ein Mineralwasser mit wenig Kohlensäure. Das macht ihn leicht zugänglich. Selbst am Vormittag wirkt so ein Wein nicht gleich benebelnd. Die winzigen Bläschen aber, die in filigranen Ketten wie in Zeitlupe an die Oberfläche schweben, die findet man nur im Spumante. Kenner verehren sie. Denn wenn der Winzer sein Handwerk versteht, erzeugen sie im Mund ein ungleich subtileres Prickeln, in dessen Kielwasser auch die Geschmackskomponenten des Weins feiner und intensiver hervortreten.

Wer also mehr aus seinem Wein machen will, wünscht sich höheren Druck. Endlich, im Jahr 2009, wurden die Produktionsvorschriften geändert, und die Erzeuger in der Emilia Romagna dürfen auch Spumante abfüllen. Gekonnt eingesetzt lassen die Gasperlen die Säure des Lambrusco etwas flotter erscheinen, geben ihm mehr Frische oder betonen das samtige Gefühl auf der Zunge. Eine relativ neue Entwicklung ist auch die Rückkehr zu den Ursprüngen. Manche Winzer vergären die Weine wieder wie vor Erfindung der Drucktanks und fügen der Flasche etwas Hefe zu. Wird es im Winter zu kalt, stellt sie ihre Tätigkeit ein und wird erst im warmen Frühling wieder aktiv. Das nehmen die Winzer bewusst in Kauf, die längere Reifezeit verfeinert die Lambruscos, sie schmecken fülliger und komplexer.

Solche Weine findet man bei Familie Cavicchioli in San Prospero. Wo sonst Millionen Liter zusammenflossen, erzeugte Sandro mit seinen Brüdern und Vettern den *Vigna del Cristo*. Der erste Lambrusco von einer einzigen Weinberglage mit dem Jahrgangsaufdruck, 1984 war ein Novum. Es dauerte mehr als 15 Jahre, bis der Wein als solcher anerkannt wurde. Parallel erzeugten die Cavicchioli immer auch große Mengen für Supermärkte. Mittlerweile hat der Clan so viel Geld verdient, dass er ein zweites Top-Weingut zugekauft hat. Ex-Inhaber und heutiger Chef-Önologe Christian Bellei ist ein begnadeter Tüftler in der Welt der zweiten Gärung. Selbst international werden seine Lambruscos mit der Feinheit von Champagner verglichen. Ob die Kunden dieses Mal treu bleiben, ist nicht die Frage. Die Flaschen sind so rar, dass die Rendezvous streng limitiert sind. *zig*

So unterschiedlich kann Lambrusco sein – in der Farbe und auch im Geschmack.

KURZ EINGESCHENKT

Alltagswein und feine Spitze

Was für die Bewohner der Emilia ihr Lambrusco, das ist für die Einwohner der Romagna der Sangiovese di Romagna. Für die *Romagnoli* ist es der Alltagswein, der schon mittags zum schmackhaften Essen der Gegend getrunken wird. Engpässe gibt es keine, denn er wird von den ortsansässigen Genossenschaften zwischen Imola und Rimini in großer Menge erzeugt.

Sein weitläufiges Anbaugebiet sind die Hügel südlich der Autobahn A14, genannt Strada del Sole, die von Bologna nach Rimini die Menschen an die Strände der Adria und in die Marken transportiert. Besonders in der weiteren Umgebung der Städte Faenza und Forli liefert die Rebsorte Sangiovese ihre besten Ergebnisse. Jedenfalls sind hier die tonangebenden Winzer zu Hause. Ihre Weine besitzen Profil und einen gut gezeichneten Rebsortencharakter. Das bedeutet aber nicht, dass hier der Sangiovese wie ein Sangiovese der Toskana schmeckt. Denn in Verbindung mit den lehm- und kalkhaltigen Böden dieser Gegend hat die Rebe über die Jahrhunderte ihre Eigenheiten entwickelt. „Der Sangiovese di Romagna ist im Geschmack eigenständig und nur entfernt mit den duftigen Weinen des Chianti vergleichbar", sagen selbst die Winzer, die ihre Rotweine mit kraftvollen Gerbstoffen für lange Lagerung ausstatten. Sie erkennen in ihren Weinen eher schwarze Früchte, ihre Kollegen in der Toskana dagegen Veilchen und rote Kirschen. Die kleine, aber feine Spitze der Winzer hat sich im Convito di Romagna (www.convitodiromagna.it) zusammengefunden, um das Anbaugebiet als Quelle des hochwertigen Qualitätsweins mehr in den Köpfen zu verankern.

Unser Weißwein

Ein zweiter Wein, der den Romagnoli nah am Herzen liegt, ist der hierzulande wenig bekannte Albana di Romagna. Die Rebsorte Albana ist eine einheimische Sorte, die ausschließlich in der Romagna angebaut wird. Ihre Herkunft bzw. „Eltern" konnte noch nicht abschließend geklärt werden, sie ist aber mit der Sorte Garganega im Veneto verwandt. Albana selbst kann gehaltvolle, trockene Weine hervorbringen, daneben ist sie für die Erzeugung von Passito-Weinen bestens geeignet. Es ist die hochwertigste Weißweinsorte der Romagna und sollte keinesfalls mit dem Trebbiano di Romagna verwechselt werden, der von den Genossenschaften für günstige, sehr einfache Weißweine benutzt wird. In großer Menge wird er in der Ebene nördlich der Autobahn angebaut.

Colli ist kein Hundename

Die Emilia-Romagna besitzt eine Reihe von Anbaugebieten, in denen jeweils unterschiedliche Rebsorten prägend sind. Fast alle tragen den italienischen Begriff Colli (Mehrzahl von *Collio* – Hügel) im Namen, der damit auf die Herkunft der Trauben aus Hügelgebieten verweist. Im Westen der Emilia liegen die Stadt Piacenza und die Colli Piacentini, in denen der Rotwein Gutturnio geschmacklich gar nicht so weit entfernt von den piemontesischen Rotweinen ist. Er wird in der Regel aus den Sorten Barbera und Bonarda erzeugt. Die Hügel von Parma sind freilich keine Hochburg für Qualitätswein. In den Colli di Parma werden einfache Rotweine aus den Sorten Barbera und Bonarda erzeugt, die lokal zum berühmten Parmiggiano und zum Parmaschinken getrunken werden.

Eine eigene Weinbaukultur hat wiederum die Stadt Bologna mit ihren Colli Bolognesi. Die Bewohner lieben ihren Pignoletto, einen meist leicht perlenden Weißwein mit frischer Säure und Apfelfrucht. Zu guter Letzt haben sich auch die Romagnoli in Faenza, Imola und Rimini ihre eigenen Anbaugebiete als Colli di Faenza, Colli di Imola und Colli di Rimini geleistet. Hier ist, wir sind ja im Gebiet des Sangiovese di Romagna, der Sangiovese die Sorte der ersten Wahl. Mit internationalen Sorten wird vergleichsweise wenig experimentiert. Einzige Ausnahme dieser Colli-Politik ist die Provinz Reggio Emilia, die ihren Lambrusco einfach Reggiano genannt hat. Was sicher auch damit zu tun hat, dass die Weinberge nicht in den Hügeln, sondern in der Ebene des Flusses Po liegen.

Sangiovese di Romagna:
Calonga www.calonga.it
Giovanna Madonia www.giovannamadionia.it
San Patrignano www.sanpatrignano.org
Tre Monti www.tremonti.it
Zerbina www.zerbina.com

Albana:
Leone Conti www.leoneconti.it

Schwarzweiß kleidet den Frauenrücken auch in Modena hervorragend.

Toskana

CHIANTI CLASSICO UND DER SANGIOVESE
VINO NOBILE (PRUGNOLO) AUS MONTETPULCIANO
BRUNELLO AUS MONTALCINO
VERNACCIA AUS SAN GIMIGNANO
CHIANTI UND DER SANGIOVESE
BOLGHERI MIT CABERNET UND MERLOT
MORELLINO AUS SCANSANO / MAREMMA

Faszination pur

DIE TOSKANA – EIN SYNONYM FÜR SINNESFREUDEN, KUNST UND KULTUR. DIE ANMUTIGE NATUR MIT DEN VON ELEGANTEN ZYPRESSEN GEKRÖNTEN HÜGELN UND MALERISCHEN WEINGÄRTEN, DIE SCHÖNHEIT DER STÄDTE MIT IHRER SCHIER UNERSCHÖPFLICHEN FÜLLE AN KUNSTWERKEN, DIE HEITERE LEBENSART, DIE KULINARISCHEN GENÜSSE UND NICHT ZULETZT DIE WEINE VON WELTRANG MACHEN DIE TOSKANA ZU EINER FASZINIERENDEN TRAUMLANDSCHAFT IM HERZEN ITALIENS.

Sie war mal richtig angesagt, die Toskana. In den Siebzigern, als das politische Herz der Jugend heftig links schlug und Kunstgeschichte in Kombination mit Philosophie zu den beliebtesten Studienfächern gehörte. Damals ging für Reiselustige kein Weg an der Toskana vorbei. Die rauschenden Unità-Volksfeste an pittoresken Orten wie San Gimignano waren feste Termine im Eventkalender der deutschen Linken. Hier zeigten die italienischen Genossen, dass Moskau-Treue nicht zwingend den Verzicht auf Spaß, Genuss und Sinnlichkeit bedeutete. Auf ihren Festen floss der Wein in Strömen, es wurde geschlemmt, zu italienischen Volksweisen getanzt und sozialistische Kampflieder so fröhlich intoniert, als wären sie populäre Gassenhauer.

Die Toskana-Metropole Florenz war damals einer der Hot Spots für Kulturbeflissene und Intellektuelle aus ganz Europa. Sie strömten in Scharen an den Arno, um gemeinsam mit Touristen aus aller Welt den Geist der Renaissance zu atmen, mit glänzenden Augen die Werke von Michelangelo, Da Vinci oder Botticelli zu bewundern und sich in urigen Lokalen am toskanischen Wein zu berauschen.

Es folgten die Lehrer, Anwälte und Künstler, die sich in die Toskana verliebten. In die sanft modellierten Hügel. In die Zypressen, die mit ihren schlanken Silhouetten einen eleganten Kontrast zum pastellfarbenen Himmel bilden. In das magische Licht, das die anmutige Landschaft weich zeichnet und in immer neue Farben taucht. In die Luft voller verführerischer mediterraner Düfte. In die gemütlichen Landgasthöfe, malerischen Trattorien und urigen Osterien. In die farbenfrohen historischen Spektakel und sinnesfreudigen Dorffeste. Und in die bescheidenen Bauernhäuser, in denen man die Schlichtheit neu entdeckte. So ein Haus in der Toskana, vielleicht sogar mit Ausblicken bis zum Meer – das war in den Siebzigern der Aussteigertraum schlechthin.

Drama in Marmor: der „Raub der Sabina" unter der Loggia in Florenz.

Seite 182 – 183: Morgennebel sorgt für die ganz eigene Stimmung in den Weinbergen nahe San Gimignano.

Seite 184: Das Rathaus von Siena an der Piazza del Campo; der Turm wurde später angebaut.

Sammelbecken der Genialität

Selbst die Daheimgebliebenen, die Kunstschätze, Licht und Landschaften kaltließen, die noch nicht mal ans Aussteigen dachten, die hatten doch mindestens ein Symbol der Toskana im Partykeller oder als Kerzenhalter auf dem WG-Tisch: die *fiasco* nämlich, die berühmte bauchige und mit Bast umwickelte Chianti-Flasche. Der schlichte rote Zechwein, den sie enthielt, war freilich aus heutiger Sicht in der Regel ein geschmackliches Fiasko. Die Weißweinliebhaber der Siebziger griffen daher gerne zum damals sehr bekannten Vernaccia aus San Gimignano. Eine weitaus bessere Wahl.

Das alles ist Jahrzehnte her, und inzwischen ist viel Wasser den trägen Arno hinuntergeflossen. Heute liegen die Trend-Reiseziele auf fernen Kontinenten. Und dennoch

Trotz florentinischer Geschäftigkeit ist für einen leckeren Happen immer noch Zeit, zum Beispiel *panino* mit Mozzarella.

hat die Toskana nicht an Faszination und Beliebtheit verloren. Jährlich pilgern mehr als sechs Millionen Menschen aus aller Welt nach Florenz, die lebendige Hauptstadt der Toskana, die weiterhin mit ihrer Fülle an einzigartigen Baudenkmälern, berühmten Kunstschätzen, herrlichen Plätzen und traumschönen Gärten betört.

In Florenz, der Wiege der Renaissance, spiegelt sich auf Schritt und Tritt jene schillernde Epoche, in der das Europa des 15. und 16. Jahrhunderts das dunkle und genussfeindliche Mittelalter hinter sich lässt und durch die Wiederbelebung antiker Ideale in der Kunst, Philosophie und Wissenschaft zu neuen Ufern aufbricht. Eine Epoche, in der sich der Mensch zum ersten Mal als Individuum entdeckt, und eine Epoche, in der sich ein Lebensgefühl durchsetzt, das von Sinnlichkeit geprägt ist. Philosophie und Wissenschaft setzen neue Maßstäbe; Architektur, Kunst und Kultur werden revolutioniert. Innerhalb weniger Jahrzehnte entstehen Bauwerke und Kunstwerke, die heute zu den bedeutendsten der Menschheit gehören. Florenz entwickelt sich zum Sammelbecken der Genialität. Bildende Künstler wie Leonardo da Vinci, Michelangelo und Raffael, Denker und Philosophen wie Machiavelli und Galileo Galilei, Dichter wie Giovanni Boccaccio und Dante Alighieri – sie alle stammen aus Florenz oder lassen sich hier nieder.

Möglich ist all dies durch die Allianz von Geld, Geist und Macht, namentlich durch das berühmte Adelsgeschlecht der Medici. Ohne sie geht im Florenz der Renaissance nichts; sie sind die Köpfe und Macher dieser Zeit. Als Bankiers des Papstes zu Geld gekommen, besitzen sie ungeheure Reichtümer, Ländereien, Manufakturen, Handelshäuser, Bergwerke und Minen. Rein geschäftlich sind sie vergleichbar mit einer heutigen Holding, die europaweit agiert. Ab 1434 übernehmen die Mitglieder dieser Kaufmannsfamilie auch die Macht in Florenz und herrschen mit kleinen Unterbrechungen fast 350 Jahre lang, und zwar nicht nur über die Stadt Florenz, sondern durch politische Allianzen, erkaufte Bündnisse und eine kluge Heiratspolitik nach und nach auch über die gesamte Toskana. Als Mäzene sorgen sie für ein blühendes Kulturleben und lösen so einen kulturellen Hype aus. Durch sie schlägt Florenz im Puls der neuen Zeit und entwickelt

Fast immer nur als Ausschnitt zu sehen: die Fassade des Doms in Florenz aus dreifarbigem Marmor.

sich zur zentralen Drehscheibe im Geld- und Handelsverkehr – auch für Wein.

Aber die Medicis sind nicht die einzigen. Auch andere Adelsgeschlechter wie die Marchese Frescobaldi und Marchese Antinori, die großen ruhmreichen Namen des italienischen Weinbaus, schreiben die Geschichte von Florenz mit. Die Frescobaldis und Antinoris gehören ebenso zu den Größen des Handels-und Finanzwesens, fördern nicht nur ebenfalls die Kunst, sondern auch die Weinkultur. Sie aktivieren den Weinbau rund um Florenz, liefern den toskanischen Wein in alle Welt – und machen ihn so berühmt, über Jahrhunderte bis heute. Ihre grandiosen Palazzi bereichern auch heute noch das Stadtbild von Florenz. Und seit den Zeiten der Renaissance werden die Geschicke ihrer Weinimperien von hier aus geleitet.

Facettenreiches Kaleidoskop

Aber nicht nur Florenz, auch die Landschaften der Toskana haben nichts von ihrem Reiz verloren. Allen voran die perfekt gewellte Kulturlandschaft des Chianti Classico zwischen Florenz und Siena mit ihren pittoresken historischen Zentren, trutzigen Burgen und renommierten Weingütern, in denen der weltweit berühmteste Wein Italiens, der Chianti, entsteht. Wer kennt nicht die zauberhaften Bilder von den schlanken Zypressen, archaisch anmutenden Olivenbäumen, sorgsam gehegten Weinbergen und Weingütern mit stilvoll abgeblätterten Fassaden in Rot- und Ockertönen und lauschigen Freisitzen, die sich harmonisch an sanft gerundete Hügel schmiegen? Sie bilden das weltweit bekannte Gesicht der Toskana. Aber nicht das einzige! Denn umschlossen von Gebirgszügen und Mittelmeer überrascht die Toskana auf einer Fläche so groß wie die Schweiz mit einer überaus facettenreichen Natur.

So schließen sich zwei nicht minder berauschende Landschaften direkt an das Chianti an, nämlich das Val d'Orcia südlich von Siena und die Crete. Heiter ist das Attribut, das vielleicht am besten auf das Tal des Orcia-Flusses zwischen Montepulciano und dem weithin sichtbaren, üppig bewachsenen erloschenen Vulkan Monte Amiata zutrifft. Sanfte Hügel bestimmen auch hier das Bild. Je nach Jahreszeit sind sie bedeckt von sattem Grün mit tiefroten Klatschmohntupfern oder überzogen von wogenden Weizenfeldern und goldfarbenen Sonnenblumen. Mal krönt sie ein hübsches Kirchlein oder ein einsames Gehöft, mal die dunkelgrünen Konturen vereinzelter Zypressengrüppchen oder das silbrige Flirren kleiner Olivenhaine. Und mittendrin thront malerisch auf einer Felsnase das Städtchen Pienza, ein Renaissance-Juwel, das von der UNESCO als Weltkulturerbe gewürdigt wurde.

Rund um die so berühmten wie bezaubernden Weinstädtchen Montalcino im Westen und Montepulciano im Osten des Tals wird das sanfte Hügelmeer von Weinbergen dominiert, die zu den renommiertesten in ganz Italien gehören.

Animierende Kontraste

Von beiden Weinorten blickt man auf die scheinbar endlosen Weiten der archaisch anmutenden Crete Senesi (le crete = die Lehme), die einen interessanten Kontrast zu den lieblichen Regionen der Toskana bilden, in der Landschaft, Weinbau und Kultur so überaus anmutig verschmelzen. Charles Dickens beschrieb die Landschaft der Crete im Jahr 1845 als „so kahl und unwirtlich wie die Moore in Schottland". Heute vergleicht man die kargen erodierten Hänge mit trockenen Lehmböden, die sich nach Regen in Schlammwüsten verwandeln, oft mit einer bizarren Mondlandschaft. Ein Vergleich, der freilich nur für die kalten Jahreszeiten zutrifft, in denen die Crete ihre nackten,

braunen Lehmböden zeigt. Im Frühjahr sind die baumlosen Weiten mit dem zarten Grün des sprießenden Weizens überzogen, der im Sommer die Crete in ein einziges gelbes Weizenmeer verwandelt. Abwechslung für das Auge bieten dann nur einige Weiden für die Schafherden der aus Sardinien eingewanderten Hirten, die den Pecorino, den berühmten toskanischen Schafkäse, herstellen.

Einen faszinierenden Kontrastpunkt zum typisch toskanischen Landschaftsbild setzt auch die Maremma, die sich im Süden der Toskana von der Küste bis ins Hinterland erstreckt und sich ihre Ursprünglichkeit bis heute bewahren konnte. Hügel mit Weingärten und Olivenhainen, flaches Grasland, dichte Pinien- und Steineichenwälder, unberührte Sümpfe, ausgedehnte Naturschutzgebiete und steile Tuffwände. Sprudelnde Flussläufe, von Macchia bewachsene urzeitliche vulkanische Hügel und flache Binnenseen. Eine Küstenebene mit verträumten Lagunen, hellen Dünen und feinsandigen Stränden. Das alles bildet die wildromantische Szenerie der Maremma. Die Gegend war lange Zeit vor allem für die archäologischen Funde aus Zeiten der Etrusker, für ihre artenreichen Naturschutzgebiete und für die Zucht der Maremmana-Rinder bekannt. Inzwischen hat sie sich auch als Gebiet für den Anbau von Wein einen Namen gemacht, der vor allem in der Provinz Grosseto betrieben wird.

Sprung in die Qualität

Belassen wir es bei diesen wenigen Beispielen für die facettenreiche Landschaft der Toskana, die Landschaftsgenießern ein ganzes Kaleidoskop von berückenden Bildern und unterschiedlichen Stimmungen bietet, und wenden uns den Weinen zu. Denn in fast allen Landschaften der Toskana spielt Wein eine große, wenn nicht die größte Rolle. Wein ist quasi untrennbar mit der Toskana verbun-

Geschichte mit praktischem Nutzwert: Über die Loggia della Signoria in Florenz kann man meditieren oder philosophieren.

den. Schließlich ist die Region schon seit der Etruskerzeit, also seit 2.500 Jahren, Rebenland.

Wie schon gesagt: In der Zeit der Renaissance hat die Toskana als Weinanbaugebiet einen enormen Aufschwung erhalten. Nicht zuletzt, weil die Renaissancefürsten viel Kapital in den Weinbau investierten. Den größten Qualitätssprung erlebten die Weine der Toskana freilich in den letzten 30 Jahren. Die Zeiten des Fiaskos in der Fiasco-Flasche sind vorbei. Wieder wurde von betuchten Menschen viel Geld in die Hand genommen, um den Weinen der Toskana zu neuem Ruhm zu verhelfen. Die Investitionen flossen in die Anpflanzung neuer und in die Pflege alter Reben, in moderne Kellertechnik, in die Restaurierung historischer Weingüter und in den Bau architektonisch reizvoller Weingüter. Und sie flossen in die Einstellung von Önologen, die nicht nur ihr Handwerk beherrschten, sondern auch neue Ideen einbrachten. Daneben entdeckte man das Potenzial der Maremma als Weinanbaugebiet – und investierte auch hier viel Kapital.

So entstanden in den achtziger Jahren die berühmten „Super Tuscans", die weltweit für Furore sorgten. Den Boom löste der Rotwein Sassicaia aus, der von der toskanischen Küste bei Bolgheri stammte und als Cabernet Sauvignon die besten Bordeauxweine in den Schatten stellte. Es folgten weitere Supertoskaner wie der Tignanello aus Sangiovese und Cabernet oder die reinsortigen Sangiovese-Weine Cepparello, Flaccianello oder Fontalloro. Diese Weine passten damals jedoch nicht in das DOCG-Raster des italienischen Weingesetzes. Somit wurde den Supertoskanern diese Herkunftsbezeichnung verwehrt, was ihrer Berühmtheit freilich keinen Abbruch tat. Diese Spitzenweine zeigten der Welt, welch Riesenpotenzial im toskanischen Weinbau steckte. Und sie weckten ein neues Interesse für die Weine der ganzen Region und brachten so mehr Dynamik in die toskanische Weinwirtschaft.

Die große Zeit der Super Tuscans ist vorbei. Auch die Maremma, die noch im letzten Jahrzehnt als neues Wein-Eldorado gefeiert wurde und durchaus wunderbare Weine wie den Morellino di Scansano hervorbringt, spielt heute keine wesentliche Rolle im toskanischen Weinbau. Die dynamischste und auch nachhaltigste Entwicklung fand in den einst stagnierenden traditionellen Anbaugebieten statt: im Chianti Classico mit rasantem Tempo und etwas langsamer im Gebiet Brunello di Montalcino. Hier besann man sich des hohen Potenzials der heimischen Rebsorte Sangiovese, brachte sie – ohne dabei die traditionellen Wurzeln zu vernachlässigen – zu neuer Blüte und etablierte so aufs Neue eine beachtliche Weinkultur. Heute kommen die Weinliebhaber in den Genuss herausragender Weine. Produziert von ambitionierten und engagierten Winzern, Traditionalisten ebenso wie Erneuerern – und solchen, die den Spagat zwischen Innovation und Tradition beherrschen.

Toskanische *pici*-Nudeln können nur Winzerfrauen in Handarbeit herstellen.

Apropos Genuss. Den bietet neben den Weinen auch die Küche der Toskana. Und zwar auf eine traditionell schlichte, bodenständige und unverfälschte Art und Weise. In den Topf kommen regionale Zutaten, möglichst frisch und nach Jahreszeit. Und man bevorzugt Zubereitungsarten, die zwar simpel sind, aber den Eigengeschmack dieser Zutaten unterstreichen. Basis ist meist das toskanische Olivenöl, das oft noch in Handarbeit vor Ort hergestellt wird und als besonders aromatisch gilt.

Die Natur deckt den Tisch

Die Gärten der Bauern liefern Gemüse und Kräuter wie Rosmarin, Salbei, Basilikum, Lorbeer, Estragon, Zwiebeln oder Knoblauch. Und auch Hülsenfrüchte wie Bohnen oder Kichererbsen, die als Beilagen und Bestandteil von herzhaften Suppen und Eintöpfen gegessen werden.

Bistecca alla fiorentina: Das kulinarische Wahrzeichen ist nur echt, wenn es vom Jungochsen der Rasse Chianina stammt.

Nirgendwo in Italien sind Hülsenfrüchte so beliebt wie in der Toskana. Absolute Favoriten sind die mit Salbei gekochten weißen Bohnen – der Grund, warum die Toskaner in Italien als *mangiafagioli* (Bohnenfresser) bezeichnet werden. Vielleicht auch der Grund, warum Pasta hier so gut wie keine Rolle spielt. Denn die einzigen authentisch toskanischen Pastaspezialitäten sind die handgerollten *pici*, eine Art dicke Spaghetti, die mit herzhaften Fleischsaucen gegessen werden.

Wo es kulinarisch langgeht, zeigen vor allem die toskanischen Klassiker auf Grundlage des weißen, ungesalzenen Holzofen-Brots mit kräftiger Kruste. Es dient, mit Gewürzen und Aufstrichen verfeinert, als Vorspeise. Einer dieser wohlschmeckenden Klassiker ist *crostini di fegato*, geröstetes Brot mit fein gehackter Hühnerleber. Es dient aber auch als Basis für bäuerlich-derbe, aber überaus köstliche Hauptspeisen. Unter anderem für *panzanella*, ein Brotsalat mit Tomaten, Zwiebeln, Kräutern und Olivenöl. Oder für *acquacotta*, eine Suppe aus Zwiebeln, Ei, Gemüse, Olivenöl und geröstetem Brot, über die abschließend noch Pecorino gerieben wird. Und natürlich für den berühmten toskanischen Eintopf *ribollita*, ein wiedererwärmtes Vortagesgericht aus Brot und vielen verschiedenen Gemüsesorten.

Angesichts dieser schon fast archaischen *cucina povera*, wie die italienische „Arme-Leute-Küche" genannt wird, wundert es nicht, dass die *bistecca alla fiorentina* als Highlight der toskanischen Küche gilt. Das weltweit bekannte Steak nach Florentiner Art besteht aus einem zwei Finger dicken und 800 Gramm schweren Rippenstück vom Rind. Auf dem Holzkohlengrill geröstet und erst dann mit Salz, Pfeffer und Zitronensaft gewürzt, ist es eine wahre Delikatesse. Insbesondere, wenn es vom weißen Chianina-Rind aus dem toskanischen Chiana-Tal stammt, dessen Fleisch sich durch äußerste Zartheit und Saftigkeit mit einer feinen Marmorierung auszeichnet.

Dies alles sind nur einige wenige Beispiele für die so ursprüngliche wie köstliche Küche der Toskana, die im Zusammenspiel mit den berühmten Weinen auch anspruchsvolle Gaumen entzückt. Die Toskana war und ist immer noch Faszination pur, egal ob man Landschaften, Kunst und Kultur, schnörkellose Kulinarien oder herausragende Weine genießen will. *ari*

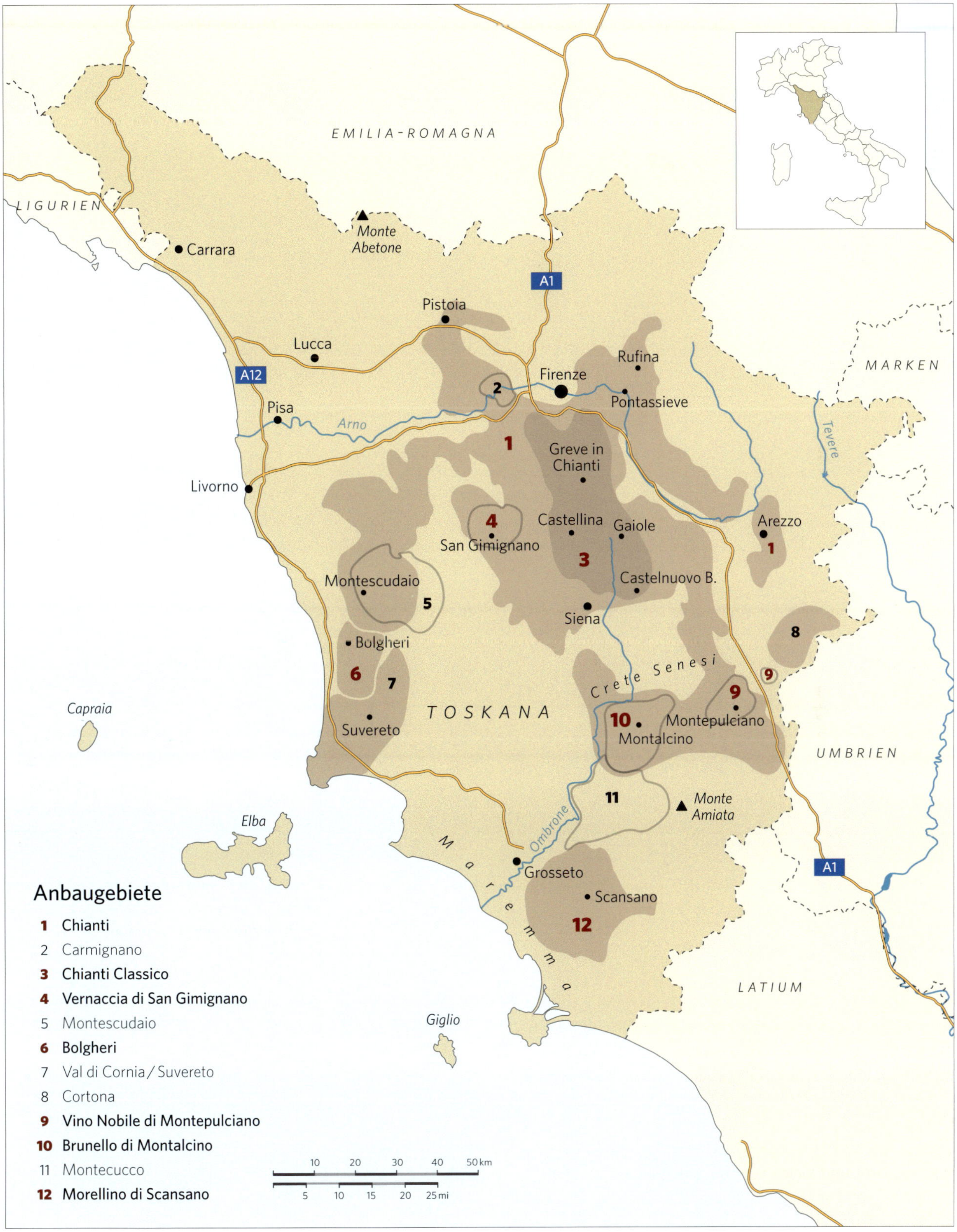
EMILIA-ROMAGNA
LIGURIEN
MARKEN
UMBRIEN
LATIUM
TOSKANA
Monte Abetone
Carrara
A1
Pistoia
Lucca
A12
Firenze
Rufina
Pontassieve
Pisa
Arno
Tevere
Livorno
Greve in Chianti
Castellina
Gaiole
Arezzo
San Gimignano
Castelnuovo B.
Montescudaio
Siena
Bolgheri
Crete Senesi
Capraia
Suvereto
Montepulciano
Montalcino
Monte Amiata
Elba
Ombrone
Grosseto
Scansano
Maremma
Giglio
1
2
3
4
5
6
7
8
9
10
11
12
Anbaugebiete
1 Chianti
2 Carmignano
3 Chianti Classico
4 Vernaccia di San Gimignano
5 Montescudaio
6 Bolgheri
7 Val di Cornia / Suvereto
8 Cortona
9 Vino Nobile di Montepulciano
10 Brunello di Montalcino
11 Montecucco
12 Morellino di Scansano
10 20 30 40 50 km
5 10 15 20 25 mi

Monsanto
Chianti Classico
Il Poggio
1962

VENDITA DIRETTA
LA VALLETTA
SANTA LUCIA DI SOPRA
CASA NOVA
az. agricola
REGGINE
AZIENDA AGRICOLA
VIGNOLE

BROLIO
RICASOLI
2007
Chianti Classico
11.50
12.50
€ 15.90

ANTICA MACELLERIA
CECCHINI

Die reine Schönheit

DAS CHIANTI IST DER FLECKEN ERDE, DER DIE TOSKANA UND IHREN WEIN WELTBEKANNT GEMACHT HAT, DER ALLE KLISCHEES UND ALLE ERWARTUNGEN BEDIENT. NUR HIER ZWISCHEN FLORENZ UND SIENA ENTSTEHT DER WEIN, DER SO EINDEUTIG FÜR ITALIEN UND *DOLCE VITA* STEHT WIE SONST KEINER. CHIANTI CLASSICO IST KOMPLEX UND DOCH IMMER LEICHT UND ELEGANT. EIN BISSCHEN WIE EIN FLÜSSIGER DAVID VON MICHELANGELO, SAGEN SEINE LIEBHABER: EIN KOLOSS, ABER SPIELERISCH UND AUSGEGLICHEN.

Ohne Florenz sähe die Welt anders aus. Schon vor mehr als 500 Jahren, als wissenschaftsfeindliche Theologen die restliche Welt fest im Griff hatten, häuften sich in der Hauptstadt der Toskana bahnbrechende Erkenntnisse. Tommaso Masaccio etwa malte 1427 ein Fresko mit einheitlichem Fluchtpunkt auf den Putz der Kirche Santa Maria Novella. So konnte man erstmals Objekte im Raum wahrnehmungsgetreu abbilden. Wenig später erkannte Johannes Kepler, dass die Welt sich dreht, und Michelangelo Bunarroti meißelte aus einem vier Meter hohen Marmorklotz ein bis heute gültiges Schönheitsideal. Ohne den Hauch von Anrüchigkeit zeigt der David die fraglos bekanntesten Geschlechtsorgane des Planeten. Während Christoph Kolumbus seine neuesten Entdeckungen am anderen Ende des Atlantiks noch als indische Inseln feierte, erkannte der Florentiner Kaufmann Amerigo Vespuccio, dass dort ein ganzer Kontinent liegt.

„Aber ohne die Bauern aus dem Chianti hätten sie weder Fresken gemalt noch Schiffe ausgerüstet“, wendet Roberto Stucchi ein und hat dafür gute Argumente. Mit seiner Schwester Emanuela führt er das Weingut Badia a Coltibuono, in dessen Keller Mönche schon im Mittelalter ihren Wein erzeugten. In der darauffolgenden Renaissance wurde die Halbpacht eingeführt. „Auf der Basis dieser *mezzadria* durfte jeder Bauer einen Anteil seiner Ernte behalten“, erklärt Stucchi, „so war die Landbevölkerung versorgt und erwirtschaftete Überschüsse, die sie weitergeben konnte.“ In Zeiten, in denen der Ertrag von Getreide nur ein Bruchteil des heutigen war und Wetterschwankungen Hungersnöte auslösten, war das ein entscheidender Vorteil.

Durch diese Nachhaltigkeit im Hinterland entstanden die Produktionsüberschüsse, mit denen große Städte voller Denker und Künstler satt wurden. So konnten Genies wie Michelangelo und Sandro Botticelli sich die Frage nach dem Wesen der Schönheit stellen. Und noch 500 Jahre später spiegeln das Chianti und der Wein Chianti Classico diesen genialen Geist der Harmonie wider. Das sieht jeder, der Florenz in Richtung Süden auf der Via Chiantigliana Richtung Greve verlässt. Zypressenalleen schlängeln sich über die Hügel mit Olivenbäumen und Steineichenwäldern. An ihrem Ende stehen herausgeputzte Landhäuser und morbide Kastelle mit bemoosten Dächern. Hier duftet das Unterholz intensiver, die Zypressen sind pittoresker, und die Olivenblätter schimmern noch etwas silbriger als irgendwo sonst. Alles ist mehr Park als Naturlandschaft, denn Olivenhaine genauso wie Zypressenreihen sind angelegt. Das Chianti steht wie keine andere Landschaft der Welt für mediterranen Lebensstil, die Kultur des Abendlands, das kulinarische und vinologische Kernland der Toskana.

Jupiterblut und Boden

Das Wichtigste für den Chianti Classico muss man allerdings unter der Oberfläche suchen. Die Böden variieren in ihrer geologischen Zusammensetzung stark. Ein höherer Lehmanteil speichert Wasser. Zusammen mit einer sonnigen Lage wie etwa in Castelnuovo Berardenga im Süden der Region entwickeln sich kraftvolle, üppige Weine, sie schmecken nach Fruchtkompott und Lakritz, Graphit und Blüten. Die steinigen Böden der Höhenlagen, die sich in Castellina und Radda bis auf 600 Meter erheben, sind karg und lassen die Reben spät reifen. *Galestro*, eine Bodenformation aus Schichten von Kalk und versteinertem Lehm, gibt den Reben eine fruchtbare Unterlage, gut belüftet, mineralreich und salzhaltig. Sie lässt Weine mit packenden Tanninen und spielender Säure entstehen. Mit ihrer schlanken Eleganz stehen sie für den klassischen Stil der Toskana: konzentriert mit etwas Veilchen und schwarzen Kirschen bis zum langen Abgang. In jedem guten Chianti Classico zeigt sich aber ein scharf definiertes Geschmacksprofil. Klar und lange bleiben seine Aromen am Gaumen, ohne dass ein schweres Mundgefühl entsteht. Wer diesen Wein trinkt, ahnt vielleicht, was Michelangelo inspiriert hat.

Weiterhin bestimmen Kleinklima, Wetterverlauf, Windsituation, die Ausrichtung zur Sonne und die Wasserversorgung mit, ob die Beeren später reif und konzentriert sind oder groß und wässrig. So ergibt fast jede Lage zwischen Florenz im Norden und Siena im Süden einen eigenen Typus. All diese Faktoren in Kombination mit dem Zutun des Winzers selbst nennt man Terroir. Viele Weinfachleute sind der Meinung, dass es Generationen braucht, bis ein Winzer die speziellen Bedingungen seines Weinbergs verstanden hat. In der Chianti-Kernzone war das offensichtlich schon früh der Fall. Zu Beginn des 18. Jahrhunderts war Chianti ein Begriff für Qualitätswein, heute würde man von einem Marken-Image sprechen. Solche Vorteile lockten Trittbrettfahrer an, so dass Cosimo III. persönlich eine Grenzziehung anschob. Der schon zu Lebzeiten als eher mäßig begabter Politiker bekannte Nachkomme des allmächtigen Medici-Clans schützte damit zwar vor allem die umsatzstarken Weingärten der Familie im Kernland der Toskana. Aber immerhin beschrieb so 1716 das erste gesetzliche Dokument weltweit ein Weinanbaugebiet.

Der Anfang des heutigen definierten Chianti liegt etwa 150 Jahre zurück. Seinerzeit wurde der lokale Wein hauptsächlich aus Sangiovese-Trauben gekeltert. Dazu kamen andere regionale Rebsorten, darunter weiße Trauben, um verschiedene Aspekte wie Süße und Farbe in den Wein zu bekommen; so hielt man die Produktionsrisiken bei den technischen Möglichkeiten in Grenzen, aber auch die Qualität. Das verstand der spätere Ministerpräsident der Toskana, Bettino Ricasoli, als einer der wenigen Zeitgenossen. Der Baron, der sich auf seinem Castello di Brolio südlich von Gaiole unter anderem für Seidenraupen und Fossilien interessierte, experimentierte so lange mit Rebsorten, bis er 1872 sicher war: Chianti sollte zu vier Fünfteln aus dem Blut des Jupiter bestehen. Auf diesen Namen hatten die antiken Römer den Sangiovese getauft. Der Rest war den lokalen Rebsorten wie Canaiolo und Colorino vorbehalten

Weinstöcke mit Sangiovese-Trauben oberhalb von Castellina im Chianti – der steinige Untergrund ist ideal für die Reben.

und die Regel für den Chianti erst mal tauglich. Was noch nicht bedeutete, dass sich auch jeder daran hielt.

Winzer von außerhalb verkauften ihren Wein trotzdem weiter als Chianti und machten damit gute Geschäfte. Am 14. Mai 1924 traf sich eine Gruppe genervter Chianti-Winzer in Radda und suchte eine durchschlagende Lösung. Sie gründeten eine Organisation, das Konsortium, das die eigene Produktion vor der Konkurrenz schützen sollte. Als Logo wählte man geschickt einen schwarzen Hahn. Dessen Erfolg lebt nicht nur von der Wiedererkennbarkeit, sondern auch von einer gerne erzählten Legende.

Federvieh unter Stress

Im 13. Jahrhundert trugen die Städte Florenz und Siena wieder einen ihrer vielen Grenzstreits aus. Um die Territorien neu abzustecken, vereinbarte man, an einem bestimmten Tag in beiden Städten je einen Reiter beim ersten Hahnenschrei loszuschicken. Der Punkt, an dem sie sich treffen würden, sollte die neue Grenze markieren. Die Sieneser fütterten darauf ihren weißen Hahn fett, um ihn für den großen Tag in Form zu halten. In Florenz musste sein schwarzgefiedertes Pendant aber Nahrungs-, Wasser- und Schlafentzug wie in einem karibischen Gefangenenlager aushalten. Solcherart gestresst wachte das arme Tier viel zu früh auf und krähte hysterisch in die Nacht. Aus dem Zeitvorsprung machte der Florentiner Reiter natürlich am Ende einen riesigen Landgewinn.

An der Geschichte ist mindestens so viel dran wie an Kolumbus' Seeweg nach Indien. Als Beispiel für vorausschauendes Denken taugt sie jedoch ganz gut. Das Markenzeichen mit der weltbekannten Hintergrundgeschichte des *gallo nero* funktionierte. Gerade bei den Italienern, die jede Art von Bevormundung verabscheuen, erwies sich der Weinbauverband als treibende Kraft, auf dessen Konto die eigene Produktionsvorschrift und wirksame Kontrollen gehen. Selbst die kritischsten Winzer erkennen heute an, dass das Konsortium viel für sie getan hat.

Obwohl 1932 ein Regierungsbeschluss genau festlegte, welche Orte zum Classico-Gebiet des Chianti zählen, und damit die Regeln noch verfeinerte, geriet der Wein in den Strudel von Weltwirtschaftskrise und Krieg, der fast allen wirtschaftlichen Erfolg blockierte. Und ausgerechnet die längst überfällige Abschaffung der Mezzadria, die in den fünfziger Jahren begann, war für den Chianti kein Erfolgsrezept. Ohne eigenes Land, Haus und Gerät wurde der Weinbau für viele Kleinbauern zu kapitalintensiv. Alte Weingüter fielen reihenweise an ausländische Investoren, die sich, den Profit im Auge, wenig um Traditionen scherten. Sogar das Castello di Brolio des Chianti-Erfinders Ricasoli kaufte eine australische Firma.

Mit der einsetzenden Landflucht fielen Felder brach, und von den hübschen Häusern bröckelte der Putz. Da kam der Italien-Boom der siebziger Jahre gerade zur rechten Zeit. Zigtausende Nordeuropäer wollten ihr Leben in der Industriegesellschaft gegen einen naturnahen Lebensstil auf dem Land tauschen. Seriöse Schweizer Steuerberater ebenso wie schlemmend politisierende Mitglieder der deutschen Toskana-Fraktion kauften, was sie kriegen konnten.

Sie renovierten die rohen Bruchsteinhäuser. Den Putz, der früher jede Fassade vor Verwitterung geschützt hatte, ließen sie weg. So schufen sie wieder ein neues Bild der Toskana – und spülten Geld in die Kassen der Einheimischen. Die Landwirte gewöhnten sich an die verrückten Ausländer, die verfallene Hühnerställe in Luxuswohnungen verwandelten, konnten sie doch endlich wieder von ihrem Land leben. Moderne Kellertechnik hielt Einzug, oft mit französischen Methoden wie dem Ausbau in neuen Holzfässern. Auch das Konsortium bekam seinen Teil und sorgte vergleichsweise vorausschauend dafür, dass bewährte Regeln des Gallo Nero eingehalten wurden. Unterregionen

Der Gallo Nero – Symbol für den Chianti, das weltweit für Qualität bürgt.

mit besonderem Potenzial wie Rufina und Colli Senesi erarbeiteten ihren eigenen Ruf. Wo in anderen Regionen oft kleine Familienbetriebe dominierten, hatte sich im Chianti Classico großes Kapital angesammelt, das reiche, alte Kaufmannsfamilien mitgebracht hatten. Sie engagierten Önologen, hochspezialisierte Ingenieure für Weinan- und -ausbau, die das Bestmögliche aus ihren Weinen herausholten.

Dünnhäutige Preziosen

Das, was kurze Zeit später die ganze Welt des Weins revolutionieren sollte, war im Chianti also mal wieder etwas früher da. Und so wie die Zentralperspektive die Malerei für immer veränderte, war auch im Chianti nichts mehr, wie es war. Winzer auf der ganzen Welt sattelten schon bald auf die technisch optimierte Weinbereitung um; und die Zukunft bestand aus Weinen, die keine Bereitungsfehler mehr haben mussten. So mancher versuchte, gleich auch den ganzen Chianti zu kopieren. Besonders Winzer aus Kalifornien und Australien mit ihrem entspannten Verhältnis zu Anbautraditionen haben sich daran versucht. Aber selten mit vergleichbaren Ergebnissen, da ist man sich – zumindest zwischen Florenz und Siena – ausnahmsweise mal einig.

Mit den neuen Weinen kamen die neuen Weinkenner in die Toskana. Weinführer etablierten sich und wollten jedes Jahr den neuen Jahrgang probieren und bewerten. Wein avancierte vom bäuerlichen Lebensmittel zum stylishen Kulturgut.

Wie jede dynamische Entwicklung hatte natürlich auch der Chianti-Boom seine Schattenseite. Nachdem das rustikale Fiasco, die Bastflasche als Symbol der Einfachheit, modernen Verpackungen mit aufwändig gestalteten Etiketten gewichen war, wollten sich viele Winzer auch nicht mehr allein auf den arbeitsintensiven Sangiovese verlassen.

Die dünnhäutigen Trauben nehmen nämlich die in der Toskana üblichen ruppigen Wetterwechsel leicht übel. Regen im Frühling oder Spätherbst, wenn die Ernte ins Haus steht und die Beerenhaut durchlässig ist, lässt sie platzen. Das Wetter im September ist schicksalhaft. Und jeder Winzer atmet auf, wenn er gesunde Trauben eingefahren hat. Mode-Reben wie Merlot und Cabernet Sauvignon waren dagegen robuster, international en vogue und gut verkäuflich. Bis zu 20 Prozent davon lassen die Vorschriften zu, und viele Winzer nutzten dieses Kontingent gerne aus, um ihre Weine konkurrenzfähiger zu machen.

Die Bewahrer fürchteten dagegen um den einmaligen Charakter des Sangiovese, der von den deutlich erkennbaren Fremdsorten leicht überdeckt wurde, und sahen den

Blick von Panzano Richtung Süden: Weinberge und Dörfer hüllen sich in weißen Dunst, wie so oft.

Chianti Classico in einem Meer fruchtig-weicher Cabernets und Merlots untergehen. Die Modernisten reizten die neuen Freiheiten und die guten Geschäfte mit dem internationalen Geschmack.

Der wurde mehr und mehr von amerikanischen Testern wie Robert Parker und ihren Punktelisten dominiert. Bei vielen Käufern reduzierte sich das komplexe Geschmacksbild des Weins auf eine Zahlenwertung. Fette, üppige Weine waren gefragt. Aromen der Barriquefässer, besonders Vanille, Tabak und Pflaume, galten vielen als Nonplusultra. Die in den achtziger Jahren so hochgelobten Önologen nutzten ihr Können, um genau diesen Modegeschmack – und die dazugehörige Preisakzeptanz – zu erzeugen und wurden später als Flaschengeister verflucht, die man zwar gerufen hatte, aber nur zu gern wieder los wäre.

Viele Winzer oder deren Weinfachleute erkannten, dass sie aus ihren Weinen noch mehr herausholen konnten, wenn sie die Sortenvorschriften außen vor ließen. Piero Antinori, Nachkomme der Florentiner Weinclans in 26. Generation, ließ seinen Önologen Giacomo Tacchis einen Wein aus Sangiovese und ortsfremden Rebsorten in kleinen französischen Eichenfässern bereiten. Das war zunächst so weit von den Vorschriften entfernt, dass er auf alle Prädikate verzichten musste, und kurze Zeit später dann ein Welterfolg. Der *Solaia* war die Geburt der Super Tuscans, Weine aus internationalen Sorten, die mit großem Aufwand im Weinberg und viel Kellertechnik gemacht wurden. Diese Tropfen, von denen es damals oft nur kleine Mengen gab, loteten aus, wie weit Komplexität und Konzentration zu steigern waren.

Schon bald setzten diese Weine Trends; insbesondere bei Weinfreaks aus den USA saß der Dollar locker. Ein weltweiter Hype um toskanischen Wein erzeugte Strudelwirkung. Dreistellige Flaschenpreise bildeten für manchen Neueinsteiger nicht einmal eine Schamgrenze. Doch schon einige Jahre später drehte sich der Wind. Viele Winzer dachten grundlegend um. Die karge Eleganz und Tiefe des Chianti Classico waren wieder gefragt.

So lagen plötzlich wieder diejenigen im Trend, die seit den Achtzigern reinsortigen Sangiovese erzeugten. Auch diese Super Tuscans durften sich nicht Chianti Classico nennen, weil die Vorschrift Cuvées forderte. 1996 endlich wurde das Relikt abgeschafft, 100 Prozent Sangiovese sind möglich und gewollt.

Heute sind Supertoskaner als historische Episode abgehakt. Die (schwarzen) Streithähne von einst haben sich arrangiert und erkennen an, dass unterschiedliche Stile nebeneinander existieren können. Schließlich ist der Sangiovese-Charakter in einem Wein mit zehn Prozent anderen Rebsorten zu erkennen. Und ein bisschen molligen

Mausempfehlungen – es könnten noch 30 mehr sein

Badia a Coltibuono www.coltibuono.com
Barone Ricasoli www.ricasoli.it
Bibbiano www.tenutadibibbiano.it
Borgo Scopeto www.borgoscopeto.com
Brancaia www.brancaia.com
Candialle www.candialle.com
Casaloste www.casaloste.com
Castell in Villa www.castellinvilla.com
Castello di Ama www.castellodiama.com
Castello di Cacchiano www.chianticlassico.com
Castello di Fonterutoli www.mazzei.it
Castello di Monsanto www.castellodimonsanto.it
Castello di Querceto www.castellodiquerceto.it
Castello di Volpaia www.volpaia.com
Castello La Leccia www.castellolaleccia.com
Felsina www.felsina.it
Fontodi www.fontodi.com
I Fabbri www.agricolaifabbri.it
Il Colombaio di Cencio www.ilcolombaiodicencio.com
Il Palazzino www.podereilpalazzino.it
Isole e Olena www.isoleolena.it
La Porta di Vertine www.laportadivertine.com
Lamole di Lamole www.lamole.com
Le Cinciole www.lecinciole.it
Le Fonti www.fattorialefonti.it
Monte Bernardi www.montebernardi.com
Nittardi www.nittardi.com
Panzanello www.panzanello.it
Petroio www.fattoriapetroio.it
Poggio al Sole www.poggioalsole.com
Poggiopiano www.fattoriapoggiopiano.it
Principe Corsini – Le Corti www.principecorsini.com
Querciabella www.querciabella.com
Riecine www.riecine.com
Rignana www.rignana.it
Rocca di Montegrossi www.roccadimontegrossi.it
San Felice www.agricolasanfelice.it
San Giusto a Rentennano www.fattoriasangiusto.it
Villa Cafaggio www.villacafaggio.it
Villa Calcinaia www.conticapponi.it
Villa Trasqua www.villatrasqua.it

GENUSSTIPP

Chianti Classico verträgt einen mediterranen Braten genauso wie ein indisches Curry mit Koriander und Kurkuma. Ältere Jahrgänge und Riserva-Weine in eine schlanke Karaffe oder eine Weinflasche umfüllen. Preise: ab etwa 11 €. Für 30 € – den Einstiegspreis bei Brunello, Barolo & Co. – gibt es die feinsten Sachen. Der Gallo Nero ist ein gern gesehener Gast auf Weinkarten. Wer den teuersten bestellt, sollte Winzer und Jahrgang kennen. Das gilt auch für den Verkäufer des Vertrauens, egal, ob er die Flasche aus einem Regal seines Fachhandels, eines gut sortierten Kaufhauses oder dem Lager seines Internethandels holt.

Merlot haben viele schätzen gelernt. Parallel kamen auch die rustikalen Rebsorten wieder zu Ehren. Durch geschickte Selektion gibt Canaiolo dem Wein Schmelz und Duft. Colorino sorgt neben Farbe auch für Struktur.

Auch im Weinberg ist das harte Brot des Sangiovese heute leichter zu verdienen. Dessen Anbaubedingungen sind durch wissenschaftliche Untersuchungen besser erforscht. Geeignetes Pflanzgut, das die Tücken des Wetters gelassener hinnimmt, wurde gezüchtet, die Hälfte aller Weinberge neu und dichter bestockt. So entstehen unter den Reben Nahrungskonkurrenz, kleinere Beeren mit mehr Extrakt und daraus wieder gehaltvollere Weine. Die Anbauflächen wurden, trotz Boom, nicht nennenswert erweitert. Die etwa 170 aktiven Winzer im Chianti Classico verstehen ihr Terroir und machen ihre Arbeit seit Langem hervorragend. Klingende Namen wie Felsina oder Isole e Olena gab es schon in den achtziger Jahren.

Es spricht einiges dafür, dass die besten Tage des Chianti Classico erst noch kommen mit neuen besseren Pflanzen, die mit noch mehr Sachkenntnis angebaut werden. Auch im Castello di Brolio residiert wieder ein Ricasoli. Francesco, Urururenkel des alten Barons, hatte das monarchische Vermächtnis zwar gegen eine Karriere als Werbefotograf getauscht, bevor er das Familienerbe zurückeroberte und seinen Teil zur Renaissance des Classico beitrug, doch heute gilt Castello di Brolio wieder als ein Wein ganz im Stil des Chianti Classico. Sein muskulöser Tropfen ist ein Sangiovese – mit ein bisschen Merlot. *zig*

Reife Sangiovese-Traube – wichtig ist, dass die Beeren locker in der Traube hängen, das schützt vor Fäulnis.

Dieses Jahr war die Weinlese spät im Chianti. Es ist schon Oktober, und das Wetter zwingt zum Handeln: Jetzt muss alles schnell gehen. Der violette Most tropft geradezu zärtlich aus der modernen Presse in die Wanne. Er hat jetzt noch mindestens zwei Jahre des Weinwerdens vor sich, bevor er sich in einen großen Classico verwandelt, bei dessen Genuss man an einem sonnigen Nachmittag die nächste Tour von Winzer zu Winzer plant.

OXFORD
UNIVERSITY

Adel verpflichtet!

ER BEEINDRUCKT SCHON, DER BLAUBLÜTIGE SOHN VON MONTEPULCIANO. MIT EINER BODENSTÄNDIGKEIT DER UNAUFDRINGLICH ELEGANTEN ART ZEIGT DER VINO NOBILE DI MONTEPULCIANO EINEN GANZ EIGENEN CHARAKTER. AUCH MIT SEINER RUHIGEN UND SANFTEN ART UNTERSCHEIDET ER SICH VON SEINEN LEBENDIGEN UND SELBSTBEWUSSTEN BRÜDERN AUS DER SANGIOVESE-FAMILIE. WAS NICHT HEISST, DASS ER NICHT AUCH WIE SIE ZU GROSSEM FÄHIG IST!

Beim Läuten der Rathausglocke Punkt 19 Uhr starten sie los, die strammen Jungs aus den *contrade*, den acht Stadtteilen von Montepulciano. In Turnschuhen, bekleidet mit Shorts und T-Shirts in den Farben und mit dem Wappen des Stadtteils, sind je zwei junge Männer aus jedem Viertel dabei. Sie sind angetreten, um beim Bravio delle Botti mitzulaufen, einem Wettstreit, der traditionell alljährlich am zweiten Sonntag im August zu Ehren des Schutzheiligen San Giovanni Decollato ausgetragen wird. Sonst verläuft das Leben des kleinen Städtchens in eher unaufgeregten, bodenständigen Bahnen, ganz im Bewusstsein der ruhmreichen Geschichte, inmitten grandioser historischer Bauten, umgeben von der ruhigen Atmosphäre des Chiana-Tals. Nun aber ist ganz Montepulciano auf den Beinen, läuft begeistert in mittelalterlichen Kostümen als Fahnenschwinger, Trommler oder Hofdame beim historischen Corso mit oder säumt vergnügt die uralten Gassen, um die Crew des eigenen Stadtteils beim Fassrennen anzufeuern.

80 Kilo schwere Weinfässer sollen *spingitori*, wie die Fassroller genannt werden, vom Stadttor den 1.800 Meter langen Weg hinauf zur Piazza Grande rollen. Muckis braucht man dazu und ganz unbedingt stramme Waden. Vor allem aber braucht man eine Pole position für den schnellen Start. Denn es geht über Kopfsteinpflaster durch steile, schmale Gassen mit engen Kurven – da sind Überholmanöver so gut wie unmöglich. Auch wenn es für die vielen Zuschauer am Rande des Geschehens so aussieht, als rollten die schweren Fässer fast von alleine: Für die handschuhbewehrten Spingitori ist das Rennen ein Kraftakt. Dennoch benötigen die schnellsten nicht mal zehn Minuten für den Weg nach oben. Und dort, im Schatten des Doms, winkt der begehrte Preis in Form des Bravio, des Banners des Schutzheiligen, dessen Übergabe mit einem fröhlichen Fest gefeiert wird.

Bei diesem Fest kommen auch die Gaumen nicht zu kurz. Die Luft auf der Piazza Grande und den umliegenden Gassen ist geschwängert von verführerischen Düften, denn auf den Tischen landen all die Köstlichkeiten, mit denen die Köchinnen von Montepulciano ihren eigenen kulinarischen Wettstreit austragen. Aufgetischt werden vor allem *pici*, die handgemachten dicken Spaghetti, die zusammen mit würzigen Sugos das wohl typischste Gericht von Montepulciano sind. Dass dazu ein Vino Nobile di Montepulciano rubinrot im Glas funkelt, versteht sich von selber. Denn dieser Wein ist es, der in den Fässern reift, wenn sie nicht gerade über das Pflaster gerollt werden, sondern im Dunkel der uralten Weinkeller des einst hochbedeutenden Orts lagern. Und dieser noble Wein ist es auch, der den Reiz des Orts für Weinkenner in aller Welt ausmacht.

Ins Glas gebannte Geschichte

Aus gutem Grund! Der Vino Nobile spiegelt all das wider, was Montepulciano und seine Umgebung ausmacht. Er hat ebenso wie sein Heimatort einen ganz eigenen Charakter. So ist Montepulciano wohltuend ruhiger als die lebhaften anderen historischen Städtchen der Toskana. Ähnliches kann man vom Vino Nobile sagen: Auch er kommt dank seines zurückhaltenden Charakters viel ruhiger herüber als beispielsweise der lebendige Chianti Classico oder der selbstbewusste Brunello di Montalcino – obwohl alle drei Weine aus der gleichen typisch toskanischen Rebsorte Sangiovese stammen.

Der Vino Nobile vermittelt mit seinem vielschichtigen Duft, seinen fein ausbalancierten Beerenaromen und seiner frischen Struktur die gleiche bodenständige Eleganz wie die faszinierenden Bauten aus der Gotik und Renaissance, die seiner Heimat ihr ganz eigenes Flair geben. Er hat die

Weingut im Palazzo Contucci: Der Schlosskeller steckt voller guter Geister.

gleiche beeindruckende Tiefe wie die in massiven Fels eingebetteten verwinkelten Keller, in denen er lagert – was sich in seinem lang anhaltenden Abgang ausdrückt. Und auch seine Tannine sind so sanft wie das Val di Chiana, das die hoch oben auf einem Berg thronende ehemalige Festung Montepulciano einrahmt.

Last, but not least ist der Vino Nobile ins Glas gebannte Geschichte. Schon im Mittelalter war der Wein aus Montepulciano überregional geschätzt, und bereits 1350 wurden Richtlinien für seinen Handel und Export schriftlich niedergelegt. Zu wahrem Ruhm kam der Wein durch Papst Paul III., als dessen Kellermeister Sante Lancerio ihn 1549 als Vino dei Signori (Wein der Herrschaften) pries. Er war nicht der einzige, der sich vom offenbar damals schon höchst berauschenden roten Tröpfchen zu Lobeshymnen hinreißen ließ: Im Laufe der nächsten Jahrhunderte reihten sich viele ein – von Dichtern wie Francesco Redi über Philosophen wie Voltaire über das englische Königshaus bis hin zum US-Präsidenten Thomas Jefferson. Ein Grund für die gerühmte Qualität soll Überlieferungen zufolge die in damaligen Zeiten eher unübliche strenge Auslese der verwendeten Trauben gewesen sein.

Auch wenn Könige und Päpste sich den Wein gerne einschenken ließen und er daher mit dem Attribut *nobile* (adelig) geschmückt wurde: Die heutige Bezeichnung Vino Nobile di Montepulciano stammt nicht daher, auch wenn dies oft behauptet wird. Vielmehr bekam er seinen Namen von Adamo Fanetti, dem Betreiber der Tenuta S. Agnese. Er war es, der vor rund 100 Jahren die Renaissance des Weins aus Montepulciano einläutete. Nach seiner Blütezeit war der Elitetropfen nämlich quasi in der Versenkung verschwunden. Wahrscheinlich, weil man es mit der Qualität nicht mehr so genau nahm und/oder ihm andere Tropfen den Rang abliefen. Fanetti gelang es 1921, den Wein im alten Stil und nach traditionellen Methoden produziert wieder aufleben zu lassen. Er war der Erste, der den Wein als Vino Nobile di Nobile bezeichnete und etikettierte, um ihn in seiner Wertigkeit hervorzuheben. Womit wir eigentlich schon bei den Produzenten des Vino Nobile wären.

Zunächst aber muss ein mögliches Missverständnis ausgeräumt werden, und ein paar Grundlagen schaden auch nicht. Vino Nobile di Montepulciano ist nicht der Rotwein namens Montepulciano, der bei vielen Italienern um die Ecke als Hauswein ausgeschenkt wird. Dabei handelt es sich mit großer Wahrscheinlichkeit um einen Wein aus der Adria-Region Abruzzen, der aus der gleichnamigen Rebsorte erzeugt und in großen Mengen hierzulande verkauft wird. Der Vino Nobile di Montepulciano stammt dagegen ausschließlich aus Montepulciano. Die Basis ist

Traditionell kehrt man bei Contucci mit dem Reisigbesen.

die Rebsorte Sangiovese Grosso, die hier in der Gegend Prugnolo Gentile genannt wird. Sie ist wie Brunello eine Spielart des Sangiovese, die sich über die Jahrhunderte herausgebildet und an die Umgebung von Montepulciano angepasst hat.

Die Weinberge des Anbaugebietes des Vino Nobile liegen bis auf wenige Ausnahmen an den sanft abfallenden Hängen und in der flacheren Gegend im Südosten des Ortes. Die gelbe Erde ist hier besonders lehmhaltig, wodurch die Feuchtigkeit lange im Boden gehalten wird, was wegen des heißen Inlandklimas auch notwendig ist. Einen wunderbaren Blick auf die Weinberge der Ortschaft bietet übrigens der winzige Balkon des Caffè Poliziano – eine Institution aus dem Jahr 1868, wo sich die Montepulcianer frühmorgens auf einen Cappuccino treffen.

Den gesetzlichen Bestimmungen gemäß muss der Vino Nobile zu mindestens 70 Prozent aus Prugnolo Gentile bestehen. Wird er verschnitten, werden von einigen Winzern die traditionellen Toskana-Rebsorten Mammolo, Canaiolo, Colorino oder Malvasia Nera genutzt. Andere Winzer verwenden auch internationale Rebsorten, wobei dann Merlot bevorzugt wird. Daneben muss der Wein mindestens zwölf Monate im Holzfass reifen, darf aber erst nach zwei Jahren verkauft werden. Soll er die Bezeichnung Riserva tragen, sind drei Jahre Lagerung Pflicht.

Moderne und Tradition

Auch wenn es vor kultverdächtigen Winzern in der Toskana eigentlich nur so wimmelt: In Montepulciano hält sich die Zahl der Produzenten, die fürs Namedropping taugen, in Grenzen.

Was nicht heißt, dass es in Montepulciano unter den rund 90 Produzenten keine Kultwinzer gäbe. Einer davon ist der energiegeladene Federico Carletti, der das Weingut Poliziano als frisch promovierter Landwirtschaftsingenieur Anfang der achtziger Jahre übernahm und neue Maßstäbe setzte. „In diesen Jahren gab es große Veränderungen, der Markt entwickelte sich, und endlich begann man, auch im Weinbau mehr an Qualität statt an Quantität zu denken. Auf diesen stimulierenden Moment habe ich mit großem Enthusiasmus geantwortet und versucht, eine neue Philosophie für meinen Betrieb zu finden", so Dottore Carletti. Also nahm er ganz konsequent viel Geld in die Hand, um Trauben bestmöglicher Qualität zu erzeugen. Die Weinberge wurden neu bestockt, die Rebflächen vergrößert und weitere Möglichkeiten für die Qualitätssteigerung erforscht. Blitzblanke konische Edelstahlgärständer und sauber aufgereihte kleine Holzfässer im aufgeräumten Weinkeller des Weinguts zeigen, dass Dottore Carletti auch große Investitionen in eine für seine Philosophie perfekte Kellerausstattung steckte.

Die Investitionen wie auch die aufwändige und präzise Arbeit im Weinberg und im Keller sowie das stetige Ringen um die richtige Typologie der Weine haben sich gelohnt. Sie zeigen heute den unverwechselbaren Charme des Vino Nobile in einem modernen Gewand. Die Vino Nobile di Montepulciano der Azienda Poliziano sind nicht nur kultverdächtig, sie sind schon Kult! Allen voran der *Asinone*, dessen Trauben auf dem gleichnamigen Weinberg unter allerbesten Bedingungen wachsen. Er ist einer der ganz großen Weine der Region: Seine intensive Farbe, sein üppiger Duft und sein dichter, aber dennoch eleganter Geschmack zeigen aufs Eindrucksvollste das Potenzial des Vino Nobile. Gleichzeitig beweist er, wie sehr ein Vino Nobile, bei dessen Herstellung mit modernsten Methoden auch die Tradition der Ursprungsgegend respektiert wird, den modernen Geschmack treffen kann. Sein Perfektionsstreben und seinen rastlos wirkenden Verstand setzt Dottore Carletti übrigens nun auch als Präsident des Konsortiums für das Wohl des ganzen Anbaugebietes tatkräftig ein.

Ein anderer, dessen Name in einem Atemzug mit dem Vino Nobile di Montepulciano genannt wird, ist Conte Dottore Alamanno Contucci. Der Kontrast zu seinem rührigen Nachfolger im Amt könnte größer nicht sein. Conte Contucci hat immer ein Lächeln auf den Lippen, das von

GENUSSTIPP

Zwischen würzigen Fleischragouts – am liebsten aus Wildschwein oder Hase – und handgemachten *pici* ist der Nobile in seinem Element. Wer die Nudeln nicht selber machen will, kann sie durch handelsübliche *spaghettoni* ersetzen. Komplexere Tropfen sollten Sie einige Zeit vorher in eine Karaffe umfüllen. Das rechtfertigt von Zeit zu Zeit einen Probierschluck, damit man ihn im richtigen Moment – als Faustregel gelten zwei Stunden – mit dem Ragout auf den Tisch bringt. Nobile ist nicht billig, die Preise liegen zwischen 12 und 20 €, da ist ein Weinhändler des Vertrauens gefragt. Einfache Qualitäten findet man mitunter in gut sortierten Supermärkten. In der Gastronomie bereichert er das Toskana-Sortiment, wenn es neben Chianti Classico und Brunello noch Platz gibt. Eine preiswertere Alternative ist der Rosso di Montepulciano, der kleine Bruder des Vino Nobile, der etwas eher aus dem Fass ins Glas springen darf.

Mausempfehlungen für noblen Weingenuss

Boscarelli www.poderiboscarelli.com
Contucci www.contucci.it
Del Cerro www.fattoriadelcerro.it
Godiolo www.godiolo.it
La Ciarliana www.laciarliana.it
Le Berne www.leberne.it
Le Casalte lecasalte@libero.it
Maria Caterina Dei www.cantinedei.com
Poliziano www.carlettipoliziano.com
Tre Rose Angelini www.tenimentiangelini.it
Valdipiatta www.valdipiatta.it

innen heraus kommt. Gutmütigkeit, Geduld und Bedächtigkeit sind seine herausstechenden Charakterzüge. Dass er keine Eile kennt, mag daran liegen, dass seine Familie seit Jahrhunderten Wein in Montepulciano produziert – und auch weiter produzieren wird. Denn es steht schon die nächste Generation bereit, um den uralten Familienbetrieb weiterzuführen. Von seiner langen Geschichte zeugt der mächtige Palazzo an der Piazza Grande, die hoch über Häusern und Gassen der Kleinstadt thront. Hier liegt auch der Eingang des Weinkellers der Contuccis, der über fünf Etagen rund 40 Meter in die Tiefe fällt. Und der auch den Familienschatz beherbergt, eine Flasche Wein von 1887. Innerhalb der kühlen Mauern wird seit jeher der Wein gemacht; die Trauben wachsen in den 21 Hektar großen Weinbergen der Azienda Agricola Contucci unter naturnahen Bedingungen. Wie früher werden die Trauben nach der Lese ganz unten angeliefert und gären dann in den Stahlfässern des modern ausgestatteten Kellers. Von dort wandert der Wein dann hinauf in die großen Holzfässer der Cantina, wo er langsam reift – bis er ganz oben angelangt den Touristen zur Degustation und zum Kauf angeboten wird.

Adel verpflichtet, Tradition auch! Die Vino Nobile von Contucci sind ganz klassisch aus Prugnolo Gentile, Canaiolo Nero, Mammolo and Colorino zusammengesetzte Cuvées, die im Geschmack wunderbar den ganz eigenen Charakter des Vino Nobile vermitteln. Jeder Jahrgang hat seine Besonderheiten, und bei aller Tradition hat sich Contucci nicht dem Fortschritt im Keller und Weinberg in den Weg gestellt, sondern sich einfach mehr Zeit für die Veränderung genommen. Wie schon gesagt: Der Conte gehört zu denen, die Bedächtigkeit überstürztem Handeln vorziehen. So hat er immer unbeirrt dem Vino Nobile die Stange gehalten, selbst zu Zeiten, als die Verbraucher ihre Gunst anderen toskanischen Gewächsen schenkten und manche andere Produzenten aufgaben. Und auch wenn im Hause Contucci längst mit modernen Methoden Wein gekeltert wird: Sein Kellermeister ist schon seit 40 Jahren Adamo Pallecchi. Die beiden kennen sich von Kindesbeinen an. Und weder der fast 70jährige Alamanno noch sein Kellermeister, der die Siebzig schon lange überschritten hat, denken ans Aufhören. Was sie seit Jahrzehnten verbindet, ist die leidenschaftliche Liebe zum Vino Nobile di Montepulciano, diesem wahrlich faszinierenden Elixier, das seinem adeligen Namen alle Ehre macht. Adel verpflichtet eben! *ari*

Echte Wertarbeit: Das Stampfen der Maische löst Inhaltsstoffe der Traubenschalen.

Südlich von Siena trifft man auf die, durch Erosion entstandene Landschaft der Crete Senesi – im Herbst und Winter eine eindrucksvolle „Mondlandschaft“, in der nur die einsamen Bauernhäuser und die Wolkenspiele am Himmel farbige Akzente setzen. Denn dann sind die endlosen Weizenfelder, die im Sommer die Crete in ein wogendes goldenes Meer verwandeln, schon umgepflügt. Und auch die weiten Schafweiden, die einen Teil der Crete bedecken, sind kahl gefressen.

Italiens berühmtester Rotwein

BRUNELLO DI MONTALCINO ZÄHLT ZU DEN EDELSTEN TROPFEN ITALIENS, OBWOHL ER AUF KEINE JAHRHUNDERTELANGE FAMILIENGESCHICHTE ZURÜCKBLICKT. VOR NICHT VIEL MEHR ALS DREISSIG JAHREN WAREN DIE TANNINSTARREN BAUERNWEINE KAUM EINFACHER LANDADEL. ERST AUSGEKLÜGELTE HERSTELLUNGSTECHNIK KÜSSTE DEN SCHLAFENDEN MÄRCHENPRINZEN WACH. HEUTE RESERVIEREN DIE WEINFREAKS AUF DER WELT DEM KÖNIG DER ITALIENISCHEN WEINE EINEN EHRENPLATZ IN IHREN KELLERN.

Wie bei vielen weltbekannten Namen gibt es auch bei Brunello di Montalcino den Ort, der dazugehört. Auf einem Felsvorsprung gut 100 Kilometer südlich von Florenz versteckt sich das toskanische Städtchen Montalcino hinter dicken Bruchsteinmauern vor der Welt. Steile, leicht verschlafene Gassen zirkeln sich zwischen den geduckten Häuschen hindurch. Manchmal liest man über solche Orte, dass hier die Zeit stehen geblieben sei. Doch über das alte Pflaster von Montalcino schlurfen nur zu oft Flipflops amerikanischer Touristen. Und Frotteesocken, die durch die Öffnungen deutscher Sandalen quellen, gehören ebenfalls zum Stadtbild.

Nicht wenige davon führt der Weg irgendwann in die Fiaschetteria Italiana. Seit 1888 hat die Bar an der Piazza del Popolo, was eine italienische Bar braucht: hölzerne Theke, Messingarmaturen und Fliesenboden, der in Ehren verwittert. Toskanische Originale sucht man allerdings vergebens. Die meisten Einheimischen haben den Touristen das Feld überlassen. In den fünfziger Jahren fanden sich hier im Regal – zwischen Vermouth und Marsala – die ersten Flaschen Brunello der Familie Biondi-Santi. Es gehörte Mut dazu, den bis dahin kaum bekannten Wein unter einem eigenen Etikett abzufüllen. Zu der Zeit baute gerade mal eine Handvoll Bauern den Wein an. Und wer einen Pferdekarren für die Fässer hatte, konnte von einem effizienten Absatzkanal sprechen. An weltweiten Ruhm dachten die Weinbauern aus dem Ort nicht im Traum. Dennoch könnte man hier die eigentliche Geburt des Brunello di Montalcino sehen.

Denn im 19. Jahrhundert, als der Brunello zum ersten Mal historisch greifbar wurde, war er eher eine Kopfgeburt. Der gelernte Apotheker Clemente Santi hatte auf seinem Weingut Il Greppo das Zusammenspiel von Rebsorte und Boden beobachtet und immer wieder geeignete Stöcke selektiert. Seine Erkenntnisse scheint er für Jahrzehnte als Betriebsgeheimnis gehütet zu haben, während sich vor den Mauern seines Guts der italienische Staat formte.

Im *risorgimento*, einer Reihe von Revolutionen und Unabhängigkeitskriegen, diente auch sein Enkel Feruccio. Zurückgekehrt vom Fronteinsatz machte er im Jahr 1888 einen Wein rein aus Sangiovese-Trauben, die hier seit Jahrhunderten Brunello heißen, und ließ ihn in großen Eichenfässern reifen. So entstand ein starker und samtiger Roter, der der Familie auf lange Zeit einen önologischen Wissensvorsprung bescherte. Schon in den zwanziger Jahren kauften Amerikaner trotz Prohibition die Weine, von denen es in über 50 Jahren nur vier abgefüllte Jahrgänge gab. Stoff, aus dem Wein-Mythen geboren werden: Brunellos von 1888, 1891, 1925 und 1945 werden längst zu Fantasiepreisen gehandelt.

Trotzdem schlug auch für den Brunello nach dem II. Weltkrieg die Stunde Null. Schon in den dreißiger Jahren hatte die Reblaus den Weinbergen übel zugesetzt; mit den Nazitruppen ließ die nächste Plage nicht auf sich warten.

Die Produktion lag brach, und wenn es Brunello gab, dann fast nur von Biondi-Santi, der seine Flaschen zunächst bescheiden in der Fiaschetteria feilbot. Noch 1968 bewirtschafteten gerade einmal 13 Winzer ganze 50 Hektar. Dazwischen standen nicht selten verfallende Bauernhäuser. Bis in die siebziger Jahre verödeten ganze Landstriche, weil die Leute ihr Heil als Industriearbeiter suchten. Während die Nachbarn im Chianti Classico schon gute Geschäfte mit ihren Weinen machten, blieb Montalcino tiefste Provinz.

Die mittellosen Landflüchtlinge verscherbelten ihr Land gerne an Interessenten, unter ihnen Branchenriesen wie die Vermouth-Dynastie Cinzano und der Antinori-Clan, dem der Wert der Lagen wohl durchaus klar war. Ein paar Jahre später stiegen zwei US-Importeure im großen Stil ein. James und Harry Mariani hatten mit Lambrusco ein Vermögen in ihrer Heimat gemacht und kauften auf einen

Montalcino am Abend: Die Stadt thront über ihren Weinbergen im einzigartigen Licht der Toskana.

Schlag hunderte Hektar Weinberge im Süden Montalcinos. Dazu errichteten sie mit Castello Banfi die technisch modernste Kellerei der Welt. All das erinnerte sehr an Kalifornien, und noch dazu zeigten die beiden Amerikaner Besuchern mit Vergnügen ihren neuen Spielplatz.

Folgerichtig exportierten die Marianis ihre großen Mengen dahin, wo große Maßstäbe zu Hause sind. Nicht selten wurden sie für ihren American style von Einheimischen angefeindet, doch die Bugwelle ihres Big business spülte weiteres Geld in die Region.

Das Image von Brunello di Montalcino stieg. Immer mehr alte Weinberge wurden rekultiviert, oft von ausländischen Investoren. Preise und Exporte stiegen in Höhen, die Barolo alt und Chianti Classico wie ein Schnäppchen aussehen ließen. Brunello steuerte seinen Teil zum italienischen Weinwunder bei.

Mitte der Achtziger standen annähernd 1.000 Hektar unter Reben. Kritiker mahnten Obergrenzen an, um dem Ruf nicht zu schaden. Ohne Wirkung. Immer weiter dehnten sich die Rebgärten in Richtung der Flüsschen Orcia und Ombrone aus, die das Gebiet abgrenzen. Brunello, der zusammen mit dem kleinen Bruder Vino Nobile di Montepulciano als erster italienischer Wein die strenge DOCG-Klassifikation bekommen hatte, avancierte in den weinbegeisterten achtziger Jahren zum Trend- und Edelwein. Familien aus Montalcino, die eigene Weinberge besaßen, begannen selbst abzufüllen. Winzer von außerhalb drängten in die Region und oft auch Unternehmen aus anderen Branchen, die hier den Profit witterten – und machten.

Der Höhepunkt der Hysterie war Anfang des Jahrtausends erreicht, als der einflussreiche „Wine Spectator" der Riserva 1997 Spitzenbewertungen gegeben hatte. Mit dem US-Magazin unterm Arm zahlten amerikanische Weinliebhaber fast jeden Preis. Selbst die Auslagen von Montalcino, wo Weinhändler mittlerweile ein Allerweltsberuf geworden war, wirkten zeitweise mehr wie Börsen. Über Nacht habe sich der Preis für eine Flasche seines Weins „auf 200 Euro vervierfacht", erinnert sich der Winzer Andrea Costanti.

Für einen Hektar Rebland blätterte mancher Investor Ende der neunziger Jahre den Preis eines Eigenheims hin. Die kalte Dusche ließ nicht lange auf sich warten und kam mit der Euro-Einführung und dem Verfall des Dollarkurses. Schon 2004 hatten sich die Preise selbst von Spitzengewächsen halbiert. Mancher gepriesene Newcomer fand seinen Wein für kleines Geld in der Weinhandlung vor Ort wieder.

Montalcino ist ein landwirtschaftlich geprägtes Städtchen geblieben. Das Gros der Winzer trinkt seinen *caffè* zuhause, die Frau kauft im Laden um die Ecke Brot und

Neu bestockter Weinberg: Die Reben brauchen mehrere Jahre, bis der Winzer die erste Ernte einfahren kann.

Wurst und bringt nach dem Frühstück die Kinder zur Schule. Nur in den Weinhandlungen zeigen Schaufenstertafeln mit Aufschriften wie „We deliver your wine to the US“ an, wo die Stammkundschaft wohnt.

In Italien ist der Brunello das Aushängeschild jeder Weinkarte, wird aber heute deutlich weniger bestellt als früher. Auch auf den Hauptexportmärkten USA und Deutschland ist in den letzten Jahren wirtschaftliches Downsizing (Gesundschrumpfen) in Mode gekommen. Das Preisgefüge ist bis heute als Spätfolge des Booms mindestens so unverlässlich wie die Jahrgänge.

Schmeckbare Lagen

Das ohnehin kleine Anbaugebiet ist von vielen geologischen wie klimatischen Unterschieden geprägt. Die Flächen variieren in Höhenlage und Bodenbeschaffenheit genauso wie im Mesoklima. Um die Stadt Montalcino wachsen einige der besten Brunellos an steilen Hängen. Eingerahmt von den Flüsschen Ombrone und Orcia macht die Fläche nicht mehr als 15 Quadratkilometer aus. Tagsüber aalen sich die Südhänge in der Sonne, die hier wärmer scheint als in den nahen Chianti-Zonen. Dazu gibt es gerade so viel Regen, dass die Reben Zucker entwickeln.

Weiter im Norden wird das Klima rauer. Oftmals reifen die Trauben nicht vollständig aus, was von den besten Winzern wie etwa Patrizio Cencioni vom Weingut Capanna viel Fingerspitzengefühl verlangt. Die Weine duften nach trockenem Unterholz und schmecken nach mediterranen Kräutern und Lakritz. Die Gerbstoffe sind karger und „solange die Weine jung sind, oft hart“, erklärt Winzer Cencioni. „Aber sie machen die Tropfen lange Jahre haltbar“, in denen sie immer an Tiefe gewinnen.

Kollegen im Süden des Anbaugebiets wie Fabrizio Bindocci von Il Poggione haben es mit dem Wetter leichter. Den wärmeren Lagen bei Castelnuovo Abate oder dem Gebiet von Sant Angelo in Colle und Tavernelle merkt man das an. Sie schmeicheln mit Kirsch- und Veilchentönen, ihre Gerbstoffe sind wie Samt auf der Zunge. Wer die Weine kennt, schmeckt die steinigen Kalkböden, auf denen sie gewachsen sind.

An den Hängen reichen die Weingärten bis zu 300 Meter hoch. Da wird es nachts frisch. Wind sorgt für schnelle Temperaturwechsel, so bilden die dünnhäutigen Trauben komplexe Aromen und sind vor Fäulnis geschützt. Diesen Brunello-Typ durchzieht eine kühle Frucht mit balsamischen Noten.

Zu diesen klimatischen Bedingungen kommt ein kleinteiliges Mosaik unterschiedlicher Böden: Kalk, Tuff, Sand,

Steinpilze im Herbst sind ein Fest – da ist sogar die Feuerwehr kurzfristig außer Dienst.

Lehm. Meistens ist es ein Mix aus mehreren, der jeder Lage andere Eigenschaften gibt. Die Voraussetzungen für ebenso verschiedenes wie perfektes Lesegut sind da – wenn da nicht noch eine Kleinigkeit wäre: Die Sangiovese-Traube, aus der der Brunello ausschließlich besteht, ist kapriziös. Selbst bei günstigem Jahresverlauf nimmt sie Kälteeinbrüche oder Regen zur Unzeit äußerst übel. Nicht jedes Jahr ist ein gutes Brunello-Jahr.

Schon während der Reife, besonders aber bei der Lese müssen minderwertige Trauben ausgesondert werden. Das verringert den Ertrag und den zu erwartenden Gewinn des Winzers. Wer hier zu gierig ist, der hat später einen wässrigen Wein, der ihm keinen Ruhm bringen wird. Wählt der Winzer den Erntezeitpunkt früh, dann ist zwar der Zuckergehalt der Trauben hoch. Die Reife der Gerbstoffe hinkt dem Zuckerauf- und dem Säureabbau aber meist hinterher. Eine zu späte Ernte quittiert das komplizierte Lesegut mit unschönen Rumtopfaromen.

Bleibt die Maische lange auf den Traubenschalen, extrahiert sie viele Gerbstoffe, die den jungen Brunello hart und abweisend machen, ihm aber auch seine berühmte Langlebigkeit schenken. Ein großer alter Brunello gehört zu den besten Weinen, die es auf der Welt gibt.

Doch auch hier ist der Grat schmal. Zu kurze Maischestandzeit – und der Wein bleibt beliebig und gesichtslos. Ein oder zwei Tage zu lange auf den Schalen – und der Brunello schmeckt einfach nur bitter, jetzt und in zehn Jahren. „Der Winzer darf nur so viel Tannin zulassen, wie die Frucht des Jahrgangs abfedert“, erklärt Jan Erbach von Pian dell'Orino. Der Weinmacher ist einer der vielen, die sich erst in den achtziger und neunziger Jahren in der Region niedergelassen haben. Im Gepäck hatte er viel Weinwissen, dafür wenig geliehenes Geld, anders als so viele der branchenfremden Investoren, die mit massiven Investitionen vor allem Gewinne suchten. Erbach kam als Berater nach Pian dell'Orino, verliebte sich aber ungeplant in die Besitzerin. Die Chemie stimmte, und Erbach begann zunächst biologisch, dann biodynamisch anzubauen. Der studierte Önologe entwickelte ein feines Gefühl für die Rebsorte und gibt dem Wein Zeit, die er braucht, um sich

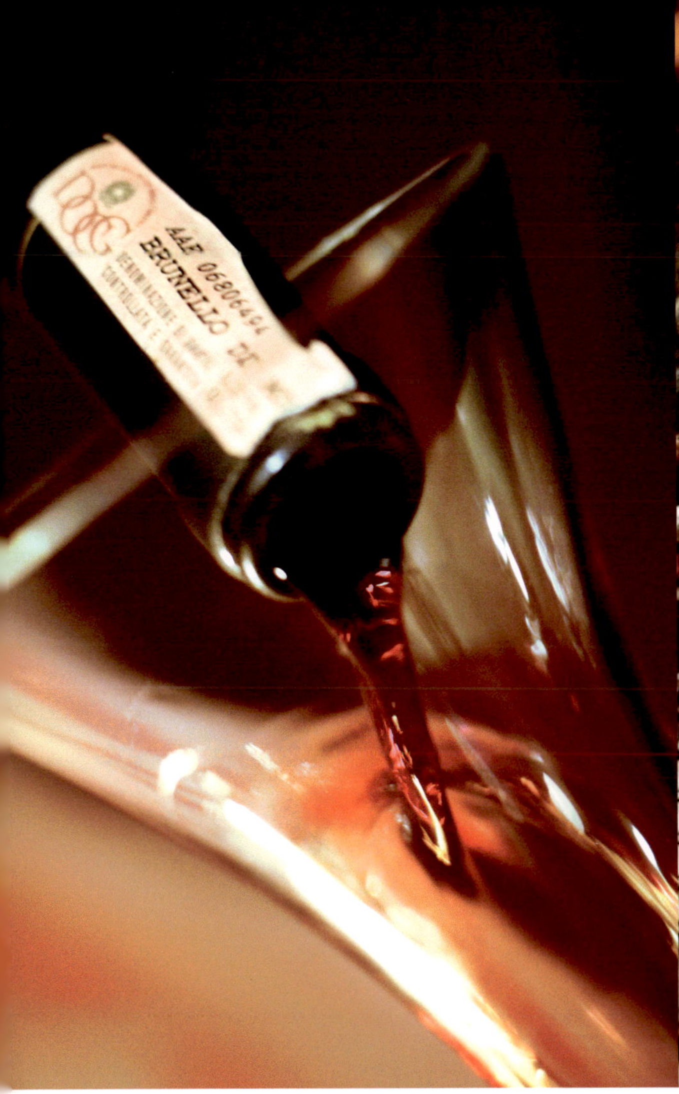

Zwischen *bistecca* und *porcini* fühlt er sich zu Hause: Brunello harmoniert ideal mit dunklem Fleisch und frischen Steinpilzen.

zu harmonisieren. Dabei legt er enorm an Opulenz zu. Er wird zu einem überwältigend komplexen Wein mit einem Aromenspektrum von Rosenblättern und Lakritz, Teer und tiefer Frucht wie Himbeeren und Preiselbeeren. Trotz der aromatischen Wucht behält er seine Finesse, trotz enormer Länge wirkt er nicht erschlagend. Kein anderer Wein der Welt ist mit ihm vergleichbar.

Daran hat das Fasslager maßgeblichen Anteil. Ursprünglich waren es vier Jahre in slowenischen Eichenfässern, die mit ihren mittelgroßen Poren gerade so viel Sauerstoff eintreten ließen, dass sich die Gerbstoffe verbinden konnten. Heute sind es noch zwei. Mit den vielen Neu- und Quereinsteigern in Montalcino fächerten sich auch die Ausbaustile auf. Manche Winzer, viele Händler und noch mehr deren Kunden verlangen schnell trinkbare Weine. Neue Holzfässer, an denen man in den achtziger Jahren kaum vorbeikam, gibt es ebenso wie den Ausbau in großen alten Fässern, die kaum oxidativen Einfluss zulassen und bei den Traditionalisten lange als die reine Lehre galten. Heute ist der unreflektierte Barrique-Boom des späten 20. Jahrhunderts vorbei. Primär von Holz geprägte Weine schmecken einheitlich, sind durch den Lufteinfluss während der Reife schlecht haltbar und längst nicht mehr gefragt. Doch auch die Konservativen mussten einiges aufgeben. Grundsätzlich tut dem Brunello eine lange Zeit in einem Fass gut, das wenig Luft durchlässt. Ein Touch Eiche kann die Weine aber hier und da aufwerten. Könner spielen mit den Eichenaromen, ohne die Brunello-Frucht zu erschlagen. Viele Winzer haben im Zuge der Rebflächen-Erweiterung Weinberge sowohl im Norden wie im Süden oder Südosten und mischen Weine verschiedener Typen gekonnt. Neue, streng auf Qualität angelegte Weinberge und die wissbegierigen Winzer, die den Wein immer besser kennen lernen, sind Garanten dafür, dass das Reich dieses königlichen Weins erst noch kommt – aber doch von dieser Welt sein wird. Der göttliche Brunello wird in den nächsten Jahren einen beachtlichen Qualitätssprung machen.

GENUSSTIPP

Zum *ragù di cinghiale*, wenn der Jäger ein Wildschwein geschossen hat. Ohne Waidmannsglück tut's auch eine Sauce aus Hasenfleisch zur hausgemachten Pasta, bei der die Köchin nicht mit Eiern spart. Den Wein einige Stunden dekantieren, in große, bauchige Gläser einschenken. Preise ab 30 €, Spitzenweine kosten mit Recht 60 €, andere zu Unrecht das Doppelte. Im Restaurant alles etwa mal drei. Rosso di Montalcino ist mit Preisen von 12 bis 20 € ein bezahlbarer Einstieg in die Königsklasse.

Mausempfehlungen für Terroir-Sangiovese

Armilla www.armillawine.com
Biondi-Santi www.biondisanti.it
Brunelli – Le Chiuse di Sotto www.giannibrunelli.it
Campi di Fonterenza www.fonterenza.it
Canalicchio di Sopra www.canalicchiodisopra.com
Canalicchio www.canalicchiofrancopacenti.it
Capanna www.capannamontalcino.com
Caparzo www.caparzo.it
Corte Pavone www.loacker.net
Costanti www.costanti.it
Donna Olga www.donnaolga.it
Il Poggione www.tenutailpoggione.it
La Fiorita www.fattorialafiorita.it
La Rasina www.larasina.it
La Serena www.cantinalaserena.it
Le Chiuse www.lechiuse.com
Le Gode www.legode.it
Lisini www.lisini.com
Mastrojanni www.mastrojanni.com
Maté www.matewine.com
Nardi www.tenutenardi.com
Pertimali www.pertimalisassetti.it
Pian dell Orino www.piandellorino.it
Pieve di Santa Restituta www.gajawines.com
Pinino www.pinino.com
Pioggio Antico www.poggioantico.com
Poggio di Sotto www.poggiodisotto.com
Salicutti www.poderesalicutti.it
San Polino www.sanpolino.it
Siro Pacenti www.siropacenti.it
Solaria www.solariacencioni.com
Stella di Campalto / San Giuseppe www.stelladicampalto.it

Dumme Geschichte, clever abgehakt

Nur manchmal muss er sich auf dem Weg mit allzu Alltäglichem herumschlagen. Denn die mittelmäßigen Jahrgänge, in denen der junge Brunello karg und kantig gerät, treffen den weltweiten Weingeschmack nicht. Besonders in den USA, dem Mutterland der Aromenbomben, schreien Weinfans nach weichen, harmonischen Tropfen. Ein Anteil von Merlot, der den Wein in jedem Jahr weicher macht, ist im Chianti Classico längst erlaubt. So hätten es in Montalcino viele auch gern gemacht. Angeblich taten es auch etliche. Aber natürlich immer nur der Nachbar. Laut darüber nachdachten unter anderen die Aktionäre Mariani von Villa Banfi, jenem Unternehmen, aus dem jede zehnte Flasche Brunello stammt, mit dem größten Exportvolumen in den USA. Mehr Freiheit, um dem Terroir mehr Ausdruck zu geben, forderten Befürworter einer weniger streng gefassten Klassifikation. „Wir sollten hier Brunello machen und keine Weine, die man auch woanders machen kann", warnten prominente Winzer wie Andrea Costanti.

Die Gerüchte über Sortenvergehen hielten sich ebenso wie die Kritik an den Behörden, die aus der Sicht vieler beide Augen zudrückten. Die Staatsanwaltschaft wählte schließlich eine publikumswirksame Aktion, um den Druck abzulassen. Im April 2008, während der Branchenmesse Vinitaly, zu der alljährlich Politprominenz um die Wette in die Kameralinsen lächelt, schlug der Arm des Gesetzes zu. Statt solventer Kundschaft in italienischen Maßanzügen erschienen Beamte in Springerstiefeln an den Messeständen und beschlagnahmten einige Millionen Liter Brunello. Den Winzern wurde die Verwendung unerlaubter Rebsorten vorgeworfen. Später stellte sich heraus, dass an den Vorwürfen wenig dran war. Das „Brunellogate" entpuppte sich als Luftnummer – und hat doch einiges in Bewegung gebracht.

Unter dem Schock der Situation trat die Generalversammlung des Consorzio zusammen. 96 Prozent der Winzer – nicht wenige davon hatten kurz vorher noch ganz andere Meinungen vertreten – stimmten für die Produktionsregeln: Brunello bleibt 100 Prozent Sangiovese. Wer absolut sicher gehen will, hält sich an die rote Banderole, mit der jede Flasche ausgestattet ist, und verifiziert die Prüfnummer. „Wer eine SMS damit an +39 366 300 8880 sendet, bekommt als Antwort eine Historie, inklusive Winzer und Anzahl der abgefüllten Flaschen", so Stefano Campatelli, Direktor des Konsortiums. Handy und Spitzenrotwein – na, wenn das nicht ein italienischer Königsweg ist. *zig*

Früchte der Steineiche – *monte al cino* bedeutet Hügel der Steineichen.

Attilio Scienza (rechts), der Rebsortenprofessor aus Mailand, ist ein wandelndes Lexikon und berät seit den Achtzigern die Winzer von Sizilien bis ins Trentino. Auch Carlo Ferrini (links) und Riccardo Cotarella sind zwei berühmte Weinberater, studierte Önologen. Ihre Kunden konnten sich in der Regel über Höchstbewertungen freuen, mussten dafür aber tief in die Tasche greifen. Mit fünfstelligen Eurobeträgen im Jahr sind Weinberatungen nicht gerade preiswert, so dass kleine Winzer sie sich selten leisten können.

PER QVEL·CHE PECHA·LHVO·PER QVEL·PATISCE·
CAVA·TV·VERITA·ALLA BVGIA·
LA FALSA·LINGVA·QVAL SEMPRE·MENTISCE·

Ein weißer Toskaner mit Biss

SIE RECKEN SICH STOLZ IN DEN HIMMEL, DIE BERÜHMTEN GESCHLECHTERTÜRME DES STÄDTCHENS SAN GIMIGNANO. EINST SYMBOLE DER MACHT, SIND SIE HEUTE MAGNETEN FÜR TOURISTEN AUS ALLER WELT. WEINLIEBHABERN WEIST DIE WEIT SICHTBARE, EINDRUCKSVOLLE HISTORISCHE SKYLINE DEN WEG ZUM VERNACCIA DI SAN GIMIGNANO, DEM EINZIGEN WEISSWEIN DER TOSKANA MIT CHARAKTER UND BISS.

Sie ist weltweit berühmt, die *città delle belle torri* – die Stadt der schönen Türme. Das mittelalterliche Juwel San Gimignano, das nordwestlich von Siena auf einem Hügel über dem Tal des Elsa thront, ist Anziehungspunkt von Millionen Touristen aus aller Herren Länder. Die meisten kommen der sogenannten Geschlechtertürme wegen, die Mitte des 13. Jahrhunderts von reichen Familien als Wohntürme, Statussymbole und zur Verteidigung erbaut wurden. Wenn man bei der Anreise schon von ferne die Skyline des Städtchens erblickt, die heute noch 15 von einst 72 der mittelalterlichen Wolkenkratzer prägen, erschließt sich sofort, warum das Städtchen als Manhattan des Mittelalters bezeichnet wird.

Im fast unveränderten mittelalterlichen Stadtkern, der von der UNESCO zum Weltkulturerbe erklärt wurde, liegt der Palazzo del Popolo mit dem Torre Grossa, dem höchsten der Geschlechtertürme, der auch als einziger besichtigt und bestiegen werden kann. Auf 54 Metern Höhe bietet sich ein grandioses Panorama. Der Blick schweift über eine enorm reizvolle Landschaft, die alles bietet, was die Toskana ausmacht: ein bezaubernder Flickenteppich aus Zypressen, Olivenhainen und Rebengärten mit versprengten Weingütern, Bauernhöfen und Villen auf anmutigen Hügeln.

Das Vergnügen gönnen sich freilich wenige. Man schlendert lieber durch die kleinen verwinkelten Gassen der Altstadt, bewundert die luxuriösen Palazzi, freskengeschmückten Kirchen und sorgsam erhaltenen Kunstwerke, lässt sich noch zum Kauf eines Souvenirs verführen. Und das ist in der Regel eine Flasche des Vernaccia di San Gimignano, denn auch dafür ist die Stadt berühmt. Nicht bei allen, aber bei Weinkennern.

Vernaccia di San Gimignano ist der einzige bemerkenswerte Weiße in der Rotweinregion Toskana. Und ein Wein, der Geschichte schrieb. Er wird nachweislich bereits seit 1276 in San Gimignano hergestellt. Der Ort war zu dieser Zeit eine wohlhabende Kommune, denn er lag an der Via Francigena (Frankenweg), dem bedeutendsten Pilgerweg Europas, der von Rom nach Canterbury führte. Diese Wege sind vergleichbar mit den heutigen Touristenrouten, entsprechend gut liefen die Geschäfte für die am Wege liegenden Kommunen, die die Pilger beherbergten und mit allem Nötigen versorgten. Aber auch Händler nutzten die „Fernstraße", um ihre Waren zu transportieren, darunter auch Wein. Ein Grund, warum der Vernaccia aus San Gimignano schon damals nicht nur vor Ort bekannt war. Dass Vernaccia bereits im 13. Jahrhundert seine Verbraucher gefunden hatte, zeigen auch die mittelalterlichen Fresken im reich verzierten Dante-Saal des Rathauses von San Gimignano.

Eine illustre Fan-Schar

Populär wurde Vernaccia aber auch durch Papst Martin IV. mit seinen „verzehrenden" Leidenschaften. Er war geradezu vernarrt in die fetten Aale aus dem Bolsena-See, die er in Vernaccia badete. Ein Vernaccia-Aal-Mahl fiel dann freilich so üppig aus, dass er daran 1285 nach nur vier Jahren im Amt verstarb. Der Spott darüber war nachhaltig. Noch 30 Jahre später griff der große Dichter Dante Alighieri die Geschichte in seiner *Göttlichen Komödie* auf und setzte den Verblichenen im Fegefeuer dafür auf Diät: „Er büßt hier manchen Schmaus von im Vernaccia-Wein ersäuften Aal mit schwerem Fasten." Noch populärer wurde der Vernaccia als Lieblingswein von Michelangelo, der in höchsten Tönen von ihm schwärmte.

Jahrhunderte später waren es die Feste dell'Unità, die einstigen Politfeste der Kommunistischen Partei, die den süffigen weißen Toskaner erneut in den Fokus rückten. In San Gimignano floss er bei diesen rauschenden Festen

San Gimignanos Türme recken sich in den Gewitterhimmel. Früher zeigten sie den sozialen Status ihrer Besitzer an.

in Strömen, wurde so zu einem Liebling der „Toskana-Fraktion" und über die Landesgrenzen hinweg bekannt. Die Feste dell'Unità gibt es übrigens heute noch, allerdings sind es nun unpolitische Volksfeste.

So präsent der Vernaccia di San Gimignano vor rund 40 Jahren bei deutschen Weinfans war, so wenig bekannt ist er heute. Denn nach den Siebzigern verschwand dieser weiße Toskaner bei vielen deutschen Weinhändlern – salopp ausgedrückt – in der Versenkung. Der Grund dafür könnte sein, dass die Toskana insbesondere seit den Achtzigern vor allem als Rotweinregion wahrgenommen wird. Die pure Verzweiflung angesichts der damals zunehmenden Vorliebe für Rotweine brachte die Weißweinwinzer dazu, in den neunziger Jahren einen San Gimignano Rosso aus internationalen Rebsorten wie Cabernet, Syrah oder Merlot einzuführen. Er erregte jedoch zu Recht kaum Aufsehen. Nebenbei bemerkt: Die Hügel rund um San Gimignano gehören auch zum Anbaugebiet des Chianti Colli Senesi. Und die Weine aus Sangiovese, die hier produziert werden, können sehr gut sein.

Die begrenzte Popularität des Vernaccia hängt aber möglicherweise auch damit zusammen, dass ihm schon früh andere italienische Weißweine wie die aus Südtirol oder dem Friaul den Rang streitig machten. Oder lag es daran, dass er nicht immer die erwartete Qualität hatte – und teils auch heute noch nicht hat? Um das zu klären, bedarf es ein paar Grundlagen.

Vernaccia di San Gimignano ist ein Weißwein aus einer lokalen Spielart der Rebsorte Vernaccia. Der Name geht zurück auf das lateinische Wort *vernaculus*, was einheimisch bedeutet. Rebsorten mit ähnlichen Namen wie der Vernatsch in Südtirol, Vernaccia di Oristano auf Sardinien oder Vernaccia di Serrapetrona in den Marken haben lediglich den gleichen Wortstamm, sie sind aber keine Verwandten des Vernaccia di San Gimignano.

Angestammter Lebensraum für die Vernaccia-Rebe sind die Hügel rund um den Ort San Gimignano. Dort und nur dort ist sie seit Jahrhunderten zu finden. Das Anbaugebiet liegt im Herzen der Toskana, wird im Norden vom mittelalterlichen Städtchen Certaldo, im Osten von der Industriestadt Poggibonsi und im Südwesten vom geschichtsträchtigen Ort Volterra eingerahmt. In diesem begrenzten Lebensraum trifft die autochthone Rebsorte auf optimale Anbaubedingungen: gute Hügellagen nicht über 500 Meter Seehöhe mit Mischböden aus festgebackenem Sand, weißes Tuffgestein und Lehm, der in manchen Lagen von tiefer liegenden Gesteinschichten begleitet wird, sowie ein mediterranes Klima mit trockenen Sommern und relativ milden Wintern. Der Wein Vernaccia di San Gimignano muss den Bestimmungen gemäß aus mindestens

90 Prozent Vernaccia bestehen, kann aber auch zehn Prozent andere, nichtaromatische Rebsorten enthalten. Nach einjähriger Fasslagerung beim Erzeuger darf er den Zusatz Riserva führen.

Vernaccia ist nicht gleich Vernaccia! Zwar hat sich in Bezug auf die Qualität in den letzten zwei Jahrzehnten einiges getan. Aber man findet immer noch die fast farblosen Weine mit einem ebenso blassen Geschmack, die als Souvenir an Touristen verkauft werden oder über große Handelsketten zum Spottpreis in Supermärkten landen. Diese Weine haben den berühmten Namen Vernaccia di San Gimignano eigentlich nicht verdient, man lässt sie am besten links liegen. Denn sie haben nichts gemein mit den wundervollen Vernaccias, die von engagierten Winzern mit viel Können und ebenso viel Liebe erzeugt werden.

Ein gut gemachter Vernaccia strahlt geradezu im Glas und macht schon durch seine grünlich schillernde, intensive strohgelbe Farbe so richtig Lust auf den Genuss. Das Aromenprofil des Vernaccia ist zwar anders als beim Riesling oder Sauvignon Blanc nicht besonders ausdrucksstark. Aber bei manchen steigt der ganz zarte Geruch einer frisch gemähten Wiese in die Nase, andere zeigen einen feinen Apfelduft, noch andere riechen dezent nach Ginster- und Lindenblüten, Grapefruit und Melone. Was dem Duft an Ausdrucksstärke fehlt, macht der saftige, herrlich mineralische, oft auch leicht salzige Geschmack, dem eine erfrischende dezente Säure Biss verleiht, aber allemal wett. Dieser schöne charaktervolle Geschmack, gekrönt von einem leichten Anflug von Bittermandeln im Abgang, macht die Eigenständigkeit des Vernaccia aus. In diesen Geschmack kann man sich verlieben. Und durch ihn erschließt sich auch, warum Michelangelo über seinen Lieblingswein schrieb: „Er küsst, schmeichelt, beißt und schmeißt." Letzteres nicht nur bei übermäßigem Genuss!

Engagement ist gefragt

Ein guter Vernaccia ist freilich nur zu erzeugen, wenn man sich intensiv mit ihm beschäftigt und das Potenzial der Rebsorte ausschöpft. Bislang setzen das nur wenige Erzeuger konsequent um. Zu denen, die sich mit großem Können, Traditionsbewusstsein und Leidenschaft dem Vernaccia widmen, gehört die Winzerin Elisabetta Fagiuoli vom Weingut Montenidoli. Die nimmermüde Elisabetta und ihr Mann Sergio stehen seit mehr als 40 Jahren für das, war für Vernaccia-Produzenten wirklich wichtig ist: erzeugen und leben im Einklang mit der Natur, ein fester Glaube an das Potenzial des Vernaccia und das unbeirrbare Festhalten an der traditionellen Weinherstellung, das allen kurzfristigen Moden trotzt. Dafür wird Elisabetta geliebt – aber auch gehasst.

Ihre Weinberge an einem ehemaligen Kraterrand mit mineralischen Böden aus Meeresablagerungen und für Entwässerung sorgende unterirdische Kavernen (Hohlräume) bieten gemeinsam mit dem milden Klima optimale Bedingungen für ihren festen Willen, nur Weine von bester Qualität herzustellen. Die Weingärten bewirtschaftet Elisabetta naturnah: Sie setzt keine Kunstdünger, Unkrautvernichtungsmittel, Insektizide oder Pestizide ein und sorgt durch das Auslichten der Reben im Sommer und Herbst für eine gute Sonnenbestrahlung und Ventilation der Rebstöcke. Und selbstverständlich werden auf Montenidoli nur die besten Trauben weiterverarbeitet – und zwar mit großem Hintergrundwissen, önologischem Können und persönlicher Handschrift.

Elisabetta liegt der Vernaccia am Herzen, sie würde ohnehin nur heimische Reben anbauen. Und sie legt größten Wert darauf, dass ihre Weine die Eigenart ihrer Böden widerspiegeln, was ihr ganz wunderbar gelingt. Ihre drei Vernaccias haben Persönlichkeit, sind so kraftvoll wie ihre Erzeugerin, gleichzeitig frisch, elegant und finessenreich. Das gilt für den feinwürzigen Tradizionale ebenso wie für den vollmundigen Fiori und den sehr harmonischen, im Barrique ausgebauten Carato. Alle punkten darüber hinaus noch mit unglaublich hohem Lagerpotenzial. Das sind Weine, die Sie nach zehn Jahren mit Freude genießen können!

Nicht minder Freude machen die Vernaccias des Weinguts Cesani, das nur wenige Kilometer von San Gimignano im historischen Dörfchen Pancole liegt. Vincenzo Cesani leitet den Familienbetrieb zusammen mit seinen Töchtern

Morgennebel liegen wie ein magisches Tuch über den Weinbergen von San Gimignano.

GENUSSTIPP

Vernaccia di San Gimignano passt ganz wunderbar zum Pecorino aus der Crete, wenn man den Käse nach toskanischer Art in fingerdicke Scheiben schneidet, kurz auf einem sehr heißen Grill röstet und dann mit etwas Honig bestreicht. Auch zu Kaninchen ist er ein Genuss. Erst recht, wenn man es in Vernaccia schmoren lässt.

Vernaccia di San Gimignano gibt es in gut sortierten Weinhandlungen, vereinzelt in den Weinabteilungen von Kaufhäusern und auch in einigen Supermärkten. Jedes Jahr warten rund fünf Millionen Flaschen Wein darauf, ausgetrunken zu werden. Knapp 80 Erzeuger sind im Konsortium organisiert. Die genießerfreundlichen Preise beginnen bei rund 5,50 € und bewegen sich selten über 12 € hinaus.

Mausempfehlungen zum Vertiefen und Reinschmecken

Cesani www.agriturismo-sangimignano.com
Mattia Barzaghi www.mattiabarzaghiwines.com
Montenidoli www.montenidoli.com
La Lastra www.lalastra.it
Le Calcinaie www.tenutalecalcinaie.com
Panizzi www.panizzi.it
Vagnoni Fratelli www.fratellivagnoni.com

Letizia und Maria Luisa. Vincenzo hat den Grundstein für den heutigen Erfolg in den fünfziger Jahren gelegt, als er nicht – wie viele andere – in die Stadt übersiedelte, sondern dem Land treu blieb und mit dem Weinbau begann. Heute bewirtschaftet die Familie 19 Hektar Land, das mit Weinstöcken, Olivenbäumen und Krokussen für die Safranproduktion bepflanzt ist. Daneben betreibt man erfolgreich Landhaustourismus.

Vincenzo war es auch, der schon früh auf Qualität setzte und sich nie neuen Methoden verschloss, um sie zu gewährleisten. So reduzierte er beispielweise schon vor vielen Jahren die Erntemengen und startete die Einführung neuer Kellertechnologien. Bei allen Neuerungen aber arbeitete er stets mit viel Respekt vor der Natur und ließ auch nur die Bearbeitungen zu, die zur Region passen. Inzwischen ist die ausgebildete Winzerin Letizia in seine Fußstapfen getreten. Ihre Eltern helfen bei der Weinbergarbeit, die jüngere Schwester kümmert sich um die Feriengäste und den Weinverkauf. Und die ganze Familie sorgt mit wachsamen Augen auf alle Produktionsprozesse dafür, dass die hohe Qualität der Weine gewährleistet ist.

Letizia hat sich für einen modernen Ansatz in der Weinproduktion entschieden; unterstützt wird sie von einem angesehenen Weinberater. Doch weiß sie sehr genau, was sie will. Und sie weiß auch, welche Interpretation von Region und Rebsorte ihr, ihrer Familie und den Kunden schmeckt. Ihre Vernaccias – vom süffigen Basiswein mit Biss bis hin zum betörend runden und frischen, im Fass ausgebauten Selektionswein *Sanice* – präsentieren sich klassisch mineralisch und rebsortenbetont. Cesani erzeugt nicht nur fantastischen Vernaccia, sondern auch herausragenden Rotwein aus Sangiovese, den sie *Luenzo* genannt haben.

Die beiden recht unterschiedlichen Winzerinnen zeigen, welchen Weg man in San Gimignano einschlagen sollte. Selbstverständlich gibt es unter den 70 Winzern des Vernaccia-Konsortiums noch rund ein Dutzend weitere Winzer, die engagiert und mit Biss bei der Sache sind. Ihnen allen gelingt es, niveauvolle Weine zu produzieren, die dem eigenständigen Charakter des Vernaccia gerecht werden, auf die traditionelle Art ebenso wie mit modernen Methoden. Die Zeichen stehen also gut, dass dem Vernaccia di San Gimignano doch noch die Aufmerksamkeit zuteil wird, die ihm als einzigem charaktervollen Weißwein der Toskana auch zukommt, so dass er bald wieder in aller Munde ist. *ari*

Muscheln, im Weinberg gesammelt, beweisen: Hier war mal Meer.

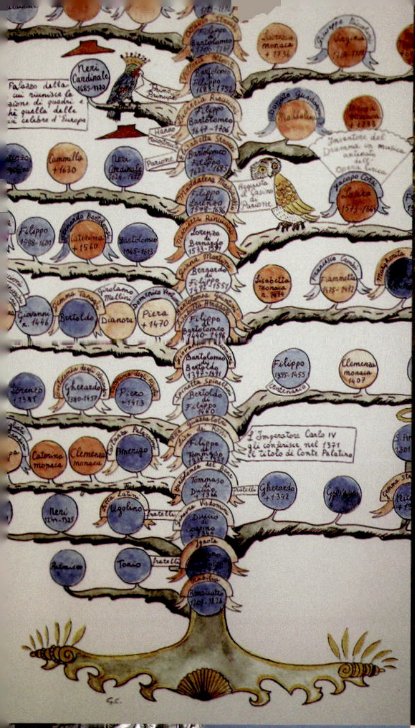

SELVAPIANA

Chianti Colli Senesi
PACINA
CASTELNUOVO BERARDENGA
Siena / Italia

Chianti – der Faust?

FÄRBT ES AB, WENN MAN BERÜHMTE NACHBARN HAT? DAS CHIANTI GRENZT AN SPITZENLAGEN IN MONTALCINO UND DER CLASSICO-ZONE. DOCH DEREN GLAMOUR IST FÜR VIELE CHIANTI-WINZER LICHTJAHRE ENTFERNT. VIELE IHRER WEINE VERSCHWINDEN IN MASSENABFÜLLUNGEN, DIE SPÄTER FÜR KLEINES GELD IM SUPERMARKTREGAL AUFTAUCHEN. UND DOCH GIBT ES EINIGE EDELSTEINE IM CHIANTI: KLEINE WINZER, DIE DAS BESTE AUS IHREN WEINBERGEN HERAUSHOLEN.

Wenn Federico Giuntini die Stufen vor seiner Fattoria Selvapiana heruntergeht, bröckelt manchmal etwas Putz von der ockerfarbenen Fassade. Auch die Fensterläden sind ein bisschen angewittert, und auf dem Dach kriecht das Moos die alten Schindeln hoch. Ein Bilderbuch-Landgut im Norden des Chianti. Der Weg hinunter zur Straße führt steil bergab; das Flüsschen Sieve hat sich hier eine Schneise in die Landschaft gegraben. In der Region Rufina sind die Hügel deshalb steiler als im Rest des Chianti. Das heißt mehr Arbeit, aber die macht sich bei der Qualität bezahlt. Alle Weinberge liegen in südwestlicher Richtung, so bescheint die Sonne lange die Reben, bevor die Trauben in den feuchtkalten Nächten ihr feines Säurespiel weiterentwickeln.

Aus dieser Kombination entstehen später komplexe Weine. Leder und Veilchen, Vanille und manchmal Teer duften aus dem Glas. „Nur weiß man eben nie, was einen erwartet", grinst Federico, der sich immer wieder wundert, weil seine Chiantis „in jedem Jahr neue Noten zu Tage fördern". Jung haben sie viele Gerbstoffe. Das ist Absicht, denn mit dem Alter wandeln sich die harten Kerle in emphatische Feingeister, weich und vielschichtig elegant. Typisch für Rufina, die kleinste Unterregion des Gebietes, aber nicht typisch Chianti.

Das könnte auch Stefano Borsa von Pacina für sich in Anspruch nehmen. Der Winzer residiert am südlichen Ende des Anbaugebietes. Er produziert seine Weine an den Hügeln um Siena, außerdem Oliven, Getreide, Früchte. Alles biologisch. Dazu gehören eine Zypressenallee, Steinbänke, die Moos angesetzt haben, und natürlich ein bezaubernd verwittertes toskanisches Gemäuer, das einmal ein Kloster war.

Hier, gleich in der Nachbarschaft von Brunello und Vino Nobile di Montepulciano, entstehen seine Chiantis, die mit mildem Tannin und flott-fruchtiger Finesse schon früh ungetrübten Trinkspaß bieten. Später verdichten sich die Gerbstoffe, und so mancher ältere Jahrgang könnte auch als kleiner Brunello durchgehen. Dafür genießen die Colli Senesi einen guten Ruf und sind so ganz anders als die Weine aus Rufina.

Dort, am südlichen Ende des Anbaugebietes, gerade mal zwei Kilometer Luftlinie entfernt von der Grenze zum Chianti Classico, macht Aliosha Goldschmidt von Corzano e Paterno einen kernigen, saftigen Wein, dem nichts fehlt zum ausdruckstarken Toskaner. Wäre er auf der anderen Seite des Zaunes in San Casciano Val di Pesa, wo ganz ähnliche Bedingungen herrschen, dann könnte er den Weinflaschen eine rosa Halsbinde mit dem Bild des schwarzen Hahns umlegen. Mit dem Gallo Nero würde sich der gute Tropfen für einige Euro mehr und deutlich leichter verkaufen.

Chianti-Puzzle

Zwischen den Hügeln um Florenz und Siena sowie Pisa im Westen und Arezzo im Osten erstreckt sich das Gebiet, in dem Chianti wächst. Wer die rund 70 Kilometer von Selvapiana nach Pacina mit dem Auto fährt, sieht lehmige Flussufer und Hänge mit trockenen Kalkböden. Die höchsten Lagen steigen auf über 500 Meter an. Andere liegen so nah an der Küste, dass sie vom Meeresklima geprägt sind. Obwohl das Chianti weltweit der Inbegriff für italienische Weine ist, teilt sich die Region wie ein Puzzle in zahllose kleine Flecken mit ganz unterschiedlichen Voraussetzungen. Schon im nächsten Dorf können die Weine ganz anders sein.

Auf 25.000 Hektar Rebfläche, größer als jedes deutsche Anbaugebiet, kennt das Chianti weder geografisch noch politisch motivierte Grenzen, und das, obwohl der Name schon seit dem 8. Jahrhundert bekannt ist. Auf das Jahr

Partystimmung beim Palio: In Siena feiert man den Sieg mit Männerbärten und Frauengesang – und natürlich mit Chianti.

1398 datiert die erste Erwähnung des Weins Chianti; das ist bemerkenswert, weil sich solche Namen im Lauf der Geschichte immer wieder ändern. Spätestens im 15. Jahrhundert lässt sich der Chianti als erster trockener Wein der Welt nachweisen. Zu seinem Ruhm verhalf ihm eine Krise. Der Aufstieg der Städte in der Renaissance löste in der Toskana eine Landflucht aus. Die zugewanderten Bauern nahmen ihre Ernährungsgewohnheiten mit in die neue Heimat, und der Chianti wurde das Trendgetränk der Städter. Zu dem überregionalen Bekanntheitsgrad kam so auch ein gewisses Exportvolumen.

Wie der Chianti Classico hat auch der Chianti ohne den Zusatz seit Mitte des 19. Jahrhunderts ein festes Rezept, das damals fortschrittlich war und bis heute nur leicht verändert wurde. Erlaubt ist Sangiovese mit 15 Prozent der regionalen Rebsorten Canaiolo und Colorino.

In alten Weinbergen stehen die Stöcke manchmal noch in denselben Rebzeilen. In solchen unzeitgemäßen Pflanzungen werden die Sorten – obwohl sie nicht unbedingt gleichzeitig reifen – zusammen geerntet. Auch fünf Prozent der Weißweine Malvasia und Trebbiano sind erlaubt und können allzu sauren oder trockenen Weinen durch eine gewisse Süße die Härte nehmen.

Trotz dieser Voraussetzungen brachte es der Chianti zu einiger Berühmtheit, wahrscheinlich sogar zum bekanntesten Wein der Welt. Bis in die siebziger Jahre des 20. Jahrhunderts, bevor Wein in weiten Teilen der westlichen Welt zum modischen Kulturgut avancierte, gehörte Chianti zu den wenigen international bekannten Weinen und stand gleichzeitig für italienische Lebensart. Zu den begeisterten Abnehmern der Exporte gehörte auch Deutschland, wo leere Bastflaschen mit Tropfkerzen noch lange nach dem letzten Schluck als stilles Symbol für Fernweh einstaubten.

Der Durst nach Süden und Lebensart blieb, und so entwickelte sich Deutschland zu einem der größten Auslandsmärkte für Chianti. Nicht nur die vielen tausend italienischen Gastronomen im Land merkten, dass das Zauberwort auf ihre Kundschaft wirkte. Auch privat trank und trinkt der Deutsche gern den Geschmack des *dolce vita*. 25 Millionen Flaschen Chianti – das macht statistisch gute zwei Gläser für jeden Bundesbürger – verschicken die Toskaner jedes Jahr über die Alpen Richtung Deutschland.

Leider spiegelt sich das gelebte Fernweh nicht im Preis. Deutschland ist eins der größten Weinimportländer weltweit, aber bei vielen Winzern ebenso berühmt für seine Knauserigkeit. Viel mehr als zwei Euro fünfzig soll der Wein hier nicht kosten. Zudem wird der Markt von den allgegenwärtigen Lebensmittel-Discountern dominiert, über deren Kassenbänder zwei Drittel aller in Deutschland gekauften Weinflaschen geschoben werden. Zwischen No-Name-Keksen und billiger Seife ist der Sinn für Romantik und Gerechtigkeit jedoch überschaubar. Die Billigheimer leben in ständigem Preiskrieg, und der geht auch beim Chianti bis an die Schmerzgrenze und darüber hinaus.

Massenware und Handwerk

Die Mengen, die solche Discounter brauchen, um ihre Filialen in Deutschland auszustatten, gehen in die Millionen Liter. So viel Wein wächst auf keinem Weinberg. Stattdessen kaufen sie bei italienischen Kellereien und Agenturen. Die wiederum nehmen Bauern ihre Weine ab und mischen sie zusammen. Dabei ist ein niedriger Preis fast immer wichtiger als die Qualität. So entstehen Marktpreise für verschiedene Weine, die sich nach Angebot, also der Menge der Weine, die das Jahr erbracht hat, und Nachfrage richten. Wie das Wetter, so schwanken dabei auch mal die Preise. Fällt dieser Fasspreis – so nennt man den Preis pro Liter, den die Bauern für losen Wein bekommen –, freut sich der Handel über größere Gewinne. Mitunter steigt er aber so weit, dass er genauso wie oder höher als die Verkaufspreise in Deutschland ist. Es fehlen aber noch Kosten für Flaschen, Korken, Verpackung, Transport und den Gewinn der Einzelhändler. Da kann also etwas nicht stimmen.

Die Discounter verweisen schlicht auf die Lieferpapiere. Die Italiener dagegen zeigen mit dem Finger auf die Deutschen. Es müsse „denen doch klar sein, dass man für diese Preise keinen echten Chianti kriegt", empört sich Gianni Iseppi, Geschäftsführer der Cantina Vini Tipici Arretini. Sein guter Einstiegs-Chianti Colli Aretini kostet in Deutschland 5,50 €.

Auch in Italien regeln zwar Gesetze die Qualitäten und Herkünfte, aber nicht unbedingt Kontrollen. Bei den großen Mengen hatten Betrüger in der Vergangenheit leichtes Spiel. Die Dummen sind die Verbraucher und die ehrlichen Winzer. Neue Regelungen schaffen erst langsam Abhilfe.

Aufgrund der Marktlage ist das Anbaugebiet für einfachen Chianti nicht nur geografisch zersplittert. Zwischen großen Abfüllbetrieben und hübschen Landgütern an den Zypressenalleen gibt es genügend schlecht gepflegte Weinberge.

In vielen stehen nur wenige Reben, denen die Bauern, die immer nur den niedrigsten Preis für ihren Wein bekommen, große Erträge abzwingen. Aus schlechtem Lesegut von zu alten Weinreben und Technik von vorgestern entstehen kaum außergewöhnliche Weine. Die Erlöse sind erwartungsgemäß niedrig. Und von dem geringen Verdienst kann man nicht noch Geld für anstehende Neupflanzungen oder bessere Kellerausstattung abzweigen. So schließt sich der Teufelskreis.

Viele dieser Winzer liefern ihre Trauben an genau die Großbetriebe, die Flaschen mit dem Etikett „Chianti" in die Supermarktregale dieser Welt bringen. Die daraus resultierenden Billigpreise haben dem Namen, der einmal so etwas wie italienischer Wein schlechthin bedeutete,

GENUSSTIPP

Chianti passt bestens zu allem Toskanischen: Rinderfleisch, Schinken, Käse, Olivenöl. Und zu Pizza. Solange man die Billigangebote im Discount umschifft, lassen sich die Schätze des Chianti auch im Ausland leicht heben. Ob Supermarkt, Internet-Händler oder Gastronom, Chianti hat fast jeder im Programm. Informierte haben wieder einen Geländevorteil. Für 15 bis 30 € sollte ein guter Tropfen auf der Karte stehen. Im Einzelhandel geht es ab 5 oder 7 € los. Selbst die lagerfähigsten kommen nicht teurer als 12 €.

Mausempfehlungen für den ehrlichen Chianti

Cantina Vini Tipici Aretini www.vinitipiciar.it
Castello di Poppiano www.conteguicciardini.it
Castello di Trebbio www.trebbio.de
Colognole www.colognole.it
Corzano e Paterno www.corzanoepaterno.it
Fattoria Collefiorito ing.slp@penteres.it
Fattoria di Basciano www.renzomasibasciano.it
Fattoria Selvapiana www.selvapiana.it
Guerrini www.viniguerrini.it
La Querce www.laquerce.com
Malenchini www.malenchini.it
Manucci Droandi www.mannuccidroandi.com
Pacina www.pacina.it
Pietralta www.pietralta.it
Villa Petriolo www.villapetriolo.com

nicht genutzt. Für viele Leute ist Chianti ein Einfachwein, der zwischen Retsina und Pinot Grigio anzusiedeln ist.

Toskana als Emblem

Nur die Landschaft hat ihren einmaligen Ruf erhalten. Die Bilder der Kulturlandschaft kennt man auf der ganzen Welt. Nicht so andere exklusive Herkünfte. Auf die Frage nach den Weinbergen von Bordeaux oder der Champagne zuckt selbst mancher Kenner mit den Schultern. Maßgeblichen Anteil an diesem Ruhm haben schmachtende Amerikaner und Nordeuropäer, die dort seit Ewigkeiten auf der Suche nach einem glücklichen Leben sind, oft inklusive Latin Lover. Schon in den fünfziger Jahren ziehen Joseph Cotton und Joan Fontaine in *September Affair* als Liebespaar über die zypressengesäumten Landstraßen. Ihnen folgt Marcello Mastroianni, der als ausgebrannter Regisseur in Federico Fellinis *8 ½* (1963) die Tiefe der Landschaft sucht und Claudia Cardinale findet.

Vittorio Gassman und Joan Collins gaunern sich in *Auf eine ganz krumme Tour* (1965) durch die Lande. Die Paarungen Claudia Cardinale / Michael Craig (*Sandra* 1965) und Marcello Mastroianni / Nastassja Kinski (*Bleib wie Du bist* 1978) finden seelische Abgründe in der sanften Hügellandschaft.

Viele Filme, die eigentlich an anderen Orten spielen wie Ridley Scotts gnadenloser Menschenfresser *Hannibal* alias Anthony Hopkins und die Vampir-Romanze *Twilight*, sind teilweise in der Toskana entstanden. Am meisten waren es aber die Amerikaner-trifft-Europäer-Romanzen wie die zwischen Krankenschwester Juliette Binoche und dem schwer verwundeten Ralph Fiennes in *Der englische Patient*.

Den heftigsten Einschlag hatte wohl die Schnulze *Unter der Sonne der Toskana* zu verzeichnen. Die Bestseller-Verfilmung, in der Diane Lane als Schriftstellerin intellektuelle Erfüllung erst beim Renovieren verkommener Landhäuser findet, könnte auch als Werbe-Video für Töpferkurse in der Toskana durchgehen. Im Nachgang des Films sollen Amerikaner jedenfalls ganze Landstriche der Toskana besetzt haben.

Die Anziehungskraft von Zypressen und Akazienduft scheint so unentrinnbar, dass Geld eine immer untergeordnetere Rolle spielt. Im Jahr 2009 versteigerte Piero Antinori, eine der schillerndsten Figuren der italienischen Weinwelt, eine persönliche Einladung auf sein Anwesen an sechs Personen für insgesamt 1,1 Millionen Dollar.

Potentere Investoren schaffen gleich Privateigentum. Folk-Urgestein Bob Dylan zieht in Montepulciano *Planet Waves* heran. Auch Sting (*Message In A Bottle*), der als Sohn eines Milchmanns geboren wurde, hat ein Weingut im Gebiet des Chianti Colli Aretini gekauft. Seine Botschaften sendet er zurück ins Fass, indem er öfter im Keller musiziert. Der Wein scheine diese Energie aufzusaugen, sinniert der Neuwinzer und spekuliert, dass er das Interesse am Wein noch ausbauen werde.

Die Landschaften der Toskana wurden mit ihrer Berühmtheit anscheinend so universell bekannt, dass sie gar nicht mehr an den Standort Italien gebunden sind. Die Produktionsgesellschaft HBO lancierte als Merchandising Product der Mafia-Serie *The Sopranos* die Weine zweier toskanischer „Familien-Weingüter", so der Pressetext. Sogar der amerikanische Porno-Star Savanna Samson ließ vor Ort einen Wein kreieren, den sie mit ihrem Bild verkaufte. Kritikerpapst Robert Parker zeigte sich beeindruckt und verlieh 91 Punkte. „Der Wein repräsentiert wirklich, was ich bin", ließ die 24-fache Porno-Diva wissen.

Von Kalifornien bis Thailand reichen die architektonischen Kopien in Ton und Ocker. Weder das Wetter noch die Rebsorten erinnern dort wirklich an die Toskana. Doch am wenigsten lassen sich die Weine der Toskana kopieren.
zig

Was ist was? Chianti ist nicht gleich Chianti.

Chianti heißt einerseits das Anbaugebiet, in dem aber nur Chianti Classico angebaut wird.

Alle anderen Weine namens Chianti stammen von den Hügeln außerhalb des Kernlands, wo zu dem Namen Chianti immer noch die Bezeichnung einer der sieben Unterzonen, wie z.B. Rufina oder Colli Senesi, kommen kann.

Die sieben Unterzonen lehnen sich in ihrer Bezeichnung meist an die wichtigste Stadt an: Arezzo – Colli Aretini, Pisa – Colli Pisani, Siena – Colli Senesi, Florenz – Colli Fiorentini, Rufina – Rufina, Montespertoli – Montespertoli, Empoli – Mont'Albano.

Giovanna Tiezzi Borsa und ihr Mann Stefano vom Weingut Pacina: Einen Gewitterregen muss ein Winzer vertragen können.

Noch vor Minuten lag die Landschaft rund um das Örtchen Pacina am südlichen Ende des klassischen Chianti-Gebietes in strahlendem Sonnenschein, nun zeigt ein farbenprächtiger Regenbogen das Ende eines kurzen Regenschauers. Stets präsent im toskanischen Landschaftsbild sind die immergrünen Trauerzypressen mit ihren schlanken Silhouetten. Die Phönizier sollen sie aus Asien nach Europa gebracht haben; in der Toskana werden sie seit der Antike kultiviert.

2006

Die französische Toskana

ER BRACH AUF GRANDIOSE WEISE MIT DEN REGELN, BAUTE STATT DER VORGESCHRIEBENEN ITALIENISCHEN REBEN LIEBER DIE BORDEAUX-SORTEN CABERNET SAUVIGNON UND CABERNET FRANC AN UND SCHUF DAMIT EINEN DER BESTEN WEINE ITALIENS, DEN SASSICAIA. MIT DIESEM GENIESTREICH SETZTE MARCHESE MARIO INCISA DELLA ROCCHETTA DAS UNBEKANNTE TOSKANISCHE FLECKCHEN BOLGHERI AUF DIE WEIN-WELTKARTE UND LÖSTE DORT EINEN BOOM AUS.

Toskana-Urlauber, die von Livorno aus einen Ausflug unternehmen und die Via Aurelia entlangfahren, verschlägt es möglicherweise nach Bolgheri. Sie fahren durch eine ungewöhnlich hohe, ungewöhnlich lange Zypressenallee, an deren Ende sich ein großes Tor befindet. Vielleicht lassen sie das Auto draußen stehen, gehen durch das mittelalterliche Tor, vorbei an einem Palazzo, wie es sie überall in der Toskana gibt: mit rechteckig zugeschnittenen Zinnen, bei deren Anblick man sich vage der Geschichte der kaisertreuen Ghibellinen und der dem Papst ergebenen Guelfen erinnert, deren trutzige Gemäuer sich angeblich durch die Form der Zinnen unterschieden. Dahinter ein verschlafenes Nest, kaum mehr als 100 Einwohner.

Vielleicht kommt den Besuchern kichernd und schwatzend eine Schulklasse entgegen. Denn seit Josuè Carducci, Italiens erster Literatur-Nobelpreisträger, vor 150 Jahren in einem schwärmerischen Gedicht die nach Bolgheri führende Zypressenalle besungen hat, strahlte etwas vom Glanz des Dichters auf den Ort ab und setzte einen bescheidenen Bildungstourismus in Gang. Auf der Suche nach Erfrischung und italienischem Flair lassen sich unsere Ausflügler vielleicht draußen vor der Enoteca Tognoni nieder, wo Wein und handfeste toskanische Küche serviert werden. Bis hierhin: nichts Besonderes. Auffällig an Bolgheri ist höchstens, wie unspektakulär es auf den ersten Blick wirkt.

Doch vielleicht werfen unsere Besucher einen Blick in die Weinhandlung, in der Patron Francesco Tognoni unaufgeregt seinen Geschäften nachgeht. Bei näherem Betrachten der Weinregale wird schlagartig klar, dass in Bolgheri doch etwas anders ist. Zwar ist in der Toskana grundsätzlich nichts billig, aber die Preise für die Weine aus dem Ort sind auch für toskanische Verhältnisse hoch. Der Blick mag zuerst auf ein Preisschild fallen, das mehr als 100 Euro für eine Flasche ausweist, und dann auf die dazugehörige Flasche, die ein Etikett trägt, auf dem in blauem Kreis ein achtstrahliger goldener Stern prangt. Sassicaia steht unter dem Stern, eine Jahrgangszahl und: Bolgheri Sassicaia DOC.

Dieser karge Schriftzug besagt, Bolgheri hat Weingeschichte geschrieben. Denn so viel Ehre wurde noch keinem Wein in Italien zuteil. Der Sassicaia, benannt nach dem von Kieselsteinen – *sassi* – durchsetzten Boden, auf dem er wächst, hat ein gesetzlich definiertes Anbaugebiet ganz für sich allein. Seit 1994 – seitdem darf Bolgheri Sassicaia DOC auf dem Etikett stehen.

Berühmt ist der Wein allerdings schon seit den späten Siebzigern. Lange jedoch tat sich die italienische Wein-Bürokratie schwer mit dem edlen Gewächs. Den DOC-Status, der mittels Banderolen-Aufdruck dem Verbraucher eine kontrollierte Herkunft garantieren soll, erhält nur ein Wein, der regelkonform aus den für das Gebiet zugelassenen Rebsorten hergestellt wird. Für toskanischen Rotwein waren das in erster Linie Sangiovese sowie einige weitere heimische Sorten. Doch im Sassicaia ist kein Saft aus italienischen Trauben verarbeitet, er besteht ausschließlich aus französischen Sorten.

Die Geburt

Gehen wir ein dreiviertel Jahrhundert zurück: Der Marchese Mario Incisa della Rocchetta, zu dessen Familienbesitz ausgedehnte Ländereien um Bolgheri gehören, ist gut befreundet mit dem Bordelaiser Spitzenwinzer Baron de Rothschild. Aus Stecklingen des Bordeaux-Guts seines Freundes pflanzt er auf seiner Tenuta San Guido in den 1940er Jahren spaßeshalber Cabernet Sauvignon. Zunächst erregt das keinen Anstoß, der Wein soll ja nur dem privaten Pläsier dienen.

Er erweist sich aber als ausgezeichnet; der Marchese bepflanzt weitere Flächen. Schließlich bringt er mit dem Jahrgang 1968 den ersten Sassicaia auf den Markt – und handelt sich damit Ruhm und Verdruss zugleich ein. Die internationale Weinkritik hebt ausgerechnet den Wein als besten italienischen Rotwein aufs Podest, gleichzeitig muss er sich rein formal auf dem Etikett in die unterste Kategorie einordnen und als *vino*, als einfacher Tafelwein, vermarkten lassen. Damit führt er das ganze italienische DOC-System ad absurdum.

In der Vor-Sassicaia-Ära war Bolgheri in Sachen Wein so unbedeutend, wie es nur geht. Dem Sangiovese, der in weiten Teilen der Toskana ausgezeichnete Rotweine ergibt, war hier kein Erfolg beschieden. Flach und belanglos gerieten die meisten Tropfen, die daraus gekeltert wurden. Und so bauten die Grundbesitzer der Gegend, allen voran die Herren von Castello di Bolgheri, zwar für den eigenen Gebrauch Wein an – tolle Geschäfte ließen sich jedoch nicht machen.

Sassicaia lieferte den entscheidenen Hinweis darauf, dass Bolgheri doch gutes Weinland ist, das zwar für die vorgeschriebenen Rebsorten nicht taugt, aber mit französischen Sorten ungewöhnlich gute Weine erbringen kann. Mehr als 20 Jahre sollte es noch dauern, bis das System reformiert war und die Bestimmungen auch den widerspenstigen Perlen des italienischen Weinbaus Rechnung trugen.

Ansturm auf Bolgheri

Die Goldgräber indes ließen nicht so lange auf sich warten. Winzer und Unternehmer aus ganz Italien und aus dem Ausland kauften, was zu kriegen war. Die Preise für das Land schossen in die Höhe, denn geeignetes Rebland ist im kleinen Gebiet zwischen Bolgheri und Castagneto Carducci nur begrenzt verfügbar. Dass Star-Winzer Angelo Gaja hier investierte, heizte die Preisentwicklung zusätzlich an. Inzwischen beherbergt das winzige Städtchen mehr als 40 Weingüter: Pioniere der ersten Stunde wie Grattamacco und Le Macchiole, die großen Betriebe Ornellaia – nach einigen Inhaberwechseln nun im Besitz von Marchesi di Frescobaldi – und die Tenuta Guado al Tasso von Marchese Antinori; daneben eine Reihe von weniger bekannten Betrieben. Heute dürfte Bolgheri die italienische Gemeinde mit dem höchsten Durchschnittspreis pro Flasche sein.

Peinlich für die italienische Bürokratie: Formal galt immer noch, dass die DOCG, also die kontrollierte und garantierte Ursprungsbezeichnung, den besten Weinen vorbehalten war. Doch Kenner wussten bald, dass in Wahrheit einige der besten italienischen Weine als einfache Tafelweine – fast schon eine unehrenhafte Bezeichnung – firmierten. Die Weinwelt spottete über die italienischen Regeln. Da aber inzwischen als erwiesen galt, dass der – unerlaubte – Anbau der französischen Sorten einfach bessere Ergebnisse brachte, als mit den italienischen Reben möglich gewesen wären, wurden die

Panorama entlang der Pinienallee – am linken Rand des Fotos erkennt man den Ort Bolgheri.

Regeln schließlich der Realität angepasst. Immerhin waren die Weine jetzt so etwas wie der Stolz Italiens.

So bestimmend der Sassicaia für das Renommee von Bolgheri auch sein mag, noch weit exklusiver und gesuchter ist der *Masseto*, ein reinsortiger Merlot aus dem Hause Ornellaia. Was soll daran Besonderes sein? Das ganze Veneto rauf und runter gibt es als Allerweltswein Merlot *in purezza*. Aber dieser hier, der *Masseto*, hat auf der Welt nur einen, der ihm gleichkommt: den *Pétrus* aus Pomerol bei Bordeaux, einen der teuersten Kultweine der Welt, und ebenfalls ausschließlich aus Merlot-Trauben gekeltert.

Sieben Hektar klein ist die Parzelle, auf der die Trauben für den *Masseto* heranwachsen, und eben nur auf diesem kleinen Stück Land kommt der Merlot so gut. Die Rebe, die wie der Cabernet Sauvignon Bestandteil fast jedes roten Bordeaux-Weins ist, hat nicht die dominante Persönlichkeit des Cabernet. Sie ist weicher, molliger, in der Regel weniger aussagestark.

Nur an ganz besonderen Orten, wie etwa in Pomerol oder eben in Bolgheri, läuft die Sanfte zu Höchstform auf und schenkt Weine von purer Magie. Leider nicht in der von Weinfreunden ersehnten Menge. Für eine der nur 30.000 Flaschen von 2006 zahlt man über 500 Euro, seit der einflussreiche Weinkritiker Robert Parker ihn mit 99 von 100 Punkten ausgezeichnet hat. Da alles relativ ist, könnte man auch sagen: ziemlich fair im Vergleich zum deutlich teureren *Pétrus*.

Alter Adel, junges Weingut

Da weder die Tenuta San Guido noch die Tenuta dell'Ornellaia genügend Rebfläche besitzen, um die Nachfrage nach ihren Weinen zu befriedigen, kaufen die beiden prominentesten Erzeuger Trauben bei ihren Nachbarn. Die erforderliche hohe Qualität finden sie bei Castello di Bolgheri, dem größten und ältesten Weinbergbesitzer der Gegend. Das Castello ist nicht zu übersehen, es ist mit den Guelfen-Zinnen verziert und steht gleich am Ortseingang. Turm und Torbogen gehören dazu ebenso wie die Räume der Enoteca Tognoni, die über dem Fasskeller des Weingutes liegen.

Das Adelsgeschlecht derer zu Bolgheri lässt sich per Stammbaum bis ins 13. Jahrhundert zurückverfolgen. Damit schlagen die aktuellen Besitzer Clemente und Federico Zileri dal Verme in puncto Familiengeschichte sogar ihre berühmten Nachbarn Frescobaldi und Antinori.

Clemente und Federico sind bereits die 31. Generation auf dem Schloss, aber die erste mit Weinambitionen. Zwar gab es auch früher eigenen Wein, dessen Ruhm reichte aber nicht über die Gemeindegrenze hinaus. Ernsthaft beschäftigt sich die ortsansässige Familie erst seit ein paar Jahren mit dem Thema. Zwischen 1996 und 2002 entstanden die Anlagen, natürlich mit roten Franzosenreben bestockt. Immerhin 50 Hektar bestes Rebland besitzen die Schlossherren heute.

GENUSSTIPP

Ein typisches Menü in der Enoteca von Francesco Tognoni könnte so aussehen: Nach einer *zuppa di farro con verdure*, einer Suppe auf Basis der alten Weizenart Farro, schön mit Gemüse angereichert, serviert er *pappardelle con ragù di cinghiale*, hausgemachte breite Bandnudeln mit Wildschweinragout, und als Hauptgang *brasato di manzo al vino rosso*, langsam in Rotwein geschmortes Rind, dazu Kartoffelpüree. Die Preisempfehlung im deutschen Fachhandel sind 40 bis 50 € für den Bolgheri Rosso. Ausnahmen sind Sassicaia, Ornellaia und vor allem Masseto, die jenseits der 100 € anderen Gesetzen der Schwerkraft unterliegen. Beim Zweitwein, dem „kleinen" Bolgheri, der von jungen Weinbergen stammt und weniger komplex und kraftvoll in diese Weinwelt einführen kann, liegen die Preise um die 20 €. Nur bei Ornellaia und San Guido bekommt man dafür standesgemäß den Drittwein.

Mausempfehlungen für Strukturliebhaber

Argentiera www.argentiera.eu
Ca' Marcanda www.gajawines.com
Campo alla Sughera www.campoallasughera.com
Castello di Bolgheri www.castellodibolgheri.eu
Grattamacco www.collemassari.it
Le Macchiole www.lemacchiole.it
Michele Satta www.michelesatta.com
Ornellaia www.ornellaia.com
Podere Sapaio www.sapaio.it
Tenuta San Guido www.sassicaia.com

Inzwischen verkaufen von Bolgheris nicht mehr nur Trauben. Seit ein paar Jahren, genauer: seit 2001, bringt das Castello einen Teil seiner Lese unter eigenem Etikett in die Flasche. Die ersten eigenen Weine wurden noch, sozusagen als Freundschaftsdienst, von Sassicaia und von Ornellaia vinifiziert. Im eigenen Keller im historischen Gebäude entsteht der Castello di Bolgheri seit 2005. Für den Weinfreund angenehm: Die Weine kommen aus besten Lagen und werden sorgsam angebaut, deshalb sind sie ja auch würdig, die beiden berühmtesten Weingüter zu beliefern. Da Castello di Bolgheri aber nicht über den Bekanntheitsgrad der berühmten Nachbarn verfügt, sind die Weine günstiger. Wobei auch das relativ ist – richtig billig sind sie nämlich wieder nicht.

Alessandro Dondi, Kellermeister auf Castello di Bolgheri, liegt viel daran, den Weinen trotz ihrer französischen Prägung auch einen toskanischen Stempel aufzudrücken. Die Weine wirken wärmer in ihrer Aromatik als ihre französischen Pendants, das gilt auch für die berühmten Bolgheri-Gewächse. Nicht ganz Bordeaux, nicht 100 Prozent Toskana – eher eine Luxus-Promenadenmischung aus beidem.

Wo bleiben die Chinesen?

Francesco Tognoni steht in seiner Enoteca und bleibt bei alledem gelassen. Seit 25 Jahren führt er seine Enoteca, hat davor, als Jugendlicher, schon im Weinhandel seines Onkels mitgeholfen. Er kennt alle Winzer und führt alle Bolgheri-Weine, inzwischen um die 180 Etiketten, im Sortiment. Tognoni hat Winzer kommen und gehen sehen. Dem fulminanten Aufstieg Bolgheris zum Trotz ist der Besitz eines Weinguts hier nämlich noch lange keine Garantie für kommerziellen Erfolg. Das haben einige Winzer bitter erfahren müssen. „Guten Wein machen hier eigentlich alle", sagt der Wirt, „aber nicht allen gelingt es, ihn gut zu vermarkten. Es gibt kleine Weingüter, die wirklich prima arbeiten, denen es aber an Vertriebskanälen fehlt." Bei manchen blieben die Fächer im Regal irgendwann leer. Sie mussten aufgeben.

Tognoni erzählt von den Besucherströmen, die Jahr für Jahr größer werden, davon, dass die Deutschen vor der Einführung des Euro seine wichtigsten Kunden waren und seit dem Verlust der Mark wegblieben. Dass nach den Amerikanern jetzt verstärkt die Russen kommen und die Japaner seltener als noch vor zehn Jahren. Die Chinesen *purtroppo*, leider, seien bisher noch gar nicht gekommen.

Und dann erzählt er, dass er vor wenigen Jahren noch zu 80 Prozent Rotwein verkauft habe, sich aber inzwischen Rot und Weiß die Waage halten. Seit Antinori vor zwölf Jahren große Flächen mit der weißen Rebsorte Vermentino bestockt hat, ist Bolgheri aufstrebendes Weißweingebiet. Die Hauptrebsorte ist diesmal ganz und gar italienisch. Aber ein bisschen französisches Flair ist dabei auch zu erschnuppern, zumindest, wenn man den besten probiert, und das ist, klarer Fall für Tognoni, der Bianco von Grattamacco.

Mal sehen, wie es weitergeht in Bolgheri, welche Winzer sich behaupten, aus welchen Ländern bevorzugt die Besucher kommen werden. Jetzt kommt erst mal der Winter, und Bolgheri verwandelt sich wieder in ein stilles, beschauliches, fast ausgestorbenes Städtchen. Scheinbar überhaupt nichts Besonderes. *rz*

Die Zypressenallee zwischen der Via Aurelia und Bolgheri ist UNESCO Weltkulturerbe.

VECCHIA OSTERIA
Cacio e Vino
SCANSANO 22
TERME DI SATURNIA
POMONTE
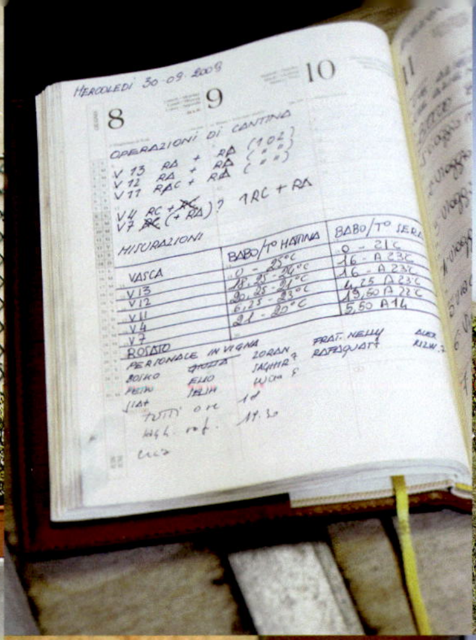
8
9
10
OPERAZIONI DI CANTINA
MISURAZIONI
VASCA

Der jüngste Star der Toskana

DIE IM SÜDWESTEN DER TOSKANA GELEGENE MAREMMA WAR LANGE DAS STIEFKIND DER NOBLEN REGION. INZWISCHEN HAT SICH DAS ZUM VORTEIL GEWENDET, DENN DIE LANDSCHAFT DER PROVINZ GROSSETO BIETET VIEL NATUR ZU – FÜR TOSKANISCHE VERHÄLTNISSE – BESCHEIDENEM PREIS. DAS HABEN AUCH ZAHLREICHE WINZER ERKANNT, UND SO WURDE, FAST ÜBER NACHT, DIE MAREMMA ZUM NEUEN TOSKANISCHEN WEINWUNDERLAND.

Rot leuchtet der blühende Klee zwischen den Rebzeilen, die Winzer Simone Castelli mit der wichtigsten Toskana-Rebe Sangiovese – hier Morellino genannt – und weiteren lokalen Sorten bepflanzt hat. In sattem Rot leuchtet auch das Gebäude, in dem in riesigen Zementbehältern die Trauben des Weinguts Podere 414 (Anwesen 414) vergären.

Simone Castelli ist Mitte Dreißig, und er ist noch nicht lange in der Maremma. Ende der Neunziger, als die Preise für Weinberge in den prominenteren Anbauregionen der Toskana in schwindelerregende Höhen gestiegen waren, kam er, gerade mal 23 Jahre jung, in den südwestlichen Teil der Toskana, wo gutes Rebland noch erschwinglich war.

Er kaufte ein altes Haus mit etwas Land und einem kleinen alten Weinberg und pflanzte Jahr für Jahr weitere Reben: neben Sangiovese lokale Sorten wie Alicante, Ciliegiolo und Colorino, die im Morellino di Scansano in kleinen Anteilen – bis 15 Prozent – erlaubt sind. Sie fügen dem Wein Aromen-Nuancen hinzu und machen ihn so vielschichtiger.

Das ungezähmte Stück Land, das Castelli erwarb, hatte bei der Landreform der sechziger Jahre die Katasternummer 414 erhalten. So heißt jetzt das Weingut – und *Podere 414* heißt auch der Wein. Castelli füllt nur diesen einen ab. Der junge Winzer teilt nicht, wie es weithin üblich ist, in Erst- und Zweitwein auf, in ein anspruchsvolles Spitzengewächs und einen weniger beachteten, einfacheren *rosso*. All seine Anstrengungen konzentriert er auf seinen Morellino di Scansano.

Von der Rebsorte her ist der Morellino im Grunde nichts anderes als ein Chianti, ein Vino Nobile oder ein Brunello. Der Unterschied zu jenen besteht vor allem darin, dass die Reben in heißerem Klima und in reichhaltigerem Boden wachsen. Die Böden der Maremma sind lehmhaltig und nährstoffreich, das macht den Wein molliger, verleiht ihm reifere Fruchtaromen und führt dazu, dass dem Morellino die vornehme, zurückhaltendere Eleganz fehlt, die seinen Vettern in kühlerem Klima und bei steinigkargen Böden im Idealfall zuwächst.

Der Morellino ist ein warmherziger und großzügiger Gesell, der seine Vorzüge – Frucht, Würze und kräftige Statur – offen darbietet. Er verlangt vom Weinfreund weder ein kompliziert geschultes Sensorium noch übermäßige Geduld, um den richtigen Reifegrad abzupassen. Seine vergleichsweise sanften Gerbstoffe lassen ihn schneller und leichter zugänglich wirken – ohne dass es ihm deswegen an Tiefe mangelt. Wenn man so will, ist der Morellino die selbstbewusste Antwort der Toskana auf die Rotweine der Neuen Welt.

Wir können das besser

Mitte der neunziger Jahre war die Nachfrage nach italienischem Rotwein auf ihrem Höhepunkt, in Italien selbst wie auch auf den Auslandsmärkten Amerika, Schweiz und Deutschland. Die hochpreisigen Super Tuscans zeigten, was qualitativ möglich war – und was Weinfreunde dafür zu zahlen bereit waren. Doch mit den kraftvollen und dabei gefälligen Weinen der Neuen Welt, vor allem aus Australien und Chile, erwuchs den erfolgsverwöhnten italienischen Winzern eine ernstzunehmende Konkurrenz – zumal die Neue-Welt-Winzer auch mit günstigen Preisen punkten konnten.

Italien gab sich kämpferisch: Was die können, nämlich konzentrierte, kräftige Weine aus internationalen Sorten erzeugen, können wir genauso gut, wenn nicht besser! Gesucht wurden also Anbauregionen mit warmem, trockenem Klima für konzentrierte, körperreiche Tropfen. Vergleichsweise niedrige Landpreise in armen Regionen wie Sizilien,

Apulien und eben in der Maremma ermöglichten es, Wein zu wettbewerbsfähigen Kosten herzustellen.

Dies ermutigte eine große Schar von Investoren aus der Branche, aber auch aus anderen wirtschaftlichen Bereichen wie der Mode- und der Autoindustrie, sich in der Maremma zu engagieren.

Pioniere wie die Fattoria Mantelassi, Morisfarms oder Le Pupille legten vor, wie gut die Weine sein können, die hier entstehen, wenn man in Weinberg und Keller qualitätsbewusst arbeitet. Davon angezogen wurden auch bekannte Weingüter aus dem toskanischen Kernland wie Marchesi di Frescobaldi, Biondi-Santi, Poliziano, Cecchi oder Castello di Fonterutoli, die sich mit Chianti Classico oder Brunello di Montalcino ihre Lorbeeren verdient hatten. Dazu kamen Neugründungen von Quereinsteigern oder jungen Winzern, welche die hohen Bodenpreise im zentralen Hügelland zwischen Florenz und Siena nicht bezahlen konnten und nicht gewillt waren, die Preis-Rallye dort mitzumachen.

Mit den Investoren und Weingütern rückte der im Ausland zuvor wenig beachtete Morellino aus Scansano ins Blickfeld der Weinwelt. Der Weinort Scansano, nach dem der Wein seinen DOC-Namen erhalten hat, ist der höchstgelegene Ort in den Hügeln südöstlich von Grosseto; nüchtern betrachtet ist er einfach ein verschlafenes Nest.

Fragt man ältere Winzer nach Historie und Traditionen, danach, wie hier in der Vergangenheit Wein gemacht wurde, lautet die überraschende Antwort: „Gar nicht – Tradition gibt's keine." Als ob die Geschichte dieses Landstrichs und des Morellino erst in den Neunzigern begonnen hätte. Auf eine schillernde Historie kann tatsächlich nicht verwiesen werden, obwohl in weinhistorischen Werken bereits gegen Ende des 19. Jahrhunderts durchaus Lobendes nachzulesen ist. Wein wurde immer angebaut, allerdings als winziger Teil eines landwirtschaftlichen Gesamtgefüges, bei dem Schafzucht, Olivenbäume und Handwerk wie die Tischlerei bestimmend waren. Eine Weinkultur gab es nicht, der *vino della casa* beziehungsweise ein günstiger Rotwein der ansässigen Genossenschaft bedeutete das Maß aller Dinge.

Entsprechend jung ist auch die amtliche Herkunftsbezeichnung für den Morellino di Scansano: Als DOC gibt es ihn seit Ende der sechziger Jahre, das Adelsprädikat DOCG, das der kontrollierten zusätzlich eine garantierte Herkunft bescheinigt, bekam der Wein in den Neunzigern verliehen.

Unterhalb des Monte Argentario breitet sich eine endlose Ebene aus.

Natürlich am besten

Simone Castelli von Podere 414 hat klare Vorstellungen von dem richtigen Umgang mit den Reben und dem Most. Sie sollen sich so ruhig und so frei wie irgend möglich von äußeren Einflüssen entwickeln können. Für den Weinberg bedeutet das, dass Castelli keine Chemie einsetzt, sondern sich an den Richtlinien des biodynamischen Weinbaus orientiert. Im Keller stehen deswegen auch keine chromglänzenden Edelstahltanks, sondern gewaltige Zementbehälter. In ihnen gibt es keine elektrischen Ladungen, welche den Vorgang des Gärens irgendwie stören könnten.

Nachdem die Hefen, die von Natur aus die Beerenhaut bewohnen, in absoluter Ruhe ihre Arbeit verrichtet und den Traubenzucker in Alkohol umgewandelt haben, zieht der junge Wein um. Ein Teil kommt in große Holzfässer, ein Teil in kleine Eichenfässer. In unterschiedlichem Maß nehmen die einzelnen Partien durch das Holz Sauerstoff auf, aus den kleinen Fässern auch einen Anflug von Röstaromen. Die Sicherheit, mit der der junge Winzer agiert, kommt nicht von ungefähr: Sein Vater Maurizio Castelli ist einer der bekanntesten und kompetentesten Önologen der Toskana und für viele hochrangige Weingüter als Berater tätig – auf fachkundigen Rat durfte Jungwinzer Simone also stets zählen.

Die Maremma ist für eine biologische Wirtschaftsweise in besonderer Weise geeignet. „Das ist hier recht unproblematisch", erklärt er. „Die am schwersten zu behandelnden Rebkrankheiten werden durch Feuchtigkeit und den daraus resultierenden Pilzbefall verursacht. In einem trockenen, heißen Anbaugebiet wie hier ist das gut zu kontrollieren."

Castellis Weine sind idealtypische Repräsentanten des maremmanischen Weinstils: frisch, strukturiert, harmonisch, saftig, mit dunkelbeerigen, ausgereiften Fruchtaromen auf einem feinen Gerüst aus Tannin.

Solche Winzer braucht eine Region, die sich lange gegen den vinologischen Fortschritt stemmte. Und es bedarf größerer Betriebe, die mit ihren Vertriebskanälen die Weine in die Welt bringen. Dazu passt die Geschichte von Val delle Rose, dem Weingut der Familie Cecchi.

Andrea Cecchi von Val delle Rose erkannte das Potenzial der Morellino-Gegend und durchforstete die Hügel nach geeigneten Weinberglagen. Im Jahre 1996 wurde gekauft und die bestehenden Weinberge mit neuen, modernen Weinbergen erweitert. „Die besten Hänge für die Weinreben sind diejenigen, die einerseits nicht zu nahe am Meer sind, damit die ersten Hügel einen gewissen Schutz vor dem Meereswind bieten können, und die andererseits nicht zu nahe am Monte Amiata liegen, an dessen Ausläufern ein fast kontinentales Klima prägend ist", erklärt der studierte Landwirt.

Simone Castelli arbeitete als Önologe für die besten Winzer. Heute macht er einen einzigen Wein: den Podere 414.

Ganz allgemein gesprochen sind die Böden in der Maremma einheitlicher als im Hinterland, zumeist tiefgründig und nährstoffreich und nicht mit dem meist steinigen Boden des Chianti Classico zu vergleichen. Die Familie Cecchi erzeugt auch Wein im Chianti-Classico-Gebiet in der Nähe von Siena, weshalb es sich anbietet, die Unterschiede der beiden Weinherkünfte direkt nebeneinander zu probieren.

Dabei sind die feinen Nuancen, die auf Klima, Rebsorte und Boden zurückzuführen sind, schmeckbar. Denn der Winzer ist keine weitere Variable in dem ohnehin komplexen Geschmacksspiel. Schlanker, eleganter, zurückhaltender wirkt der Chianti; offener, reifer, wie eine freundliche Umarmung wirkt daneben der Morellino.

Ein besonderes Flair

Mit den Winzern hat auch die Moderne Einzug gehalten in der Maremma. Stadtflüchtige Römer und Ruhe suchende Ausländer richteten sich hier ihre Landdomizile ein. Sie schätzen die unberührte Schönheit des Parco Nazionale mit seinen Pinienwäldern, für viele ein Naturschauspiel erster Güte, und die Nähe zur Halbinsel Orbetello, dem

GENUSSTIPP

Bäuerlich deftige Speisen sind typisch für die Gegend, in der der Morellino wächst. Das hat sich aus den Zeiten erhalten, als man Kraftnahrung für die körperlich schwer arbeitende Bevölkerung brauchte und aus wenig einfach viel herausgeholt werden musste: Die *zuppa di pane* (Brotsuppe) ist eine eingedickte Suppe, bestehend aus Knoblauch, Tomaten und Zwiebeln, Brot, Bohnen und Kartoffeln. Mit dem Wildschwein, als Salami oder als Schmorgericht mit Artischocken oder Oliven, verträgt sich der Rotwein ebenfalls, wenn er etwas breitschultriger ausgelegt ist. Der Wein ist mittlerweile in zahlreichen Weinfachhandlungen zu finden, vereinzelt auf Weinkarten und noch relativ selten im Supermarkt. Morellino in guter Qualität kostet zwischen 7 und 15 € pro Flasche.

Mausempfehlungen für Maremma Sangiovese

Col di Bacche www.coldibacche.com
Doga delle Clavule www.dogadelleclavule.com
Fattoria di Magliano www.fattoriadimagliano.it
Podere 414 www.podere414.it
Poggio Argentiera www.poggioargentiera.com
Le Pupille www.fattorialepupille.it
Mantellassi www.fattoriamantellassi.it
Moris Farms www.morisfarms.it
Tenuta Belguardo www.belguardo.it
Val delle Rose www.valdellerose.it
Valdifalco www.loacker.net

Seite 245: An der Hand eines echten Winzers sieht man, dass Weinbau harte Landarbeit ist – aber das Ergebnis ist wunderschön.

angesagten Segelhafen nicht nur der Römer. Dass hier Menschen in Kniebundhosen und Nagelschuhen kleine weiße Bälle durch die Gegend schlagen, ist die neueste Entwicklung zwischen Follonica, Punta Ala und Grosseto. Nach wie vor bekanntester touristischer Anziehungspunkt sind aber die Kaskaden der Thermalquelle von Saturnia. Abgesehen von diesem im Sommer überfüllten Hotspot geht es in der Maremma jedoch nach wie vor unaufgeregt und entspannt zu.

Wenn an warmen Herbsttagen die Erde bei Grosseto ausatmet, kann man riechen, dass hier entlang der Flüsse Bruna und Ombrone noch bis in die fünfziger Jahre Sumpf war. Die beiden Flüsse fließen aus den mittelitalienischen Bergen dem Mittelmeer zu und mischten sich lange Zeit unkontrolliert mit dem Meerwasser der flachen Lagunen. In dieser feuchtwarmen Atmosphäre der Sommermonate setzte die Malaria der Landbevölkerung gehörig zu. Die schrittweise Trockenlegung des Sumpfes zog sich bis in die zwanziger Jahre des letzten Jahrhunderts hin. Kanäle wurden eingezogen, die das Brackwasser abführten, und Pinien gepflanzt, die viel Wasser aus dem Boden ziehen und, angenehmer Nebeneffekt, auch für die Holzindustrie genutzt werden können. Damit wurde der Weg zur großflächigen landwirtschaftlichen Nutzung geebnet, und riesige Landwirtschaftsbetriebe entstanden.

Die Pinienalleen entlang der Zufahrten zu den wenigen verbliebenen Landgütern, welche die Wirtschaftskrisen und die Industrialisierung überstanden haben, sind ein wunderbarer Blickfang. Zu diesem klassischen Maremma-Bild gehören auch die weißgrauen Chianina-Rinder mit ihren langen Hörnern, die das Fleisch für das berühmte Steak nach Florentiner Art, die *bistecca alla fiorentina* liefern. Während das hochwertige Fleisch vor allem in die Städte geliefert wurde, wo man gutes Geld dafür erhielt, kochten die armen Bauern mit den Früchten der Erde und allem, was hier so zu erjagen war. Vor die Flinte liefen oft Hasen und Wildschweine, die heute eine richtige Landplage sind. Zur Auffrischung hatte man das einheimische Wildschwein mit dem ungarischen gekreuzt. Den Schub robuster Gene dankte die Population mit einer rasanten Vermehrung.

Die Menschen trieb es nach dem zweiten Weltkrieg dagegen vom Land in die Stadt, weil die Arbeit fehlte und sie diese in den Industriebetrieben der Stadt fanden. Mit abnehmender Bevölkerungsdichte hatte die Erschließung des ländlichen Raumes für die Regierung in Rom eine geringe Priorität. In manchen Ecken kam der elektrische Strom sogar erst in den achtziger Jahren an. Daher hat sich der Mittelmeerküstenstreifen mit der parallel zur Küste verlaufenden Hügelkette viel von seiner Urwüchsigkeit und Ursprünglichkeit bewahrt. *ls*

Die Weine der Via Aurelia

Alle Wege führen nach Rom, aber die Via Aurelia ist der schönste. Die antike römische Konsularstraße führt durch die Weinanbaugebiete der Küste. Und dort tut sich so einiges. Was unterscheidet die Küste von den Weinzonen im Herzen der Toskana? Zum einen beginnt die Qualitäts-Weingeschichte meist erst in den Achtzigern, und zum anderen setzen die Winzer fast ausnahmslos auf internationale Rebsorten. Stattliche Investitionen allerorten haben ihnen in kurzer Zeit zu einer beachtlichen Bekanntheit verholfen. Verbunden werden die Anbaugebiete durch die Via Aurelia, die nahe der Küste von Livorno nach Grosseto führt. Nur auf wenige Weinberge genießt man jedoch den direkten Meerblick, die meisten liegen in einem meernahen Küstenstreifen von 5 bis 15 km Entfernung zur toskanischen Küste.

Selbstbewusst nennen die Winzer ihre Vereinigung Grandi crus della costa toscana (die besten Lagen bzw. Weinberge der toskanischen Küste). Die Gruppe (www.grandicru.it) möchte nämlich beweisen, dass es entlang der Küste mehr als den Sassicaia, den Kultwein aus Bolgheri, gibt.

Einzelne Weingüter sind gar im Chianti-Gebiet von Pisa zuhause, in Terriciola und Montescudaio. Doch setzen auch sie meist auf internationale Sorten und distanzieren sich strikt vom Chianti und seiner Geschichte. So hat das junge Weingut Caiarossa die Sorten Cabernet Sauvignon, Cabernet Franc, Merlot, Petit Verdot, Sangiovese, Syrah, Grenache, Mourvèdre, Chardonnay, Viognier und auch Petit Manseng gepflanzt. Aus dieser Riesenauswahl bedienen sich auch die meisten anderen Weingüter der Küstenregion.

Val di Cornia und Suverto

Nach Norden abgeschirmt von der Hügelkette des Monte Calvi liegt das beschauliche Dorf Suvereto. Es liegt am Ende einer zum Meer hin geöffneten Ebene, die von bewaldeten Hügeln eingerahmt wird. Diese besondere U-Form des Val di Cornia sorgt für ein mildes Klima und einen früh einsetzenden Frühling, weshalb hier das erste Gemüse des Jahres geerntet wird. Von diesem Klima profitieren auch die Reben, die früh austreiben und keine Probleme haben, voll auszureifen. Der Rebsorte Sangiovese ist es in der Regel zu heiß, weshalb die Winzer auf die Sorten Cabernet Sauvignon und Merlot setzen. Die geologischen Voraussetzungen sind mit denen im benachbarten Bolgheri durchaus vergleichbar. Der Name Suvereto ist auf ewig auch mit der Aufsehen erregendsten Großinvestition der Neunziger verbunden, dem futuristisch anmutenden Kellereibau des Weinguts Petra.

Endlich ein zweiter Weißer mit Potenzial

Vieles spricht an der Küste für die Konzentration auf Rotweine. Doch gibt es eine weiße Rebsorte, die sich in Küstennähe wohlfühlt, nämlich Vermentino. Aus ihr lassen sich mineralisch saftige Weißweine erzeugen, die nach Sommergräsern, Quitte und Birne duften. Der Ursprung der Rebsorte liegt in Spanien, sie wird auch in Sardinien und Ligurien für die Produktion von Weißweinen geschätzt. Vorausschauende Weingutbesitzer haben sie noch in Zeiten des Rotweinbooms gepflanzt, so dass nun ein zweiter Weißer der Toskana neben dem traditionsreichen Vernaccia di San Gimignano für den anziehenden Weißweinmarkt zur Verfügung steht, meist mit der gebietsübergreifenden Bezeichnung Maremma Vermentino.

Ein spannendes Anbaugebiet, das erst in den letzten zehn Jahren überhaupt als solches wahrgenommen wurde, ist auch Montecucco. Geografisch schließt es die Lücke zwischen dem Anbaugebiet des Morellino di Scansano und dem des Brunello di Montalcino. Genauer gesagt: Es grenzt im Süden an den berühmten Nachbarn Brunello. Insofern ist es ein fast logischer Schritt, dass die Hauptrebsorte wie im Brunello di Montalcino auch hier der Sangiovese ist. Die wenigen ansässigen Winzer profitieren von der Rieseninvestition eines Großunternehmers aus der Segelbootbranche, der für viel Aufmerksamkeit in der Wein-Presse und dem Handel gesorgt hat. Doch steckt dahinter nicht nur eine gute Marketing- und PR-Arbeit. Die zumeist jungen Weinberge profitieren an der Flanke des Monte Amiata vom gemäßigten Klima und ähnlichen Voraussetzungen wie in Montalcino. Auch der ehemalige technische Direktor des Chianti Classico-Konsortiums, Daniele Rosellini, hat dort eigene Weinberge angelegt. Bei seinem Weingut Campi Nuovi (neue Felder) ist der Name Programm und ein klares Bekenntnis zur Erschließung von Gegenden, die keinerlei Tradition besitzen, dafür aber erschwingliche Landpreise, die ein Return on investment nicht in die nächste Generation verlagern.

Im Herzen der Toskana

Tradition besitzt das Anbaugebiet Carmignano in der Nähe von Florenz genug. Der rote Carmignano war einer der ersten Weine in der Toskana, in dem die Sorte Cabernet Sauvignon

In der Zeit der *Super Tuscans* wurden Millionen investiert. Das Weingut Petra im Suverto-Gebiet entwarf der Schweizer Stararchitekt Mario Botta.

erlaubt war. Angesichts der Dynamik der Anbaugebiete entlang der toskanischen Küste fällt es den Winzern aber schwer, Schritt zu halten. Zu wenige junge Weingüter sorgen für den Auftrieb, da ist der traditionsreiche, zuverlässig arbeitende Betrieb der Adelsfamilie Bonacossi, die Tenuta Capezzana, einfach zu wenig.

Ganz anders in Cortona. Dort haben einige Winzer des benachbarten Anbaugebietes Vino Nobile di Montepulciano ihr Geld in neue Weinberge investiert. Die angesagten Rebsorten sind Syrah und Merlot, aber auch der einheimische Sangiovese hat seinen Platz. Wahre Wunder vollbringt keiner über Nacht, die Reben brauchen eben so ihre Zeit zum Wachsen. Einzelne Winzer zeigen aber mit ihren Weinen bereits, dass der französische Syrah sich dort wohlfühlt. Im Brunello-Gebiet übrigens werden die Weine aus internationalen Sorten, die innerhalb der Gebietsgrenzen erzeugt werden, als *Sant'Antimo Rosso* abgefüllt. Sie sind benannt nach der Abtei Sant'Antimo bei Castelnuovo d'Abate, die eine mehr als 1.000 Jahre alte Geschichte besitzt.

Via Aurelia:
Caiarossa www.caiarossa.com
La Regola www.laregola.com
Gualdo del Re www.gualdodelre.it
Petra www.petrawine.it
Russo www.vinirusso.it
Tenuta di Valgiano www.tenutadivalgiano.it
Tenuta di Ghizzano www.tenutadighizzano.com

Montecucco:
Campi Nuovi www.campinuovi.com
Colle Massari www.collemassari.it
Salustri www.salustri.it

Es fehlt an Meer und mehr

IM GRÜNEN UMBRIEN WÄCHST DER HISTORISCHE ORVIETO, DER ALS FRUCHTIGER WEISSWEIN BIS IN DIE ACHTZIGER SEINE GROSSE ZEIT HATTE. ALS ZWEITES ASS WIRD HEUTE DER ROTWEIN SAGRANTINO DI MONTEFALCO GEHANDELT, DER SICH ABER ERST NOCH BEWEISEN MUSS.

Sonnenblumen- und Weizenfelder, sanfte Hügel mit Olivenbäumen und Weinreben, mittelalterliche Städte mit sehenswerten Kunstschätzen – Umbrien ähnelt landschaftlich seinen Nachbarn Marken und Toskana. Doch fehlt es der Region an der Faszination wie auch dem Glanz einer Toskana. Die Stadt Perugia ist eben kein zweites Florenz und das schmucke Städtchen Todi eben kein schillerndes Siena. Es lockt auch keine sonnige Adriaküste mit langen Sandstränden wie in den angrenzenden Marken: Umbrien ist die einzige politische Region südlich des Po ohne eigenen Meerzugang. Dafür glänzt das Land mit einer feinen Zurückhaltung, die ihren eigenen Charme versprüht. Zwischen den großen Seen Trasimeno und Bolsena und dem Appenin bahnt sich der Fluss Tiber (Tevere) seinen Weg nach Rom und an das Mittelmeer. Der lebendigen Universitätsstadt Perugia stehen große Waldflächen und die beschaulichen Orte gegenüber, in denen Urlauber viel Erholung finden. Zum ruhigen Umbriengefühl passt dann auch, dass ihr die lauten, charismatischen Weine fehlen. Oder besser gesagt: die starken, angesagten Herkünfte.

Die Stadt Orvieto thront auf einem Kalktuffsteinfelsen oberhalb der Autobahn, die von Florenz nach Rom führt. Sie ist in ihrer Beschaulichkeit ein angenehmer Zwischenstopp abseits der Touristenpfade. Nach ihr ist der Weißwein Orvieto benannt, der in den Siebzigern in den Restaurants nördlich der Alpen für guten Weißwein aus Mittelitalien stand. Er war derart erfolgreich, dass die Anbaufläche ausgeweitet und den Weinen aus dem ursprünglichen Anbaugebiet um die Stadt Orvieto der Zusatz Classico zuerkannt wurde. Trotzdem ist seitdem das Interesse am Orvieto deutlich zurückgegangen. Ein Grund mag darin liegen, dass sich die Nachfrage in Italien von den Weiß- zu den Rotweinen verlagerte, doch das ist allenfalls die halbe Wahrheit. Die Winzer und das Konsortium haben auch zu wenig in die Selektion der besten Reben und in die Qualitätsverbesserung im Keller investiert. Und somit ist der Orvieto wie früher zwar ein unkomplizierter, aber eben auch einfacher Weißwein. Verwendet werden nach wie vor dieselben Rebsorten: der relativ neutrale Trebbiano und der durchaus interessante Grecchetto. Letzterer kann bei sorgfältiger Behandlung im Weinberg einen mineralisch nussigen Wein ergeben, der sich sogar für den Holzfassausbau eignet.

In der großen Welt der Weine kommen die Moden – und gehen auch wieder. So wenig attraktiv das einst trendige Anbaugebiet Orvieto derzeit ist, so angesagt ist ein junges Anbaugebiet in Umbrien, das auf dem internationalen Parkett mit seinen Rotweinen überzeugen will: das Gebiet des Sagrantino di Montefalco. Die Rebsorte Sagrantino ist hier in der ausgedehnten Hochebene von Montefalco ein alter Bekannter. Im späten Mittelalter, so die Überlieferung, bauten fleißige Nonnen den Sagrantino vornehmlich als Messwein aus. Damals waren es, weil die Abläufe der Gärung nicht bekannt waren, ausnahmslos süße Rotweine, passend zum *dolce vita*, das die Nonnen nur vom Hörensagen kannten.

So beschaulich die Gegend bis in die achtziger Jahre hinein noch war, so abrupt hielt dann Mitte der Neunziger die Moderne Einzug. Da nahm sich nämlich der junge Marco Caprai des Familienweinguts an und setzte im Weinberg, im Keller und im Marketing neue Maßstäbe. Er brachte mit viel Tamtam einige der geschliffensten und modernsten Sagrantinos auf den Markt. Dass sich aus dem Sagrantino traditionelle kräftige, trockene Rotweine keltern lassen, hatten bereits Filippo Antonelli und einige andere Traditionsbetriebe bewiesen. Angezogen von den günstigen Landpreisen und begeistert von der Kraft des Sagrantino, investierten etliche Winzer aus anderen Weinregionen viel Geld in hunderte Hektar neuer Weinberge. In wenigen Jahren vervielfältigte sich somit die Weinmenge, was allerdings auch dazu führte, dass heute nicht jeder Wein seinen Markt findet. Es gibt den Sagrantino in zwei Versionen, als kräftigen Rotwein Sagrantino di Montefalco und als fruchtbetonten Montefalco Rosso, der weitere Rebsorten wie Merlot und Sangiovese enthalten kann. Der Sagrantino ist allerdings eher etwas für die kleine Gruppe der erfahrenen Weintrinker. Er besitzt nämlich mächtige Gerbstoffe, die viel Zeit in der Flasche brauchen, um sich abzurunden. Insofern ist es fraglich, ob alle Winzer nochmal in den Sagrantino investieren würden. Wie dem auch sei: Noch sucht das junge Anbaugebiet nach dem Funken, der die so wichtigen Emotionen beim Weinliebhaber entzünden könnte.

In den Staub getreten

ROM SEHEN UND STERBEN, SO HEISST ES. ABER DANN BITTE NICHT VOM EINFACHEN, OXIDIERTEN TRATTORIAWEIN AUS FRASCATI ODER MARINO. NAJA, STERBEN WIRD MAN NICHT DAVON. ABER DA BEI DEN RÖMERN DIE PURE LEBENSLUST ZÄHLT, VERLIEREN SIE GERNE MAL BEI DER WEINAUSWAHL DIE QUALITÄT AUS DEM AUGE.

Spitze Zungen behaupten sogar, dass es in Rom keinen guten Weißwein gebe, es sei denn, er stammt aus Südtirol. Doch dies ist nun wirklich stark übertrieben. In der Umgebung von Rom wird viel Wein erzeugt, auch einige Perlen sind darunter. Denn die langgestreckte Region Latium besitzt klimatisch wie historisch unterschiedliche Anbaugebiete.

Grün und bewaldet ist der Norden. Hier in der Provinz Viterbo darf Orvieto erzeugt werden, den sich die Region mit Umbrien teilt. Man produziert einige aparte Weißweine aus der Orvieto-Rebsorte Grecchetto. Dann gibt es den jungen, modernen Weinbau entlang der Mittelmeerküste, der sich in erster Linie auf internationale Rebsorten verlässt und damit erfolgreich ist. Und in der südlichen Provinz Frosinone, die an die Abruzzen und an Kampanien grenzt, wächst mit dem Cesanese del Piglio ein unkonventioneller Rotwein mit tiefen traditionellen Wurzeln.

Das Weinland Latium wird vor allem von großen Mengen des süffigen Weißweins aus Frascati, Marino oder den Colli Albani dominiert. Diese Provenienzen wachsen alle in Reichweite der Ewigen Stadt Rom in den – vergleichsweise – kühlen, grünen Hügeln vulkanischen Ursprungs. Im Sommer zieht es viele Städter hierher, sogar der Papst flieht vor der Hitze Roms auf seinen Sommersitz Castel Gandolfo. Neben dem Glauben dreht sich hier fast alles um die Weinerzeugung. Aus dem Gebiet der Castelli Romani kommen fast 80 Prozent der gesamten Weinmenge der Region. Frascati ist mit Abstand das bekannteste Anbaugebiet der Castelli, die Hauptproduktion obliegt den Gemeinden Frascati, Grottaferata und Monte Porzio Catone. Der Name ist seit den Sechzigern in aller Welt ein Begriff für italienischen Weißwein. Zu dieser Zeit tranken ihn die amerikanischen Filmstars, wenn sie in Rom ihre Filme drehten. Nach der Ära von Katherine Hepburn, Gregory Peck und Grace Kelly ist es um den Wein ruhig geworden. Sehr lange tat sich in Sachen Qualitätsweinbau herzlich wenig. Jedenfalls nicht zu der Zeit, als andere Weingebiete im Süden so richtig Gas gaben.

Erst im letzten Jahrzehnt hat die Genossenschaft Fontana Candida bewiesen, was möglich ist. Der Frascati Superiore Santa Teresa ist einer dieser modernen Frascati-Weine, der in großer Menge zu haben ist, wenig kostet und es versteht, seine Herkunft ins Glas zu transportieren. Mehr soll ein Wein gar nicht sein, mit dem sich in Urlaubserinnerungen schwelgen und an Rom zurückdenken lässt. Gemacht wird der Wein bei Fontana Candida ganz traditionell aus den Rebsorten Malvasia di Candia, Malvasia del Lazio und Trebbiano. Es können auch kleine Anteile einiger anderer lokaler Rebsorten verwendet werden, wobei es die Malvasia mit ihrem herbnussigen Aroma ist, die den Charakter des Weins bildet.

Auch einen einheimischen Rotwein mit individuellem Charakter gibt es im Latium, der im Vergleich zum Frascati jedoch nur in einer kleinen Menge vorhanden ist. Der Cesanese del Piglio nämlich. Hauptrebsorte ist die markante Cesanese, die in den Gemeinden Piglio und Nachbargemeinden wächst.

Zum Anbaugebiet zählt auch die Papststadt Anagni mit sehenswertem Dom und Krypta. Mehr als einmal in den vergangenen Jahrhunderten fiel die Wahl des Vertreters Gottes auf einen Bischof aus Anagni. Und mit ihnen ist auch der Cesanese im späten Mittelalter als roter Süßwein zu höheren Weihen aufgestiegen. Heute bauen ihn eine Handvoll Winzer trocken aus, was als Erfolg zu werten ist, denn nicht jeder ehemalige Süßwein eignet sich für eine Karriere als trockener Rotwein.

Der Historiker Manfredi Massimi Berucci hat den Cesanese quasi vor dem Aussterben bewahrt, indem er andere Winzer für ihn begeisterte, womit der dramatische Rückgang des Anbaus in den letzten 30 Jahren gestoppt wurde und sogar zu einem leichten Anstieg der Rebfläche führte. Es hat sich gelohnt! Was heute als Cesanese im Weinglas landet, duftet sehr individuell nach Kirschtorte, Schlehen, Schokolade und gibt sich im Mund ganz eigen, mit dichten, mineralischen Gerbstoffen, die durch die kräftige Säure noch betont werden. In der Nachbarprovinz Rom ist der Cesanese in den Anbaugebieten Cesanese d'Affile und Cesanese Olevano Romano, wo er auch wieder mehr Beachtung findet, nicht nur ein als vorzüglicher Begleiter eines geschmorten Lammrückens.

Die Spanische Treppe an der Piazza di Spagna ist eine der bekanntesten Sehenswürdigkeiten in Rom. Die 138 Stufen der imposanten Freitreppe sind nicht nur Treffpunkt der jungen Römer, sondern werden auch bevölkert von Touristen aus aller Herren Länder. Wer die Stufen ganz hinaufgeht, landet auf den Balkonen vor der Kirche Trinità dei Monti. Von dort aus kann man alle Kuppeln von Rom einschließlich der des Petersdoms sehen – insbesondere bei Nacht ist dies ein sensationelles Panorama.

Eigenwillige Charaktere

OB DER WEISSE VERMENTINO ODER DIE ROTEN CANNONAU UND CARIGNANO – SARDINIEN HAT REBSORTEN, DIE SO EIGENWILLIG SIND WIE DIE SARDEN SELBST! UND DA DIE SARDEN EIN VOLK SIND, DAS SICH NICHT SO LEICHT BEWEGEN LÄSST, TRETEN AUCH DIE WEINQUALITÄTEN VIELFACH AUF DER STELLE.

Sardinien hatte viele Herren. Im späten Mittelalter beherrschten die Spanier die große Insel und brachten ihre Rotweinsorten mit. Von 1720 bis zur Vereinigung Italiens hatte das piemontesische Haus der Savoyer dann das Sagen und beeinflusste seinerseits die Weinkultur.

Soweit es die Sarden zuließen; sie besitzen nämlich eine sehr eigenwillige, schwer verrückbare Lebenskultur: eine Kultur der Gelassenheit!

Daran können auch die vielen Millionen Touristen nichts ändern, die sich an den feinsten Sandstränden Italiens tummeln und vom Jet-Set-Leben der Costa Esmeralda mit den Villen, Luxusjachten und Champagnerpartys träumen. Sie essen in den Strandrestaurants Fische und Krustentiere, der Sarde im Hinterland isst dagegen seine Schafe. Sardinien ist eine Hochburg der Viehzucht und des auch im Ausland sehr geschätzten Schafskäses *Pecorino sardo*.

Rebsorten gibt es sehr viele in Sardinien – in der Regel einheimische, hier und da auch internationale. Das klassische Dreigestirn Sardiniens besteht aus Vermentino, Cannonau und Carignano, die in verschiedenen Ecken der Insel angebaut werden. So bietet der hügelige Nordosten die besten Voraussetzungen für die weiße Sorte Vermentino, denn dort ist es nicht ganz so heiß, und der Granitanteil im Boden begünstigt die Finesse des Weins. Ganz allgemein hat ein guter Vermentino von der Insel ein ganz eigenes Geschmacksprofil. Er verströmt – trotz der Sommerhitze – im Glas grün-gelbe Fruchtaromen, im Mund überzeugt er mit animierender Saftigkeit. Der erste und einzige sardische Wein, der die DOCG-Anerkennung erhalten hat, ist der im Hinterland der Stadt Olbia wachsende Vermentino di Gallura. Zu einer Anhebung der Qualität hat das allerdings wenig beigetragen, trotz reduzierter Erntemenge pro Hektar. Sowohl den Winzern wie auch den Genossenschaften mangelt es oft an Konsequenz in Sachen Qualität. Bekannter ist der Vermentino di Sardegna, der in allen Ecken des Landes angebaut werden darf und den erfolgreichen Winzern somit die langen Wege bis ins Gallura-Gebiet erspart.

Auch den roten Cannonau di Sardegna darf man in ganz Sardinien anbauen. Es gibt aber nur eine Handvoll Erzeuger, die mit guten Qualitäten aufwarten. Die besten stammen aus der Umgebung der Stadt Jerzu innerhalb der bergigen Provinz Nuoro. Der Cannonau, der mit dem spanischen Garnacha bzw. dem französischen Grenache identisch ist, ergibt in Sardinien füllige Weine mit Kraft und reifen Aromen. Im Geschmack erinnern sie an Rumtopf aus roten Früchten, wobei der Alkoholgeschmack auch sehr präsent sein kann. Obwohl die Rebe das heiße und trockene Klima sehr mag, kann es auch ihr zu heiß und zu trocken werden, was sich dann in mangelnder Fruchtigkeit ausdrückt.

Heiß und trocken ist es auch im Sulcis-Gebiet, in dem sich die Sorte Carignano (identisch mit Carignan aus Südfrankreich) ausgebreitet hat und die besten Ergebnisse liefert. Das Anbaugebiet liegt im Südwesten der Insel, etwa eine Autostunde von Cagliari entfernt. Es gibt nur wenige Winzer, die ordentliche Carignano del Sulcis produzieren. Und die sind dann relativ gerbstoff- und alkoholreich und erinnern im Geschmack an den *Mirto di Sardegna*, den sardischen Kräuterlikör aus Myrthe, sowie an reife Pflaumen. Zwei weitere urtypische sardische Weine, die man vor Ort und hierzulande in sardischen Ristorantes probieren kann, sind der rote Monica di Sardegna und der weiße Nuragus di Cagliari. Es sind einfache, ehrliche Weine, die sich gut zu den schmackhaften Gerichten der Sarden trinken lassen.

Insgesamt wird für eine große Insel wie Sardinien relativ wenig Wein erzeugt. Der meiste kommt aus Genossenschaften, die meist nicht allzu ambitioniert arbeiten. Die besten Qualitätsweine stammen aus der Genossenschaft Cantina Santadi und von dem privaten Weingut Argiolas. Am bekanntesten sind die Weine der der Campari-Gruppe gehörenden Kellerei Sella & Mosca, da sie verhältnismäßig große Mengen erzeugt und auf dem Markt gut vertreten ist.

TOSKANA
MARKEN
UMBRIEN
LATIUM
ABRUZZEN
A1
A24
Perugia
Assisi
Lago Trasimeno
Spoleto
Orvieto
Treni
Lago di Bolsena
Viterbo
Lago di Vico
Lago di Bracciano
Civitavecchia
Tevere
Roma
Frosinone
Latina
Terracina
1
2
3
4
5
SARDINIEN
Olbia
Alghero
Nuoro
Oristano
Jerzu
Cagliari
Anbaugebiete Sardinien
1 Vermentino di Gallura
2 Cannonau di Sardegna und Vermentino di Sardegna
3 Carignano del Sulcis
10 30 50 km
5 15 25 mi
Anbaugebiete Umbrien und Latium
1 Sangrantino di Montefalco
2 Orvieto
3 Frascati
4 Castelli Romani
5 Cesanese del Piglio
10 20 30 40 50 km
5 10 15 20 25 mi

Wer zuletzt kommt …

KALABRIEN IST DES STIEFELS SPITZE, DOCH HINKT DIE REGION IN SACHEN WEINBAU HINTERHER. KEINER DER INVESTOREN TRAUT SICH DORTHIN, NUR EIN EINHEIMISCHER HÄLT SEIT DREISSIG JAHREN IN DEUTSCHLAND DIE FAHNE FÜR WEINE AUS KALABRIEN HOCH.

Kalabrien liegt auf demselben Breitengrad wie Sardinien, es gibt also auch hier Sonne im Überfluss. Alle Weinberge liegen in guter Erreichbarkeit in Küstennähe, ins kühlere, zerklüftete und dünn besiedelte Silas-Gebirge verirrt sich kaum einer. Auf der Adriaseite liegt mit Cirò das größte Anbaugebiet, in dem man mit Weiß- und Rotweinen die Einheimischen versorgt. Am meisten verbreitet ist die einheimische rote Rebsorte Gaglioppo. Aus ihr entstehen zwar wenig ausdrucksstarke, aber mollige Weine, die geschmacklich die Wärme des Südens vermitteln. Sie werden unter anderem von der Kellerei Librandi erzeugt, die mit ihren gebietstypischen Weinen fast als einzige in Deutschland präsent ist.

Duftet das nach Cannonau oder Cesanese?
Rumtopf oder weißer Pfeffer?

Umbrien

Sagrantino di Montefalco:
Adanti www.cantineadanti.com
Antonelli www.antonellisanmarco.it
Arnaldo Caprai www.arnaldocaprai.it

Orvieto Classcico:
Le Velette www.levelette.it
Palazzone www.palazzone.com

Latium

Frascati:
Castel de Paolis www.casteldepaoli.it
Conte Zandotti www.cantinecontezandotti.it
Fontana Candida www.fontanacandida.it

Cesanese del Piglio:
Coletti Conti www.colletticonti.it
Giovanni Terenzi www.viniterenzi.com
Marcella Giuliani www.aziendaagricolamarcellagiuliani.it

Sardinien

Vermentino:
Capichera www.capichera.it
Pala www.pala.it
Piero Mancini www.pieromancini.it
Tondini www.cantinatondini.it

Cannonau und Carignano:
Argiolas www.argiolas.it
Cantina Santadi www.cantinasantadi.it

Kalabrien

Librandi www.librandi.it

Reife Feigen kosten in Süditalien nur wenige Eurocent.

Marken

Berauschendes an Adria und Apennin

RIMINI? KENNT MAN: WEISSER STRAND MIT HOHER ITALO-LOVER-DICHTE. TOSKANA? KLAR, KULTUR PUR PLUS KULINARISCHE EXTRAPORTIONEN. ASSISI? EIN RAUSCH VON KIRCHEN-ARCHITEKTUR. DIE MARKEN?? – MACHEN SIE SICH NICHTS DRAUS. VON DER MITTELITALIENISCHEN REGION HAT KAUM JEMAND GEHÖRT. DABEI FINDET MAN DORT ENDLOSE SANDSTRÄNDE, FEINSTE KÜCHE UND EIN PAAR KLOSTERKIRCHEN, ÜBER DIE FRANZ VON ASSISI BAUKLÖTZE GESTAUNT HÄTTE. UND NATÜRLICH DIE NETTESTEN ITALIENER DER WELT.

Giuseppe da Cupertino war nicht besonders reizbar. Nur er hob schnell ab. Übereinstimmend bestätigten Bekannte und Kollegen, dass der Giuseppe immer mal wieder über dem Boden schwebte, einmal angeblich sogar 60 Meter hoch. Ohne besonderen Grund eigentlich und manchmal sogar gegen seinen Willen, das ist verbürgt. Doch solche fliegerischen Fähigkeiten sprachen sich herum, und das konnte dem Mönch aus den Marken nicht wirklich recht sein.

Da Cupertino lebte im 17. Jahrhundert, als Phänomene, die nicht eindeutig erklärbar waren, gerne dem Teufel zugeschrieben wurden, und dann war es vorbei mit dem Mönchsein. Aber Giuseppe blieb ansonsten auf dem Teppich. Er war ein untadeliger Franziskaner, wurde später sogar heiliggesprochen und sein Kloster in Osima bei Ancona zur Pilgerstätte.

Diese kleine Geschichte mit ihrer Mischung aus Mythos und Pragmatik könnte kaum eine bessere Kulisse finden als die Marken. In der lange unbeachteten Region haben sich die Menschen mit Realitätssinn und praktischem Fleiß eine florierende Wirtschaft aufgebaut. Gleichzeitig hängen sie leidenschaftlich an Traditionen und Legenden. „Und was heißt hier überhaupt Legenden?", fragt Stefano Antonucci, Erfolgswinzer, der mit seinem Verdicchio europaweit Gewinne realisiert. Schließlich sei die Geschichte genauso wahr wie die, dass Engel das Haus der Jungfrau Maria im nahen Loreto abgesetzt haben.

Da, wo das Geburtshaus der Maria von Nazareth einst gelandet sein soll, steht heute eine gigantische Basilika. Vorbei an vergoldeten Figuren und leuchtend bunten Fresken gelangt man in den kleinen Kellerraum aus kahlem Stein. In der schlichten Kate kann man sich fragen, ob der kleine Jesus hier immer seine Latschen herumliegen ließ und ob seine Mutter ihn dafür ausschimpfte.

Aber nur kurz, dann erinnert einen der Hintermann mit einem Stups daran, dass jährlich eine Million Menschen nach Loreto kommen, um das Marienheim zu sehen.

Seite 256 – 257: Felsen von Fiorenzuola di Focara: früher strategisch wichtig, heute Blickfang für Romantiker.

Seite 258: Gut gelaunter Stefano Antonucci vom Weingut Santa Barbara.

Wegen der himmlischen Vorgeschichte der Madonna von Loreto stellte ein Papst des 20. Jahrhunderts, Benedikt XV., kurzerhand die Piloten unter ihren Schutz. Neben dem Petersdom in Rom ist die Kirche der zweitwichtigste Wallfahrtsort Italiens und doch nur einer von vielen Reizen der Marken.

Alle Welt steht auf die Marken

Hinter der Ostküste Mittelitaliens spannen sich die kahlen Kalkstein-Bergrücken des Apennin wie eine Gräte parallel zur Küstenlinie. Die höheren Lagen sind dünn besiedelt und oft fast unberührt von Menschen. Deshalb findet man eine ganze Reihe einsamer Nationalparks. Steinadler ziehen dort ihre Kreise über Bergseen, reißenden Wildbächen und schroffen Canyons, in denen Wölfe und Wildkatzen Jagd machen.

Die silbrigen Sardinen schwimmen am liebsten in goldgelbem Verdicchio.

Flüchtlinge aus dem antiken Syrakus gründeten Ancona. Bis heute laufen in dem bedeutenden Hafen täglich mehrere Fähren aus Griechenland e

Die Höhlen von Frasassi, westlich von Ancona, sind das längste Höhlensystem Italiens. In der kaltfeuchten Welt der Grotten warten bizarre, meterhohe Tropfsteinformationen und ein Kristallsee auf den Besucher. In der Haupthöhle ließe sich locker der Mailänder Dom unterbringen.

Auf halbem Weg zwischen Hochlagen und Küste liegt das Kernland der Marken mit rollenden Hügeln und historischen Städtchen. Die Marken bilden die Grenze zwischen dem italienischen Norden, dessen Einwohner bei vielen Süditalienern als überheblich und arrogant gelten, weil sie sich mit ihrer Wirtschaftskraft brüsten, und dem Süden des Landes, den dagegen viele Norditaliener für unterentwickelt, seine Einwohner für träge und eine Last halten.

Als Grenzgänger halten sich die Menschen in den Marken aus solchen Klischeeveranstaltungen gern heraus und arbeiten mit stillem Fleiß an ihrem eigenen Erfolg. Konsumgüter wie Möbel, Schuhe und Kleidung werden hier hergestellt. „Menschen in aller Welt stehen auf Schuhen aus den Marken", das weiß Chiara Giannotti genau, „sogar Michelle Obama." Für die Marketingleiterin des bekanntesten Weinguts Fazi Battaglia sind die Marken die wahre Wiege des Italianstyle. Vielleicht liegt es daran, dass die Marken einen der höchsten Hochschul-Bildungsgrade für Frauen in Europa haben. Jobs für sie gibt es bei Lichtdesignern und Instrumentenbauern, Edelsteinverarbeitern und Madonnenschnitzern. In industriellen Fertigungsstraßen entstehen Motorräder und Helikopter. Werften bauen Mega-Yachten für die Reichen der Welt. Produkte der Raumfahrt entstehen hier genauso wie Bohrinseln und Zeichentrickfilme.

Nach einem Arbeitstag zwischen Zukunftstechnologien und High-Tech-Produkten fahren die meisten *marchegiani* in beschauliche Städte wie Jesi im Hinterland von Ancona. Dort stehen Barockpaläste neben Renaissancebauten. Enge Gassen, die an den Steigungen Treppenstufen haben, führen unter Bogengängen hindurch und enden an alten Stadttoren. An den Restauranttischen im Schatten schlürft man den Verdicchio dei Castello di Jesi zu Pasta. Denn auch Nudeln sind eine Spezialität der Marken.

Wer weiter südlich in Ascoli Piceno zu Hause ist, muss sich auf der Piazza del Popolo mit ihrer Apennin-Kulisse hinter den Renaissance-Kreuzgängen schon mal auf Besuch einstellen. Durch die Altstadt auf einem Plateau zwischen den Flüssen Tronto und Castellano laufen Touristen aus aller Welt mit staunenden Kinderaugen. Romanische Kirchen, der Kreuzgang der Franziskaner-Kirche, in dem vormittags Markt ist, und die alte Römerbrücke mit Blick über Altstadt und Fluss wollen abgehakt werden auf dem Besuchsplan. Trotzdem wirkt der Ort nicht von Fremden überlaufen oder unauthentisch. Genauso wie Urbino,

dessen Frührenaissance-Architektur perfekt zwischen die sanften Hügel gegossen scheint. Trotz des überragenden Doms und des mächtigen Herzogspalasts wirkt das Weltkulturerbe mit seinen vielen Studenten nie museal.

Den Palast ließ sich Herzog Federico im 15. Jahrhundert bauen. Seine Ideen von der kulturellen Wiedergeburt beschränkten sich nicht auf die Architektur. In der Zeit der ganz großen wissenschaftlichen Entdeckungen leistete sich der Landesvater für die Zeit unglaubliche technische Extras wie Heißwasserleitungen, Eiskeller und Lastenaufzüge für die Küche.

Kluge Köpfe als Markenzeichen

Kluge Köpfe wie High-Tech-Freak Federico sind fast ein Markenzeichen der Marken. Der spätere Kaiser Friedrich II. wurde 1194 in einem Zelt auf dem Marktplatz von Jesi geboren. In 30 Jahren Herrschaft vereinigte das Polit-Genie völlig zersplitterte Territorien und Interessen zu einem Reich aus ganz Mittel- und Südeuropa und bekam dafür schon von Zeitgenossen den Titel „Erstaunen der Welt" (lat. stupor mundi). Der Maler Raffael, der noch bis ins 19. Jahrhundert als größter Künstler aller Zeiten gehandelt wurde, holte sich schon als Junge in der Umgebung seiner Heimatstadt Urbino die Anregungen zu seinen idealisierenden Bildern. Nebenher baute er zusammen mit seinem Landsmann Donato Bramante den Petersdom in Rom. Gioacchino Rossini, der Meister der komischen Oper aus Pesaro, schenkte der Welt dutzende Ouvertüren, die heute in etlichen Opernhäusern und Filmmusiken weiterleben.

Ein anderer Marchegianio landete Anfang des letzten Jahrhunderts in der New Yorker Immigranten-Sammelstelle Ellis Island. Nach Gehversuchen als Bergarbeiter und Kneipier gründete Cesare Mondavi in Kalifornien einen Traubenhandel und machte selbst etwas Wein für den Hausgebrauch. 100 Jahre, nachdem der Einwanderer angeblich mit 14 Dollar in der Tasche in der Neuen Welt ankam, ist Mondavi Wineries zum Global player mit weltweiten Börsennotierungen aufgestiegen. 2004 wurde das Unternehmen als eine der wichtigsten Marken der Weinwelt für 1,36 Milliarden Dollar verkauft.

Wie Mondavis Heimatort liegen die meisten historischen Ansiedlungen im Inland. In den fruchtbaren Tälern hat sich eine der besten Küchen Italiens entwickelt. Vieles ist deftig, vor allem Wurstwaren wie geräucherte Salami oder Schweinswurst, in Öl eingelegt. Dazu zählen aber auch Geniestreiche wie das Kaninchen-Ragout mit wildem Fenchel und gefüllte Tauben.

Sie sind nicht so bekannt wie die Pendants aus Parma oder San Daniele, aber mit viel Zeit und Handarbeit entstehen die nussigen Schinken von Carpegna. Pilze, Nüsse und Wildkräuter sind die lokalen Zutaten. Als größter Schatz gelten die Trüffel aus Acqualagna, große, tiefschwarze Pilzknollen, die zwar nur kurz, aber intensiv ihren animalischen Trüffelgeschmack abgeben. Doch auf Hitze reagieren sie empfindlich, deshalb lassen sie sich ideal über einen Teller Nudeln reiben.

Wer auf seiner Reise in dem Dorf Campofilone vorbeikommt, kann die Pasta dort in einer kleinen *pastificeria* kaufen. Inhaber Vincenzo Spinosi hat den Kult um die Teigware auch für italienische Verhältnisse auf eine neue Ebene gehoben. Zusammen mit Wissenschaftlern der Universität von Ancona fand er heraus, dass eine Extraportion Omega-3-Säuren im Hühnerfutter auch den Gehalt der ungesättigten Säuren in den Nudeln erhöht. Nach dieser selbstentwickelten Formel macht er seine Nudeln, „aber nur mit frischen Eiern, ganz wie die Nonna", versichert er. Im Ideal-Zuschnitt haben sie eine Kantenlänge von 1,8 mal 1,8 Millimeter – und heißen ganz einfach *spinosini.* Liebevoll von Hand verpackt verkauft er sie in aller Welt. Beliefert hat er schon die Queen und Papst Johannes Paul II. Nach New York versendet er besonders gerne, weil er dort als „Prince of pasta" bekannt ist.

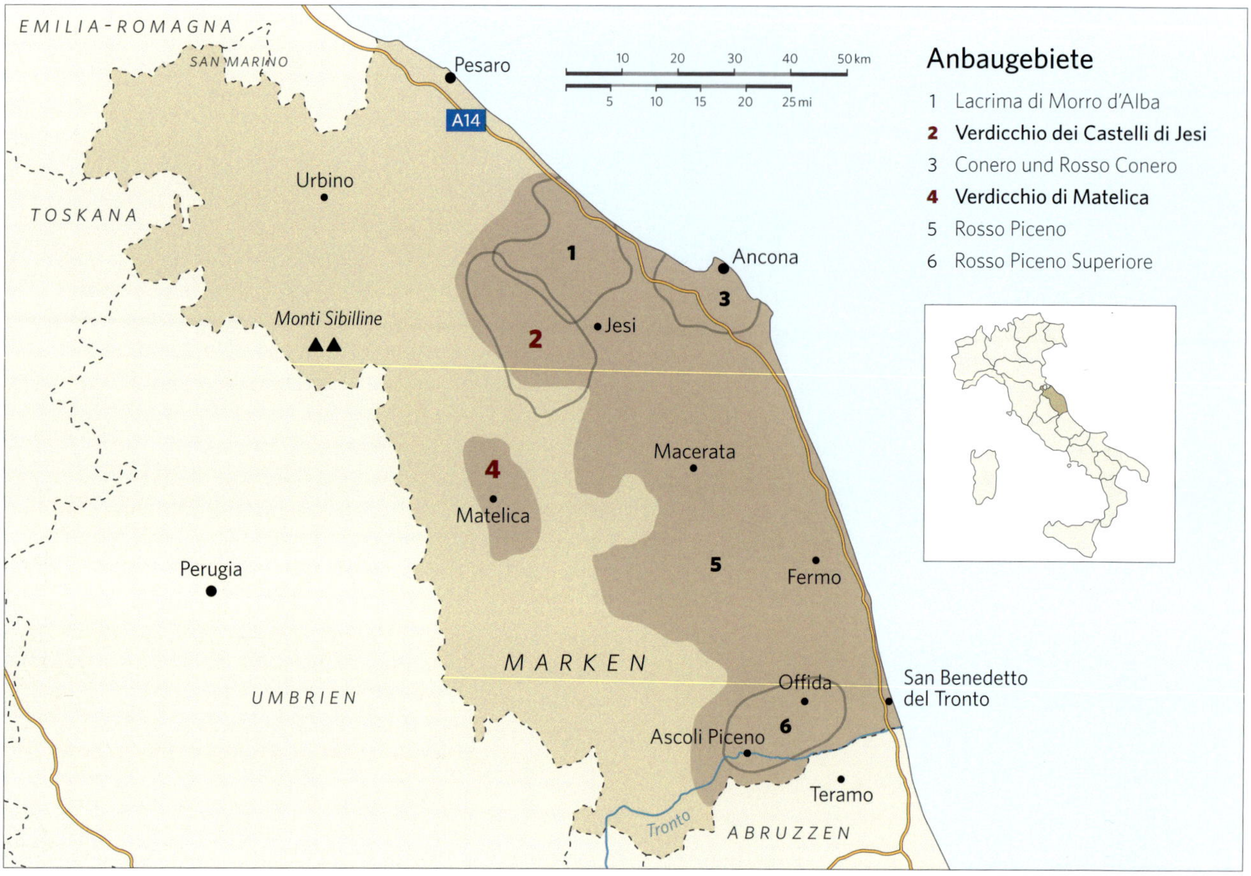

Theatralischer Fischhandel

Fährt man vom Landesinneren der Marken in Richtung Meer, fallen die Berge schroff ab. Über die engen Landstraßen hinunter zur Küste gelangt man auch in andere Marken. Nicht dass die Region ihren Plural-Namen daher hätte; er entspricht dem deutschen geografischen Begriff Mark. Karl der Große hatte diverse davon in der Region eingerichtet, die später zu Le Marche zusammengefasst wurden.

Auf der Bergstraße verlässt man das ausgeglichene Hügelland mit seinen historischen Städtchen in Richtung Strandpromenade, heiße Sommertage und Seebrise. Die Küste ist heute wesentlich dichter besiedelt als das Inland. 150 Kilometer Küste haben ihren Anteil daran. Große Teile davon ziehen sich schnurgerade die Adria hinab, gesegnet mit feinen Sandstränden, Palmen und Promenaden. Die Touristen hier bringen mehr Geld ins Land als die Schiffe im Hafen von Ancona.

In einem der größten Fischereihäfen Italiens werden jeden Morgen vor der Dämmerung die Fänge versteigert. Um ein Förderband herum sitzen Bieter auf ansteigenden Sitzreihen wie in einem Theater und beobachten die Kisten mit Seewolf und Garnelen, Pulpo und Seespinnen. An der Wand rechnet eine elektronische Anzeige die Preise im Sekundentakt herunter. Warten lohnt sich, es sei denn, man drückt den Gebotsknopf als Zweiter. Nur wer als Erster zuschlägt, dem gehört die Kiste. Zehn Tonnen Fisch und Meeresfrüchte wechseln so jeden Morgen den Besitzer. Manchmal mehr, und das meiste davon landet mittags in den Fischrestaurants der Touristenorte.

Der *brodetto*, der Fischeintopf, den es an der ganzen Küste gibt, gilt *all'anconetana* als besonders reichhaltig. Was genau hineingehört, dazu hat jeder Koch und jede Köchin eine andere Meinung. Tomaten und Essig auf jeden Fall und unbedingt genau 13 Sorten Fisch. Sonst ist er nicht *anconetana*, ganz klar. Welche Fische? Auch wieder eine Frage der Marktlage. Aber in der Stadt mit den vielen Fischkuttern ist die Auswahl reichhaltig.

Noch vor gar nicht so langer Zeit aß man privat fast immer besser als im Restaurant. Das hat sich mit den Bade-

Zwischen der Adriaküste und dem Apennin-Gebirge am Horizont wächst der Verdicchio auf den sanften Hügeln der Marken.

Touristen geändert. Ob in den malerischen Buchten am Fuß der Kalkstein-Felswände des pittoresken Monte Conero, der einzigen Erhebung an der Küste, oder in Orten wie Grottammare, Porto San Giorgio und Pedaso mit ihren schnuckeligen Altstädten: Gute Fischrestaurants findet man fast überall. Der hohe Salzgehalt des adriatischen Meeres mache die Meeresfrüchte so delikat, sagen viele Marchegiani. Mal wieder bescheiden, denn es gibt längst reihenweise Köche, die traditionelle Gerichte wieder entdecken oder Neues erfinden.

Fast immer kommen die Teller ohne Dekoration – bloß kein Chi-chi – auf den Tisch. Jakobsmuscheln bei Niedrigtemperatur gegart, Miesmuscheln mit Wildkräutern, denen etwas Zitronenschale den letzten Kick gibt, oder Raviolini mit Cigales, Safran und Topinambur repräsentieren moderne Gerichte der Marche. Und sie schmecken so, wie sie klingen, durch bestes Ausgangsmaterial, souverän kombinierte Aromen und perfekte Garzeiten.

In einem Ort wie Senigallia mit sagenhaften 13 Kilometern Sandstrand gibt es schon ein Restaurant, das einen in Italien so seltenen Michelin-Stern führt. Mitten zwischen den anderen – gleichfalls hervorragenden – Strandrestaurants fällt es kaum auf. Vor der Tür schlendern braungebrannte Badegäste vorbei. Vom Fenster aus sieht man die Segelboote vor der Küste kreuzen. Von hier ist es nur ein Steinwurf bis nach Rimini. Das Seebad mit den Bettenburgen in der angrenzenden Emiglia-Romana ist so bekannt, dass es fast ein Synonym für Strandurlaub ist. Cesare Mondavi, von dem kaum jemand weiß, dass er Marchegiano war, machte dafür das Napa Valley weltberühmt als Region für Spitzenweine. Vielleicht war er sogar mal in Cupertino. Die kalifornische Kleinstadt ehrte mit ihrer Namensgebung den Mönch Giuseppe da Cupertino, der trotz phantastischer Fähigkeiten sein Leben lang unter Lernschwierigkeiten litt. Zufall oder nicht, heute ist die Stadt weltbekannt als Sitz des Software-Giganten Apple im Silicon Valley, wo Uni-Abbrecher bekanntlich eine tragende Rolle spielen. Die Marken aber, die kennt immer noch keiner. *zig*

Titulus
BATTAGLIA

Casa

Sophia Lorens bitteres Ende

VERDICCHIO FÜHRTE LANGE EIN SCHATTENDASEIN. DABEI IST DER MEDITERRANE WEISSE AUS DEM SCHLICHTEN HINTERLAND DER MARKEN DER WEIN, AUF DEN DIE WASSERTIERE DER WELT GEWARTET HABEN. KAUM EIN WEISSER BEGLEITET GEGRILLTEN FISCH UND MEERESFRÜCHTE KNACKIGER ALS EIN VERDICCHIO. DAS LIEGT UNTER ANDEREM AN EINEM HOCHELEGANTEN BITTERTON. UND AN SOPHIA LOREN.

Wenn Stefano Antonucci ein Restaurant betritt, hält man ihn entweder für einen Lkw-Fahrer oder für einen Italo-Rockstar mit seinen Shorts und der verspiegelten Sonnenbrille. Im Restaurant steckt er zum Essen die nackten Füße in den weißen Sand. Sein Stammplatz für betriebliche Besprechungen hat direkten Anschluss an den Strand, im Hintergrund rauscht das Meer, man hört die Kinder schreien.

Stefano hat ein paar Leute aus der Firma eingeladen, ein Essen wie so viele in seinem Winzerberuf. Vertriebsleute aus England sind auch gekommen, ein bisschen Bericht zu erstatten von den britischen Inseln. Wenn sie vom Business erzählen, strahlt Stefano unter dem Dreitagebart, und die Gäste an den Nebentischen drehen sich um bei seinem herzhaften Lachen. Den Erfolgsmenschen merkt man ihm an.

Zu den ersten Platten mit Pulpo, Scampi und Sardinen gibt es seinen Verdicchio. Kühl und mineralisch muss der Wein jetzt sein. Die Meeresfrüchte umspült der Le Vaglie zudem mit einer knackig frischen Frucht und Säure. Jeder Schluck Verdicchio lässt seinen Trinker am Ende noch mit einem kleinen Bittermandelton zurück. Ganz hinten im Gaumen meldet sich der appetitlich herbe Ton und macht, dass man gleich den nächsten Schluck nehmen möchte.

Der Meeresfrüchte-Spezialist unter den italienischen Weißweinen wächst allerdings nicht an der Küste. Wie die meisten Einwohner der Marken stammt er aus dem Hinterland, wo sich die Vorberge des Apennin-Gebirges auffalten. Ein paar 100 Meter über dem Meeresspiegel fühlen sich Mensch und Pflanze wohl. Das Klima ist mild und ausgeglichen. Warme Tage, kühle, aber selten kalte Nächte, das liegt ironischerweise am ungeliebten Meer. Kaum ein Weinstock ist weiter als 30 Kilometer von der Küste entfernt. Die Seewinde sorgen bis in hohe Lagen für ausgeglichenes Klima.

Etwa in der Mitte der Region unterbrechen drei Täler, an deren Grund Flüsse von Westen in das adriatische Meer strömen, die Formation. Hier setzen sich die Meeresbrisen noch etwas deutlicher durch. Um Jesi erstreckt sich das größte und bekannteste Untergebiet. Obwohl mehr als jeder zweite Verdicchio zusätzlich den Namen des Städtchens trägt, gibt es dort kaum Weingüter. Die meisten Winzer leben in umliegenden Orten wie Montecarotto, Castelplanio, Maiolati Spontini und Cupramontana, die wie kleine Kronen auf den sanften Hügeln des Umlands liegen.

Das moderat trockene Klima in der Region bietet der Rebsorte ideale Bedingungen. Lange, trockene Sommer lassen der spätreifen Traube fast immer genug Zeit, sich vollständig zu entwickeln. So entstehen Verdicchios mit viel saftiger Frucht.

Weiter im Inland liegt Matelica, die zweite Unterregion. In das hoch gelegene Tal ohne Verbindung zum Meer weht schon mal ein kalter Wind vom Apennin hinunter. Am Horizont türmen sich die verschneiten Berggipfel bis zu 2.500 Meter hoch. Sogar in den Weinbergen fällt zuweilen Schnee. Die Nächte sind frisch, und die Trauben reifen langsam. Hier beginnt die Ernte fast zwei Wochen später als in Jesi. Das heißt etwas. Es dauert länger, bis die Weinstöcke genug Sonne und Hitze aufgenommen haben, dafür bilden sie in den kühlen Nächten feine Säure und Extraktstoffe. Gute Matelica-Weine sind ein bisschen dichter und merklich mineralischer als andere Verdicchios, aber selten.

Immergrüne Probleme

Verdicchio heißt so viel wie immergrün, das viele Blattwerk verdeckt schnell die Trauben. Die bleiben feucht und schimmeln schnell. Über das Jahr hat der Winzer viel Arbeit, Blätter und Beeren zurückzuschneiden. Denn zu hoher Ertrag ergibt alkoholische Weine, die kaum Eigengeschmack haben. Und davon gibt es in Italien schon genug.

Ein kühles Glas Verdicchio veredelt jeden heißen Tag am Strand.

Die meisten weißen italienischen Trauben stammen wahrscheinlich von einer einzigen Rebsorte ab. Manches spricht dafür, dass der verbreitete Greco der Urahn ist, vielleicht auch Trebbiano. Beide sind recht neutral und Konkurrenten des Verdicchio, von denen der sich nur mit entsprechender Persönlichkeit absetzen kann.

Carlo und Daria Garofoli machen solche Weine. Ihre Mitbürger im Wallfahrtsort Loreto sind überzeugt, dass Engel das Elternhaus Christi einst hier abgesetzt haben. Carlo glaubt an Forschungsergebnisse und erntet deshalb seine Trauben relativ spät. Er verarbeitet sie schnell und gekühlt. Nach der Gärung haben die Weine eine lange Ruhezeit. „Das macht sie mild“, verrät er, „außerdem gibt es ihnen Körper“, also das Gefühl eines voluminösen Weins im Mund. Ein gut gemachter Verdicchio packt zu Mineralität und Säure noch eine Extraportion Frucht. Herbe Birnen, Quitten, Südfrüchte machen ihn saftig, manchmal kommt ein Ton von Rosinen, Ginster oder Fichtentrieben dazu. Der Bitterton von Carlos Wein *Podium* huscht in Andeutungen von Bittermandel durch den Wein und die Mundhöhle, appetitanregend und eingehüllt in den Duft von Orchideenblüten.

Bis zu dieser eleganten Interpretation der Rebsorte war es ein weiter Weg. Ähnlich wie politisch und klimatisch galten die Marken auch vinologisch als eine Art Niemandsland. Dabei waren es weniger die Weine als die Winzer, die zu unauffällig blieben und ihre Erzeugnisse nie überregional bekannt machten. Seit Jahrhunderten kommen aus dem Hinterland einfache Weiße. Kaum jemand wollte zu der Fassware auch nur einen Namen haben.

Wer jedoch nach dem II. Weltkrieg mit so bekannten Namen wie Soave konkurrieren und sich an der Produktion im großen Stil beteiligen wollte, musste besser erkennbar sein. Fazi schrieb einen Designer-Wettbewerb für eine neue Flaschenform aus, dessen Sieger einen stilisierten Torso einreichte. Mit wenigen geraden Linien, aber doch sinnlich, fällt die Form in jedem Weinregal ins Auge.

„Genau deshalb schuf Fazi die Amphore“, schwärmt Dino Porfiri und zeichnet mit den Händen die Taillenform der Flasche nach. Der altgediente Önologe des Hauses weiß die Werbebotschaft zu deuten. „Natürlich soll die Flasche die Figur einer italienischen Frau nachzeichnen“, erklärt er stolz, „zum Beispiel die von Sophia Loren.“

Die Amphoren-Flasche sollte der Durchbruch werden. Jede bekam noch ein Papierröllchen um den Hals. Darin sind Herkunft und Rebsorte mit dem Zusatz, dass sie eine der besten des Landes sei, verbürgt. Bis heute werden die Rollen in Handarbeit um jeden Flaschenhals gelegt.

In vielen Ländern ist die Amphore fast gleichbedeutend mit Verdicchio. Der Glasbehälter ist ein Musterbeispiel für den Erfolg von Produkt-Design. Im Foyer des Verwaltungsgebäudes sind die Flaschen in einer Art Skulptur ausgestellt. Hinter den Bürotüren ist die Flaschenform indes immer wieder mal Thema. Ist sie nicht langsam altbacken? „In den USA sind wir damit groß geworden“, sagt Porfiri. Vielleicht weil sie entfernt mit der Colaflasche verwandt ist. Versuche mit anderen Formen sorgten jedenfalls für sinkende Verkaufszahlen.

Bittere Wahrheiten

Bis in den siebziger Jahren bekannt wurde, welchen Einfluss Luftzufuhr und Temperatur nach der Ernte auf den späteren Wein haben, schmeckte Verdicchio schätzungsweise so wie die meisten Landweine in Italien. Die Trauben wurden mit aller Ruhe geerntet, warteten ungesund lange auf die Kelter, während der Saft zu einer kupferbraunen Flüssigkeit oxidierte, die zusammen mit den Schalen fermentierte. Die Folge: Oxidationsaromen statt Frucht und Frische.

Dino Porfiri arbeitet seit Jahrzehnten als Önologe für Fazi Battaglia. Er kennt die Geheimnisse des Verdicchio.

Nur wenige Betriebe wie Fazi Battaglia sahen genauer hin. Ernte in kleinen Behältern, in denen die Früchte nicht beschädigt werden, und schnelle Verarbeitung waren wichtige Schritte, die auch andere befolgten. Bald wurden die Weine massenhaft mit der neuen Technik hergestellt, in sauberen Stahltanks kühl vergoren. Das führte zu einigen extrem neutralen Versionen. Der Bitterton war manchmal das Einzige, woran man den Verdicchio erkannte. Ein Vorteil, wenn man eine nicht allzu anspruchsvolle Kundschaft pflegt, die sich freut, ihren Lieblingstropfen jederzeit von anderen unterscheiden zu können. Der Bitterton ist aber kein Zeichen für einen hochwertigen Wein. Das ist von Nachteil, wenn man seine Weine für gutes Geld verkaufen will.

„Die Auswahl der besten Reben und sanfte Pressung waren der Durchbruch", sagt Dino Porfiri heute. Denn wie fast alle Bitter- und Gerbstofftöne steckt der Geschmacksaspekt in den Schalen und Kernen. Man schmeckt es, wenn man die Trauben isst. Doch erst erhöhter oder langer Pressdruck löst die Gaumenstecher aus den Trauben. „Den gilt es deshalb zu vermeiden", weiß der Weinbauingenieur. Das trifft sich gut, da ein geringer Pressdruck allemal Voraussetzung für einen besseren Wein ist.

Auf diesem technischen Stand war Verdicchio durchaus in der Mitte der Qualitätsgesellschaft angekommen. Aber nicht unter den Spitzenweinen, die oft erst nach Jahren der Lagerung zu Höchstleistungen auflaufen. Weiße Mittelmeerweine stehen aber allgemein im Ruf, nicht die nötige Stabilität für solche Prozesse zu haben. Sprich: Während der Wein – vielleicht – eine positive Entwicklung durch Reifung durchmacht, verfällt sein Haltbarkeitsdatum. Schlimmstenfalls verwandelt er sich in eine Mischung aus billigem Sherry und faulen Eiern.

Wissenschaftliche Studien legten jedoch nahe, dass Verdicchio Bestandteile enthält, die ihn lagerfähig machen. Wie Rotwein könne die Sorte altern, da ist sich Dino sicher und ballt die Hände vor der Brust, als ob er eine Kugel greifen will, denn er habe ähnliche Komponenten. Wenn auch kein Tannin.

Spät geerntete, nicht überreife Verdicchios entwickeln mit den Jahren molligweiche Honigtöne und tiefe

Fruchtaromen, das haben auch die Garofolis für sich entdeckt. „Sie werden staunen, wie der Wein sich macht“, sagt Ex-Pädagogin Daria Garofoli und schwebt im weißen Rüschenrock Richtung Keller, um mit einem Arm voll Flaschen zurückzukommen.

Neue Möglichkeiten – entdeckt

Ein drei Jahre alter *Podium* zum Beispiel zeigt Mineralität, reife Früchte und putzmuntere Säure. Alles Eigenschaften, die Weißweinen, die nicht alterungsfähig sind, abgehen. Nach fünf Jahren hat sich das süßliche Fassholz eines *Fiorese* bestens mit der Säure arrangiert, nach sieben duftet eine Auswahl von Trockenfrüchten und Honig aus dem Glas. Ein 2003er ohne Barrique hat enorm an Komplexität zugelegt. Auf der Zunge spürt man seine fein-cremige Konsistenz, exotische Früchte mit einem Touch von Rosenblüten, „aber auch etwas Harz und ätherisch-medizinale Töne“, wendet der Meister ein. Das Jahr war sehr heiß, so etwas steckt auch ein guter Wein nicht so einfach weg. Trotzdem ist er noch ein delikates Stück Zeitgeschichte. Ein 2001er *Podium* hat sich während der Lagerzeit farblich einen goldgelben Alterungston zugelegt, schmeckt nach Banane, Pfirsich und süßen Blüten. Durch das lange Hefelager bringt er viel Körper mit einem Extrakt wie duftender Akazienhonig mit. Der Wein ist nach den Jahren noch frisch, als würde er gleich auf einem Surfbrett durch die Mundhöhle rauschen. Den Bitterton zieht er wie einen Schweif hinter sich her. Fehlt nur noch das Strand-Restaurant.

Da die Möglichkeiten einmal entdeckt sind, wollen viele Winzer es genauer wissen. Vorsichtiger Ausbau im Holzfass bietet sich an. Andere machen Weine aus einzelnen Lagen, um zu sehen, wie viel sich die Traube von dem Standort annimmt. Verdicchio ist auch ein gutes Ausgangsmaterial für Sekt. In der Brut-Version setzen sich frische Frucht und Mineralität zu einer überraschend soliden Substanz zusammen. Das hätte man dem Strandläufer gar nicht so zugetraut! Spätestens beim Rosé-Sekt verstummt der letzte Traditionalist. Die so wichtige Säure-Balance im Schaumwein – nicht zu viel, dann ätzt er, zu wenig, schmeckt er lau – hält der Verdicchio souverän. Präsent, aber nie beißend. Dazu die feinen Mineraltöne.

Neugierige Winzer lassen die späten Trauben gerne über den Reifezeitpunkt hinaus hängen. Häufig steigen die Temperaturen in der ersten Novemberwoche noch einmal an. In diesem feuchtwarmen St.-Martins-Sommer legt sich Botrytis, die Edelfäule, über die Trauben. Wer das ganze Jahr im Weinberg gut aufgepasst und die Erträge niedrig gehalten hat, kann bis Weihnachten extrem süße Trauben ernten. Auf Strohmatten getrocknet entwickelt dieser *Passito Brumato* später ein Spektrum von Dörrobst, Akazienhonig, süßen Blüten, Banane und Pfirsich. Nur ein klitzekleiner Bitterton am Ende, wie ein zweiter Ausschlag auf einer Kurve, verrät die Identität. Zu *foie gras* oder Stilton nimmt er es mit feinen Süßweinen auf. Wenn die Marchegiani nur nicht wieder zu bescheiden sind, um es zu sagen. *zig*

Meeresfrüchte: Besonders salziges Adria-Wasser soll das Aroma steigern.

GENUSSTIPP

Verdicchio ist der perfekte Partner für gebratene Fischfilets und alle Meeresfrüchte auf mediterrane Art. Gut gekühlt meistert der leichte Schlanke auch ein Mittagessen im Garten bei hochsommerlichen Temperaturen. Am besten immer reichlich Flaschen auf Eis legen, Verdicchio schmeckt nach mehr. Im Barrique ausgebaute und ältere Tröpfchen brauchen es nicht ganz so kühl und begleiten auch schon mal kompetent eine Sahnesauce. Auf Beach Parties machen schon einfache Weine für 5 bis 6 € aus dem besseren Supermarkt eine gute Figur. Weine mit Aha-Effekt bekommt man bis etwa 12 € im Fachhandel. In Würde gealterte Verdicchios müssen natürlich höher honoriert werden. Im Restaurant findet man beides leider selten.

Mausempfehlungen für knackigen Weißweingenuss

Belisario www.belisario.it
Bonci www.vallerosa-bonci.com
Bucci www.villabucci.it
Casalfarneto www.casalfarneto.it
Fazi Battaglia www.fazibattaglia.com
Garofoli www.garofolivini.it
La Monacesca www.monacesca.it
Marotti Campi www.marotticampi.it
Santa Barbara www.vinisantabarbara.it
Sartarelli www.sartarelli.it
Tavignano www.tenutaditavignano.it
Terre Cortesi Moncaro www.moncaro.com

Die Marken „Kurz eingeschenkt“ finden Sie auf der Seite 286.

Abruzzen

Zwischen Schnee und Strand

EIN GEBIRGE MIT VERSCHNEITEN GIPFELN, SO EINSAM WIE TIBETISCHES HOCHLAND, LIEGT MITTEN IN ITALIEN. DIE ABRUZZEN SIND IRGENDWIE AUS DER ZEIT GEFALLEN. ZWISCHEN QUIRLIGEN ADRIASTRÄNDEN, NUR EINE AUTOSTUNDE VON ROM ENTFERNT, TAUCHT MAN IN EINE WELT VON TRUTZBURGEN, BERGWIESEN UND KLOSTERKIRCHEN EIN. SKURRILE BRÄUCHE UND MENSCHEN INKLUSIVE. DIE ABRUZZEN SIND EINE MATTE PERLE, DIE ERSTMAL POLIERT WERDEN MUSS.

„In die Berge? Che follia!", wehrt der Wirt des Miramare ab, als wir ihm erzählen, dass wir uns das Maiella-Massiv ansehen wollen. Auf dem Teller landet gerade eine Portion Gambas mit dicken Bohnen, die Kombination von Meeresfrüchten und Produkten aus dem Hinterland, die für die Abruzzen so typisch ist. „Aber deshalb muss ich nicht gleich in die Berge fahren", sagt der Wirt und zeigt mit einer stolzen Geste zum Fenster.

Draußen, hinter der Uferpromenade des Adria-Städtchen Giulianova, spannt sich ein dunkeltürkisblauer Teppich, vor dem ein paar Palmenblätter in der Septemberluft hin und her wedeln. Es kommen gratinierte Miesmuscheln und *crudità*: roher, fein gehobelter Pulpo und Knurrhahn mit Fenchel. Zu all dem trinken wir den Montepulciano d'Abruzzo, der irgendwie nicht richtig munden will. Zu tintig, zu stumpf. Der Rest der Welt schwärmt von seiner Weichheit. Aber er passt nicht wirklich in die mediterrane Szene, so wie die Abruzzen das Meer eigentlich auch nicht lieben.

Die Küste ist gespickt mit Stegen, die an Pfahlbauten enden, aus denen staksige Latten ragen. Von diesen *trabocchi* aus Akazienholz wurden früher Fischernetze ins flache Wasser abgelassen. Nach einem Tag auf dem flachen Sandboden zog man sie ruckartig aus dem Wasser und hatte einen ordentlichen Fang. Viel weiter aufs Meer brauchte man nicht. „Heute fahren Fabrikschiffe mit Radarortung raus, da brauchst du dein Glück nicht mehr zu versuchen", sagt später ein Fischer. Die meisten der Hütten aus Akazienholz dienen heute als Restaurants. An die Abende über dem Wasser erinnern sich Touristen zu Hause mit Wehmut. Einheimische sieht man dort selten.

Wenige Kilometer weiter im Inland spricht kein Mensch mehr von Meeresfrüchten. Die Weingärten der Abruzzen und damit das wirkliche Einsatzgebiet des Montepulciano beginnen nur ein paar Kilometer landeinwärts, wo das Hinterland mild und grün und fruchtbar ist. Zwischen den Olivenbäumen wachsen Robinien. Haine mit Nussbäumen und Eichen lassen Lebensraum für kleine Wildtiere. Hier ersetzen Schmorgerichte und Eintöpfe die Meeresfrüchte.

Seite 270 – 271: Burgruine Castel del Monte am Campo Imperatore.
Seite 272: Krypta mit antiken Marmorsäulen und Mönch in der Kirche San Giovanni in Venere in Strandnähe südlich von Ortona.

Nur vereinzelt sind im Hinterland größere Anwesen in die Landschaft gesprenkelt. Zweistöckige Bauernhäuser, in denen mehrere Generationen mitsamt Landarbeitern unter einem Dach lebten, bevor sich die rissigen Fensterläden das letzte Mal schlossen. Nicht wenige der alten Höfe modern vor sich hin. Oft sieht man bescheidene Bauernkaten mit Kleinvieh, Obst- und Gemüsegarten. Die Scholle gibt was her; Wein, Oliven und Weizen wachsen gut in dem milden Klima.

Besonders eindrucksvoll sieht man das auf der Route von Teramo nach Loreto Aprutino, wenn sich die Straße durch Anpflanzungen schlängelt, die wie ein Landschaftsgarten um *calanchi* herumgepflanzt sind. Solche erodierten Berghänge mit ihren scharfkantig ausgewaschenen Rinnen geben eine dramatische Kulisse für den eigentlich eher profanen Landbau ab.

Seelen im Fluss aus Pech

Hält man an einer der vielen Klosterkirchen auf dem Weg an, kann man im Innern eine auf ganz andere Art schroffe Welt entdecken. Auf dem Fresco der Kirche Santa Maria in Piano in Loreto Aprutino laufen Seelen über eine Brücke. Manche stürzen hinunter und fallen in den Vorgarten des Paradieses, wo die Tage nur aus Tanzen und Amüsement bestehen. Manche Seelen landen im Fluss, und darin fließt siedendes Pech.

In den Abruzzen gibt es Auferstehungsfeiern, zu denen Maria im Festgewand auftritt, als wäre Jesus Christus ein Popstar, und Osterprozessionen, bei denen lebende Nattern auf einer Heiligenfigur herumkriechen. Die Reptilien werden dazu eigens aus dem Winterschlaf geweckt und sollen die Zukunft voraussagen. Trotz der zahlreichen Kirchen haben viele Feste heidnische Wurzeln. Feuerwerke, Schilffeuer und Armbrustwettschießen sollen meistens irgendetwas vertreiben.

Weder Rom noch Florenz: Die Abruzzen mit ihren Dorfkirchen bieten Beschauliches.

Diese Abruzzen bedienen kein gängiges Italien-Klischee. Nichts erinnert hier an die schnurgeraden Sandstrände der Adria, die ziselierte Kulturlandschaft der Toskana oder das sprühende Selbstbewusstsein der Römer. Auch Zypressen sucht man vergeblich und Renaissance-Paläste auch.

Nicht einmal wirkliche Städte gibt es. Zumindest keine großen, weil das Land schon ewig geknechtet wurde. In den isolierten Lagen und schwierigen Böden beuteten Großgrundbesitzer die Bauern bitter aus. Sie sorgten für sich und ihren Besitz, während die landlose Bevölkerung arm blieb. Größere Gemeinwesen konnten sich kaum entwickeln.

Noch Anfang des 20. Jahrhunderts beschrieb der Schriftsteller Ignazio Silone sozial scharfsinnig die Verelendung der Kleinbauern im Machtgeflecht von Kapital, Kirche und Faschismus. In seinen Romanen resignieren die Figuren über Sätzen wie „Was nützt es, sich Gedanken zu machen? Davon ist noch kein Hungriger satt geworden." In diesem melancholischen Realismus seiner Sprache erkennen viele Landsleute seine abruzzesische Herkunft wieder.

Schon im 19. Jahrhundert tauschten Hunderttausende die Perspektivlosigkeit gegen ein Dritte-Klasse-Ticket auf einem Schiff mit Kurs Amerika. New York, Rio de Janeiro oder Buenos Aires hießen die Zielhäfen. Hauptsache weg.

Mussolini verbot die Auswanderung zwar, doch gleich nach dem Ende des Faschismus schwappte die nächste Welle Richtung Norden. In Rom leben heute mehr Abruzzesen als in den Städten ihrer Heimatregion.

Erst in den sechziger Jahren erlebten die Abruzzesen ein erstes Wirtschaftswunder. Langsam aber stetig hat sich seitdem mittelständische Industrie angesiedelt. Im ganzen Land berühmt sind die abruzzesischen Nudeln. Aber auch wer Konsumgüter wie Jeans, Autoscheiben, Cola-Dosen, Koffer, CDs, Keilriemen, Möbel sein Eigen nennt, besitzt mit einiger Wahrscheinlichkeit ein Produkt „Made in Abruzzo".

Anschluss an den reichen Norden

Ursprünglich zählte man die Abruzzen zum armen Süden Italiens, weil sie bis Mitte des 19. Jahrhunderts ein Teil des Königreichs Sizilien waren. Die wirtschaftlich ineffeziente Monarchie stürzte zwar, aber dringend nötige Landreformen blieben auch im vereinten Italien aus und die Strukturschwäche bestehen. Neuere Wirtschaftsdaten legen allerdings nahe, dass die bescheidenen Abruzzesen inzwischen zu Mittelitalien aufgeschlossen haben.

Rückgängig zu machen ist die Landflucht trotzdem nicht. In den ausgedehnten Weinbergen mit ihren hohen Pergolareben schuften heute vorwiegend Rumänen und Albaner.

Ein weiterer Aspekt, der untypisch für Süditalien ist, könnte eine Rolle spielen: In den Abruzzen gibt es kaum Mafia. Der Geheimbund hat in der armen Appenninregion keine Tradition und vielleicht auch zu wenig Geschäftsfelder.

Zerstörerische Einflüsse kennen die Abruzzen dennoch zur Genüge. Die Naturgewalten spielen der Region mit hoher seismischer Aktivität übel mit. Erdstöße erschüttern die Städte schon seit Jahrhunderten. Ein weiterer Grund,

Fauna und Flora der Bergwiesen am Campo Imperatore.

warum es hier an Prachtbauten und historischen Stadtkernen mangelt.

Das letzte große Beben von 2009 hat auf viele Jahre hinaus die Hauptstadt L'Aquila und ihre Umgebung verwüstet. Wo noch vor Kurzem Studenten die Bars und Cafés bevölkerten, sind viele Gebäude irreparabel beschädigt. Eilig gezimmerte Gerüste, bewacht von Militär, hindern die Ruinen am Einsturz. Die Regierungsgelder für den Wiederaufbau kommen selten hier an. Viele Menschen leben auf Jahre in Blech-Containern.

Im II. Weltkrieg verschanzten sich die zurückweichenden Nazis monatelang in Stellungen, deren Linien genau durch die Region verliefen. Hier wurden die blutigsten Schlachten geschlagen. Orte wie Ortona, Ancona und Pescara wurden in zähen Häuserkämpfen fast völlig zerstört.

Plattenbauten prägen das ungewohnte Bild dieser italienischen Städte. Endlose Reihen von Grabsteinen für kanadische und neuseeländische Soldaten sind bis heute grausige Zeugen der Blutbäder, die das Leid der Zivilbevölkerung doch nicht ahnen lassen. Allein durch die Explosion von Blindgängern beim Wiederaufbau der Landwirtschaft nach dem Krieg starben mehr Menschen als während der Kampfhandlungen.

Weiter im Landesinneren steigt das Land immer steiler an. Der Apennin, der Gebirgsrücken, der sich über den ganzen italienischen Stiefel zieht, erhebt sich in den Abruzzen zu seiner größten Höhe. Ganz anders als der Rest der Region ist das weitläufige Bergland im Westen in vieler Hinsicht unberührt. Den Abruzzesen ist das Hochland suspekt, es ist kaum besiedelt oder durch Landbau und Industrie zerstört. Rund zwei Drittel der Provinz bestehen aus Gebirgszügen mit den größten Naturschutzgebieten Italiens.

Tibetische Steppe in mediterranem Licht

Das wildschroffe Gran-Sasso-Massiv gehört dazu mit dem fast 3.000 Meter hohen Corno Grande. Bergseen, unberührte Wasserfälle und der südlichste Gletscher Europas begeistern Naturtouristen. Wer den Weg macht, bekommt eine seltene Pflanzen- und Tierwelt gratis. Gämsen, Adler, Wanderfalken, Wildkatzen, Fischotter stellen die Population des völlig intakten Ökosystems. Endemischer Einwohner ist der Apenninwolf, der fast ausgestorben war, und selbst eine Unterart des Braunbären hat kein Problem mit dem Habitat. Die Bergwelt sieht so vertraut aus wie die Alpen, bietet aber eine höhere Schneesicherheit und ist deshalb unter Skifahrern eine Empfehlung.

Am Westrand fällt das Gebirge in das Hochplateau Campo Imperatore ab. Auf über 1.500 Metern Höhe erstrecken sich Tundrawiesen mit drahtigen Gräsern ohne Bäume und erinnern an ostasiatische Steppen. Klein-Tibet sagen die Einheimischen. Die italienische Sonne taucht die Berge oft in ein warm glänzendes Licht, das die Gipfel aufleuchten lässt. Im Sommer verwandelt sich die Steppe in eine Blumenwiese mit bunten Orchideen und Narzissen. Botaniker haben ihre helle Freude an der Flora. Seltene Pflanzen, von denen es manche nur hier gibt, blühen einfach am Wegesrand.

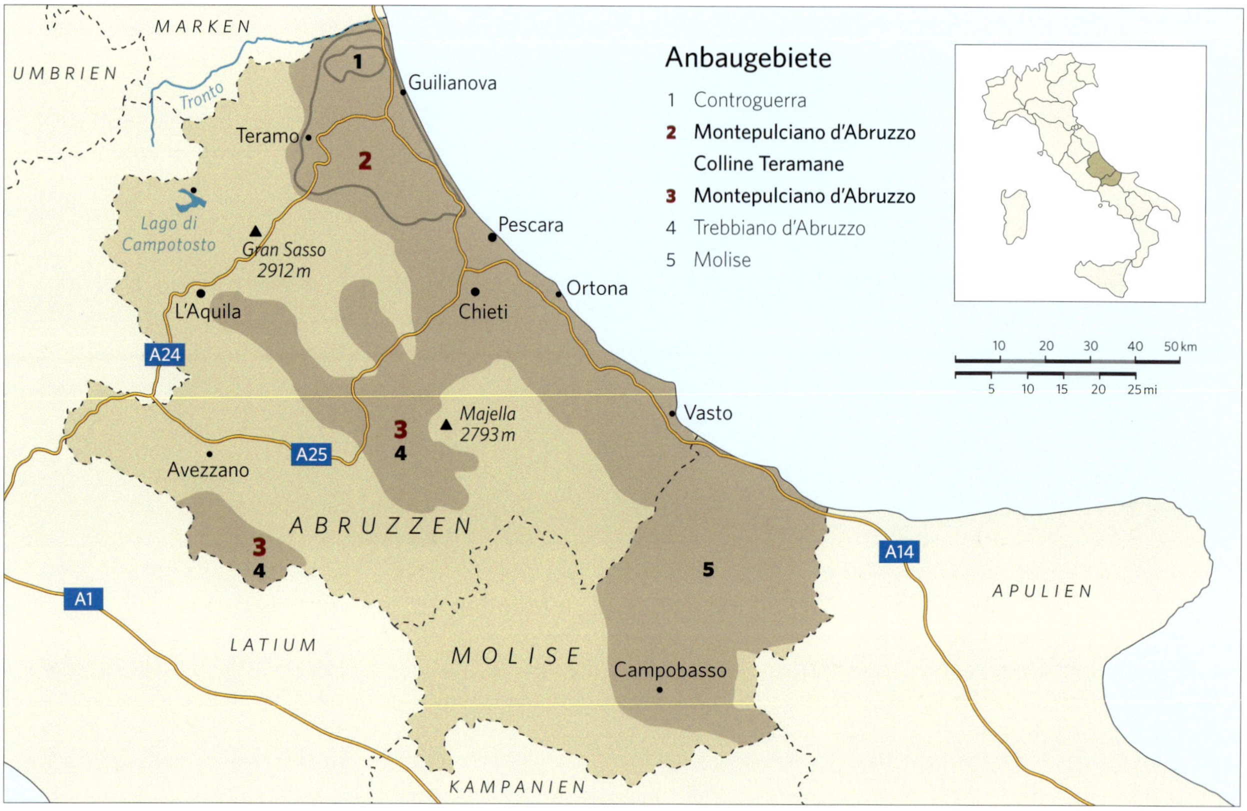

Anbaugebiete
1 Controguerra
2 Montepulciano d'Abruzzo Colline Teramane
3 Montepulciano d'Abruzzo
4 Trebbiano d'Abruzzo
5 Molise
MARKEN
UMBRIEN
Tronto
Guilianova
Teramo
Lago di Campotosto
Gran Sasso 2912 m
Pescara
Ortona
Chieti
L'Aquila
A24
Majella 2793 m
Vasto
A25
Avezzano
ABRUZZEN
A14
APULIEN
A1
LATIUM
MOLISE
Campobasso
KAMPANIEN
10 20 30 40 50 km
5 10 15 20 25 mi

Italo-Western trifft Benediktiner-Mönch

Auch das scheinbar unwirtliche Land eignet sich zur Landwirtschaft: Zwischen Edelweiß, Enzian und Adonisröschen weidet Vieh auf der 80 Quadratkilometer großen Hochebene. Dessen Fleisch und Milch schmecken intensiv, weil es sich von den würzigen Gräsern ernährt.

Den Abruzzesen gilt die Hochebene dennoch als Ende der Welt. Nach seiner Absetzung und Verhaftung 1943 wurde hier Benito Mussolini interniert. Man steckte ihn gut bewacht in ein Berghotel in der sicheren Annahme, dass er vor eventuellen Befreiungsaktionen abgeschirmt sei.

Ohne Rücksicht auf schwere Verluste fiel ein Himmelfahrtskommando aus deutscher Luftwaffe und SS in die Bergregion ein und schaffte den Faschisten außer Reichweite der Alliierten. Im Verlauf seiner weiteren Flucht Richtung Schweiz ließ sich Mussolini jedoch von einer Partisanentruppe erwischen. Die Freiheitskämpfer machten kurzen Prozess und beförderten den Ex-Duce ins Jenseits.

Weil die Luft so rein ist, richtete man ein Spiegelteleskop im Campo Imperatore ein. Auf der Suche nach Objekten, die die Umlaufbahn der Erde kreuzen, hat es schon rund 200 Asteroiden ausgemacht. Auf dem Campo Imperatore sieht man, wie die Planeten in sicheren Bahnen laufen.

Beliebt ist die unwirkliche Kulisse auch bei Filmemachern. Die Landschaftsaufnahmen zu dem Mittelalter-Monumentalfilm *Der Name der Rose* entstanden in der Einsamkeit des Campo. Außer Sean Connery ritt Franco Nero als sprachökonomischer Rächer des Italo-Westerns *Keama* über die Hochebene. Michelle Pfeiffer schwebte als verfluchte Isabeau d'Anjou durch den Phantasy-Schmachtfetzen *Der Tag des Falken*.

Viele Italiener lernen die Einsamkeit und die perfekte Stille der Ebene erst nach und nach kennen. An kleinen Hütten, die über das Tal verteilt und für jedermann offen sind, treffen sich Radfahrer, Biker und Camper. Eine bessere Szenerie für ein Picknick gibt es auf der Welt nicht. In Sichtweite der gezahnten Gipfel gibt es *salciche* in Öl mit Orangenschalen und Rosmarin und *ventricina*, die würzigen Schweinswürste, mit gegrilltem Brot. Andere packen Pecorino aus, *coppa* mit Kräutern und geschmortes Kaninchen, gefüllt mit Leber und Steinpilzen.

Dazu steuert jeder noch eine Geschichte bei, darüber, wie seine Mama das Kaninchen mit gekräuterter *coppa* verfeinert und die *nonna* den *sugo* noch im Terracottatopf gekocht hat.

Nur 50 Kilometer weiter liegen die Touristen am weißen Adriastrand von Giulianova. Wer seinen Sonnenschirm und die Liege für ein kleines Bad allein lässt, sieht vom türkisblauen Wasser aus den schneebedeckten Gipfel des Gran Sasso.

Doch kaum einer ahnt, dass es so nah an diesem Leben zwischen Sonnencreme und Eis am Stiel ein ganz anderes gibt: ein Leben mit *arrosticini*, Lammspießen, für die die Abruzzesen spezielle Grills haben. Darauf wird das Fleisch rauchig und zart. So nimmt es die milden Tannine des Weins genauso perfekt auf wie das knusprige Fett die Säure. Genau dann weiß man, warum der Montepulciano d'Abruzzo ein genialer Wein ist. *zig*

Der Fischreichtum der Küste macht es möglich: das Fischen mit großen Netzen, ohne dabei nasse Füße zu bekommen.

Zwar ist der berühmteste Teigfladen Italiens die Pizza, aber die ligurische *focaccia* ist nicht minder beliebt. Der Teig besteht aus Mehl, Wasser, Hefe, Salz und Olivenöl und wird mit vielen köstlichen Zutaten – hier mit Kirschtomaten – belegt. Den knusprigen Imbiss bekommt man in den *focaccerie*, wo er dampfend heiß aus dem Steinofen gezogen und dann als To-go-Snack in Butterbrotpapier gewickelt wird.

Verlässliches Multitalent

MONTEPULCIANO HEISST EIN EINSAMER STERN AM WEINHIMMEL ÜBER DEN ABRUZZEN. WO ANDERE REGIONEN MIT DUTZENDEN EINHEIMISCHEN REBSORTEN UNTERSCHIEDLICHSTE WEINE HERVORBRINGEN, KENNT DIE MITTELITALIENISCHE REGION NUR EINEN ROTEN. DER IST DAFÜR ABER EINE ART MULTITALENT, WAS GESCHMACK UND STIL ANGEHT. DIE CHARMANTEN TRÖPFCHEN SCHMEICHELN JEDEM GAUMEN, UND DIE PREISE SIND GEMÄSSIGT – MANCHMAL AUCH DIE QUALITÄT. SO SIND DIE WEICHEN WEINE AUS DEM ENTLEGENEN BERGLAND ZU EXPORTSCHLAGERN GEWORDEN.

„Dir bleib ich immer treu", beteuern zwei große Hundeaugen, die abgerissenen Eselsohren des Plakats nehmen ihnen fast die Sicht. Besser könnte man den Montepulciano d'Abruzzo kaum beschreiben. Egal, ob er aus dem Regal eines Weinfachgeschäfts oder eines Getränkemarkts stammt, Montepulciano ist eigentlich immer ein verlässlicher Trinkwein und das zu vertretbaren Preisen.

Viel Frucht, gemäßigte Säure, wenige Bittertöne und günstige Einstiegspreise machen ihn zur Idealbesetzung jeder Gartenparty und sorgen nebenbei für weitreichende Konsensfähigkeit. Er schmeckt fast jedem. Der Montepulciano hat keine Feinde, doch gerade das hat ihn auch nie zu einem Kultwein gemacht. Es gibt keine Super-Abruzzeser und keine Adelsdynastien, die ihre Weinbautradition bis ins Mittelalter zurückführen. Montepulciano ist ein Konsumwein aus einer Gegend, die bis heute kaum ein Italienreisender auf dem Schirm hat.

Irgendwo zwischen Adriaküste und Rom liegen die Abruzzen. Anders als in anderen Regionen gibt es innerhalb des Weinbaugebietes kaum Unterzonen, die verschiedene Stile repräsentieren. Eine der wenigen sind die Hügel um die Stadt Teramo. Dort im Norden der Abruzzen und oft bis fast ans Wasser der Adriaküste wachsen die Weine auf kalkhaltigen Böden unter Einfluss des Seeklimas.

Ein anderer Ausnahmefall ist die Gemeinde Controguerra, eine kleine Enklave, die eine ganze Reihe Rebsortenweine keltert, unter denen Montepulciano fast untergeht. Das Klima hier an der Nordgrenze des Anbaugebietes profitiert von den kalten Fallwinden des Gran-Sasso-Massivs. Im Süden, dort wo das Anbaugebiet an die Mini-Region Molise stößt, gibt mediterranes Klima den Ton an. Das Gros der Reben aber steht auf den Hügeln im Inland, einige 100 Meter über dem Meeresspiegel.

Die Tage werden mittags nicht so heiß wie an der Küste, nachts kann es dafür kühler werden. Aber die Böden sind fruchtbar, eher zu ertragreich als zu karg, was die Chancen auf guten Wein etwas verringert. Die Rebsorten sind norditalienisch wie in den Marken, wo Montepulciano Teil des Rosso Conero ist. Der allgegenwärtige Trebbiano, der neutrale Weiße Italiens, wächst beiderseits des Tronto.

Überquert man aber das Flüsschen, das beide Regionen trennt, zeigt nur ein unauffälliges Verkehrsschild an, dass hier zwei Provinzen aneinandergrenzen. Auch das träge Wasser unter der Asphaltdecke lässt kaum auf eine Demarkationslinie schließen.

Wirtschaftswunder statt Dritte-Klasse-Ticket

Kulturell gesehen fährt man aber vom vornehmen Norditalien in den schlichten Mezzogiorno, den tiefen heißen Süden. Die traditionelle Aufteilung der Abruzzen an Großgrundbesitzer und mittellose Kleinbauern, von denen viele emigrierten, hat auch und gerade dem Wein nicht gut getan. Mit dem Abfluss der Arbeitskraft und modernisierungsunwilligen Padrones gingen die meisten Entwicklungen des italienischen Weins an den Abruzzen spurlos vorüber. Noch heute wechseln sich bestockte Gärten mit brachgefallenen Weinbergen ab, und dazwischen kurven Tanklaster über die engen Sträßchen.

Keine Weinbautempel wie ein paar Kilometer weiter in der Toskana, keine Zypressenalleen, keine High-Tech-Weingüter, die mit Mini-Erträgen Spitzenweine produzieren. Statt dessen Selbstversorger, die neben Oliven und Gemüse nur wenig mehr Trauben anbauen, als sie selbst verarbeiten können.

Riesenweintanks blitzen zur Begrüßung, wenn man bei der Cantina Tollo vorfährt, und die Werbung sagt: „Dir bin ich immer treu."

Um Wein zu machen, braucht es mehr als nur Trauben. Die Beeren müssen in eine Presse, möglichst nachdem sie eine andere Maschine von den Stielen gezupft hat. Nur in sauberen Großbehältern gärt der Most zu fehlerfreiem Wein. Bessere Tropfen wollen außerdem später im Fass gelagert werden, von der Abfüllung auf Flaschen später ganz zu schweigen. Diese Ausstattung geht ins Geld, und wer danach nicht die geeignete Menge Trauben und Abnehmer für seine Weine hat, holt die Kosten nicht wieder herein. So entstanden nach dem II. Weltkrieg Genossenschaften, die die Trauben von den Bauern kauften, die notwendige Technik für alle verwendeten und damit den Kostendruck nahmen. „Man konnte auswandern oder investieren", erklärt Ivano d'Alicandro von der Cantina des Orts Tollo. Zuerst waren es ein paar Dutzend Bauern, die im Herbst ihre Trauben auf die Waage der Genossenschaft legten und so ihre Ernte zu Geld machten. Doch es wurden immer mehr. Die Genossenschaft produzierte große Mengen preiswert und schaffte schließlich ein kleines *miracolo economico*.

Inkognito im Kultwein

Die Hallen sind längst mit Technik im großen Stil zugestellt. Pressen, Filter, Pumpen, alles computergesteuert, Zentrale ist das Labor. Hier laufen die Fäden bei einigen Chemikern zusammen, die ihren Job mit naturwissenschaftlicher Präzision erledigen. An den Tanks auf dem Hof führen Wendeltreppen in die Höhe. Oben übersieht man eine Welt von Rohren und Stegen, Ventilen und Stutzen. „50 Millionen Kilo Trauben im Jahr", sagt Ivano und macht eine Handbewegung über die Tanks, die auch in einer Ölraffinerie stehen könnten. Von Rebenromantik ist hier keine Spur. In den Büroräumen sitzen Fachleute, die sich um Marketing und Kostenmanagement kümmern.

Zur treuesten Stammkundschaft zählten Kollegen aus der Toskana, die die Nachfrage in den achtziger Jahren nicht stillen konnten. Obwohl dort mit Sangiovese eine andere Rebsorte vorgeschrieben ist, glichen sie die Lieferengpässe kreativ mit Montepulciano aus. Gerade ihre Neutralität machte diese Rebsorte jetzt zum gefragten Gut. Einige Chiantis schmeckten verdächtig nach Weinen aus der Nachbarregion, und hinter vorgehaltener Hand kannte jeder mindestens einen toskanischen Winzer, der in den Abruzzen zukaufte. Beweismethoden gab es zu der Zeit noch nicht. Doch selbst einer der besten Önologen Italiens gab unter vier Augen zu: „Ich will den besten Wein machen – von mir aus auch mit Montepulciano."

Der Chianti-Boom ist vorbei, und wenn Ivano heute Wein verkauft, klingelt das Telefon oft in einer Großstadt an der amerikanischen Ostküste, von wo Einfuhrhändler den amerikanischen Markt versorgen. Oder auch in einem Dörfchen wie Bernkastel-Kues. Dort ordert der Einkäufer eines Importeurs mit dem weichen Akzent der Moselaner vielleicht 100.000 Liter, manchmal auch 250.000.

Die Absprachen drehen sich meist um Termine, Zoll- und Zahlungsmodalitäten. Gerechnet wird dabei mit spitzem Bleistift. Bei den Mengen ist jeder gesparte Cent pro Flasche eine stattliche Summe. Das Material wird später im Tanklaster geliefert. Flaschen und Etiketten besorgt der Importeur je nach Wunsch des Kunden und seiner Zielgruppe.

Oft ist die Verpackung gar nicht so wichtig, denn viele dieser Weine landen schließlich in der Gastronomie. Da, wo die Wände mit plastischem Putz ein bisschen Capri-Grotten-Atmosphäre versprühen, die Kellner dicke Literkaraffen auf den Tisch stellen und jeder blonden Signorina schwören, dass das der Wein aus ihrem Heimatdorf ist. Neutralität ist eben öfter von Vorteil. Den Montepulciano machte sie zeitweise zum meistexportierten Wein Italiens.

Schnelle Karriere als Comic-Star

Heute erfüllt Ivano Wünsche maßgeschneidert. „Letztens waren Chinesen da. Die gaben nur vor, wie das Etikett aussehen sollte.“ Viel Lärm gab es um Farben und Abbildungen, die in China oft mit verschiedenen Glücksvorstellungen verbunden sind. Am Ende bestellten die Asiaten dann 10.000 Flaschen, „ohne auch nur einen Schluck vorher zu verkosten“.

GENUSSTIPP

Der bescheidene Allrounder läuft bei jedem Grillfest zu Hochtouren auf. Selbst die einfachen Qualitäten schmeicheln den Röstaromen von Steaks und Lammkoteletts mit ihrer charmanten Fruchtigkeit und vertragen sich sogar noch mit den frischen Salaten auf dem Buffet, solange die nicht im Essig schwimmen. Edelversionen nehmen es auch mit einem Braten und dichter Sauce auf. Im Sommer und draußen am besten leicht unter Zimmertemperatur ins Glas bringen! Einen akzeptablen Montepulciano findet man mitunter schon im Supermarkt bei den preiswerteren Modellen. Ein paar Euro mehr sind aber fast immer gut angelegt. Am besten bei einem kompetenten Fachhändler oder im Internet-Shop.

Mausempfehlungen für ungetrübte Trinkfreude

Barba www.fratellibarba.it
Barone Cornacchia www.baronecornacchia.it
Cantina Tollo www.cantinatollo.it
Farnese Vini www.farnesevini.it
Illuminati www.illuminativini.it
La Valentina www.fattorialavalentina.it
Masciarelli www.masciarelli.it
Nicodemi www.collineteramane.com
Villa Medoro www.villamedoro.it

Weinberge mit dem Gran Sasso am Horizont im Gebiet Colline Teramane.

Der Wein eines Kollegen tauchte letztens unversehens in einem Manga-Comic auf. Seit einiger Zeit bekommen immer wieder Weine die Bedeutung eines Rätsels oder einer Weissagung. Das Geschäft mit den ostasiatischen Manga-Fans brummte über Monate „nur wegen ein paar Pinselstrichen in einem Wegwerfcomic". Den ersten Container hat er per Luftfracht geliefert. Wer die Nachfrage nicht sofort befriedigt, für den ist das Geschäft gelaufen. Ivano macht so etwas auch nach Jahren im Geschäft noch nachdenklich.

Wie viele Weine seine Genossenschaft heute abfüllt, weiß er nicht auf Anhieb, auch sein Assistent nicht, der muss fragen gehen. Dann sind es über 40 verschiedene, vor allem Rosés sind in der letzten Zeit gefragt. Ihre Frucht ist so knackig. „Montepulciano kann viele Wünsche bedienen", erklärt Ivano, er verkauft 40 Millionen Liter Wein pro Jahr.

Die preiswertesten Weine stehen für zwei Euro im Regal und schmecken ein bisschen nach schwarzen Kirschen, weich und unspektakulär. Die Sorte Wein, die nicht wirklich schlecht, aber nach dem Essen schnell wieder vergessen ist.

Etwas länger im Gedächtnis bleibt ein Bio-Wein. Im Bukett des tieflila Tropfens tummeln sich knackig rote Beeren. Auf der Zunge schmeckt man etwas Marzipan und einen schokoladigen Grundton. Jung, frisch, trinkreif – das sind die Qualitäten, die Montepulciano d'Abruzzo ausmachen und die nicht viele rote Rebsorten für sich in Anspruch nehmen können.

Ein Wein von handverlesenen Trauben aus einer einzelnen Lage kitzelt schließlich das Mögliche aus der Rebsorte. Aromen von Cassis bis Chrysanthemen mischen sich mit Zartbitter und Erdtönen. Die Tannine, die sonst oft stumpf und etwas plump erscheinen, haben sich nach drei Jahren im Fass zu kleinen Zungenschmeichlern rundgeschliffen. Mit seiner feinen Säure und einem Lederton zieht er dickflüssig durch die Mundhöhle und gäbe eine zünftige Begleitung für jeden Wildschweinbraten ab.

Familienbetriebe bleiben Einzelkämpfer

Um einem Wein so viel Substanz zu entlocken, braucht es kleine Weingüter, die man in den Abruzzen kaum findet. Eine Region ohne Image, eine Rebsorte mit wenig Wiedererkennungswert und Konkurrenz von mächtigen Billigheimern, das sind nicht eben die Standortfaktoren, die Edelwinzer zu schätzen wissen.

Aber es gab und gibt sie natürlich, die Dickköpfe und Qualitätsfanatiker, die wissen, dass Montepulciano eine der besten Rebsorten der Welt ist und man sie nur richtig behandeln muss. Edoardo Valentini war einer von ihnen. Als er 2006 starb, hatte er vor allem gelernt, dass er seinen Weinen Zeit geben muss. Klingt selbstverständlich, aber wenn Winzer seinen Namen aussprechen, geht die Stimme immer eine Oktave nach oben, und die Vokale werden noch etwas länger gedehnt.

Ähnliche Bewunderung genießt auch Bruno Nicodemi. Er begann in seinen Weinbergen bei Teramo schon in den siebziger Jahren, die Erträge zu reduzieren. Heute führt seine Tochter Elena das Familien-Weingut und produziert Weine, die von der Seebrise und kühlen Nächten profitieren. Sie sind komplex und voll vibrierender Spannung.

Das Know-how dazu lieferte, genau besehen, die Konkurrenz. Die illustren Weinberater, die in den achtziger Jahren das Aushängeschild der Toskana-Winzer waren und sich mit Vorliebe in den Abruzzen eindeckten, ließen im Gegenzug ihr Wissen über marktgerechte Weine da.

Die Rebstöcke mit den besten und extraktreichsten Trauben hat schon Vater Bruno eigenhändig selektiert. Heute sind sie steinalt und darum noch besser. Dick und knorzig staken die Stämme fast zwei Meter hoch, die Triebe schießen waagerecht aus. Diese Pergola-Form kann man gut bearbeiten, führt aber oft zu hohen Erträgen, und nichts ist gutem Wein mehr Feind als Menge. In einem eigenen Forschungsprojekt hat Elena herausgefunden, dass zwei statt vier Triebe in Nord-Süd-Ausrichtung ideal sind.

Das Wichtigste hat der Vater bereits hinterlassen, darunter einige ältere Jahrgänge. Sie zeigen: Egal, ob der Montepulciano fünf, zehn oder fünfzehn Jahre alt ist, er hat immer noch seine fruchtige Frische. Wo andere ältere Semester erste Töne von Staub oder Sherry ansetzen, lässt sich der Montepulciano nichts anmerken. Vielschichtige Aromen, die große Weine durch Alterung entwickeln, sucht man allerdings meist auch vergebens. „Der Wein ist nicht ausgesprochen alterungsfähig", erklärt Elena, „er steigert sich einige Zeit und bleibt ungefähr zehn Jahre auf dem Niveau." Auf Montepulciano ist eben Verlass. Wie auf einen treuen Hund. *zig*

Elena Nicodemi mit Edoardo, der nächsten Generation, im eigenen Weinkeller im Juni 2010.

KURZ EINGESCHENKT

Die Marken in Rot

Da kann die eigene Adriaküste noch so lang sein, die Früchte des Meeres noch so verlockend, die Marchegiani lieben ihre Fleischküche des bergigen Hinterlandes. Zu Lamm und Hase passt der einheimische Rotwein auch bestens, der aus den Rebsorten Montepulciano und Sangiovese erzeugt wird. In der Umgebung von Ancona trinken sie den Rosso Conero. In dem Wein ist die Montepulciano tonangebend, dem ein kleiner Anteil Sangiovese zur Seite steht. Beim Topwein des Anbaugebietes, der nur Conero heißt, setzen die Winzer zu 100 Prozent auf die Vorzüge des Montepulciano mit seinem kräftigen und zupackenden Gerbstoff und den vergleichsweise zarten Beerenfruchtaromen. Eigenschaften, die den Wein als Begleiter für gegrilltes Fleisch prädestinieren. Der Wein wächst aber am Meer, an den Hängen des Monte Conero unweit Anconas, wo die sehenswerte Steilküste und das üppige Grün oberhalb des türkisblauen Meeres eine malerische Kulisse bilden. Der zweite wichtige Rotwein, der Rosso Piceno, darf fast überall angebaut werden. Nur im südlichen Teil der Marken trägt er die Bezeichnung Superiore. Und das nicht von ungefähr, denn in den Hügeln von Ascoli Piceno, Ripatransone und Offida fühlt sich der Sangiovese besonders wohl. Von ihm enthält ein Rosso Piceno Superiore 60 Prozent und mehr, womit der Montepulciano-Anteil ganz klar die zweite Geige spielt. Somit ist der Piceno Superiore der duftigere Wein mit einer vielfach präsenteren Beerenfrucht. Deshalb kann man den Rotwein durchaus mit den beliebten Rotweinen der Toskana verwechseln, in denen der Sangiovese auch die Hauptrolle hat. Nördlich von Ancona wächst zudem die Rotwein-Spezialität Lacrima di Morro D'Alba. Ihr eigen ist ein aparter, würziger Duft, der mit straffen Gerbstoffen harmoniert. Der Rebsorte Lacrima (zu deutsch: Träne) aus der Umgebung des Orts Morro d'Alba widmen sich nur wenige Weingüter. Doch was sie erzeugen, ist sehr spannend und sorgt selbst bei erfahrenen Weintrinkern für Aha-Erlebnisse. Er macht sich als trockener Wein, aber auch als roter Süßwein sehr gut.

Die Abruzzen in Weiß und Rosa

So einfach strukturiert kann ein Weinanbaugebiet sein: ein Roter, ein Weißer, ein Rosé. Der weiße Trebbiano ist mengenmäßig das Pendant zum roten Montepulciano und der einzige Wein zur Fischküche in den Abruzzen. Fachleute rümpfen schon mal die Nase, da diese Rebsorte geschmacklich relativ neutral sein kann und eher für einfache Weine bekannt ist. Aus dieser auch im Rest Italiens weit verbreiteten Rebsorte einen passablen Wein zu machen, ist eine Herausforderung, die einigen Winzern durchaus gelingt. Im deutschsprachigen Raum ist Rosé der angesagte Sommerwein – und zwar schon seit Jahren. Für die Italiener ist ein Rosé aber weder Fisch noch Fleisch. Vielleicht gibt es deshalb nur wenige pinkfarbene Weine, die Tradition haben und Anerkennung finden. Einer dieser Roséweine mit Potenzial ist der Cerasuolo, der aus – na was wohl – Montepulciano-Trauben erzeugt wird. Der Cerasuolo Montepulciano d'Abruzzo ist ein intensiv leuchtender und einladender Rosé mit saftiger Frucht. Dies sind alles anziehende Eigenschaften, die ihn auch hierzulande zu einem beliebten Wein für den Sommer machen.

Molise in Rot

Südlich an die Abruzzen grenzt die kleine bergige Region Molise. Sie wird vereinfachend den Abruzzen zugeschlagen, unter anderem, weil auch dort der Montepulciano (im Rotwein Molise Rosso) die Hauptrebsorte ist. Wenige Italienurlauber haben freilich die Weinberge von Molise mit eigenen Augen gesehen, denn sie liegen im Hinterland einer der dünn besiedeltsten Ecken Italiens. Daneben sind Aglianico, Sangiovese und Primitivo aus den angrenzenden Regionen eingewandert, die in kleineren Anteilen im Molise Rosso enthalten sind. Ein Molise Rosso kann sehr rustikal sein, eine rühmliche Ausnahme sind die Weine des Weinguts Di Majo Norante, weshalb der Besitzer Alessio di Majo von seinen Freunden scherzhaft „Mister Molise" genannt wird.

Conero:
Umani Ronchi www.umanironchi.com
Moroder www.moroder-vini.it

Piceno Superiore:
De Angelis www.tenutadeangelis.it
Le Caniette www.lecaniette.it

Lacrima:
Stefano Mancinelli www.mancinelli-wine.com
Lucchetti www.mariolucchetti.it

Trebbiano d'Abruzzo:
Siehe Empfehlungen Montepulciano d'Abruzzo

Molise:
Di Majo Norante www.dimajonorante.com

Das ist Tellerkunst: Was bleibt ist die schwarze Tinte des Sepia.

Kampanien und Basilikata

FIANO AUS AVELLINO
GRECO AUS TUFO
AGLIANICO AUS TAURASI UND VULTURE

Die Sterne des Südens

„IL MONDO É BELLO, PERCHÉ VARIO", SAGEN DIE NEAPOLITANER GERNE. „DIE WELT IST SCHÖN, WEIL SIE ABWECHSLUNGSREICH IST." WER IHRE HEIMAT KAMPANIEN UND DIE BENACHBARTE BASILIKATA BEREIST, UNTERSCHREIBT DAS SOFORT. DENN HIER WARTEN GÖTTLICHE WEGE, IRDISCHE GENÜSSE SOWIE EIN FASZINIERENDES POTPOURRI AUS NATURSCHAUSPIELEN UND KULTUR-HIGHLIGHTS.

Campania felix – glückliche Landschaft – nannten die alten Römer die fruchtbare Region im Südwesten Italiens. Mit seinem milden Klima, den abwechslungsreichen Landschaften und dem kulturellen Flair übte Kampanien schon damals eine unwiderstehliche Anziehungskraft aus. Hier wird Italien zum Mezzogiorno, zum glühenden Land des Mittags, das schon in der Antike eine Hochburg für Touristen war. Man kam, um es zu bewundern oder um zu kuren. Aber man kam auch, um es zu beherrschen. Denn es war schon immer ein Objekt der Begierde, dieses fruchtbare Land. Hier hat jeder gelebt, der eine Rolle in der Geschichte des Abendlandes spielte – und alle ließen ihre Spuren zurück. Somit präsentiert sich Kampanien heute wie ein einziges Freilichtmuseum mit bis zu 3.000 Jahre alten Relikten.

Ganz klar, das temperamentvolle, lautstarke und wunderbar chaotische Neapel ist Pflicht. Am Vesuv, der als gefährlichster Vulkan Europas wie ein schlafender feuriger Riese über der Stadt thront, kommt man auch nicht vorbei. Schon gar nicht an Pompeji, wo die Lava des Vesuvs im Jahr 79 n. Chr. das Leben einer ganzen Stadt in ein paar feurigen Minuten mumifiziert hat. Es ist quasi eine dreidimensionale Momentaufnahme aus der Antike. Gesehen haben muss man selbstverständlich auch Capri mit seiner magischen Blauen Grotte. Schon alleine um zu sehen, wie vor der vielbesungenen Perle im Golf von Neapel die rote Sonne im Meer versinkt.

Das Highlight aber für fast alle ist die Costiera Amalfitana, die wilde, kühne und doch so romantische Amalfiküste. Schon der Name klingt wie Musik. Geradezu überwältigt ist man aber, wenn man dann dieses hinreißend schöne Fleckchen Erde hautnah erlebt. Schon wenn man, begleitet von den Hupkonzerten ungeduldiger Pkw-Fahrer, Stoßstange an Stoßstange über die so schmale wie kurvige Küstenstraße Amalfitana von Ort zu Ort schleicht. Erst recht, wenn man die grandiosen Panoramen wie ganz früher von sanft schaukelnden Booten aus genießt.

Seite 288 – 289: Tanzende Fischerboote im Mondschein – aus gutem Grund nennt man die Costa Amalfitana die „göttliche" Küste.
Seite 290: Der Pizzabäcker ist in Kampanien ein Star – zu Recht.

Bis zum Bau der Amalfitana im Jahr 1840 konnte die Amalfiküste auf der Südseite der Halbinsel, die den Golf von Neapel vom den von Salerno trennt, nämlich nur auf dem Seeweg erreicht werden.

Die göttliche Küste gehört wahrlich nicht umsonst zum Weltkulturerbe. Senkrecht stürzt das zerklüftete weißgraue Kalkmassiv des Gebirgszugs Monti Lattari ins türkis- und ultramarinfarbene Meer hinab – und bildet so eine spektakuläre Küstenlandschaft mit eindrucksvollen Schluchten, überhängenden Felsen und strahlend schönen Buchten, üppiger Mittelmeer-Vegetation und wuchernder Blütenpracht. Die bezaubernden Dörfer, die sich an ihre steilen Felsen klammern, gehören zu den attraktivsten Urlaubsorten der Welt.

Einer davon ist das berühmte Positano. Einfach hinreißend, wie sich hier die würfelförmigen Häuser in allen möglichen Pastellfarben aufeinandertürmen und sich mit violetten Bougainvillea, weißem Jasmin und Zitronenbäumen voller reifer Früchte zu einem Meer aus Farben und Düften vereinen. Und dann wären da noch die schier endlosen Treppen des Ortes, die den amerikanischen Schriftsteller John Steinbeck 1953 zu den Worten verleiteten: „Ich habe den Eindruck, dass die Welt in Positano senkrecht steht. Stufen, die mitunter steil wie eine Sprossenleiter sind, führen ans Meer. Wenn man einen Freund besuchen will, dann läuft man nicht, man klettert oder purzelt."

Unvergessliche Momente

Positano und auch seine nicht minder bezaubernden Nachbarorte wie Amalfi oder Ravello waren für Künstler und Romantiker schon immer der Place to be. Goethe und Grieg ließen sich hier von der Muse küssen. Richard Wagner fand hier die inspirierenden Motive für seinen Parsifal-Bösewicht Klingsor. Ingrid Bergman, Tennessee Williams oder Pablo Picasso genossen hier das leichte Leben. Humphrey Bogart und Greta Garbo haben hier gewohnt. Und heute mieten sich Stars – von Steffi Graf über Madonna bis hin zu Jennifer Lopez – in den Nobelunterkünften ein. Wer könnte ihnen es auch verdenken:

Zeitlose Eleganz und der verblasste Charme der siebziger Jahre – in Amalfi gibt es beides.

Es sind schon unvergessliche Momente, wenn man am Abend bei einem Glas Wein erlebt, wie die unzähligen Lichter an den Hängen mit den Lampen der Fischerboote unten auf dem Meer und den Sternen am Himmel um die Wette funkeln.

Das wird nur noch getoppt, wenn man auf dem Wanderweg Sentiero degli Dei quasi zwischen Himmel und Meer über der Amalfiküste schwebt. Der Pfad der Götter von Agerola nach Positano verläuft nämlich entlang der Bergrücken 500 Meter über dem Meer. Fit sollte man sein, trittsicher und schwindelfrei auch – denn man durchwandert über holprige Schotterwege eine wilde und duftende Macchia, durchquert kleine Kastanien- und Steineichenwälder, kommt an abgelegenen Grotten vorbei. Für die Mühen des Aufstiegs wird man mit – im wahrsten Sinne des Wortes – atemberaubenden Panoramen über die gesamte Küste belohnt. Hier oben liegen einem auch die vielen schmalen Terrassen zu Füßen, auf denen neben Oliven- und Zitrusfruchthainen auch Rebgärten liegen, die dank ihrer aufregenden Lage ganz sichtbar die schönsten von ganz Kampanien sind.

Interessanter für Weinfans sind freilich die Weinberge, die im Hinterland von Neapel und der Küsten liegen. Genauer gesagt, in der grünen Provinz Irpinia und ihrer Hauptstadt Avellino. Denn hier liegt das vielen noch unbekannte Kampanien, in dem die Weine wachsen, die mit ihrem ganz eigenen Charakter die Liebhaber guter Tropfen begeistern. Also verlassen wir das *dolce vita* der Amalfiküste in Richtung Salerno, wo sich ein Abstecher nach Paestum mit seinen bestens erhaltenen griechischen Tempeln lohnt, und von dort gen Norden in Richtung Avellino.

Wo das grüne Herz schlägt

Es ist eine ganz andere Welt, dieses grüne Herz von Kampanien, das vor der imposanten Kulisse des südlichen Apennins im gemäßigten Takt schlägt. Sanfte, fruchtbare Hügelketten, mit dichten Wäldern bedeckte Berge, die bis auf 1.800 Meter ansteigen, liebliche grüne Täler mit kurvenreichen Straßen, unberührte Naturoasen, quellenreiche Hochebenen, Seen, Flüsse und Wasserfälle bilden eine abwechslungsreiche und beeindruckend urwüchsige Landschaft.

Aber so lieblich sich die Natur hier vielerorts auch gibt, so gewalttätig kann sie sein. Wegen der geologischen Gegebenheiten entlang des gesamten Gebirgszugs des Apennins wird die Region immer wieder von Erdbeben erschüttert, teils bis in die Grundfesten. Zuletzt im Jahr 1980, als eine Erdbebenkatastrophe unglaublichen Ausmaßes sieben

Millionen Einwohner heimatlos machte. Ganze Ortschaften versanken in Trümmern, viele der kunstvollen Bauten aus vielen Epochen auch. Einiges blieb, wie von unsichtbarer Hand beschützt, völlig unbeschädigt, doch das meiste war völlig zerstört, und ganze Orte mussten komplett neu aufgebaut werden.

So verlor nicht nur die arg gebeutelte Provinzhauptstadt Avellino viel von ihrem einstigen Charme, sondern auch viele umliegenden Gemeinden. Die meisten ihrer neuen, im funktionalen Stil errichteten Häuser wirken, als habe man sie mit Legosteinen zusammengebaut. Nicht selten säumen die Landstraßen aber auch Investitionsruinen, Betongerippe von verlassenen Baustellen oder völlig überdimensionierte Industriegebiete.

Was nicht heißen soll, dass es nicht auch noch Orte gäbe, die vor ursprünglichem Charme geradezu sprühen. Das auf Tuffstein erbaute malerische Bergdörfchen Tufo ist so einer.

Das grüne Herz schlägt – wie schon gesagt – in einem eher ruhigen, bedächtigen Takt. Hier ticken auch die Uhren anders, denn alles braucht so seine kampanische Zeit, was sicher damit zusammenhängt, dass man hier im Hinterland vor allem auf Alleinkämpfer trifft. Statt mit anderen zusammenzuarbeiten, macht man lieber sein eigenes Ding. Und man hat auch ein gewachsenes Misstrauen gegenüber Behörden und staatlichen Institutionen. Letztes ist aber auch durch die negativen Erfahrungen beim Wiederaufbau bedingt. Geld dafür floss nämlich genug, aber an kam es vor allem bei den Camorra-Clans, korrupten Lokalpolitikern und charakterlosen Unternehmern.

Somit ist der größte Teil der Bevölkerung vom Wesen her eher verschlossen und nur wenig geneigt, sich der schnellen weiten Welt zu öffnen. Ergo ist eine hoch entwickelte touristische Infrastruktur, die der an den Küsten entspricht, nur rudimentär vorhanden. Die meisten kleinen Hotels lassen es an Weltläufigkeit missen, und die wenigen großen Hotelkomplexe sind selbst für anspruchslose Touristen zu unattraktiv. Mit Fremdsprachen tut man sich schwer. Das Nachtleben ist nicht weiter erwähnenswert. Aber immerhin kann man so manche gastronomische Perle entdecken.

Womit wir wieder beim Wein sind. In dieser Beziehung ist man in der Irpinia ganz klar an der besten Quelle. Dort werden aus den heimischen Rebsorten Fiano, Greco und Aglianico hocharomatische weiße und rote Tropfen gekeltert, die zu den besten Italiens gehören. Wer gedenkt, Kampanien zu bereisen, sollte sich unbedingt die Namen Fiano di Avellino, Greco di Tufo und Taurasi merken. Denn das sind die Top-Weine der Provinz, die daneben auch einen ganz eigenen regionalen Charakter haben und damit auch die örtlichen Delikatessen am besten begleiten.

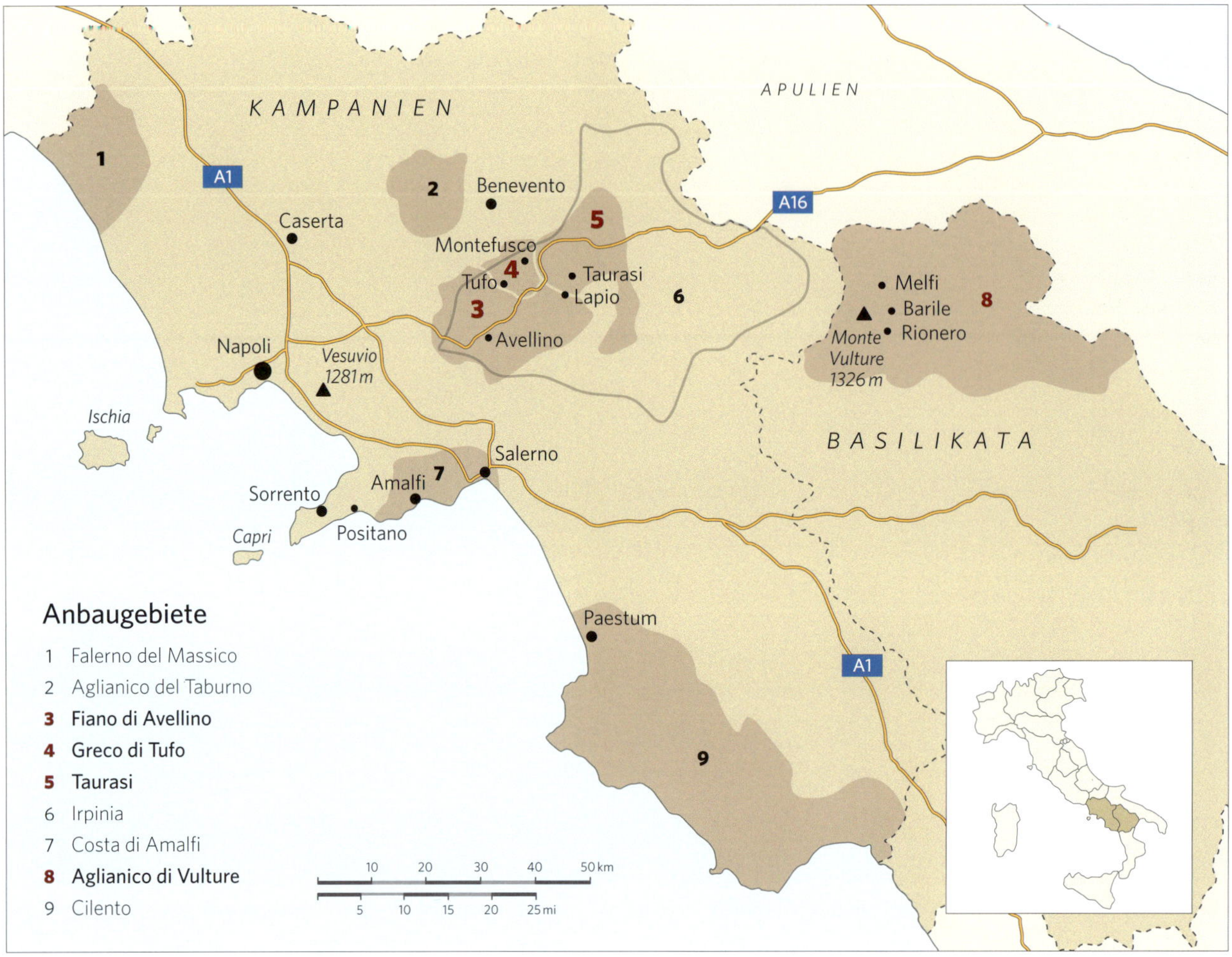

Entro terra – der Ort Montefusco vor einem Gewitter.

Apropos Delikatessen. Die berühmteste aus Kampanien wird dampfend und verführerisch duftend aus dem glühenden Ofen gezogen. Weißer Mozzarella schmilzt zwischen leuchtend roten Tomatenscheiben, umgeben von knusprigem Teig, der an den goldgelben Rändern die Zeichen des Feuers trägt. Ein paar saftig grüne Basilikumblätter machen aus ihr jene warme, üppige Schönheit, die rund um den Globus die Genießer betört. Die Rede ist von der legendären Pizza Margherita, die 1889 in Neapel geboren wurde. In diesem Jahr kreierte Pizzabäcker Raffaele Esposito für die damalige italienische Königin Margherita von Savoyen eine Pizza in den Nationalfarben rot, weiß und grün, die dann als Pizza Margherita in die kulinarischen Annalen des Landes einging.

Ohne die Küche von Kampanien auf Pizza reduzieren zu wollen: Der königliche Teigfladen dokumentiert wie kein anderes Gericht die Küchenphilosophie der Provinz. Denn hier fügt man nur wenige einfache, frische Zutaten ohne aufwendige Verfeinerungen zu einem besonderen Geschmackserlebnis zusammen. An guten Grundprodukten herrscht kein Mangel. So reifen die unvergleichlich aromatischen San-Marzano-Tomaten für die Sugos auf den fruchtbaren Vulkanböden am Fuße des Vesuvs heran. Aus der Region um Neapel stammt der berühmte *Mozzarella di bufala*, der jeden Kuhmilch-Mozzarella vergessen lässt. Fisch und Meeresfrüchte können täglich frisch aus dem Meer gezogen werden. Und nicht zu vergessen die fantastische *pasta di gragnano* aus heimischem Hartweizen, die nach alter Tradition produziert wird und sich daher mit den aromatischen Saucen der Region besonders gut vereint.

Geheimtipp Basilikata

Auch wenn es noch viel über Kampanien zu berichten gäbe: Die Wege zu den besten Weinen des Mezzogiorno führen auch in die Basilikata, die Nachbarregion von Kampanien. Das einstige römische Lucania war schon immer die wirtschaftlich ärmste Region des Stiefels. Sie hat sich aber zu einem Geheimtipp für Urlauber gemausert, die Ruhe und Ursprünglichkeit, abwechslungsreiche Landschaften mit intakter Natur und stillen Küsten sowie ein reiches Kulturerbe zu schätzen wissen. Und die treffen dann auch auf Bewohner, die sich als herzliche und offene Gastgeber zeigen, ohne dabei ihre von Stolz und Traditionsbewusstsein geprägte kulturelle Identität zu verleugnen.

Das Reich der Reben findet man auch in der Basilikata nicht an den reizvollen Küsten des Ionischen Meeres, wo auch das UNESCO-Weltkulturerbe Matera liegt. Vielmehr liegt es ähnlich wie in Kampanien im wild zerklüfteten gebirgigen Hinterland. Und zwar im Wesentlichen rund um den erloschenen Vulkan Monte Vulture und nahe dem Ort Barile – nur knapp eine Autostunde vom Weinanbaugebiet Taurasi entfernt. Wie dort sind auch hier die Bergflanken mit dichten Kastanienwäldern überzogen, liegen die Weingärten locker verstreut zwischen goldgelben Getreidefeldern, aber anders als in der Irpinia gesellen sich noch silbrig glitzernde Olivenhaine dazu. Hier wächst der Aglianico del Vulture, aus dem man bemerkenswerte Rotweine gleichen Namens produziert, die schon ihren Weg in die Weinläden der Welt gefunden haben.

Fehlt noch die Küche. Die ist wie in Kampanien von schlichter, aber fantasievoller Natur. Auch hier versteht man sich auf die geschickte Vereinigung einfacher und naturreiner Produkte. Aromatische Gemüse, hausgemachte Nudeln und die knallroten, höllisch scharfen Peperoncini werden in herzhafte Gerichte verwandelt. Zu den kulinarischen Säulen der Basilikata gehört Schweinefleisch, das man zu köstlichen Würsten verarbeitet, am Spieß röstet oder in *ragus* und Eintöpfen gart. Weitere Hauptrollen spielen deftige Brote in vielen Variationen und pikante Käse wie der birnenförmige *Caciocavallo podolico* oder der *Pecorino misto di filiano*.

Nur ein kurzer Einblick in den Mezzogiorno. Lässt man ihn Revue passieren, kommt man zu der gleichen Erkenntnis wie die Neapolitaner: „Il mondo é bello, perché vario!" Ja genau, in Kampanien und der Basilikata ist die Welt schön, weil sie so herrlich abwechslungsreich ist. *ari*

Die unbekannten „Spröden" aus dem Süden

NEIN, SIE GEHÖREN NICHT ZU DEN ANSCHMIEGSAMEN WEICHEN GESCHÖPFEN, DIE ES EINEM LEICHT MACHEN, SICH SOFORT IN SIE ZU VERLIEBEN. SIE GEBEN SICH EHER SPRÖDE, VERLANGEN EINEM ETWAS GEDULD AB, BEVOR SIE SICH ÖFFNEN. ABER WENN MAN IHNEN ZEIT GIBT, DANN OFFENBAREN DIE ROTWEINE AUS DER REBSORTE AGLIANICO SICH ALS MARKANTE CHARAKTERE MIT DER FÄHIGKEIT, IN WÜRDE ZU ALTERN.

Antonio Caggiano ist ein Mann mit Leidenschaften. Er ist einer der bekanntesten Winzer aus Taurasi, einem Ort, der großen Rotweinen ihren Namen gab. Erst 1990 hat der charismatische, spät berufene Winzer und gelernte Architekt begonnen, Aglianico-Trauben zu kultivieren, in Weinbergen, die man vom alten Schloss in der Altstadt überblickt. Wer den vor Energie sprühenden Kampanier durch seine Keller begleitet, wo ausschließlich Rotweine lagern, fühlt, mit wieviel Herzblut er als Winzer bei der Sache ist. Und man stößt überall auf seine weiteren Leidenschaften: Antonio ist nämlich ein begeisterter Fotograf, ein Liebhaber schöner Frauen und wie so viele Süditaliener auch ein tief religiöser Mann. Die Wände seiner Kellerei sind vollgehängt mit sinnlichen (Frauen)Fotos, die in aller Welt entstanden – und deren Schauplätze den Winzer zu außergewöhnlichen Namen für seine Weine inspirierten. Dazu hat er noch jeden Winkel seines malerischen Weinkellers liebevoll dekoriert. Mit stimmungsvollen Wandmalereien, kunterbunten Krippen, mächtigen Kreuzen aus den Böden von Weinflaschen und einem Altar, damit der göttliche Funke auch auf seine Weine überspringt. Das ist auch durchaus passiert; seine Weine zählen zu den besten aus dem Anbaugebiet des Aglianico, die Holztöne dürften freilich gemäßigter sein.

Man kann Antonio Caggiano seine Leidenschaft für Aglianico nicht verdenken. Sie ist die interessanteste Rebsorte südlich von Rom. Schon vor mehr als 2.500 Jahren von den Griechen eingeführt, ist sie die Basis für trockene, aromatische und komplexe Rotweine mit Tiefe, die Fans gerne als „Barolo des Südens" bezeichnen. Im Gegensatz zum Barolo aber, der wahrlich in aller Munde ist, kennen sie hierzulande nur wenige Weinliebhaber. Zu dürftig war die bisher erzeugte Menge, zu bescheiden die Zahl der ansprechenden Weine, zu spröde ihr erster Eindruck.

Die Weine aus der Rebsorte Aglianico sind sehr farbintensiv, liegen rubinrot bis mahagonifarben im Glas, besitzen eine präsente Säure und viel, sehr viel Gerbstoff. Während andere Rotweine sich beispielsweise über ihre Fruchtigkeit erschließen, sind beim Aglianico die eigenwilligen Gerbstoffe die Schlüssel zum Verständnis des Weines. Bereits im Glas halten sie den Wein im Zaum, behindern die Duftmoleküle beim Aufsteigen und lassen den an sich runden Roten etwas spröde erscheinen. Das führt dann oft zu überstürzten Urteilen wie beispielweise: „Der Wein ist muffig in der Nase und bitter im Geschmack." Sie sollten einen aber nicht von der Auseinandersetzung mit dieser wunderbaren Weinpersönlichkeit des Südens abhalten. Der Wein schreit förmlich nach einer Belüftung durch das Umgießen in eine Karaffe. Erst dann gibt er nach und nach seine eindringlichen Aromen von schwarzen Beeren preis. Und seine herben Gerbstoffe werden dann auch samtiger, ohne ihren fordernden Charakter zu verlieren.

Die Gerbstoffe sitzen in der dicken Beerenhaut der Aglianico-Trauben und stammen zusätzlich von den Traubenkernen. Während der Mazeration und der Gärung werden beide Sorten von Gerbstoffen durch den sich bildenden Alkohol extrahiert. Speziell die Gerbstoffe aus den Kernen besitzen einen – im positiven Sinne – bissigen und kantigen Charakter. Dieser rührt daher, dass die Kerne stets zuletzt reif werden und bei dieser spät geernteten Sorte auch nicht immer vollständig ausreifen.

Die Rotweine, welche die Besonderheiten der Rebsorte am eindruckvollsten zum Ausdruck bringen, sind die Topweine aus Taurasi, dem traditionsreichsten Rotweinanbaugebiet Kampaniens, sowie die Weine aus der Gegend um den Vulkan Vulture in der Region Basilikata. Zwar wird die Rebsorte Aglianico in der ganzen Region Kampanien angebaut – an der Küste ebenso wie in der nördlichen Provinz Benevento. Hier konzentrieren wir uns wegen ihres eigenständigen Charakters auf die beiden Anbaugebiete Taurasi und Vulture.

Die Bar Vino e Caffè in Taurasi: Hier gibt es Zeit und gute Laune im Überfluss.

Wichtig zu wissen: Der Wein Aglianico del Vulture wird vollständig aus der Rebsorte Aglianico erzeugt. Beim Wein Taurasi können dagegen bis zu 15 Prozent anderer Sorten mit verschnitten werden. In Frage kommen dafür einheimische Sorten wie Piedirosso oder die internationalen Rebsorten Merlot oder Cabernet Sauvignon. Bis auf ganz wenige Ausnahmen setzen die Taurasi-Winzer jedoch vollständig auf die Größe und den noblen Charakter der Rebsorte Aglianico, bauen also reinsortig aus.

Jenseits der Berge

Das Anbaugebiet Taurasi beginnt dort, wo die Weißweinanbaugebiete Fiano di Avellino und Greco di Tufo enden – 20 Kilometer östlich der Provinzhauptstadt Avellino. Es ist weitläufig, denn die relativ kleine Menge Weingärten verteilt sich auf eine große Fläche von 17 Gemeinden. Eine davon ist der Ort Taurasi, der den Weinen der Region ihren Namen gab. Weitere Orte wie Montefalcione, Montemarano, Montemiletto zeigen durch die Vorsilbe Monte (Berg), dass wir uns im Vorgebirge befinden. In der kontrastreichen Landschaft wechseln sich imposante Gebirgszüge und sattgrüne Hügelketten ab mit Weizenfeldern und kleinen Flüsschen, die sich im Fluss Calore vereinen. Die Weinberge liegen in kleinen Parzellen verstreut in den umliegenden Hügeln auf einer Höhe von 250 bis 550 Metern.

Hier sind die meist kurzen Winter hart und für den Süden vergleichsweise schneereich. Der Frühling erreicht die Aglianico-Reben erst zwei Wochen später als die nicht weit entfernte Amalfiküste. Die Sommerperiode ist erwartungsgemäß lang, sonnig und heiß. Temperaturen von 35 bis 40° C im Juli und August sind trotz der gebirgigen Lage keine Seltenheit. Glücklicherweise sorgen Abendwinde für die Abkühlung von Menschen und Trauben. Es regnet sehr selten, und der Herbst dauert länger als an der Küste. Dort findet die Lese der Aglianico-Trauben zwei bis drei Wochen früher als im Taurasi-Gebiet statt. Hier ernten die Winzer erst im November die letzten Trauben aus den höher und geschützt gelegenen Weinbergen.

Auch wenn es die relative Nähe des Vesuvs und weiterer kleiner Vulkane nahelegen würde: Im Taurasi-Gebiet stehen die Aglianico-Reben nicht auf der schwarzen Erde, die einst die Vulkane ausspuckten. Es sind vielmehr helle, von Tuffstein oder Kalkgestein durchsetzte Lehmböden mit geringem Sandanteil, wobei der Lehmanteil vielerorts beachtlich ist und dazu führt, dass die urwüchsige Kraft und die prägnanten Gerbstoffe des Taurasi zusätzlich hervorgehoben werden. Die Fachwelt unterteilt gerne in schwere Böden mit hohem Lehmanteil und leichte Böden mit hohem Sandanteil. Vereinfacht gesprochen spiegeln sich diese Bodeneigenschaften auch in den jeweiligen Weinen wider. Ergo ergeben die schweren Böden in Taurasi schwere und kräftige Rotweine.

Und sie bewegt sich doch!

Es ist freilich eine junge Entwicklung, dass aus dem Anbaugebiet Taurasi so ausdrucksstarke, schöne Weine kommen. Die wenigen Weine vergangener Zeiten kennzeichneten bereits in der Jugend eine verwelkte Frucht, ein dünner, ausgezehrter Körper und ein unreifes Gerbstoffgerüst. Welches Potential in der Rebsorte und dem Anbaugebiet schon damals steckte, demonstrierten einzig manche Jahrgänge des Taurasi Radici Riserva, die aus dem traditionsreichen Weinhaus Mastroberardino stammen. Legendär ist der 1968er Jahrgang, denn er stellt die Langlebigkeit der Rebsorte Aglianico sehr eindrucksvoll unter Beweis.

Die Zahl der Weingüter, die sich ernsthaft mit dem Taurasi auseinandersetzen, ist aber erfreulicherweise von einer Handvoll zu Beginn der neunziger Jahre auf inzwischen rund 70 Betriebe gestiegen. Angefacht wurde dieses Wachstum von der damals in ganz Italien um sich greifenden Rotweineuphorie und Begeisterung für das Potenzial des bis dato unterentwickelten Südens. Damit einher gingen die Neupflanzung vieler Weinberge, die Reduzierung des Ertrages in den bestehenden Anlagen und die Investitionen in moderne Kellertechnik.

Das inzwischen erweiterte Wissen der Winzer um die Eigenheiten der Rebsorte Aglianico bringt heute Weine hervor, die reifere Gerbstoffe besitzen als früher und eine frischere Rebsortenfrucht. Um es mal ganz anschaulich mit einem Bild aus der Medizin zu erklären: Die heutigen Weine haben mehr saftiges Fleisch am prägnanten Gerbstoff-Knochen.

Diese prägnanten Gerbstoffe sind unter anderem die Grundvoraussetzung für ein langes Weinleben. Und ohne Langlebigkeit steigt kein Wein in den Olymp der ganz großen Weine auf. Somit sind die gerbstoffreichen Roten aus dem Taurasi-Gebiet für den Aufstieg geradezu

Klare Linien und Formen im Keller von Feudi di San Gregorio.

Alles ist ruhig vor dem Sonnenaufgang in Barile am Monte Vulture.

GENUSSTIPP

Reifer Schafs- und Ziegenkäse der Basilikata und die kräftig gewürzten Nudelsoßen mit Schweinswürsten und Peperoncino sind geradezu scharf auf Aglianico. Unabdingbar ist es, die Flasche einige Stunden vorher zu dekantieren – Erklärung dazu im Text! Egal ob man den Weinhändler um die Ecke oder eine Internet-Adresse ansteuert, bei Preisen zwischen 15 und 30 € für einen Taurasi sollte der Verkäufer etwas von seinem Geschäft verstehen. Einen Aglianico del Vulture bekommt man schon ab 10 €, doch liegen die interessanteren Weine naturgemäß bei 20 €. Als Einstiegsvariante ist der Irpinia Aglianico aus Kampanien für 7 bis 11 € ein gute Möglichkeit, sich an die Rebsorte heranzutasten.

Mausempfehlungen für einen herausfordernden Ländervergleich

Taurasi:
Antonio Caggiano www.cantinecaggiano.it
Feudi di San Gregorio www.feudi.it
Mastroberardino www.mastroberardino.com
Salvatore Molettieri www.salvatoremolettieri.it

Aglianico del Vulture:
Cantina del Notaio www.cantinadelnotaio.com
Elena Fucci www.titolovinifucci.com
D'Angelo www.dangelowine.com
Macarico www.macaricovini.it
Paternoster www.paternoster.it

prädestiniert – oder gehören bereits zu dem erlauchten Kreis.

Nicht unwichtig zu wissen: Fast alle Winzer des Anbaugebietes Taurasi produzieren auch Weine aus den Weißweinreben der benachbarten Anbauregionen Avellino und Tufo. Deren Winzer keltern auch die Rotweine aus den Aglianco-Trauben von Taurasi. Wer keine eigene Rebflächen in den jeweiligen Gebieten besitzt, kauft die Trauben von befreundeten Winzern, ein Handel mit langer Tradition in Kampanien; auch in der bewegten Geschichte des schon erwähnten Weinhauses Mastroberardino, die bis ins Jahr 1878 zurückreicht. Es wurde ursprünglich als Handelshaus gegründet, das Trauben von Vertragswinzern ankaufte und daraus Weine produzierte.

In den siebziger Jahren wurden dann eigene Rebflächen erworben, auf denen die Brüder Antonio und Walter Mastroberardino die alten heimischen Rebsorten pflegten und reaktivierten – und so neue Maßstäbe im kampanischen Weinbau setzten. Im Jahre 1994 erfolgte die Teilung in zwei Weingüter. Antonio Mastroberardino behielt die Kellerei in Atripalda und führt das Weingut unter dem Familiennamen weiter. Die Trennung führte freilich in den neunziger Jahren zu Schwankungen in der Weinqualität. Inzwischen ist die Schwächephase aber überwunden, heute glänzt der Stern des Weinhauses in Atripalda heller denn je.

Walter Mastroberardino gründete mit seinen Kindern Carlo, Paolo und Daniela das Weingut Terredora – längst eine weitere große Kraft der Region. Hier geht er seinen ganz eigenen Weg – eher ruhig und kontinuierlich, wenn auch wenig dynamisch. Im Gegensatz zu anderen großen Erzeugern der Region werden für die Produktion der Weine von Terredora nur eigene Trauben verwendet, um so optimale Qualitäten zu gewährleisten. Viele ihrer teils sehr kleinen und weit auseinanderliegenden Weinberge gehören

zu den besten Lagen des Irpinia-Gebiets. Mittendrin hat man eine moderne Weinkellerei im Gewerbegebiet des 650 m hoch gelegenen Montefusco erbaut und hat damit kurze Wege vom Weinberg in den Keller.

Eine weitere große Kellerei, die Weine aus Aglianico keltert, ist die Kellerei Feudi di San Gregorio, die wir schon im vorangegangenen Kapitel über den Fiana di Avellino vorstellten. Auch in puncto Taurasi hat sich Feudi eine glänzende Position erarbeitet. Der Weg dorthin verlief zwar nicht reibungslos. Doch nach Turbulenzen zu Beginn des Jahrtausends in der Führung des Betriebes hat Feudi in die Erfolgsspur zurückgefunden. Zurückblickend ist es nicht übertrieben zu sagen, dass Feudi di San Gregorio und Mastroberardino mit ihren Weinen dem ausländischen Weinliebhaber den Zugang zur unbekannten Weinwelt Kampaniens eröffnet haben.

Einsteiger aus Irpinia

Wer nicht gleich mit dem Topwein Taurasi einsteigen möchte, für den eignet sich der Irpinia-Aglianico-Rotwein bestens. Irpinia – der historische Name für die Provinz Avellino – ist ein junges Anbaugebiet innerhalb der Grenzen der Provinz Avellino, das im Jahre 2005 von den regionalen Weinbaupolitikern geschaffen wurde. Alle Gemeinden des Anbaugebietes Taurasi gehören dazu. Die Winzer können somit einen Teil ihres Aglianico-Rotweins quasi als Junior-Variante bereits nach einem oder anderthalb Jahren verkaufen. Um den Namen Taurasi tragen zu dürfen, muss der Rotwein aus Aglianico-Trauben laut Gesetz nämlich drei Jahre reifen. Für die Riserva des Taurasi schreibt das Produktionsgesetz sogar vier Jahre Lagerzeit vor, so lange wie sonst nur für die Riserva des berühmten Barolo und des Brunello di Montalcino der Toskana.

Basilikata – Aglianico del Vulture

Wir wechseln die Szene und begeben uns in die Basilikata. Diese dünn besiedelte Region grenzt im Osten an Kampanien. Sie ist die Heimat des Aglianico del Vulture, der in diesem zweiten wichtigen Anbaugebiet der Rebsorte Aglianico rund um den erloschenen Vulkan Vulture produziert wird. Es ist ganz nebenbei das einzige beachtenswerte Anbaugebiet für Wein, das die Basilikata zu bieten hat.

Dass die Anbaugebiete Taurasi und Vulture nur 90 Kilometer voneinander entfernt liegen, ist eigentlich kaum zu glauben. Zu groß sind die landschaftlichen Unterschiede, ganz anders auch die Lebensphilosophie. Am Vulture geht es sehr beschaulich und ruhig zu. Ein wuseliges Treiben wie in Avellino liegt den Menschen hier nicht. Dabei trennt die beiden Anbaugebiete kein hohes Gebirge oder unüberwindlicher Fluss. Vielmehr ist es eine unsichtbare Grenze, die in erster Linie kulturell bedingt ist. Denn während die Geschichte des Taurasi-Gebietes vom Mittelmeer bestimmt wurde, prägte das Leben des Vulture-Gebietes seit Jahrhunderten die Adria. Von dort kamen auch die Albaner, die im 13. Jahrhundert die beeindruckenden zahlreichen Höhlen in den Vulkanstein von Barile gruben, die heute, mit bunten Eisentoren versehen, den Einwohnern als Keller für Wein und Olivenöl dienen.

Die Grenzen des Anbaugebietes sind sehr weit gefasst. Es erstreckt sich über eine Fläche, die fünfmal größer als die des Taurasi-Gebietes ist. Doch der Weinanbau häuft sich in den Gemeinden Barile und Rionero del Vulture sowie in der nahegelegenen Gegend um den Ort Venosa. Landschaftlich besonders eindrucksvoll ist vor allem die Umgebung des Monte Vulture. Dieser erloschene Vulkan mit seinen zwei großen Kraterseen ist mit seinen knapp 1.300 Metern Höhe zwar kein Riese. Dennoch ist es ein imposanter Anblick, weil er die weit auslaufende Landschaft als alleinstehender Berg dominiert. Die Nordflanke ist mit dichten Kastanienwäldern bedeckt, an den anderen breiten Hängen liegen die Weingärten und Olivenhaine von Barile und Rionero del Vulture. Das Farbenspiel im Sommer ist einfach zauberhaft: Das frische Grün der Weinberge und das silbrige Grün der Olivenhaine wird durch das Schwarzgrau der Vulkanerde betont. Und alles wird von endlos scheinenden goldgelben Weizenfeldern umrahmt. Anders als in Taurasi, wo die Berge weiten Ausblicken im Wege stehen, kann man auf dem Monte Vulture an klaren Wintertagen die rund 60 Kilometer entfernte Adriaküste am Horizont sehen.

Von Sonne und Boden geprägt

Viel Sonne und trockene Sommer sind sowohl für Weinreben wie für Olivenbäume ausgezeichnet. Und vorteilhaft sind auch die angenehmen Winde, die im Sommer an den Vulkanhängen hinabfließen und für Abkühlung sorgen. Die Aglianico-Rebe fühlt sich, was das Klima betrifft, hier ebenso wohl wie im Taurasi-Gebiet. Die Winter sind kalt, es fällt auch Schnee. Ein später Frühling und ein langer Herbst führen zusammen mit der langen Vegetationsperiode der Rebsorte zu einer späten Ernte Ende Oktober oder Anfang November.

Hier wurzeln die Reben in schwarzgrauer, feinkörniger Vulkangesteinerde, die einen wichtigen Einfluss auf den Geschmack der Weine hat. Und auch wenn in der Fachwelt der Einfluss des Bodens konträr diskutiert wird, ist es unzweifelhaft, dass – neben Schieferböden – vor allem Vulkanböden Weine in entscheidendem Maße prägen. Der Boden verleiht den Weinen eine Kompaktheit, die in der Jugend fast spröde wirken kann. Die Mineralität des Bodens betont dazu noch die ohnehin schon prägnanten Gerbstoffe der Rebsorte Aglianico wie auch die Säure. Die Aromen sind nicht gerade explosiv und stammen eher aus dem Korb der Trockenkräuter statt dem der Beerenfrüchte. Je weiter man sich vom Vulkan und seinen Böden weg bewegt, desto mehr überwiegt wieder der gewichtige Lehmanteil des Bodens. Ergo nähern sich die Weine aus den vom Vulture am weitesten entfernten Weingärten in der Gegend um Venosa im Ausdruck den Weinen des Taurasi-Gebietes.

Es tut sich was in der Basilikata

Weinberge aushacken und Olivenbäume pflanzen, das war die Vorgabe der Subventionspolitik der achtziger Jahre. Glücklicherweise schwappte die Euphorie in den Neunzigern für das Weinpotenzial des Südens nicht nur bis in die Taurasi-Region, sondern erreichte auch die abgelegenen Winkel der Basilikata. Neben einigen großen Unternehmen, die in die Weinzukunft der Basilikata investierten, entschieden sich vor allem die Einheimischen für eine Weinerzeugung jenseits des Hausgebrauchs. Sie schufen dann auch in Fachkreisen ein Bewusstsein für die Güte des Aglianico del Vulture. Von den offiziell geführten 60 Weingütern produzieren rund die Hälfte konkurrenzfähige Weine und haben eine aufs Ausland ausgerichtete Vertriebspolitik. Insgesamt erreichen somit 1,2 Millionen Flaschen pro Jahr den durstigen Markt.

Der Traditionsbetrieb des Anbaugebietes ist die Kellerei Paternoster aus Barile. In seinen mehr als 90 Jahren war sie stets ein zuverlässiger Lieferant für den regionalen Weinmarkt. Das Pendant in Rionero del Vulture ist die Kellerei D'Angelo. Beide müssen sich gegenüber den kleinen, jungen Weingütern behaupten, die mit ihren Topweinen von sich reden machen. Wie beispielweise das nur drei Hektar kleine Weingut der Familie Fucci, hier produzieren Salvatore Fucci und seine Tochter Elena in jahrelanger harter und hingebungsvoller Arbeit mit vielen – auch kommerziellen – Risiken, aber ohne Kompromisse nur einen einzigen Wein. Der *Titolo* der Fuccis ist ein Tropfen für eine kleine Schicht von Kennern und Liebhabern anspruchsvoller und klassischer Rotweine – die viel gerühmte Neuentdeckung der Basilikata und als solche eine Bestätigung der kleinen Erzeuger vor Ort.

Wie lange der Winzer seinen Rotwein Aglianico del Vulture im Keller behält, kann er mehr oder weniger selbst entscheiden. Für die Lagerung oder Reifezeit ist nur ein Jahr vorgeschrieben. Der Konsument findet demnach Weine mit sehr unterschiedlichen Qualitätsansprüchen und Preisen, die alle als Aglianico del Vulture verkauft werden. Den Begriff Riserva benutzt kein Erzeuger, denn dafür sieht das Gesetz eine Mindestlagerzeit von fünf Jahren vor.

Zusammenfassend kann man sagen: Das Hinterland Kampaniens und die angrenzende Region in der Basilikata liefern Rotweine, die nicht nur in der Fachwelt für Furore sorgen. Sie sind wie geschaffen, die Langsamkeit zu entdecken. Denn zunächst geben sie sich etwas spröde. Aber wenn Winzer und Genießer den aus Aglianico erzeugten Weinen viel Zeit lassen, sich im Fass, in der Flasche und auch im Glas zu entwickeln, sind sie ein Hochgenuss und werden die große Beachtung finden, die ihnen zukommt. *ari*

Zwei wie aus der Modezeitschrift: die Fucci-Schwestern.

HOTEL MARINA RIVIERA
RISTORANTE EOLO

Amalfi im Mondschein – ein bezaubernder Anblick. Zu den Attraktionen des berühmten Städtchens an der „göttlichen Küste" gehört die Grotta dello Smeraldo, die Smaragd-Grotte. Die faszinierende, in allen Grüntönen schimmernde Meereshöhle steht der weltberühmten Blauen Grotte der Insel Capri an Schönheit in nichts nach. Sie wurde erst 1932 von einem Fischer entdeckt und kann von der Küstenstraße aus über einen Aufzug oder per Boot erreicht werden.

Moderne Charaktere mit historischem Herzen

SCHON DIE ALTEN RÖMER HATTEN EINE SCHWÄCHE FÜR DIE WEINE, DIE AUS DEN REBSORTEN FIANO UND GRECO GEKELTERT WURDEN. HEUTE GEHÖREN SIE ZU DEN GROSSEN WEISSWEINEN ITALIENS. MIT LEBENDIGER SÄURE, FACETTENREICHEN AROMEN UND EINEM MUND FÜLLENDEN KÖRPER VEREINEN SIE DIE VORZÜGE DES RIESLINGS UND DES BURGUNDERS – UND PRÄSENTIEREN SICH ALS MODERNE CHARAKTERE, OHNE IHRE HERKUNFT ZU VERLEUGNEN.

Colli di Lapio ist nur ein Zwerg unter den Weingütern der Irpinia. Winzerin Clelia Romano und ihr Vater Pasquale beackern mal gerade sechs Hektar Rebfläche. Die aber haben es in sich! Denn die Lage des Weinbergs Arianello zwischen den Flüssen Sabato und Calore ist bis zum späten Abend von der Sonne verwöhnt und durch Winde bestens belüftet. Die Reben wurzeln hier auf rund 500 Metern Höhe in sehr kalkhaltigem Lehmboden, profitieren zudem von den großen Temperaturunterschieden zwischen Tag und Nacht. Sie gilt daher als eine der besten Lagen für den Fiano di Avellino. Clelia selbst ist eine Winzerin mit Familiensinn, Bewusstsein für Traditionen und einer Schwäche für biologische Prinzipien. Sie hegt und pflegt ihre Reben mit ebenso viel Herz, wie sie auch die Familie zusammenhält. Ihr Fiano di Avellino gehört zu den besten Weinen Kampaniens, ein Tropfen, wie er authentischer nicht sein könnte, der das Terroir so eindrucksvoll wie kaum ein anderer zum Ausdruck bringt.

Das Weinimperium Feudi di San Gregorio wurde 1994 in Sorbo Serpico inmitten der rauen und zugleich sanften Landschaft des kampanischen Apennin-Gebirges gegründet. Es steht dank großer Investitionen und einer ausgefeilten Marktstrategie wie kein anderer Produzent für die Renaissance der authentischen Weine der Region. Man operiert wie ein global player und mit enormer Dynamik, die freilich wie auch die Kellerei mit ihrer High-Tech-Architektur etwas zu kalt und abgehoben wirkt. Fans des zeitgenössischen Designs werden sich in den kubischen Bau aus viel Glas und Stahl ganz sicher verlieben, den Romantikern bietet allenfalls das mit geschickter Licht- und Beschallungstechnik in Szene gesetzte Kellergewölbe etwas fürs Herz. Aber man hat in den letzten 16 Jahren auch viel Geld in die rund 300 Hektar alten und neuen Weinberge gesteckt. Und so zeigt das Unternehmen über seine Weine dann doch, dass es – wenn auch nicht so warmherzig wie in Colli di Lapio – mit der Region verwurzelt ist. Zwischen diesen beiden Polen, dem kleinen Winzer und dem Big player, bewegt sich die Produktion des Fiano di Avellino und des Greco di Tufo.

Fiano aus Avellino? Greco di Tufo? Es ist keine Schande, wenn man die Namen dieser Vorzeige-Weißweine Kampaniens noch nie gehört hat. Nördlich der Alpen kennen sie ohnehin nur eingefleischte Liebhaber italienischer Weine. Warum aber zählen diese beiden nahezu unbekannten Weißweine dann zu den außergewöhnlichen Weinen des Landes? Ganz simpel gesagt: wegen ihres durch und durch kampanischen Charakters. Anders ausgedrückt: Sie sind meilenweit vom Geschmack der allseits bekannten und beliebten italienischen Weißweine wie beispielweise dem Pinot Grigio entfernt. Sie erschließen sich auch nicht beim ersten Schluck. Aber wenn man ihnen die Aufmerksamkeit widmet, die ihnen als große Weißweine Italiens zukommt, wird man von den verführerischen Düften und ihrem grazilen bis vollen Körper und ihrem grandiosen Geschmack begeistert sein. Und sie animieren auch mit ihrer Saftigkeit, die fast etwas Salziges hat, zum Trinken und Weitertrinken. Wobei sich Fiano und Greco gar nicht so sehr unterscheiden, sieht man einmal von den rebsortenspezifischen Aromen ab. Beiden ist eine an Feuerstein erinnernde Mineralität und eine lebendige, natürliche Säure zu Eigen – Charakterzüge, die bei Weißweinen aus dem Süden Italiens eine Seltenheit sind.

Dass sie selbst im Regal eines auf Italien spezialisierten Fachhändlers nicht immer zu finden sind, hat zwei Gründe. Zum einen ist die jährlich erzeugte Menge recht klein, und zum anderen sind sie etwas teurer als andere italienische Weiße. Die Neugier, was den Greco vom Fiano wirklich unterscheidet, kann dennoch heute besser denn je gestillt werden. Denn eine zunehmende Zahl von Winzern beschäftigt sich ernsthaft damit und verkauft diese Weine

auch außerhalb der Landesgrenzen Kampaniens. Fast alle Winzer aus dem einen oder anderen Gebiet erzeugen beide Weißweine, was daran liegt, dass beide die traditionsreichen Weine der Region sind und die Anbaugebiete aneinandergrenzen. Somit bietet es sich geradezu an, sich mit beiden Weinen gleichzeitig zu beschäftigen, denn so erschmeckt man die faszinierenden Unterschiede und die Gemeinsamkeiten der Rebsorten besonders gut.

Vor dem Aussterben gerettet

Fiano ist eine der sehr alten autochthonen weißen Rebsorten Süditaliens. Schon die Römer kultivierten sie und nannten sie wegen ihrer großen Anziehungskraft auf Bienen auch Vitis apiana. Das Hauptanbaugebiet der Rebsorte liegt rund um Avellino, die Hauptstadt der grünen Provinz Irpinia. Sie ist eine moderne Stadt mit der nüchternen Betonarchitektur des Südens. Denn das Erdbeben des Jahres 1980 schlug so viele tiefe Wunden, dass ein weitgehender Neuaufbau der Stadt unabdingbar war.

Seitdem ist die Region um Avellino mit traditionsreichen Kulturdenkmälern und architektonischen Highlights nicht eben reich gesegnet. Was nicht heißen soll, dass die Provinz nicht sehenswert sei. Die abwechslungsreiche sattgrüne Landschaft nämlich ist es, die den Reiz der Gegend ausmacht. Haselnusssträucher, Kastanien- und Walnussbäume soweit das Auge reicht. Die Weingärten aber muss man geradezu suchen, sie liegen auf der ausgedehnten Fläche weit voneinander verstreut.

Eingerahmt wird das Gebiet von zwei langgestreckten imposanten Bergketten, und das Mittelmeer liegt nur 60 Kilometer entfernt. Somit herrscht hier ein kontinentales Klima. Das drückt sich in kalten, relativ regenreichen oder schneereichen Wintern und trockenen, heißen Sommern aus. Erst im September sorgen die kälteren Nächte für Abkühlung, was aber zeitig genug ist, um die feingliedrigen Aromen und die Säure in den Trauben zu erhalten. Fiano wird nämlich hier erst im Oktober geerntet, Wochen später als an der Küste und auch mehr als einen Monat später als die Weißweintrauben der nördlichen Anbaugebiete

Clelia Romano ist Fiano-Winzerin mit Herz und Verstand.

Italiens. In den tiefer gelegenen Weingärten stehen die Reben auf lockereren Böden mit relativ hohem Ton- und niedrigem Lehmanteil. Diese Bodenzusammensetzung gefällt nicht nur den Reben, auch Haselnusssträucher wachsen gerne darauf.

Dass letztere hier erwähnt werden, hat seinen Grund. Denn in den sechziger Jahren stieg die Nachfrage – und damit auch der Preis – nach den köstlichen Nüssen der Region so sehr, dass die Bauern ihre Rebstöcke durch Haselnusssträucher ersetzten. Vor dem Aussterben gerettet wurde die Rebsorte Fiano eigentlich nur, weil man einige Rebstöcke für den Hauswein stehen ließ, die dann freilich in den siebziger Jahren wieder vervielfältigt wurden. Es dauerte aber bis in die neunziger Jahre hinein, bis sich die Rebfläche des Fianos halbwegs erholt hatte. Davor mussten die Kellereien die Trauben aus unzähligen kleinen Parzellen zusammenkaufen, um überhaupt einen Fiano di Avellino auf den Markt bringen zu können.

Heutzutage wird die Rebsorte nicht nur um Avellino, sondern in 23 weiteren Gemeinden angebaut. Der daraus gekelterte Fiano di Avellino (wie auch der Greco di Tufo) darf mit maximal 15 Prozent der einheimischen Rebsorte Coda di Volpe verschnitten werden. Da dieses aber den Weinen nicht mehr Ausdruck verleihen würde, macht davon kaum ein Winzer Gebrauch.

Örtchen Montefusco aus, das sich idyllisch an den höchsten Hügel der Region schmiegt. Die Reben wachsen hier auf Böden aus einem Gemisch aus ockerfarbenem Lehm, Ton und Sand, wobei der Lehmgehalt anders als im Anbaugebiet des Fiano relativ hoch ist. Das Mikroklima ist dagegen identisch. Und auch die Höhe, auf der die Weine angebaut werden, ist in etwa vergleichbar.

Zu den ganz besonderen Attraktionen der kleinen Weinregion gehören die tiefen Weinkeller, die von der langen Tradition des Weinanbaus zeugen, und auch – im Gegensatz zu den üblichen, Weinkeller genannten, temperaturisolierten Fabrikhallen – den Romantikern den Zauber der Weinproduktion vermitteln. Äußerst sehenswert sind zum Beispiel die atmosphärisch dichten Weinkeller des Weinguts Di Marzo in Tufo. Hier hat man das Gefühl, als sei die Zeit stehen geblieben. Seit 1827 wird hier Wein erzeugt. Und damals wurde auch die riesige Kelleranlage in den harten Tuffstein geschlagen. Mitten im Ort führen endlose Gänge über vier Etagen in die Tiefe, in der selbst an heißesten Sommertagen eine angenehme Kühle herrscht. Neben traditionellen Fässern für den Ausbau der Weine findet man zur Überraschung vieler hier auch hochmoderne Stahltanks. Traditionsbewusst füllt man aber die Weine in die traditionellen schlanken Schlegelflaschen ab, um die alten Zeiten aufleben lassen.

Der antike Nobeltropfen

Die Rebsorte Greco ist ein nicht minder altes Gewächs. Vermutlich stammt sie aus Thessalien, ganz sicher wurde sie schon im antiken Griechenland angebaut und erreichte dann im 6. Jahrhundert v. Chr. das italienische Festland bei Neapel. Der daraus produzierte Wein war schon bei den Römern ein sehr beliebtes Tröpfen, wie in einigen Klassikern der römischen Literatur nachzulesen ist. „Wahrlich war der Greco so ein erlesener Wein, dass er bei den Festmahlen nur einmal eingeschenkt wurde," schrieb zum Beispiel Plinius der Ältere schon im 1. Jahrhundert n. Chr. Und auch einige Inschriften, die in Pompeji ausgegraben wurden, belegen die frühe Erfolgsstory dieses Edeltropfens.

Im Gegensatz zu Fiano war die Rebsorte Greco nie vom Aussterben bedroht. Zwar grenzt das Anbaugebiet direkt an das des Fianos, dennoch setzte sich der Haselnussanbau hier nicht durch, was wohl damit zu erklären ist, dass die Anbauregion mit nur acht Gemeinden relativ klein und kompakt ist. Sie beginnt mit dem auf 300 Meter Höhe gelegenen Ort Tufo, der seinen Namen vom dort zu findenden Tuffstein erhielt. Von dort breiten sich die Weinberge des Anbaugebietes bis zum nur sechs Kilometer entfernten

Der Weißweinkeller des Weinguts Di Meo.

GENUSSTIPP

Fiano macht als Aperitif auf jedem Parkett eine gute Figur, gerne Seite an Seite mit Garnelen und Hummer. Als gebürtiges Landei aus Kampanien hält er aber ebenso bei Kartoffelsuppe mit Stockfisch dagegen. Auf Weinkarten steht er allerdings ähnlich selten wie im Supermarkt, eher schon beim Italien-Spezialisten. Von der Mini-Produktion wird nur ein Bruchteil exportiert. Das treibt die Preise im Einzelhandel auf 10 und bis 20 €.

Greco di Tufo macht mit seinem mineralischen Biss Appetit auf alles, was das Meer nahe seiner Heimat zu bieten hat. Wie kein Zweiter passt er auch zu kräftigen Gemüsegerichten oder in Olivenöl geschwenkten Zucchini oder Paprika. Auch den Greco aus Tufo bekommt man nicht im Supermarkt, wieder ist der Italien-Experte gefragt. Preislich liegt er etwas günstiger, im Schnitt zwischen 9 und 15 €, ganz selten darunter, denn er wird in etwas größerem Stil erzeugt als Fiano. Einige Flaschen haben es auch auf die Weinkarten rühriger Gastronomen geschafft. Die komplexeren Exemplare beider Anbaugebiete darf man übrigens ruhig dekantieren, sie profitieren vom Luftkontakt.

Mausempfehlungen für modernen Historikergenuss

Colli di Lapio www.vinocampania.it
Feudi di San Gregorio www.feudi.it
Di Meo www.dimeo.it
Di Prisco www.cantinadiprisco.it
Mastroberardino www.mastroberardino.it
Pietracupa www.vinocampania.it
Quintodecimo www.quintodecimo.it
Terredora www.terredora.com
Vadiaperti www.vadiaperti.it

Vettern mit fülliger Statur

Es ist die Farbe, die verrät, ob ein Wein aus der Rebsorte Fiano oder Greco im Glas ist. Der Fiano präsentiert sich strohgelb bis hellgrün. Verglichen mit der intensiven Farbe des Greco wirkt die Weinfarbe des Fiano geradezu blässlich. Dafür ist aber sein Duft, der an Haselnuss, Birne und Muskat erinnert, bemerkenswert intensiv aromatisch, ja, geradezu facettenreich. Das wichtigste Merkmal seines Geschmacks ist die bereits angesprochene salzig-mineralische Art, die von einer lebendigen Säure getragen wird. Man schmeckt aber auch Nuancen von Nüssen, Feuerstein, Quitten und anderen gelben Früchten heraus.

Die Weinfarbe des Greco ist strahlender und intensiver, er leuchtet sonnen- bis goldgelb im Glas. Abgesehen von der Farbe fällt es selbst einem Experten nicht leicht, beide Weine zu unterscheiden, da ihr Duft und der Geschmack sehr ähnlich sein können. Besonders dann, wenn sie aus demselben Weinkeller stammen. Schwenkt man ihn im Glas, entwickelt der Greco einen bunten Duftstrauß von Zitrusfrüchten, Holunder, Birne, Pfirsich und Quitte. Rückgrat des Weines ist auch hier die bereits angesprochene Säure. Sie sorgt für den mineralischen Biss am Gaumen. Die geschmacklichen Aromen sind robuster und können angenehm bitter sein.

Wie schon gesagt: Sowohl der Fiano als auch der Greco sind sehr körperreiche Weine. Womit gemeint ist, dass sie den Mund ausfüllen und in der Konsistenz dem Olivenöl näher sind als dem Wasser. Und das kann man wahrlich nur von wenigen italienischen Weißweinsorten sagen. Sie laufen langsam über die Zunge und entwickeln sich doch unterschiedlich im Mund. Das legt den Schluss nahe, dass die Weine im Holzfass ausgebaut wurden. Beim Fiano und dem Greco ist dieser Reichtum aber naturgegeben, denn sie reifen in der Regel in den für Weißweine üblichen Stahltanks.

Wer also Weine mit historischem Herzen und modernem Charakter – auch wenn der durch traditionelle Methoden erzeugt wird – sucht, findet im Fiano di Avellino und Greco di Tufo ganz wundervolle Vertreter. Bleibt zu hoffen, dass die Winzer weiterhin und zunehmend mit Engagement und Herz das große Potenzial dieser alten Rebsorten nutzen und einigen Weinen genügend Zeit lassen, damit der Weintrinker auch in den Genuss eines zur betörenden Harmonie gereiften älteren Semesters kommt.
ari

Weinbereitung im Tuffsteinkeller mitten in Tufo.

CONTENITORE N.
VINO
FIANO
D O C G

KURZ EINGESCHENKT

Die Weine der Küste

Lacryma Christi del Vesuvio, die Träne Christi vom Vesuv – das ist ein Weinname, der die Fantasie beflügelt und so recht ins Neapel der vielen Altärchen passt. Er ist seit Langem der weltweit bekannte Tafelwein Neapels und wächst – wie es der Name vermuten lässt – an den fruchtbaren Hängen des Vesuvs. So manche Winzer bieten unter seinem Namen hervorragende Rotweine und leichte, fruchtige Weißweine an. Ihre Basis sind die Rebsorten Falanghina (weiß) und die rote Piedirosso, die auch die Grundlagen für fast alle Weine der Amalfiküste und der Region Neapel sind – vom Peninsola Sorrentina bis zum Costa Amalfitana, vom Campi Flegri bis zum Vesuvio. Bedauerlicherweise werden all diese Weine schnell vor Ort weggetrunken und erreichen deshalb die Weinliebhaber im Ausland kaum.

Alle Weißweine, ob reinsortig aus Falanghina ausgebaut oder verschnitten mit Biancolella und Greco, schmecken fruchtig, frisch und immer auch etwas kampanisch. Sie passen perfekt zum Pasta-Teller mit Tomaten, Kräutern und Meeresfrüchten. In den Rotweinen der Küste wird Piedirosso reinsortig oder mit Aglianico verschnitten angeboten. Auch hier steht Fruchtigkeit im Geschmack an erster Stelle, die Gerbstoffintensität hängt vom Anteil des Aglianico ab.

Nicht unbekannt ist auch der Name Falerner – ein Wein, der im antiken Italien zu den beliebtesten gehörte und von den Schriftstellern der Zeit gebührend gewürdigt wurde. Seine Nachfolger in der heutigen Zeit stammen aus dem DOC-Weinanbaugebiet Falerno del Massico in der Provinz Caserta an der nördlichen Küste rund um den namengebenden Monte Massico. Die Biancos werden sortenrein aus der Rebsorte Falanghina gekeltert und sind quasi die modernen Pendants des antiken Falerners. Basis für die Rotweine sind die kampanischen Rebsorten Aglianico und Piedirosso, die mit Barbera und/oder Primitivo verschnitten werden. Die erzeugte Weinmenge ist allerdings so winzig, dass man die Weine des Anbaugebietes weitgehend vor Ort ausschenkt. Das gilt auch für die Weine, die aus dem weitläufigen Cilento stammen und aus den typischen Rebsorten der Campania Felix gekeltert werden.

Die Weine der Berge

Die Gäste der unendlich vielen Trattorias an der Küste kommen aber vor allem in den Genuss des Falanghina del Benevento, dem weißen Kassenschlager aus dem Benevento. Falanghina wird in den Hochlagen der Anbaugebiete Sannio und Solpaca der Provinz im Norden Kampaniens angebaut. Die kühlen Temperaturen in der Nacht betonen seine lebendige Säure und seinen fruchtig-frischen Geschmack, der wunderbar zu den maritimen Gerichten der Küste passt. Da die oben erwähnten Küstenweine nur in geringen Mengen, von Fiano nur knapp drei Millionen Flaschen und rund fünf Millionen Flaschen Greco pro Jahr, produziert werden, greift man gerne auf die Falanghinas aus dem Benevento zurück. Da sie in vergleichsweise großen Mengen angebaut werden, sind die Weißweine auch preiswerter als die berühmte Konkurrenz aus Avellino. Im Geschmack sind sie allerdings bei Weitem nicht so spannend und vielschichtig.

In den Bergen um die Stadt Benevento, genauer gesagt: in der Taburno-Anbauregion, ist auch die Rebsorte Aglianico zuhause, aus der ein kräftiger Aglianico del Taburno in kleinen Mengen produziert wird. Zu wenige Erzeuger machen dort auf sich aufmerksam.

Und dann gibt es in der Bergwelt von Irpinia und Benevento noch die weiße Rebsorte Coda di Volpe. Plinius der Ältere verglich in seinen Erzählungen die Form dieser alten Rebsorte, die in der Antike Alopecis hieß, mit der Form eines Fuchsschwanzes. So kam die Rebsorte zu ihrem Namen Coda di Volpe, der italienischen Übersetzung von Fuchsschwanz. Aus ihr werden in der Regel schlanke, frisch-fruchtige Weine gekeltert, die reinsortig ausgebaut von eher schlichtem Charakter sind. Die Weißweinsorte darf aber auch in den Bergweinen Greco di Tufo und Fiano di Avellino in kleinen Anteilen verwendet werden, wo sie mit ihrer Säure und grünlichen Frucht die Frische und Lebendigkeit unterstützen kann.

Aglianico:
Galardi www.terradilavoro.com
Villa Matilde www.villamatilde.it

Kampanien im Glas:
Marisa Cuomo www.granfuror.it
Luigi Maffini www.maffini-vini.com

Blick auf Montefusco im Greco-di-Tufo-Gebiet.
Weinreben mit Meerblick an der Amalfiküste.
Die Tempelanlage von Paestum in Meeresnähe südlich von Salerno.

Apulien

NEGROAMARO AUS SALICE SALENTINO UND SALENTO
PRIMITIVO AUS MANDURIA UND SALENTO

Des Stiefels heißer Absatz

ER IST NICHT SO SPITZ WIE VIELE HIGH HEELS. SPITZE IST DER ABSATZ DES ITALIENISCHEN STIEFELS TROTZDEM. MIT ABWECHSLUNGSREICHEN KÜSTEN, VIELEN KULTURSCHÄTZEN, RAFFINIERTEN GENÜSSEN UND WUNDERSCHÖNEN UNTERKÜNFTEN BIETET APULIEN NÄMLICH DIVERSE HIGHLIGHTS. UND DAZU NOCH WUNDERBARE, KRAFTVOLLE WEINE MIT VERFÜHRERISCHEN FRUCHTAROMEN, DIE DIE GANZE SONNE DES SÜDENS IN SICH TRAGEN.

Olivenbäume, ohne Ende Olivenbäume. Tausende stehen auf dem Gelände der Masseria Il Frantoio nahe dem Städtchen Ostuni. Einige von ihnen waren schon dort, als sich die Spanier im Jahr 1503 Apulien unter den Nagel rissen. Die meisten anderen sind auch nicht die Jüngsten. Wie die zerfurchten Gesichter alter Greise sehen ihre knorrigen Stämme aus, mal grimmig dreinschauend, mal heiter. Ihre kleinen Blätter bilden ein endloses, silbern glitzerndes Meer, aus dessen Mitte das strahlend weiße Landgehöft auftaucht. Vorbei an einem steingrauen Fiat-Oldtimer geht es in den idyllischen Innenhof, der einer Oase gleich hinter den hohen Mauern der Masseria wartet. Hier werfen die üppigen Blätterwedel schlanker Palmen ihre Schatten an die gekälkten Wände. Rund um lauschige Sitzecken quellen Terracottakübel über von Blüten in den prächtigsten Farben. Aus kleinen Gärten wehen die Düfte von Zitronen, Orangen und Mandarinen, von Rosmarin, Thymian und anderen mediterranen Kräutern hinüber. In einer Voliere schlagen prächtige Pfauen ihre Räder. Und über allem liegt eine so tiefe Stille, dass man glaubt, man könne sogar den Flügelschlag der Schmetterlinge hören.

Am frühen Abend ist es aus mit der Ruhe. Dann empfängt Hausherr Armando Balestrazzi seine Gäste. Immer persönlich, immer mit Handschlag. Mit warmer Stimme erklärt der Graubärtige jedem neuen Besucher seine Geschichte. Dass er nach über 20 Jahren als Top-Manager im Molkereibereich die Hightech-Massenproduktion nicht mehr ertrug. Dass er zurück zur Natur wollte und mit der biologischen Produktion von Olivenöl begann. Dass *masserie* einst die Gehöfte der feudalen Großgrundbesitzer waren, die man mit hohen Mauern befestigte, um sich vor Piraten und Plünderern zu schützen. Dass er und seine Frau Rosalba zu den ersten gehörten, die eine Masseria in einen Landgasthof mit Gästezimmern verwandelten. Und dann führt er durch sein kleines Weingärtchen, wo in Reih und Glied die seltensten Rebstöcke stehen. Zeigt die einstige Ölmühle im urigen Gewölbekeller, wo uralte Werkzeuge von

Seite 314 – 315: Die besten Sandwiches mit gegrilltem Pulpo macht Paola am Strand von Torre Canne, einem kleinen Ort zwischen Brindisi und Bari.

Seite 316: Die weißen Trulli mit ihren typischen Zipfelmützendächern werden heute als Feriendomizil vermietet.

Lecce, das Florenz des Südens, lockt mit üppig verzierten Barockbauten.

Voller Geheimnisse thront das Castel del Monte, die Burg des Stauferkaisers Friedrich II., über der weiten Ebene der Murge.

der Mühe vergangener Zeiten zeugen und heute feinste Olivenöle, köstliche Marmeladen, aromatische Liköre und andere selbst erzeugte Produkte verkauft werden. Anschließend noch ein Aperitivo vor dem Kamin im Empfangszimmer. Und dann tischen die Küchenfeen der Signora auf, draußen im Innenhof, der nun durch zig Kerzen romantisch illuminiert ist, oder drinnen, im Nebengebäude, unter einem schneeweißen Tonnengewölbe.

Typische Gerichte aus dem Salento kommen auf die blanken Holztische, modern interpretiert, leicht, würzig, vor allem vegetarisch. Scheibchen des gesalzenen apulischen Brots mit knuspriger Kruste, dazu eine schmackhafte Paté von *lampascione*, den leicht bitteren wilden Zwiebeln. Ein duftendes Törtchen aus weißen Bohnen, süßen Tomaten und würzigem Ricotta aus Kuh-, Schaf- und Ziegenmilchgemisch. Zarte, in süßem Wein gekochte Artischocken, dazu ein köstliches Häufchen wilder Zwiebeln, in Orangenhonig karamellisiert. Die Nationalpasta *orecchiette*, kleine Öhrchennudeln mit bissfesten Zucchini, getaucht in eine goldfarbene Safransauce. Ein auf frische Kräuter gebettetes Lamm, das mit kleinen Kartoffeln ganz langsam im Ofen schmoren durfte. Und das Dessert namens *quando il limone diventa* – eine luftige Biskuitrolle, gefüllt mit zarter Zitronencreme. Zu jedem Gang wird ein anderes Olivenöl des Hauses gereicht – mal mild mit feinem Grasaroma, mal würzig-kräftig. Selbst das Dessert bekommt Olive ab in Form eines süß-herben Likörs aus Olivenbaum-Blättern. Ein spannendes Tröpfchen, wenn auch keine Konkurrenz zu den tiefroten Negroamaros oder Primitivos, die schmecken, als habe man die apulische Sonne in die Weinflasche gebannt. Sie begleiten somit ganz wunderbar dieses aromatische Mahl.

Nicht nur in der Masseria Il Frantoio reibt man sich vergnügt das pralle Bäuchlein, auch in den vielen anderen Masserien Apuliens wird raffiniert regional aufgekocht. Sie gehören ganz zweifellos zu den reizvollsten Urlaubsdomizilen ganz Italiens. Allein ihretwegen lohnt schon die Reise zum Absatz des Stiefels.

Highlights für Augen und Gaumen

Nun hat Apulien nicht unbedingt ein Landschaftsbild, das – im Gegensatz zu vielen anderen Italiens – auf den ersten Blick betört. Die Provinz, die sich zwischen zwei Meeren entlangzieht, besteht vor allem aus karstigem Hügelland und Ebenen. Als ziemlich monotone Agrarlandschaft zeigt sich der Tavoliere, eine riesige flache Tiefebene zwischen der Provinzhauptstadt Foggia und dem Golf von Manfredonia sowie im Nordwesten von Lecce. Dem eher sehr spröden

Die Weizenfelder wachsen bis ans Stadttor von Locorotondo im Valle d'Itria.

Charme der endlosen Weizenfelder, Rebflächen und Olivenhaine unter einem meist strahlend blauen Himmel kann man wenig abgewinnen. Da präsentiert sich die karstige Murge im Hinterland von Bari schon abwechslungsreicher. Hier ist so manches kleine Landschafts-Highlight zu entdecken. Das liebliche und hügelige Itria-Tal beispielweise, das sich im Frühjahr in ein buntes Blütenmeer verwandelt. Oder die vielen Schluchten und Höhlen, die in der letzten Eiszeit entstanden. Zu den reizvollsten Landschaften gehört der Gargano, der Sporn des Stiefels. Hier steigen die Felsen des Gargano-Vorgebirges abrupt aus der endlosen Ebene der Tavoliere auf. Das Herz des Gebirges ist der Foresta Umbra, Apuliens größtes Waldgebiet. Gesäumt ist der Stiefelsporn von mächtigen Kalksteinklippen mit Grotten und Labyrinthen, die steil aus dem azurblauen Meer ragen. Eine Berühmtheit ist der hohe Monolith Pizzomuno am Strand von Vieste, dem Touristenzentrum des Gargano.

Für Kulturbegeisterte hat Apulien freilich sehr viel Reizvolles in petto. Castel del Monte beispielsweise. Das so imposante wie mysteriöse Kastell des Stauferkaisers Friedrich II. thront weit sichtbar über der karstigen Ebene nordwestlich von Bari – mit achteckigem Grundriss, acht Sälen, acht achteckigen Türmen. Die beeindruckende Burg bietet seit Jahrhunderten viel Stoff für phantastische Spekulationen. Wählte der Staufer die strenge achteckige Form wegen seiner ebenfalls achteckigen Kaiserkrone? Oder weil die Pfalzkapelle in Aachen, in der er gekrönt wurde, acht Ecken hat? Konzipierte er sie als gigantische Sonnenuhr? Oder als Zeichen des kosmischen Gleichgewichts? Was auch immer zutreffen mag: Das Wahrzeichen von Apulien, das auch die italienische Ein-Cent-Münze ziert, ist längst als Weltkulturerbe geschützt. Es ist nicht das einzige Symbol der einstigen Macht von Friedrich II. Mit den in romanischer Strenge erbauten Kastellen und Domen, die überall in den Himmel ragen, ist er in seiner Wahlheimat allgegenwärtig.

Im Dreieck Bari-Taranto-Brindisi locken die Zipfelmützendächer der Trulli die Besucher in Scharen ins grüne, von Weinreben und Olivenbäumen überzogene Itria-Tal. Tausende von Trulli bevölkern die bezaubernde Hügellandschaft. Rund 1.500 allein im Städtchen und Weltkulturerbe Alberobello. Wie steinerne Iglus mit spitzen Runddächern sehen sie aus. So putzig, als hätten sie die Schlümpfe höchstpersönlich gebaut. Die kleinen Häuser, für die ohne Mörtel Stein auf Stein aufeinander geschichtet wurde, gehen zurück auf den Territorialfürsten Gian Girolamo. Als Gegner der kaiserlichen Steuerpolitik im Apulien des 17. Jahrhunderts befahl er dem einfachen Volk, seine Häuser ohne Mörtel zu bauen. Sie waren schnell wieder demontiert, wenn die Steuereintreiber über Land zogen, und wurden frech als steuerfreie Steinhaufen deklariert.

Die apulische Küste ohne Pulpo und religiösen Kult? Undenkbar.

Nach wie vor werden die Trulli von Apuliern bewohnt oder ganz lukrativ vermietet als charmante Ferienhäuser.

Das großstädtische Kontrastprogramm ist Apuliens Hauptstadt Bari – seit der Antike ein Brückenkopf zwischen Orient und Europa. Laut, quirlig, voller Leben. Eine süditalienische Hafenmetropole, mit modernem Lebensstil, eleganten Geschäften und kulturhistorisch interessanten Bauwerken, mit mächtigen Containerschiffen im Handelshafen, einer Altstadt mit engen, gewundenen Gassen und ständig verstopften Straßen. Und mit einer einladenden Promenade für den *corso*, den rituellen Abendbummel am Meer.

Und dann gibt es noch die vielen kleinen Provinzschönheiten, die im ganzen Land verteilt liegen. Das barocke Lecce beispielweise, auch Florenz des Südens genannt. Ein blitzblankes Örtchen mit wunderschönen Barockpalästen, deren Fassaden im Zuckerbäckerstil geradezu überschäumen vor Ornamenten, Putten, Tieren und Dämonen. Oder die hinreißend schöne *città bianca* Ostuni, die mit einem pittoresken Labyrinth aus Gassen und Stiegen schneeweiß auf drei Hügeln nördlich von Brindisi erstrahlt. Das griechische Flair kommt nicht von ungefähr, denn die Stadt wurde einst nach griechischer Bauweise errichtet.

Und nicht zu vergessen Gallipoli, die Perle des Ionischen Meeres. Wie eine Seefestung liegt das von den Griechen gegründete historische Zentrum der Stadt auf einer Felseninsel im Meer, mit der Neustadt auf dem Festland nur durch eine Brücke verbunden. Mit archaischen hohen Mauern trotzt es den hohen Wellen der winterlichen Meeresstürme. Mit sandigen Buchten und kristallklarem Wasser lockt es die Strandurlauber.

Ganz unten im Süden des Stiefelabsatzes stößt man auf Otranto, einen der schönsten und schicksten Küstenorte der gesamten Provinz. Als antike Handelsstadt am Meer war sie einst die Pforte zum Orient. Schützend wacht eine trutzige Habsburgerfestung über die Stadt, die nach Überfällen der Türken von breiten Befestigungsmauern eingefasst wurde. Hinreißend ist die gut erhaltene, verwinkelte Altstadt mit ihrem orientalischen Flair. Von hier kann man an klaren Tagen über das blaue Meer bis auf die nur 70 Kilometer entfernten Berge Albaniens sehen. Im Sommer wimmelt es an Otrantos

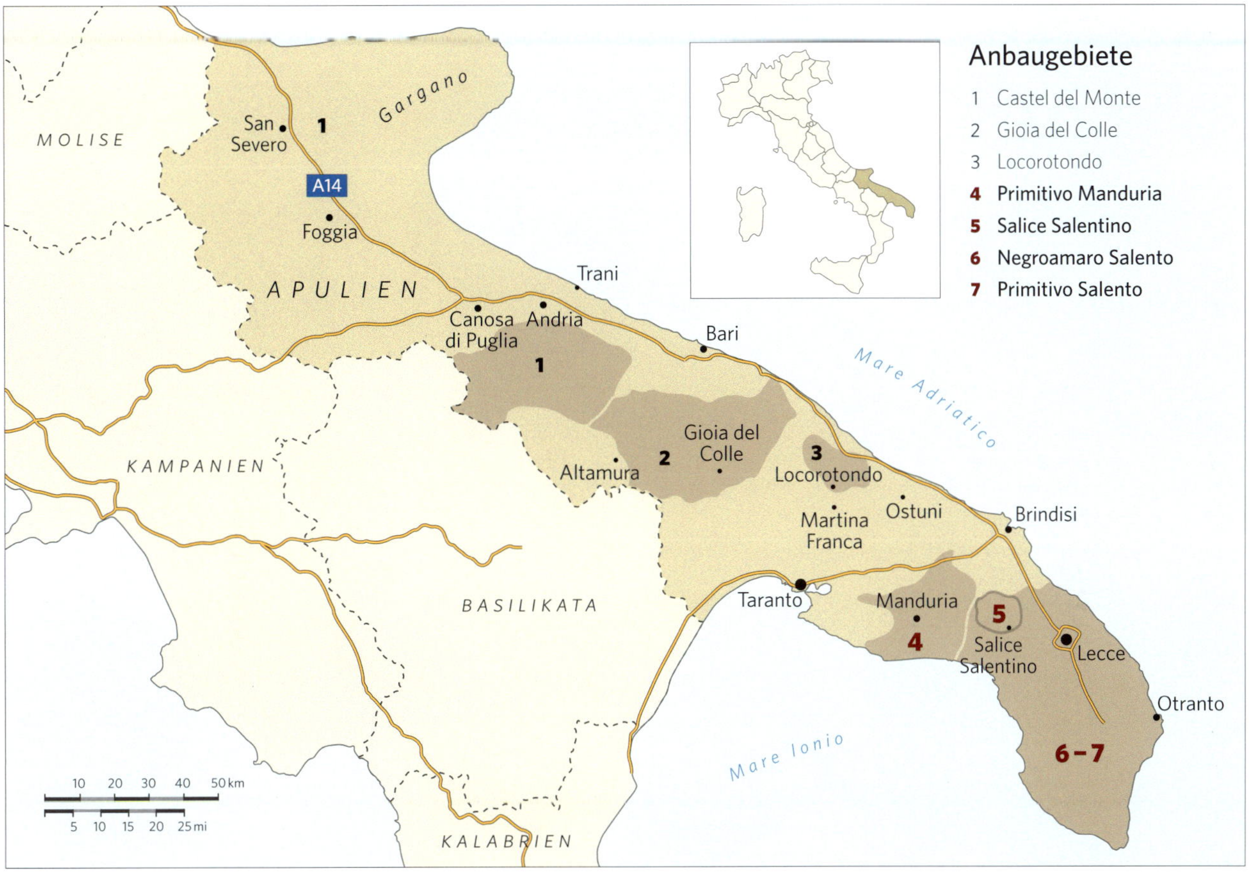

Traumstränden nur so von Sonnenanbetern in Strandoutfits von angesagten Designern, die nach Sonnenuntergang ausgiebig das Nachtleben des Städtchens genießen.

Apropos Strände! Die rund 800 Kilometer Küstenlinie entlang des Adriatischen und Ionischen Meeres ist nicht nur die längste Italiens, hier scheint auch oft noch die Sonne, wenn woanders die Strände schon hochgeklappt werden. Abwechslungsreich ist sie allemal. Schroffe Felsformationen und Grotten wechseln mit verschwiegenen kleinen Kies- oder Sandbuchten und weitläufigen Dünenlandschaften ab. Südlich von Otranto findet man auch fjordähnliche Küstenabschnitte.

Womit wir wieder bei Apuliens Genüssen wären. Es versteht sich ja von selbst, dass Fisch in der apulischen Küstenküche die dominante Rolle spielt. Berühmte Meeresspezialitäten wie die *orata alla pugliese*, die mit Kartoffelscheiben und Käse überbackene Goldbrasse, findet man überall an der Küste. Höchst beliebt ist *panino con pulpo*, ein Sandwich mit gegrilltem Oktopus von den mobilen Imbissständen am Strand.

Wie raffiniert man die Bewohner der sauberen Küstengewässer zubereiten kann, zeigen diverse Restaurants entlang der Küste. Beispielweise das Il Bolina in Tricase Porto, einem kleinen Hafenstädtchen am Ende des Stiefelabsatzes. Auch wenn es auf den ersten Blick wie eine simple, etwas abgeschabte Imbissstube wirkt, in der man maritime Snacks zum Panorama-Meeresblick serviert. Im Untergeschoss wird Meeresküche auf Feinschmeckerniveau zelebriert. Fangfrisches wird von Köchin Imma Pantaleo auf eine so zeitgemäße und phantasievolle Art zubereitet, die auch einem Spitzenlokal in Italiens Metropolen zur Ehre gereichen würde. Kross gegrillte Garnelenschwänze mit einer aromatischen Essenz aus Stangensellerie mit Ingwer oder mit Scamorza-Käse und Gemüse gefüllter Pulpo beispielweise.

Dazu passen nicht nur die Rosé- oder Weißweine, die Apuliens Besucher zu Fisch bevorzugen. Die Apulier trinken zu Fisch und Meeresfrüchten ihrer Meeresküche auch gerne mal einen roten Primitivo oder Negroamaro. Gut gekühlt, denn die Temperaturen sind oft auch am Abend noch hoch. *ari*

SALICE

Der Schwarze Grieche

DA, WO DER ITALIENISCHE STIEFEL SEINEN ABSATZ GANZ WEIT RICHTUNG AFRIKA AUSSTRECKT, IST DER NEGROAMARO ZU HAUSE. DIE ROTWEINTRAUBE TROTZT HEISSEN SCIROCCOWINDEN, DEM SAND AUS DER SAHARA UND GEWINNSÜCHTIGEN GESCHÄFTSLEUTEN. DER APULIER ENTWICKELT EINE KRAFT UND INTENSITÄT, UM DIE IHN MANCHER NOBELWEIN AUS DEM NORDEN BENEIDET. DER SÜDITALIENISCHE ROTE MIT SEINER WÜRZE UND SEINEM FEUER ZEIGT DER WELT, WAS MAN VON EINEM ECHTEN APULIER ERWARTEN KANN.

Die Bewohner von Lecce haben jeden Sonntag die Wahl, ob sie an der pittoresken Adria-Küste bei Bari oder an den Sandstränden am Golf von Tarent ihren Sonnenschirm aufstellen. Weniger als eine halbe Stunde benötigen sie zu beiden Meeren und einigen der schönsten Küstenorte Italiens. Doch die Bewohner des Salento-Gebietes, des flachen, heißen Hinterlandes der Barockstadt Lecce, sind mit dem Weinanbau beschäftigt. Hier, wo der italienische Stiefel seinen Absatz so weit nach Süden ausstreckt und sich kleine Orte, nach denen die Anbaugebiete benannt sind, über die weiße Ebene verteilen, wächst der Negroamaro, eine der wertvollsten Rotweintrauben Italiens. So weit im Süden, wo die Weinreben die Hitze kaum mehr ertragen können, ist das eine Seltenheit.

Der Negroamaro hat sich lange Zeit an das heiße Klima Apuliens gewöhnt. 800 Jahre vor Christus legten griechische Siedler in Apulien an und gründeten Kolonien. Dabei holzten sie höchstwahrscheinlich großzügig die dichten Eichenwälder ab. So entstanden Schiffe, Häuser und ein beträchtlicher ökologischer Schaden. Den Negroamaro hatten sie mitgebracht.

Die Sorte hat – wie alle Weine – Gerbstoffe, die am Gaumen einen bitteren Eindruck hinterlassen. Beim Negroamaro macht er sich in Form einer Note von delikaten schwarzen Oliven bemerkbar. Außerdem fließt der feurige Südländer meist mit tiefdunkelroter Farbe ins Glas. Beides ist wohl schon sehr früh Kolonisten aufgefallen. Das griechische Wort *maru* heißt auf Deutsch schwarz und auf Italienisch *niger*. Der apulische Dialekt kennt den Begriff *niurumar*. Der bedeutet dunkelherb und sagt eigentlich alles.

In fast 3.000 Jahren hat der Negroamaro sich in Apulien gehalten, Umweltweltzerstörung, Massenproduktion und der brennenden Sonne getrotzt. Winzer wählten immer wieder die besten Stöcke aus und vermehrten sie. So konnte sich der Negroamaro an Klima und Boden weiter anpassen. Trotzdem blieben die außergewöhnlichen Qualitäten des Roten lange im Dunkeln.

Nicht nur im Ausland, selbst in den Nachbarregionen kannte man noch vor 30 Jahren die herbe Schönheit kaum, außer wenn Not am Mann war. Gerieten nämlich andernorts die – meist viel teureren – Rotweine nicht so, wie es der Kunde erwartete, setzten viele Winzer gerne etwas vom intensiven Negroamaro zu. So war er in den nördlichen Anbaugebieten, der Toskana, dem Piemont, sogar in Frankreich gefragt, freilich ohne dass der Name jemals offiziell fiel. Die Fülle, die Farbe, die intensiven Gerbstoffe und Aromen peppten so manchen schwachbrüstigen Prestigewein auf. Hinter vorgehaltener Hand lachten sich die Winzer über ihre „Kellermedizin" ins Fäustchen.

Bis heute ist die Negroamaro-Welt zweigeteilt. Zwar gibt es mehr Kellereien, die gute Tropfen in Flaschen abfüllen, aber ein Teil der Produktion wird außerhalb ihrer Ursprungsregion abgefüllt. Aufkäufer in Norditalien nehmen den ansässigen Genossenschaften ihren Negroamaro ab, nutzen seine Bekanntheit und vermarkten ihn dann als Rebsortenwein Negroamaro. Der Name der guten Herkunft Salice Salentino taucht nicht auf. Allerdings haben sie ihn mit den großen Mengen für kleines Geld auch bekannter gemacht. Immerhin hat sich Negroamaro als Botschafter ganz Apuliens etabliert.

Seine Flaschenweinkarriere begann er, von einigen Ausnahmen abgesehen, erst in den achtziger Jahren. Begonnen hat alles mit Cosimo Taurino und seinem Weinmacher Severino Garofano. Der Apotheker Cosimo Taurino aus Guagnano begann damit, die Trauben später zu ernten. Dadurch verloren sie an Flüssigkeit, und die Aromen konzentrierten sich. Plötzlich raunten sich Weinkenner Namen wie *Patriglione* und *Notarpanaro* zu, in denen intensive Kirsch- und Rumtopfaromen der überreifen Trauben für

In Apulien stehen die ältesten Olivenbäume Italiens – 800 Jahre hat dieser Olivenbaum in der Umgebung von Bari schon auf dem Buckel.

ein angenehmes Gegengewicht zur feinen Herbe im Abgang auftraten. Taurinos Negroamaros hatten es geschafft. Einige seiner Weine der neunziger Jahre zählen zum Besten, was damals in Italien gekeltert wurde.

Apulische Sonne in Flaschen

Mit ihm spülte der Ruhm auch Rebsorte und Region ins Rampenlicht der Weinwelt. Rasant verlief der plötzliche Aufstieg vom namenlosen Massenwein zur beachteten Rebsorte. Das Anbaugebiet Salentino wurde schnell zum Begriff, und einige Lokalpolitiker ahnten, dass sie daran teilhaben konnten. Bürgermeister und Lokalpolitiker wollten sich ein Denkmal setzen und beantragten beim Landwirtschaftsministerium in Rom eine eigene Herkunftsbezeichnung für Orte wie Copertino, Leverano oder Squinzano.

Manche bekamen sie auch – allerdings nicht unbedingt die gewünschte Reputation. Mit Abstand bedeutendstes Anbaugebiet bleibt aber das Land um den Ort Salice Salentino. Hier siedelten sich in den frühen achtziger Jahren große, erfolgreiche Betriebe an und machten es in der Weinwelt bekannt. Big players wie Markenweinhersteller Gianni Zonin, die landesweit führende Genossenschaft GIV oder die toskanischen Weinbarone Antinori erkannten die Vorteile der fruchtbaren roten Böden im Inland ebenso wie des kalkhaltigen Grundes nahe dem Meer. In beiden wächst der Negroamaro sehr gut. Er reift für italienische Verhältnisse spät, zwischen Ende September und Mitte Oktober. Bis dahin stemmt er sich gegen die Sonne, die unerbittlich brennt, und den Scirocco. Der glutheiße Südwind bedeckt die kleinen Büsche mit gelbgrauem Sand aus der Sahara.

Ihre Rettung sind die Nächte. Dann fallen die Temperaturen wenigstens ein bisschen, und die Trauben bekommen eine Erholungsphase. So erhält sich trotz der Hitze die Säure, die als Gegengewicht zu dem vielen Zucker gebraucht wird, der tagsüber durch die Fotosynthese entsteht. Später wird sich diese Balance im Wein wiederfinden genauso wie eine faszinierende Finesse.

Je nach Unterzone wachsen so dichte, kraftvolle Weine in den Ebenen des Inlands. Am Meer entstehen würzig-salzige Tropfen, fruchtig-elegant sind die Weine aus den Hügellagen des Alto Salento im Inland. Die Sorte Negroamaro spielt zwar die Hauptrolle in den Rotweinen des Salento. Aber einen Nebendarsteller gibt es trotzdem. Malvasia Nera heißt eine weitere Rebsorte Apuliens, sie harmoniert gut mit dem Negroamaro und findet sich in kleineren Mengen in vielen Salentinos. Keine Starallüren also, schließlich bleibt der Ruhm in der Familie. Malvasia Nera entstand

Das barocke Nordportal des Doms von Lecce: bezaubernd bei Tag und atemberaubend, wenn es bei Nacht angestrahlt wird.

aus einer Kreuzung von Negroamaro mit der Rebsorte Malvasia Bianca und steuert einen gewissen Schmelz und einen blumig-würzigen Duft bei.

Wer in das Dorf Salice Salentino fährt, findet ein- und zweistöckige weiße Häuser, die sich vor der apulischen Sonne und der Kirche und dem Kloster ducken, wie in so vielen süditalienischen Orten. Und dann steht man nach der Fahrt durch die schlecht beschilderten Gassen, die alle ähnlich aussehen, plötzlich vor den höchsten Mauern. Dominierendes Bauwerk der Stadt ist die Kellerei von Leone de Castris: Wie in einer Festung mit Turm und Zinnen liegen Produktionshallen und Fasskeller hinter einem meterhohen Holztor.

Die Castris' machen hier Wein seit 1665. Weit wichtiger als die Chronik ist aber die Geschäftstüchtigkeit der Familie. Conte Piero Leone Plantera, Mitte des 20. Jahrhunderts Leiter der Geschäfte, setzte als einer der Apulier auf Flaschenabfüllungen, die dem Winzer wesentlich mehr Gewinn bringen als Wein, der fassweise verkauft wird.

Fünf Rosen für ein volles Konto

Plantera erkannte aber auch, dass Amerikaner es gern erfrischend mögen. In den vierziger Jahren lancierte er einen *rosato* aus Negroamaro mit dem amerikanisierten Namen *Five Roses* und legte damit das finanzielle Fundament für ein sehr profitables Unternehmen. Schon 1954 produzierte Castris eine Riserva, die bis heute jedes Jahr abgefüllt wird.

Nachdem der Wein in traditionellen großen Holzfässern gelagert hat, schmeckt er nach schwarzen Oliven und sauren schwarzen Kirschen und erinnert an pures Lakritz. So hat der Negroamaro vielleicht auch schon vor 100 oder 200 Jahren geschmeckt. Eine modernere Variante der Riserva heißt *Donna Lisa* und kommt mit süßlichem Veilchenduft und balsamischen Noten daher, die sie dem Ausbau in kleinen neuen Holzfässern verdankt.

Castris' Präsenz ist nicht nur wegen seiner langen Familiengeschichte bemerkenswert. Denn viele der alten Kellereien, die in der Aufbruchstimmung der achtziger Jahren hoch gehandelt wurden, stehen heute in der zweiten Reihe. Der Önologe Severino Garofano beriet damals neben Cosimo Taurino reihenweise Winzer, die in der Region etwas werden wollten. „Aber nur den Markt zu kennen, heißt nicht, dass man auf lange Sicht guten Wein macht", sinniert der Önologe. Der Mittsechziger gilt heute als graue Eminenz des Negroamaro. Jeder Winzer lobt seine gefühlvolle Interpretation der Rebsorte und seine Weitsicht in technischen Fragen.

GENUSSTIPP

Ein fruchtbetonter Negroamaro passt zu Pasta mit getrockneten Tomaten, Oliven und Kapern. Aber Negroamaro ist eine Koryphäe: Lammfrikassee mit weißen Fave-Bohnen und Cicoria-Gemüse bringen das süditalienische Heißblut richtig in Wallung. Die renommiertesten Negroamaros findet man in Vinotheken. Solide Basisqualitäten von bekannten Kellereien gibt's in wohlsortierten Supermärkten schon für 5 bis 8 €. Die Riserva-Stars fordern Gagen von 15 bis 25 €. Im Restaurant ist er selten und wenn, dann für 15 bis 30 € zu finden.

Mausempfehlungen für modernen Negroamaro

Azienda Monaci www.aziendamonaci.com
Cantele www.cantele.it
Castello Monaci www.castellomonaci.it
Conti Zecca www.contizecca.it
Leone de Castris www.leonedecastris.com
Li Veli www.liveli.it
Tenuta Rubino www.Tenuterubino.it
Tormaresca www.tormaresca.com
Vallone www.agricolavallone.com

Nur Garofano selbst winkt ab bei den Lobeshymnen, heute ist er selbst Weingutbesitzer. Auf seiner Azienda Monaci hat er eine Auswahl Negroamaros zum Verkosten zusammengestellt. Anwesende Journalisten wie Händler loben Dichte, Ausdruck, Kraft und Komplexität der Weine. Sie werfen Aspekte wie Olivenholz, Maraschino-Kirschen, Lakritze, Holunderbeeren, Tabak und Mandeln in den Raum, und alle haben recht damit. Nur Garofono sagt nichts und schnuppert etwas gedankenverloren am Glas seines Negroamaro *Eloquenzia*. „Die Qualität, die ein Alberello liefert, der älter als zehn Jahre ist, kann keine andere Rebziehung erbringen", platzt es plötzlich aus ihm heraus.

Alberello heißt die Form, in der die Weinreben traditionell geschnitten werden. Es sind kleine Büsche, die sich wie die Häuschen von Salento vor der Hitze zu ducken scheinen. So werden sie steinalt und krallen ihre Wurzeln tief in die apulische Erde und tragen nicht viele, aber sehr hochwertige Trauben. Andere Formen, die man praktisch mit Maschinen bearbeiten kann, sind spätestens nach 30 Jahren unproduktiv. Dann sind die Alberellos in den besten Jahren.

So wie der alte Önologe denken nicht mehr viele in der Region. Qualität und Marktwert des Negroamaro haben längst Winzer und Investoren von auswärts angezogen, die ihren Gefallen an der Sorte gefunden haben. Einheimische Betriebe mischen auch erfolgreich mit. Zu letzteren gehören die der Brüder Paolo und Umberto Cantele. Sie haben einen modernen Ansatz und ernten die Trauben früher als üblich. So haben die Weine weniger Alkohol und schmecken nicht nach überreifen Rumtopffrüchten.

Mit diesem international konsenzfähigen Stil ist Cantele beliebt in den USA, wo frische, zugängliche Weine dem Bewusstsein entsprechen. Auch der britische Kaufhaus-Riese Marks & Spencer verkauft die Weine mit Erfolg. So wird Wein zum internationalen Geschäft.

Fast alle Reben bei Cantele stehen in langen Reihen, und ihre Triebe werden auf Drahtrahmen geflochten. „Die alten Alberellos machen doch nur Arbeit", schimpft Paolo, „und dass die Qualität besser ist, glaube ich auch nicht." In der modernen Form können Maschinen fast alle Arbeiten vom Rebschnitt bis zur Ernte erledigen. Das spart viel Geld, und die Trauben sind erste Klasse.

Noch hängen 60 Prozent der Trauben an den alten Rebbüschen, doch ist die Tendenz fallend. *Vecchio stile* sei das doch, meint auch Giovanni Dimitri, Direktor von Li Veli. Toskanische Weingutbesitzer haben vor zehn Jahren die heruntergekommene Masseria in Cellino San Marco im Herzen der Salice Salentino renoviert. So detailgetreu das alte Landgut ist, im Keller waltet blitzblanke Technik in Stahl und Digitalanzeige. Der „alte Stil" rührt nämlich nicht selten von unhygienischen Zuständen bei der Vinifikation her. Im ungünstigen Fall schmecken solche Weine nach Pferdestall.

Auch Dimitri lässt den Most wie Cantele nur kurze Zeit auf den Schalen, um die Frucht zu erhalten. Den letzten Schliff gibt es dann in 400 neuen Barriquefässern. Am Ende führt Giovanni Dimitri seine Besucher gerne aufs Dach der Masseria, wo man die Weinberge in der Sonne flirren sehen kann. Mindestens zehn Jahre seien die Stöcke alt, versichert der Chef. Drahtrahmen gibt es aber keine. Die kleinen Alberellos sind in gleichmäßigen Fünfecken gepflanzt, das sei ein idealer Abstand. Die Reben flattern im heißen Scirocco. Und so werden sie sicher noch weitere 3.000 Jahre gute Weine liefern. *zig*

Eindeutige Noten von Lakritz zeigt der rote Apulier Negroamaro.

primitivo

Süß aus Tradition, mit Erfolg trocken

„WEIN LEBT VON DEN EMOTIONEN, DIE ER WECKT", IST EINER DER BELIEBTESTEN SÄTZE IN SEMINAREN, BEI DENEN SICH MARKETINGMENSCHEN ÜBERLEGEN, WIE SIE MEHR WEIN VERKAUFEN. WENN DAS STIMMT, WER STAND DANN BEIM PRIMITIVO TAUFPATE? DER NAME LÄSST KAUM EINE POSITIVE ASSOZIATION ZU. DABEI LIEFERT DIE REBSORTE KRAFTVOLLE WEINE MIT VERSCHWENDERISCHEN FRUCHTAROMEN, DIE DIE GANZE SONNE DES SÜDENS IN SICH TRAGEN. UND DER TAUFPATE, DER HAT ES GAR NICHT SO GEMEINT.

Gregory Perrucci hört gern Horowitz. Seine Nachbarn eher weniger. In seiner apulischen Heimatstadt Mandoria diskutieren die Leute über Preise für Olivenöl und Mandeln oder den AS Bari, der endlich wieder in Serie A mitspielt. Nur Perrucci genießt die Interpretationen des genialen Pianisten. Kritiker sagen, Wladimir Horowitz' kraftvolle Auslegungen alter Meister seien zu blumig, übertrieben. Die Leute im Dorf sagen meist gar nichts dazu, wenn mittags mal wieder donnernde Klavierlaute aus Gregorys Fenster wallen.

Schon als Kind wollte er selbst Pianist werden, besuchte das Konservatorium, doch das Leben spielte eine andere Melodie. Sein Vater betrieb in den achtziger Jahren einen gutgehenden Fassweinbetrieb, das heißt, er verkaufte große Mengen Primitivo an Abnehmer in Norditalien und Frankreich. Weine von Bauern und Genossenschaften zu kaufen und dann in großen Gebinden außerhalb der Region abzusetzen, war seinerzeit das einzige Geschäftsmodell der Region in Sachen Weinbau. Flaschenabfüllungen gab es nicht. Die Leute aus Manduria kauften ihren Wein zehnliterweise bei der Genossenschaft.

Gregory beendete die Musikschule – und entdeckte seine Ader für den Primitivo. Der gelernte Konzertpianist beschloss, die Weinkultur zu retten. Mit seiner Frau Elisabetta Gorla gründete er die Accademia dei Racemi, eine Vertriebsgemeinschaft, die Bauern höhere Preise für ihre Trauben zahlt oder sie ermutigt, gleich selbst abzufüllen. Angestellte Landwirte beraten die Bauern zudem beim Anbau und der Vinifikation.

Seinen Namen trägt der Primitivo nämlich nicht, weil es mit ihm so einfach wäre. Die ersten Benediktiner-Mönche, die ihn wahrscheinlich um das 18. Jahrhundert in ihren Klostergarten pflanzten, wunderten sich wohl nicht schlecht. Die Reben ließen sich im Frühjahr viel Zeit, bis sie austrieben. Doch schon im August hingen die Trauben reif am Rebstock. Das ist selbst für süditalienische Verhältnisse früh, deshalb nannten sie ihn *u 'pr 'mat 've* oder *prime uve*, die frühe Traube also, nicht der Primitivling. Ende des 18. Jahrhunderts gab der Pfarrer Don Filippo Francesco Indellicati der Rebe den Namen Primativo, und damit war es dann einigermaßen geschafft bis zum Primitivo, auch wenn das nicht das Ende der Sprachverwirrung ist. Neuere Untersuchungen bestätigten, dass Primitivo mit der Sorte Crljenak identisch ist. Sie wächst in Kroatien, wo auch botanisch die Wurzeln des Primitivo liegen. Eine Mini-Population findet sich sogar in der Nähe von Heidelberg, wo sie bisher gar keinen Namen hatte. Und dann wäre da noch der Onkel aus Amerika. Zinfandel erbringt als Nationalrebe Kaliforniens Spitzenweine und ist wohl mal mit einem Frachtschiff aus Europa dort angekommen. Sein Name scheint unterwegs über Bord gegangen zu sein. Jedenfalls stellte sich erst vor ein paar Jahren bei einer erbbiologischen Analyse heraus, dass alle drei Rebsorten identische Gene haben. Zinfandel-Weine aus Kalifornien haben stilistisch nicht viel mit apulischem Primitivo gemeinsam. Die Sorte hat sich in beiden Regionen unterschiedlich entwickelt und ist ein schönes Beispiel dafür, wie fix sich das Lianengewächs Vinifera verschiedenen Umweltbedingungen anpasst.

Bei süßem Wein wehrlos

In den vielen Sonnenstunden Apuliens bildet die Pflanze durch Fotosynthese viel, viel Zucker. Überall nördlich der Alpen würden Winzer jetzt frohlocken, ist es doch eines ihrer Hauptanliegen, reife, süße Früchte zu ernten. Apulier aber ziehen beim Gedanken daran eher lange Gesichter. Den Zucker der frühreifen Primitivos verwandeln Hefen bei der Vergärung in Alkohol. In zu süßem Most fühlen

Aprikosen passen ganz wunderbar zu apulischen Süßweinen, die von den Mitgliedern des Consorzio Produttori Vini in Manduria stammen.

sich Hefen zunächst sehr wohl. Ihre Aktivität treibt aber die Temperatur hoch, dadurch wirkt der Alkohol als Zellgift, an dem die Hefen sterben. Der Wein bleibt übermäßig süß. Steigt die Hitze nicht so sehr, verwandelt sich der viele Zucker in Alkohol. 15 und mehr Prozent können entstehen und den Wein zu einem trägen Tropfen machen.

Bis ins 19. Jahrhundert standen Winzer diesem Prozess ziemlich hilflos gegenüber. Notgedrungen entstand die Weinkultur des *Dolce Naturale*, die schlecht mit Klima und Essen harmonierte. Heute ernten die Winzer früher, da haben die Trauben weniger Zucker. Säuren und Fruchtaromen sind noch frisch. Auch die Gerbstoffe, die bei zu früh geernteten Rotweinen für einen bitter-trockenen Stich am Gaumen sorgen, sind im Primitivo moderat. Ein paar Monate im Fass runden ihn weiter ab.

Aus solchen Weinen duften Schwarzkirschen und dunkle Beeren. Hinter den Früchten findet man oft Noten von Zimt und Rumtopf. Eine lange Lagerung brauchen die Weine auch nicht, Primitivo ist nicht nur am Rebstock frühreif. Sie sind das, was Weinhändler immer als Trinkspaß anpreisen, und hier haben sie mal recht.

Das haben auch Weintrinker zu schätzen gelernt, vor allem, weil Primitivos in der Güte, aber nicht unbedingt im Preis gestiegen sind. Für die besten Qualitäten muss der Winzer allerdings meist größeren Arbeitseinsatz im Weingarten zeigen. Dort, wo normalerweise schlanke Weinstöcke mit langen Trieben stehen, wachsen die besten Trauben an kleinen Büschen. Diese Form des Rebschnitts nennt sich in Apulien Alberello und bedeutet wörtlich Bäumchen.

Irgendwann in der Antike brachten ihn griechische Seefahrer mit, die hier eine Kolonie gründeten. Die Buschbäumchen sind am ganzen Mittelmeer verbreitet, machen aber viel Arbeit. Keine Maschine, nur ein gut geschulter Arbeiter kann diese Stöcke pflegen. Dafür reifen die Trauben durch die dichten grünen Blätter vor der Sonne Süditaliens geschützt. Pro Pflanze wird dann nur gut ein halbes Kilo Trauben gelesen. Die ideale Menge, um einen hochwertigen Wein zu keltern, aber höchstens ein Drittel von dem, was möglich ist – und das ist der Punkt. Bauern, die ihre Ernte nach Kilo und Doppelzentner verkaufen, wollen von dem arbeitsintensiven Anbau nichts mehr wissen.

Rund um Manduria sieht man die Zeichen der Zeit. Manche Rebberge mit Buschbäumchen sind verwildert, in anderen bleiben die Trauben ungelesen, weil die Lese kostspieliger gewesen wäre, als sie hängen zu lassen. Viele Winzer roden ihre Bestände. Wo noch vor Kurzem Alberello wuchs, stehen heute Ferienhäuschen nahe dem Sandstrand, und auch die nahe Provinzhauptstadt Tarent breitet sich immer weiter aus.

Rot und süß wie die Liebe – der Primitivo Dolce Naturale.

Engländer erklären Weinbau

Dabei sind die Alberellos eigentlich unverwüstlich. Knorzige Kauze im Umland von Manduria werden 60 oder 80 Jahre alt und stemmen sich wacker gegen den rauen Wind vom Ionischen Meer. Selbst Bäumchen mit einem Alter von 100 Jahren und mehr findet man. „Für Primitivo gibt es nichts Besseres“, ist Perrucci überzeugt, „Durch ihren späten Austrieb und die frühe Reife braucht die Rebsorte eine Wuchsform, die absolut in Harmonie ist. Und das ist der Alberello.“

Mit den Rodungen stirbt ein Stück Rebkultur, und schuld sei – meint nicht nur Perrucci – die Landwirtschaftspolitik der EU. Rodungsprämien, um der Überproduktion Herr zu werden, treffen vor allem alte Rebgärten, die wenig Ertrag bringen. Winzer wie Perrucci jedoch suchen gezielt nach alten Alberello-Rebanlagen und kaufen sie auf. Viele davon sind in der Gegend von Manduria zu finden, woher die besten Primitivos kommen.

Apulien ist der flachste Teil des italienischen Stiefels, der vom Schaft bis zur Fußspitze mit Bergen gespickt ist. Für den Primitivo bleiben nur wenige Hügel. Das geeignetste Klima findet man in der Zone Primitivo di Manduria. An der ionischen Küste stehen uralte Reben, die im Sand wurzeln. Aufgrund des kargen Bodens konnte sich hier die Reblaus, die Ende des 19. Jahrhunderts den Weinbau in ganz Europa vernichtete, nicht festsetzen. Mit ihren salzigen Brisen seien die Lagen ideal, meint Perrucci. „Sie bringen einen Wein hervor, der mit kaum einem anderen Primitivo vergleichbar ist, fruchtig-konzentriert und doch mit einer feinen Aromatik, die an salzige Meeresbrisen erinnert.“ Noch eine Spur eleganter gedeiht der Primitivo in Gioia del Colle im Inland nördlich von Manduria. Auf einer Höhe von 300 Metern entwickelt die Rebe eine feinere, duftigere Art als in den flachen, heißen Lagen. Doch gibt es hier nur wenige Reben und noch weniger Winzer, die am Erfolg des Primitivo mitstricken.

Weniger edel, aber mit größerem Profit wird der Primitivo heute auch in anderen Gegenden geerntet. Im benachbarten Salento haben die erfolgreichen Kellereien die Sorte gepflanzt, damit sie ein weiteres Pfund neben ihrem Negroamaro anbieten können. Seit die Liebhaber im Ausland zunehmen, sieht man dort Flaschen mit Herkünften wie Primitivo del Salento oder einfach nur Primitivo Puglia. Geschichte, Identität und Faszination des Primitivo bleiben irgendwo auf der Strecke zwischen Bari und Balve.

Vor 20 Jahren, als Perrucci seinen Flügel gegen die Rebschere tauschte, war Primitivo ein No-Name-Produkt. Mit seiner unkomplizierten Art hat er – obwohl sein Name für jeden Marketing-Menschen ein GAU ist – dankbare

GENUSSTIPP

Mit Frucht, Würze und Saftigkeit ist Primitivo als einer von wenigen Rotweinen Italiens auch als Couchwein tauglich. Mit Schweinekoteletts mit Pflaumen wird er zur durch und durch apulischen Kombination. Ein *Dolce Naturale* veredelt Käse und Mürbteigkekse. Den Wein kühlt man ein paar Grad unter Zimmertemperatur, so schmeckt er frischer. Je süßer, desto kühler. Primitivo Puglia gibt es im Supermarkt für 5 bis 7 €. Die Primitivos aus Manduria und dem Salento findet man im Fachhandel, wo sich zwischen 8 bis 16 € gut trinken lässt.

Mausempfehlungen für sonnenverwöhnten Rotwein

A Mano www.amanowine.com
Consorzio Produttori Vini www.cpvini.com
Felline – Racemi www.racemi.it
Feudi di San Marzano www.feudisanmarzano.it
Gianfranco Fino www.gianfrancofino.it

Exportmärkte wie Großbritannien und Skandinavien erobert. Viel Geschmack zum erschwinglichen Preis, meist unter zehn Euro, war das Erfolgrezept. Anfang der neunziger Jahre schickten englische Supermärkte ihre Flying winemakers nach Apulien. Die Fachleute ließen dort maßgeschneiderte Weine für ihre Kunden erzeugen. Sie suchten in den großen Kellereien der Gegend um Manduria die besten Tanks aus, unterstützten die Winzer mit ihrem Wissen über Weinbergs- und Kellerarbeiten und brachten die Qualität allgemein voran. Im beinharten internationalen Business ist das ein seltener Glücksfall, zumal die Briten den angesagten Stil kannten: Trockene Weine waren gefragt.

Opas Süßer, frisch gezapft

So schwenkten viele Betriebe zur rechten Zeit um. Auch Genossenschaften wie das Consorzio Produttori di Manduria verließen eingefahrene Schienen. Als die Kellerei 1890 gebaut wurde, achtete man auf einen direkten Eisenbahnanschluss. Denn mit dem Zug wurde im 20. Jahrhundert der Wein nach Norden gefahren, damit er in der Toskana und dem Piemont aushelfen konnte. Um lokale Abnehmer musste man sich weniger kümmern. Sie kamen mit dem Glasballon oder dem Plastikkanister und ließen sich ihren Primitivo abfüllen. In großen Kellereien gibt es bis heute Zapfsäulen wie an einer Tankstelle. Absoluter Renner in solchen Outlets ist der *Vino del Nonno*, ein süßer und saftiger Primitivo, fast so aromatisch wie ein Amarone della Valpolicella, der derzeit angesagteste Wein dieser Art. Nur kostet er nicht 20 Euro, sondern 1,74 Euro pro Liter. Den sagenhaft günstigen Preis verdankt der traditionelle Tropfen modernster Technik. Die Gärung wird mit einer Zentrifuge unterbrochen.

Doch die Genossenschaft macht heute auch feine Weine, die im Export gute Gewinne abwerfen. Ihr Topwein kommt aus San Pietro in Bevagna, wo die rote Erde, die alten Alberellostöcke und die Meeresbrise den Trauben Charakter geben.

Der große Durchbruch ist aber doch nicht gekommen. Der Wein für den Norden wird zwar heute mit Tankwagen abgeholt. Im Export tut sich aber nicht viel. Das langsame Leben der Menschen will sich irgendwie nicht auf die neue Zeit einstellen, und das Geschäft läuft ja gut, der lokale Platzhirsch hat sein Auskommen, auch bei niedrigen Literpreisen. Kleine Weingüter sind in dieser Welt der Großgrundbesitzer allemal die Ausnahme. So fehlen Leute, die eine Region braucht, um qualitative Obergrenzen auszuloten. Die Investitionen sind hoch im Weinbau, und vor die großen Fördergelder haben Regierung und EU einen gewaltigen Papierkrieg gesetzt. Den gewinnen meist nur große Betriebe.

Manche haben dem Primitivo schon wieder den Rücken gekehrt, die erste Euphorie ist vorbei. Im harten Marktgeschäft haben es Weine aus dem noch immer wenig bekannten Süden nicht einfach. Große Kellereien steigen mit akzeptablen Qualitäten für den halben Preis ein und graben den kleineren Betrieben das Wasser ab. „Mister Primitivo" Gregory Perrucci lässt sich dennoch nicht von seinem Weg abbringen. Auf der Vinitaly, der italienischen Weinmesse mit erhöhter Promi-Dichte, hatte er einen quietschgrünen Stand. Statt Wimpelchen und Faltblättern brachte er einen Konzertflügel mit, auf dem er *Moment Exotique* von Wladimir Horowitz intonierte. Der ist ja auch nicht wegen seiner leisen Töne unsterblich geworden. *zig*

Maraschinokirschen nennt man die in Zuckersirup eingekochten Marasca-Kirschen, nach denen der apulische Primitivo schmeckt.

KURZ EINGESCHENKT

Apulien – Wein trifft Stein

Die Winzer im Anbaugebiet Castel del Monte könnten sich die Haare raufen. Die Kollegen im südlichen Apulien haben sie mit ihren Rebsortenweinen Negroamaro und Primitivo doch glatt hinter sich gelassen. Dabei besitzt die Region mit dem Castel del Monte das plakativste Bauwerk der ganzen Region. Es ist auf einer Höhe mit dem schiefen Turm von Pisa und auch eines mit einer fast mystischen Aura. Mit der achteckigen Burg wollte sich der Stauferkaiser Friedrich II. in höhere Gefilde schwingen. Und auch die Winzer würden nur zu gern endlich abheben und zeigen, was in ihren Rotweinen steckt.

Das Gebiet im Hinterland der Stadt Bari ist riesig. Die meisten Weinreben wachsen jedoch in der Umgebung von Andria im nördlichen, etwas tiefer gelegenen Teil des Gebietes auf Kalk- und Tuffsteinböden, wo auch Olivenbäume und Weizen angebaut werden. Südlich des Kastells beginnt das Hochplateau der Murge, das zwar mit seinen 300 Höhenmetern nicht wirklich hoch ist; in der Gegend ist der Boden aber viel steiniger und karger. Die Voraussetzungen für den Weinbau sind gut, Land ist preiswert zu haben. Dennoch hat es keine Schar von Investoren angezogen, sondern nur einen sehr bekannten Toskaner, den Marchese Piero Antinori, der neben dem Traditionsbetrieb der Gegend, der Cantina Rivera, den Ton angibt. Dritte Kraft ist die private Kellerei Torrevento.

Mit den einheimischen Weißweinsorten Pampanuto und Bombino Bianco konnte man in dem Anbaugebiet international keinen Blumentopf gewinnen. Geeigneter ist das Klima für rote Rebsorten – und davon gibt es eine ganze Reihe. Zum Beispiel Montepulciano und Aglianico, mit denen die Winzer in den Nachbarprovinzen groß herauskommen und Nero di Troia, auch Uva di Troia genannt, die hier eine große Rolle spielt. Sie prägt nämlich den Rotwein des Anbaugebietes Castel del Monte und wird von den Winzern gerne in den Vordergrund gestellt. „Primitivo und Negroamaro sind zwar bekannter, doch Nero di Troia ist besser", sagt zum Beispiel Sebastiano de Corato von der Cantina Rivera, „weil sie am spätesten von allen reift." Diese längere Vegetationsperiode ist vorteilhaft für die Aromenbildung. Außerdem bringt die Nero di Troia die kräftigsten Gerbstoffe mit, das garantiert langlebige Weine. „Und im Alkohol schießt sie auch nicht übers Ziel hinaus", schwärmt Sebastiano. Das ist besonders im Süden ein Vorteil, unter der heißen Sonne entstehen nämlich gerne mal zu schwere Tropfen. Für den maßvollen Alkoholgehalt nimmt man dann auch gerne in Kauf, dass Geschmack und Duft der Uva di Troia nicht so deutliche Konturen zeigen wie beim Negroamaro oder Primitivo.

Weißwein ist knapp

Apulien ist ein Rotweinland, doch inmitten der wilden Roten gibt es ein kleines Städtedreieck, in dem sich einige Weißweinsorten wohlfühlen. Zum Beispiel im Trulli-Gebiet zwischen den weißgetünchten Städten Ostuni, Martina Franca und Locorotondo, das dem Anbaugebiet den Namen gibt. Hier wachsen die lokalen Spezialitäten Verdeca, Fiano Minutolo und Bianco di Alessano. Erst vor zehn Jahren hat der Weinmacher Pasquale Carparelli, der selbst eines dieser Zipfelmützenhäuser besitzt, die interessanteste Sorte, Fiano Minutolo, in den Weinbergen gefunden, vermehren lassen und neu ausgepflanzt. Einige andere Winzer folgten diesem Beispiel. Die recht kleine Menge an Fiano Minutolo hat sich dadurch nicht entscheidend vergrößert – und das dürfte sich auch in Zukunft nicht ändern.

Schade eigentlich. Im Coccaro Beach Restaurant würde man Fiano Minutolo nämlich gerne öfter zur Meeresküche anbieten. Denn hier im stylischen Strandrestaurant der Masseria Torre Coccaro in Savelletri di Fasano gibt es Cuisine vom Feinsten. Die Urlauber, die in dem Fünf-Sterne Landgut ihren Wohlfühlurlaub verbringen, müssen sich meistens mit dem allgegenwärtigen Chardonnay begnügen, der den Sommerdurst stillt und die moderne Fischküche auch rechtschaffen begleitet. In der Region, die von der Küste dominiert wird, fehlt es ansonsten an Weißweinen von Format, eigentlich ein Ding der Unmöglichkeit. Die Winzer behelfen sich daher – und das mit gutem Erfolg – mit den Rosé-Versionen aus den Sorten Negroamaro und Uva di Troia, die zum gegrillten Fisch auch eine akzeptable Figur machen.

Castel del Monte:
Torrevento www.torrevento.it
Rivera www.rivera.it
Giancarlo Ceci www.agrinatura.net

Weißwein:
Colli della Murgia www.collidellamurgia.it
I Pastini www.ipastini.it

Menschen aus Apulien – herzlich und mit einem Lächeln auf den Lippen.

Sizilien

ETNA ROSSO UND DER NERELLO
NERO D'AVOLA AUS SIZILIEN

Ein Kontinent für sich

SIZILIEN – EIN POTPOURRI AUS SONNE, MEER, NATUR, GESCHICHTE UND KULTUR. STRANDURLAUBER BEGEISTERT DAS VIELFÄLTIGE EILAND EBENSO WIE HOBBYARCHÄOLOGEN UND NATURLIEBHABER. DIE KÜSTEN SIND ZUM VERLIEBEN SCHÖN, DIE GROSSSTÄDTE QUICKLEBENDIG, ANTIKES GIBT'S AUF SCHRITT UND TRITT. DAZU NOCH EINE MULTI-KULTURELLE KÜCHE WIE AUCH EINE JUNGE WEINSZENE. UND ALLES WIRD ÜBERRAGT VOM ÄTNA, DER SICH IMMER WIEDER SPEKTAKULÄR AUSTOBT.

Menschen, Vespas und dreirädrige Lieferwagen schieben sich vereint durch das Gewirr der engen Altstadtgassen. Vorbei an Marktständen, die schier überquellen von Fisch, Obst, Gemüse und zig anderen Gaben der Natur. Üppige Stillleben, wohin das Auge blickt. Dort glänzt eine Pyramide von Seeigeln in ihren schwarzblauen Stachelkleidern, daneben eine silbrige Kaskade aus zarten Sardinen und ein dunkelrosa Gemälde aus Rotbarben. Säcke, Kisten und Eimer voll mit Tintenfischen, Muscheln, Krebsen und Schnecken stehen auf dem glitschigen Kopfsteinpflaster. Bizarre Drachenkopffische, prächtige Zackenbarsche und schwarz gepanzerte Hummer liegen wunderschön drapiert auf einem Bett aus gestoßenem Eis. Dahinter schwingen Verkäufer in orangefarbenen Plastikschürzen die blutverschmierten Messer und zerteilen die prallen Leiber riesiger Schwertfische. Die Obst- und Gemüsestände wirken, als hätten Maler ihre Pinsel tief in alle Farbtöpfe getaucht: Berge von wildem Fenchel in zartem Grün, von violetten Auberginen, blutroten Tomaten, königsblauen Feigen und knallgelben Zitronen. Angesichts der schwindelerregenden Vielfalt an Oliven, Rosinen, Pistazien, Pinienkernen und Hülsenfrüchten gehen die Augen über. Die Luft ist durchzogen von Gerüchen; der Duft des Meeres und die Aromen der Zitrusfrüchte und Gewürze mischen sich mit den Abgasen der Zweitakter und dem Rauch der allgegenwärtigen Holzkohlengrills. Und es ist so laut, dass man sein eigenes Wort nicht versteht: Hausfrauen feilschen lautstark mit den Geflügelhändlern, werden übertönt vom Geknatter der Motorräder und den lautstarken Verkaufsarien der Händler, die an die Gebetsrufe der Muezzine erinnern.

Die Kunst der Majolika-Herstellung brachten die Araber nach Sizilien.

Seite 336 – 337: Ein Schwertfisch wird auf dem Markt in Palermo zerteilt.

Seite 338: Reichlich Sonne macht die sizilianischen Orangen zum Geschmackserlebnis.

Die Vucciria in Palermo – sie ist einer der schönsten, wenn nicht der schönste Markt im Mittelmeerraum. Hier herrscht ein Trubel wie auf einem orientalischen Bazar. Es ist so voll, als sei ganz Palermo auf den Beinen. Ein unglaubliches Spektakel, das sich gegen Mittag wie eine Fatamorgana in Luft auflöst, das man aber auch in anderen Stadtteilen Palermos, in Catania und vielen weiteren Städten und Dörfern Siziliens erleben kann! Auf den Märkten der Insel treffen Okzident und Orient aufeinander; sie sind der Bauch, das Herz und die Seele Siziliens. Hier findet man vieles in komprimierter Form, was Sizilien so einmalig und reizvoll macht: die Landschaften, die Geschichte, die Kultur und die Menschen.

Zu den Reizen, mit denen Sizilien wahrlich nicht geizt, gehören die fast schon magischen Landschaftskompositionen. Da gibt es eine Bergwelt mit schneebedeckten Gipfeln, tiefen Schluchten und kargen Hochplateaus, aber auch fruchtbare, von Flussläufen durchzogene Ebenen mit schier endlosen Gemüseplantagen und ausgedehnten Wiesen. Man kann sich an grüngoldenen Korn- und Rebfeldern sattsehen, wird uralte Oliven-, Zitrus- und Mandelhaine entdecken. Weite Dünenlandschaften, windgepeitschte Macchia und glitzernde Salzgärten prägen einen weiteren Teil der Insel, schwarze Lava und farbenprächtige

Im März sind sie noch kahl, die Weingärten der Tenuta Rapitalà in Camporeale im Hinterland von Palermo.

Blumenmeere einen anderen. Das alles ist umrahmt von wunderschönen Küsten, die mal schroff und zerklüftet steil in Meer fallen, mal mit weißen Sandstränden sanft in die türkisfarbene See auslaufen. Und über allem thront der Ätna, der ständig kleine Rauchwolken in den meist strahlend blauen Himmel pustet, aber auch immer wieder mit feurigen Fontänen und Lavaströmen von sich reden macht.

Dass man auf Schritt und Tritt über sehenswerte Relikte vieler verschiedener Kulturepochen stolpert, es antike Kultstätten wie Sand am Meer gibt und Städte wie Palermo, Catania oder Messina mit pulsierendem Leben inmitten ihrer geschichtsträchtigen Mauern locken, macht Sizilien umso attraktiver. Schon alleine der Osten weiß zu fesseln. Hier gibt es genug zum Staunen und zum Rätseln, zum Beispiel die Zyklopenküste bei Aci Trezza. Die mächtigen spitzen Felsbrocken, die hier aus dem Meer ragen, soll der einäugige Zyklop aus der griechischen Mythologie Odysseus hinterhergeworfen haben. Wie auch immer diese Küste entstanden sein mag: Ihr Anblick ist grandios, und sie hat etwas Mystisches. Oder der Dom von Syrakus, hinter dessen barocker Fassade eine Basilika aus dem 7. Jahrhundert versteckt ist, die ihrerseits von den antiken Säulen eines Athene-Tempels von 480 v. Chr. gestützt wird. Oder das Teatro Greco, das Wahrzeichen von Taormina und wohl das schönste Theater der Antike. Wie im 3. Jahrhundert v. Chr. können die Zuschauer nicht nur auf die Bühne sehen, sondern gleichzeitig auf das azurblaue Meer und den imposanten Vulkankegel des Ätna.

Der Westen von Sizilien steht dem in nichts nach und bezaubert durch Bauwerke wie den Dom von Monreale, einer Symbiose arabischer, byzantinischer und romanischer Baukunst, oder durch das Bergdörfchen Erice, das fast noch genauso aussieht wie im Mittelalter, wenn die Touristenlädchen geschlossen sind. Oder Selinunte, wo man die imponierenden Überreste der griechischen Stadt Selinus und ihrer prächtigen Tempelanlagen bewundern kann. In der bewegten Vergangenheit liegt auch einer der Schlüssel zu diesem Eiland, das so völlig anders ist als der Rest von Italien. Sizilien ist ein ganz eigener Mikrokosmos, mit eigener Sprache, eigener Küche und eigener Mentalität. Um diese Eigenheiten Siziliens und die der Sizilianer zu verstehen, bedarf es eines kleinen Spaziergangs durch die Zeitgeschichte.

Schmelztiegel der Kulturen

Sizilien war im Laufe seiner dreitausendjährigen Geschichte immer ein Objekt der Begierde, um das zahllose Kriege geführt wurden. Dank der zentralen Lage im Mittelmeer – durch die Meerenge von Messina nur drei Kilometer vom

Der Dom von Palermo beeindruckt durch seinen ungewöhnlichen Stilmix.

Festland getrennt und am äußersten Zipfel der Südwestküste nur rund 140 Kilometer von Nordafrika entfernt – war Sizilien als Stützpunkt für Militär, Seefahrt und Handel geradezu ideal. Zudem war die Insel wegen ihrer 1.000 Kilometer langen Küstenlinie so gut wie nicht zu verteidigen. Und sie eignete sich wegen ihrer enormen Größe von rund 26.000 Quadratkilometern – Mallorca bringt es mal gerade auf 3.640 Quadratkilometer – und der fruchtbaren Böden auch optimal zur Besiedlung. Also wurde Sizilien zum Zankapfel der Weltgeschichte. Fast jede Großmacht war schon da, als Beherrscher, Unterdrücker, Ausbeuter. Zuerst kamen die Phönizier, Karthager, Griechen und Römer. Dann gaben sich die Vandalen, Goten, Byzantiner, Araber, Normannen, Staufer, Franzosen, Spanier und Österreicher die Klinke in die Hand. Einige der fremden Herrscher brachten Elend und Inquisition, Zerstörung und verbrannte Erde. Andere brachten Sizilien immer wieder zur Blüte – und zwar auf vielfältigste Art und Weise.

Die Hellenen kultivierten den Wein- und Olivenanbau. Sie gründeten Syrakus, das mit bis zu einer Million Einwohnern zu den mächtigsten Städten der antiken Welt zählte. Und sie bauten Heiligtümer, Tempelanlagen, Theater und Nekropolen. Wer sich ein Bild vom immensen Reichtum der damaligen griechischen Kolonien machen will, sollte sich das Theater in Syrakus, den archäologischen Park von Selinunte und das Tal der Tempel in Agrigent anschauen. Die Römer betrachteten Sizilien als Kornkammer ihres Imperiums, verbesserten die Verkehrsinfrastruktur und bauten wunderschöne mosaikverzierte Villen. Die Araber verwandelten die Insel in eine blühende Oase – im wortwörtlichen Sinne durch ihre Bewässerungstechniken, im übertragenen Sinn durch die Förderung von Wissenschaft und Kunst. Die normannischen Herrscher brachten Sizilien eine tolerante Gesetzgebung und Religionsfreiheit, florierenden Handel sowie zahlreiche Bauwerke im multikulturellen Stil wie den Normannenpalast und den Dom in Palermo. Die Feudalherrschaft der Spanier und Franzosen führte vor allem zu Hungersnöten, bevor der italienische Freiheitskämpfer Guiseppe Garibaldi für den Anschluss Siziliens ans italienische Königreich sorgte.

Es versteht sich fast von selbst, dass die Jahrtausende der Fremdherrschaft nicht nur Sizilien prägten, sondern auch die Sizilianer selbst. Sie sprechen eine eigene Sprache, nämlich den kosmopolitischen Dialekt *Sicilianu* mit Wurzeln im Griechischen, Lateinischen und Arabischen. Auch optisch zeigen die Insulaner, dass sie einem Schmelztiegel der Kulturen entstammen. Da blitzen dann mal „normannisch" blaue Augen unter einem dichten schwarzen Haarschopf, da ziert ein Kranz blonder Haare ein markantes Gesicht mit unverkennbar arabischen Zügen, da guckt einen mal

Schon vor über tausend Jahren wurde auf Sizilien der Frischkäse Ricotta produziert.

jemand an, der fast „typisch griechisch" aussieht – oder alles durcheinander. Und die Sizilianer vereinen in sich auch die Temperamente ihrer vielen Vorfahren: Lebensfreude wie Schwermut, Verschlossenheit wie Beredsamkeit, Stolz wie Demut, Misstrauen wie Familiensinn, Apathie wie Mobilität, Liebe wie Verzweiflung, Hass wie Glaube, Gastfreundschaft wie Zurückhaltung, Genügsamkeit wie kulinarische Leidenschaft.

Letztere ist bei den Sizilianern sehr ausgeprägt. Sie essen gerne, egal ob daheim oder beim Marktbummel, ob im Restaurant oder bei den beliebten Sonntagspicknicks im Wald, in den Bergen oder am Strand. Beim Genießen mit der Familie oder Freunden verwandelt sich so mancher wortkarge Sizilianer in einen charmanten Unterhalter, und so manche in Schwarz gehüllte gestrenge sizilianische Mama zeigt dann pralle Lebensfreude. Sizilianische Rezepte gibt es in Hülle und Fülle und dass sie sich lesen wie die Rezepturen der multikulturellen Küche, erstaunt in Anbetracht der wechselhaften Geschichte der Insel auch nicht wirklich. Der aktuelle multikulturelle Genießer-Trend ist auf Sizilien ein alter Hut! Ein ganz alter Hut sogar. Denn ganz gleich, welche Völker auch immer die Insel eroberten, sie ließen ihre Spuren deutlich schmeckbar in Siziliens Küche zurück. Heraus kam eine einzigartige Vielfalt an aromatischen und fantasievollen Speisen, die den ohnehin schon breiten Rahmen der bekannten Azzuri-Küche lustvoll sprengt.

Das zeigt schon die stattliche Antipasti-Palette, die angeführt wird von der beliebten, kalt servierten *caponata*, die aus Auberginen, Tomaten, Sellerie, Kapern, Oliven und Sardinen zubereitet wird, und den nicht minder begehrten *arancine* – safrangelbe gefüllte und frittierte Reiskugeln. Eine kulinarische Hauptrolle spielt selbstverständlich Fisch. Star ist der *pesce spada*, der Schwertfisch – schlicht, aber ergreifend auf dem Grill zubereitet oder raffinierter *alla ghioto* mit Zwiebeln, Knoblauch, Oliven und Kapern. Publikumsliebling ist die Sardine, die oft als *paste con le sarde* – Makkaroni mit Sardinen, Pinienkernen, Safran und Samen von wildem Fenchel – auf den Tisch kommt. Ihren großen Auftritt aber hat sie als *sarde a beccafico* – köstliche gebackene Sardinenwickel, gefüllt mit Zwiebeln, Knob-

lauch, Pinienkernen, Rosinen und Bröseln. Eine echte Kulinarie ist der sizilianische rote Thunfisch. Der größte Teil des Fangs wird an japanische Feinschmecker verkauft, was schon viel über die außerordentliche Qualität aussagt.

Wie alle Italiener sind auch die Sizilianer leidenschaftliche Pasta-Fans. Sie erfanden die *makkaroni*! Noch heute stellen die Hausfrauen der Insel diese Nudelart per Hand her und geben ihr – wie früher – die Röhrenform mit Hilfe eines Binsenhalmes. Bestseller unter den typischen sizilianischen Nudelgerichten ist die *pasta alla norma*, Makkaroni mit gerösteten Auberginen, Basilikum, Tomaten und gehobeltem Ricotta. Diese Hommage an Catanias größten Sohn, den Opernkomponisten Vincenzo Bellini und seine Oper Norma, ist nur ein Gericht aus dem riesigen Pastarepertoire, in dem Nudeln der unterschiedlichsten Formen mit Gemüse und Fischen, Gewürzen und Kräutern, Käse oder Brotbröseln sowie diversen, gerne süß-sauer gewürzten, *salse* und *sughi* in schönster Harmonie verschmelzen. Das offensichtlichste Beispiel für die Beeinflussung durch fremde Kulturen aber ist die Abteilung Süßspeisen. Da entpuppt sich der Sizilianer als orientalisches Schleckermaul. Schon morgens liebt er eine *granita* – ein Halbgefrorenes aus Fruchtmark, Mandelmilch oder Kaffee. Dass man es auch Schnee vom Ätna nennt, weist auf seine Ursprünge. Immer eine Sünde wert: die *cassata siciliana*, eine Schichttorte aus Biskuit und Ricotta mit kandierten Früchten. Zwischen dem Original und dem, was ansonsten als *cassata* serviert wird, liegen nicht nur Flugstunden, sondern ganze Welten. Und nicht zu vergessen die mit süßem Ricotta gefüllten luftigen Teigröllchen namens *cannoli* und die *paste reale*, Gemüse und Obst aus Marzipan – zum Reinbeißen.

Besondere Aufmerksamkeit verdienen die Inselweine. Die junge Generation der Winzer hat längst die ausgetretenen Pfade verlassen und hebt die Schätze, die in den heimischen Rebsorten verborgen liegen, Schätze, die es zu entdecken gilt, wie so vieles auf dieser Insel, die die Griechen ein Geschenk der Götter nannten. Ein Geschenk für Besucher mit offenen Sinnen ist Sizilien allemal, und zwar egal, in welche Himmelsrichtung man sich bewegt. Mit anderen Worten: In Sizilien ist fast jeder Schritt ein Hit! *ari*

Siziliens Bestseller

ER IST SO EIN RICHTIGER KLEINER VERFÜHRER, DER NERO D'AVOLA. EIN ECHTER SIZILIANER MIT SONNIGEM GEMÜT, DER SCHON BEIM HINSCHNUPPERN BEGEISTERT. SEINE ERFOLGS-STORY BEGANN ANFANG DER NEUNZIGER, ALS DIE NEU ERBLÜHTE SIZILIANISCHE WEINSZENE DAS POTENZIAL DER HEIMISCHEN REBSORTEN ENTDECKTE.

„Avola – bellissima!", schwärmt Giuseppe Saitta im Düsseldorfer Piazza Saitta und entkorkt die Flasche. Wunderschöne weite Sandstrände gebe es dort. Ein architektonisch reizvolles historisches Zentrum und köstliche Mandelspezialitäten noch dazu. Der Wein, der inzwischen langsam ins Glas fließt, hat eine animierende dunkle, fast schwarze Farbe. Sehr vielversprechend. Giuseppe schwärmt immer noch vom Südosten seiner Heimatinsel. Von der Cava Grande del Cassibile, dem sizilianischen Grand Canyon im Hinterland von Avola, von den Tausenden von vorzeitlichen Höhlengräbern, die man dort findet, von den kleinen Wasserfällen und idyllischen Naturpools, in denen man in dieser Schlucht planschen kann. Und während er so schwärmt, verströmt der Wein bereits seine intensive Aromenpalette. Der Duft von Maulbeeren steigt in die Nase, von Kirschen, Brombeeren, Pflaumen. Dazu gesellt sich eine mediterrane Kräuterwürze, auch ein wenig Pfeffer. Sehr verführerisch.

„Probieren!", fordert Giuseppe. „So schmeckt Sizilien!" Wo er Recht hat, hat er Recht! Der Wein schmeckt warm, kommt im Mund ganz weich wie auf Samtpfötchen daher und hält mit seiner saftigen Fruchtigkeit auch geschmacklich, was er der Nase verspricht. Da hat man schon beim ersten Schluck das Gefühl, als ginge unterm Gaumen die Sonne auf – trotz des kühlen Herbstwetters auf der Terrasse. Der Wein ist auch leicht gekühlt bei hochsommerlichen Temperaturen ein Genuss. Selbst im Winter vor dem Kamin macht er einfach nur Spaß. Und er ist ein Wein, der sich unkompliziert trinken lässt. Den muss man nicht ehrfurchtsvoll siezen, zu dem kann man einfach Du sagen. „Das ist ein Nero d'Avola aus Noto, einer der besten überhaupt", erklärt Giuseppe. „Der ist sehr beliebt bei meinen Gästen." Er ist nicht nur bei Giuseppes Gästen beliebt, der Nero d'Avola. Er erfreut sich auch international größter Beliebtheit – und zwar nicht nur der aus der Gegend um die wunderschöne Barockstadt Noto. Denn abgesehen von seinen schon genannten Vorzügen kommt der sizilianische Verführer auch noch zu einem attraktiven Preis-Leistungs-Verhältnis auf den Markt.

Nero d'Avola ist der Bestseller unter den sizilianischen Weinen. Der Name des Weins ist identisch mit dem der gleichnamigen Rebsorte, aus der er gekeltert wird. Ursprünglich aus Griechenland stammend, wurde sie auf Sizilien zuerst in Avola angebaut und verbreitete sich von dort aus über die ganze Insel. Das *Nero* im Namen weist auf die fast schwarze Farbe der Trauben hin.

Die Schwarze aus Avola ist die typische und am häufigsten angebaute Rotweinrebsorte Siziliens. Sie wächst im frischen, durch große Temperaturschwankungen zwischen Tag und Nacht geprägten Mikroklima der Berge rund um Palermo ebenso wie in den von der Sonne geküssten und vom Wind erfrischten fruchtbaren Hügeln um Menfi, Sciacca und Agrigento im Südwesten. Sie fühlt sich aber auch im weiten, heißen Hügelland der westlichen Provinz Trapani wohl, wo die endlosen Weinflächen bis zur riesigen glitzernden Salinenlandschaft vor den Toren der Stadt Trapani reichen. Und sie gedeiht ganz vortrefflich in den sonnendurchfluteten Weingärten zwischen Pachino und Noto im Südosten Siziliens.

Späte Karriere

Der *Principe Siciliano*, der sizilianische Prinz, wie die Insulaner die Rebsorte gerne nennen, wurde freilich über eine lange Zeit nicht gerade wie ein Prinz behandelt. Ganz im Gegenteil. Man holte aus den Rebstöcken so viel Traubenmenge heraus wie möglich und verarbeitete sie zu einem starken, namenlosen *vino da taglio*. Also zu einem Verschnittwein, der in Massen exportiert wurde, um im Ausland kraft- und saftlose Weine aufzupeppen und/oder ihnen eine intensivere Farbe zu verleihen. Daneben diente er zur Produktion von Industriealkohol. Eine ziemlich bescheidene Karriere für einen echten Sizilianer, der das Zeug zu Höherem hat! Die Gründe dafür lagen am mangelnden Interesse für einen qualitätsorientierten Anbau der Rebsorte wie auch am fehlenden Engagement bei der Weiterverarbeitung zu niveauvollem Wein. Vor allem aber in der sizilianischen Weinpolitik.

Sizilien ist zwar das größte Weinbaugebiet Italiens, bis Mitte der neunziger Jahre war die Insel im Ausland aber in erster Linie für den alkoholverstärkten Süßwein Marsala bekannt. Lediglich ein Dutzend Betriebe exportierten ihre Weine, denn Siziliens riesiger Weinindustrie fehlte es definitiv an Dynamik. Und als weltweit das Interesse an aufgespriteten Weinen sank, hatte man Probleme, sich den geänderten Realitäten anzupassen. Wären nicht die Winzer aus Australien und Chile auf Europas Weinbühne getreten, hätte sich daran wahrscheinlich bis heute auch wenig geändert. Quasi über Nacht wurde Sizilien mit seinem für den Weinbau optimalen heißen und trockenen Klima in Italiens Weinpresse als Antwort auf die zunehmende Konkurrenz der Neuen Welt gefeiert. Eine regelrechte Euphorie griff um sich, allerorts wurde in Weinberge und Kellereien investiert, flossen Milliarden Subventionen in die Landwirtschaft und die Vermarktung.

Zu Beginn setzte man allerdings darauf, durch den Anbau internationaler Rebsorten wie beispielsweise Chardonnay, Merlot oder Cabernet Sauvignon und deren Verarbeitung zu kräftigen, oft stark geholzten Weinen der Überseekonkurrenz Paroli zu bieten. Erst nach und nach kamen die Winzer zu der Einsicht, dass es sinnvoll sei, den Fokus auch auf heimische Gewächse zu richten, um sich so als eigenständige Weinwelt von den Mitbewerbern abzuheben. Und damit kam auch für Nero d'Avola die Wende. Man beschäftigte sich nun engagiert mit der Schwarzen aus Avola, reduzierte in den Rebgärten radikal die Erträge, verarbeitete nun auch qualitätsbewusst und mit modernster Keller-Technik. Und so wurde Nero d'Avola zum Shooting-Star. Er steht inzwischen wie kein anderer Wein für Sizilien, ist quasi die Weinmarke der Insel.

Die Weinszene erwacht

Ermöglicht wurde die Karriere des Nero d'Avola durch einige innovationsfreudige Persönlichkeiten der sizilianischen Weinszene, die das Potential der heimischen Rebsorten schon früh erkannten und Pionierarbeit leisteten. Für diese Entwicklung steht insbesondere der Name Planeta, und zwar an erster Stelle Diego Planeta, seit 1973 Präsident der Cantine Settesoli in Menfi, die mit einem jährlichen Ausstoß von rund 20 Millionen Flaschen und einer nicht

Im Hinterland von Palermo liegen die Weinanbaugebiete inmitten einer reizvollen Landschaft.

minder großen Menge an Fassweinen eine der größten Kellereigenossenschaften Europas ist.

Mit Durchblick und Entschlusskraft sorgte Diego Planeta dafür, dass sich in den Köpfen der 2.300 Genossen von Settesoli und auch anderer Weinbauern etwas bewegte. Der weit blickende Präsident überzeugte seine Genossen unter anderem davon, sich bereits 1985 verstärkt den heimischen Rebsorten zu widmen, und zwar mit konsequenter Qualitätspolitik in Weinberg und Keller. Darüber hinaus veranlasste er in seiner Zeit als Präsident des regionalen Weinbauinstituts Istituto Regionale della Vite e del Vino (1985–1992), dass die geeigneten Standorte für die Anpflanzung dieser Rebsorten erforscht wurden.

Die Nero-d'Avola-Rebstöcke der Settesoli-Genossen fanden rund um Menfi, wo das milde Klima und die Böden der sanften, bis zum Meer reichenden Hügel dem Weinbau optimale Bedingungen bieten, wunderbare Voraussetzung zur Entwicklung eines starken Charakters. Er drückt sich in der Flasche durch eine reiche Frucht aus. Die Nero-d'Avola-Weine von Settesoli sind technisch und stilistisch auf dem modernsten Stand. Sie füllen als Mandrarossa-Linie zu genussfreudigen Preisen in ganz Europa die Regale der Verbrauchermärkte und des preisbewussten Fachhandels.

Ebenso wie der große alte Weinpionier Diego Planeta gehört auch die jüngere Generation der Familie Planeta zu den treibenden Kräften der sizilianischen Weinszene, die dem Nero d'Avola zu Rang und Namen verhalfen. Gemeint sind die Cousins Alessio, Francesca und Santi Planeta, die im Jahr 1995 das Weingut Aziende Agricole Planeta am Ufer des Sees Arancio zwischen Sambuca di Sicilia und Menfi gründeten. Mit Enthusiasmus, rigorosem Qualitätsanspruch und modernster Kellertechnik führte das dynamische Jungwinzertrio – beraten vom international renommierten piemontesischen Önologen Carlo Corino – das Weingut innerhalb weniger Jahre an die Spitze und veränderte die sizilianische Weinlandschaft nachhaltig. Heute ist Planeta eines der bekanntesten Weingüter in ganz Italien und weltweit das Paradebeispiel für die innovative junge Weinszene Siziliens. Inzwischen gehören sechs Weingüter zu Planeta, die auf der ganzen Insel verteilt liegen.

Auch wenn Planeta in den ersten Jahren vor allem mit Weinen aus den internationalen Rebsorten Chardonnay, Merlot und Syrah erfolgreich wurde: Alessio, der als Kellermeister des Jungunternehmens fungiert, widmete sich schon früh dem Nero d'Avola. Schon im Jahr 1997 produzierte er den ersten *Santa Cecilia*, der zu 100 Prozent aus Nero d'Avola besteht, dessen Traubengut damals noch aus der Umgebung von Menfi stammte. Aber Alessio wäre kein Planeta, wenn er nicht versucht hätte, durch experimentelle Anpflanzungen für alle bevorzugten Rebsorten den optimalen Standort zu finden. Und für die Schwarze aus Avola fand er das beste Anbaugebiet in Noto, das mal gerade acht Kilometer von Avola entfernt liegt. Es ist quasi ihre Heimat, die hier auf fast schneeweißen Böden und bei schier unerträglich hohen Temperaturen zur Höchstform aufläuft.

In Noto erwarben die Planetas 1998 das Gut Buonivini, auf dem 60 Hektar ausschließlich den beiden großen sizilianischen Rebsorten vorbehalten sind, dem Nero d'Avola und dem weißen Moscato. Die Reben werden in der ultramodernen Cantina Invisibile weiterverarbeitet. Diese „unsichtbare Kellerei" wurde von den Planetas gänzlich unter die Erde gelegt, um das Landschaftsbild nicht zu beeinträchtigen. Gerne betont Alessio bei Verkostungen, dass die Trauben aus Menfi einen weichen und runden Wein hervorbrachten, der von Sauerkirsch-Aromen dominiert wurde. „Der Wein aus dem Traubengut aus Noto ist frischer, hat eine prägnante Säure und ist eher von dunklen Beeren geprägt." Seit dem Jahrgang 2003 wird der *Santa Cecilia* daher nur noch aus den Trauben aus Noto produziert.

Renato di Lorenzo vom Wein- und Olivengut Feudo Disisa trinkt Nero d'Avola gerne zur Pasta.

GENUSSTIPP

Als echter Insulaner ist der Nero-d'Avola-Wein der ideale Partner für typisch sizilianische Spezialitäten wie die *caponata* aus gedünsteten Auberginen mit Rosinen, Pinienkernen, Tomaten und Kapern, gewürzt mit etwas Zucker und Essig. Man genießt sie kalt, lauwarm oder heiß, solo oder als Beilage zu Fisch oder Fleisch. Den besten Geschmack entfaltet der Wein bei einer Trinktemperatur von 14 bis 16° C. Probleme beim Einkauf dürfte es kaum geben: Den sizilianischen Star findet man in Regalen gut sortierter Supermärkte ebenso wie im Weinfachhandel und im Internet. Für gerade mal 4 € gibt es schon einen guten Alltagswein, und wer bis zu 15 € im Fachhandel ausgibt, bekommt dafür viel sizilianisches Feuer.

Mausempfehlungen für Siziliens Roten

Baglio di Pianetto www.bagliodipianetto.com
Barbera www.cantinebarbera.it
Calatrasi www.calatrasi.it
Cantina Viticoltori Associati Canicattì www.viticultoriassociati.it
Centopassi www.cantinacentopassi.it
Cusumano www.cusumano.it
Donnafugata www.donnafugata.it
Duca di Salaparuta / Corvo www.duca.it
Feudo Disisa www.vinidisisa.it
Feudo Maccari www.feudomaccari.it
Feudo Montoni www.feudomontoni.it
Planeta www.planeta.it
Rapitalà www.rapitala.it
Settesoli www.mandrarossa.it
Spadafora www.spadafora.com
Tasca d'Almerita www.tascadalmerita.it
Zisola www.mazzei.it

Sizilianische Leidenschaften

Zu den Weingütern, die sich schon früh um den Nero d'Avola bemühten, gehört auch die Tenuta Rapitalà in Camporeale in der Provinz Palermo. Gründer des Weinguts war Graf Hugues de la Gatinais, der die palermische Gräfin Gigi Guarrasi heiratete. Das Paar baute das 1968 nach einem schweren Erdbeben fast völlig zerstörte elterliche Weingut der Gräfin wieder auf und eröffnete es im Jahr 1977 wieder. Seitdem gilt die Tenuta Rapitalà als einer der Pionierbetriebe des modernen Weinbaus auf Sizilien, in dem mit Leidenschaft und Ehrgeiz, traditionellem Wissen und hochmodernen Techniken Weine von hoher Qualität erzeugt werden. Nach dem plötzlichen Tod seines Vaters leitet inzwischen Laurent de la Gatinais das Weingut.

Dass nach dem Erdbeben selbst die Weinberge von Rapitalà neu bestockt werden mussten, erwies sich für den Nero d'Avola als Glücksfall. Denn der weitsichtige Graf entschied sich, neben Chardonnay, Pinot Noir, Cabernet Sauvignon und Syrah auch die alten einheimischen Rebsorten anzupflanzen und legte dabei den Fokus auf die Schwarze von Avola.

Im weiten hügeligen Anbaugebiet von Alcamo, in dem traditionell Weißreben angebaut wurden, wächst die Rebsorte unter ganz anderen Bedingungen als in der heißen Ebene von Noto. Die Rebstöcke stehen in rund 400 Metern Höhe über dem Meeresspiegel auf lehm- und sandhaltigen Böden. Viele der ziemlich steilen Rebhänge sind nach Süden ausgerichtet, so dass die Reben reichlich Sonne tanken können. Erfrischt werden sie durch die beträchtlichen Temperaturschwankungen zwischen Tag und Nacht.

Verwendet werden nur Trauben aus eigenem Anbau, da es zur Philosophie des Grafen gehörte, dass man die wichtige Arbeit im Weinberg selbst unter Kontrolle haben müsse. Im hochmodernen Keller arbeitet Rapitalàs Weinmacher Silvio Centorze nach neuesten Erkenntnissen, mit schonenden Methoden und viel Feingefühl, um die natürliche Aromatik der Rebsorte nicht zu schmälern. So entstehen eindrucksvolle Basisweine wie der Nero D'Avola Campo Reale, der mit seinem fruchtigen, würzig-aromatischen Geschmack ein typischer Vertreter der neuen sizilianischen Rotweine ist, die weltweit für Furore sorgen.

Selbstverständlich gibt es noch weitere Weingüter, die dem Nero d'Avola zu seiner steilen internationalen Karriere verholfen haben. Die Tenuta Donnafugata gehört dazu, deren Chefin Josè Rallo in ihren Weinen „die intensiven Gerüche und Aromen unserer Natur sowie unsere sizilianische Leidenschaft" zum Ausdruck bringen will. Zwar hat in der Vergangenheit so mancher Winzer dem Nero d'Avola ein bisschen Cabernet Sauvignon oder Syrah beigefügt, damit er als Wein kompletter und konkurrenzfähiger wirkt. Das wird künftig nicht mehr nötig sein. Fehlt nun nur noch, dass alle Sizilianer für die verführerische Schwarze von Avola die gleiche Leidenschaft entwickeln wie ihr Freund Giuseppe Saitta. *ari*

Schon im 17. Jahrhundert musste man in Weingütern Buchhaltung betreiben.

Die Decimo Januarij v^e Ind. 1637

Apud Archiepale Palatium huius Civitatis Montis regalis

Procura ad exigendum ... in persona Not. Leonardi Corrado Oeconomi et Procuratoris generalis eccl.

Pro praesenti scripto publico praesentialiter notum facimus et testamur quod in nostri notarij testiumque infrascriptorum ad hoc vocatorum specialiter et rogatorum praesentia constitutus et personaliter constitutus intus Archiepiscopale Palatium huius Civitatis Montis regalis et in aula eius solitae audientiae Em.^mus et R.^mus D.^nus Cosmus miseratione divina tituli sancti Pancratij S.R.E. Presbiter Cardinalis de Torres Dei et Apostolicae sedis gratia huius sanctae Civitatis Montis regalis maioris et Metropolitanae Ecclesiae Archiepiscopus et Abbas eiusdemque Civitatis et status in spiritualibus et temporalibus Regiusque Consiliarius mihi notario cognitus omni meliori modo via iure et forma quibus melius et validius fieri quaecumque dici, geri et conferri potuit et potest, et sub dictis forma ex eius certa scientia ac deliberate sponte fecit constituit creavit et solemniter ordinavit et ordinat in eius verum legitimum et indubitatum Procuratorem actorem factorem certum nuncium specialem et ad infrascripta omnia et singula generalem et generalissimum itaque specialitas generalitati non deroget nec e contra sed una per alteram confirmetur et corroboretur Leonardum Corrado Oeconomum et Procuratorem generalem Ecclesiae et Archiepiscopatus Montis regalis electum per Em.^mum D.^num Cardinalem vigore litterarum patentium datarum Monte regali die sexta septembris quinta praeterita v^e Ind. anni 1636 mihi not. cognitum praesentem et acceptantem, et pro parte Em.^mi D.^ni Cardinalis

Besonders spektakulär sind die Ausbrüche des Ätna, wenn er aus mehreren seiner Krater rot glühende Lava spukt. Er hat sich in den letzten 2000 Jahren immer wieder ausgetobt, so oft wie kein anderer Vulkan der Welt. So faszinierend der Anblick mit der nächtlich beleuchteten Stadt Catania im Hintergrund im Jahr 2001 sein mag, der Ätna hat schon mehrmals sizilianische Städte vernichtet. Darunter auch Catania, das nach einem Ausbruch Ende des 17. Jahrhunderts teilweise neu aufgebaut werden musste.

Ein feuriger Typ

DER ÄTNA VERZAUBERT – NICHT NUR DAS AUGE, AUCH DIE GESCHMACKSNERVEN. MIT DEM ETNA ROSSO NÄMLICH. SEINE TRAUBEN STAMMEN VON DEN FLANKEN DES QUICKLEBENDIGEN VULKANS. FEURIG WIE LAVA ROLLT ER ÜBER DIE ZUNGE UND MACHT DABEI MIT SEINER COOLEN ELEGANZ GROSSEN ROTWEINEN KONKURRENZ.

Der Ätna – umgeben von so gemütlichen wie reizvollen Seebädern, von berühmten und zum Weltkulturerbe gekürten Bauwerken, von traumhaften Sandstränden sowie üppig grünender und blühender Natur ist *die* Attraktion im Osten Siziliens. Ein Ausflug zu den bis zu 3.350 Metern hoch liegenden Kratern ist meist möglich und zählt definitiv zu den stärksten Eindrücken einer Sizilien-Reise. Weniger aufregend, aber nicht minder schön ist die Umrundung des Ätna mit der Schmalspurbahn Circumtenea. Mit ihr zockelt man drei Stunden durch den grünen Gürtel des Vulkans, passiert zauberhafte Orte und bekommt eine Vorstellung von den Ausmaßen des Ätna. Und die sind mit einer Fläche von rund 1.200 Quadratkilometern riesig. Wenn es nicht gerade Hochsommer ist, lockt *La montagna*, der Berg, wie ihn die Sizilianer schlicht nennen, zudem noch mit einem Vergnügen der ganz besonderen Art. Skifahren nämlich. Mit 20 Kilometern Piste und vier Schleppliften kann der Ätna sicherlich nicht mit den klassischen Wintersportgebieten konkurrieren. Dafür wedelt man mit Meerblick und kann sich statt Après-Ski in die azurblauen Fluten zu seinen Füßen stürzen oder am Strand sonnenbaden.

Auch wenn der Ätna mit seinen schneebedeckten Gipfeln und einem ständigen Rauchfähnchen einen eher harmlosen, ja sogar idyllischen Eindruck macht: Seit Jahrtausenden ist der Berg ein Zeichen ungebrochener Naturgewalt. Er ist der größte aktive Vulkan Europas, und in seinem Inneren brodelt es gewaltig. Aus gutem Grund steht er ständig unter Beobachtung, wird belauscht und vermessen und jede seiner noch so kleinsten Bewegungen von modernsten Frühwarnsystemen registriert: Ein großer Vulkanausbruch kann jederzeit passieren. Immer wieder hat sich Siziliens feuriger Riese in den letzten Jahrzehnten spektakulär entladen. Und dann zeigt der Ätna sein unbändiges Temperament. Die Erde bebt, der Berg wummert und dröhnt. Mit ohrenbetäubendem Krachen wird feurige Lava hunderte Meter hoch in den Himmel geschleudert, es regnet Gesteinsbrocken, und dann wälzt sich die Lava oft wochenlang an irgendeiner der vielen Flanken des Ätna hinunter und zerstört alles auf ihrem Weg ins Meer. Zurück bleiben Mondlandschaften aus verbrannter Erde, Ströme aus erstarrter Lava und schwarzgraue Aschefelder.

Die Menschen im Osten Siziliens haben gelernt, mit ihrem temperamentvollen Mitbewohner zu leben. Schließlich bringt er nicht nur Zerstörung, sondern auch Segen. Seinem vulkanischen Gestein verdankt die Region die fruchtbaren Böden, die mit Gemüsefeldern, Olivenhainen und Zitrusplantagen bedeckt sind. Und auch mit Weinreben. Bis zu 100 Jahre alte knorrige Rebstöcke, deren Holz bereits die Farbe der schwarz-braunen Lavaböden angenommen hat, ebenso wie vereinzelte junge Pflänzchen, die mit ihrem zarten Grün auf rötlichem Lavasand sprießen. Das weist schon daraufhin, dass der Weinbau am Ätna in der Vergangenheit wurzelt und in der Gegenwart sehr junge Früchte trägt.

Die Wurzeln in die Vergangenheit reichen weit zurück. Genaugenommen bis ins 8. Jahrhundert v. Chr. Da nämlich begannen griechische Einwanderer mit der Kultivierung der vorhandenen Wildreben am Ätna und führten auch die noch heute gebräuchliche Art der Rebenerziehung ein, den als *Alberello* bezeichneten Anbau in Form von kleinen Bäumchen. Schon Homer erzählt in seiner berühmten Odyssee, dass der Zyklop Poliphem nur mit einem spitzigen Olivenbaumstamm von *Odysseus* geblendet werden konnte, nachdem man ihn mit dem örtlichen Wein betrunken gemacht hatte. Und der soll damals dick wie Tinte gewesen sein. In der Antike waren Syrakus und Taormina, die großen Städte am Ätna, bereits blühende Weinhandels-Zentren. Die landwirtschaftlichen Prioritäten verschoben sich dann zwar im Laufe der nächsten Jahrhunderte zu Ungunsten des Weinanbaus am Ätna, aber im 19. Jahrhundert blühte er dank des florierenden Handels mit Franzosen, Österreichern und Engländern neu auf. Damals gab es am Ätna bei Catania Rebflächen, die zu den

Die Farbe von Lava-Asche spiegelt sich im Fasskeller der Kellerei von Alberto Graci bei Randazzo wieder.

größten der Insel gehörten. Die europaweite Reblausplage Anfang des 20. Jahrhunderts brachte den Weinbau auch am Vulkan zum Erliegen, so dass er sich völlig neu entwickeln musste.

Die gegenwärtige Renaissance des Weinanbaus am Ätna steckt freilich noch in den Kinderschuhen. Gängige europäische und sizilianische Reben tun sich im Mikroklima des Vulkans schwer. Der Nero d'Avola beispielweise würde am Ätna gar nicht ausreifen. Denn obwohl es tief unten in der Erde brodelt, ist es an den Hängen durch ein extremes Temperaturgefälle zwischen Tag und Nacht und auch durch die Höhenlage ausgesprochen kühl. Gelesen werden kann in der Regel erst im Oktober. Ergo setzt man für Rotweine auf die Rebsorten Nerello Mascalese und Nerello Cappuccio, die hier traditionell beheimatet sind, auch nur hier wachsen und sich den harten Bedingungen angepasst haben. Aus ihnen erzeugt man Etna Rosso, einen Wein, der wegen seines feurigen Charakters künftig noch viel Furore machen dürfte.

Weinbau der Extreme

Außerhalb von Sizilien ist der Etna Rosso noch wenig bekannt. Das liegt daran, dass nur einige Betriebe auf hochwertigen Flaschenwein setzen und somit nur kleine Mengen auf den Markt kommen. „Die meisten Familien sind zufrieden, ihren *vino di casa* für den Eigenbedarf zu erzeugen", erklärt Salvo Foti, *der* Weinmacher der Region und einer der größten Spezialisten für die einheimischen Rebsorten der Insel. Der nachdenkliche, aber – wenn es um Sizilien geht – auch sehr leidenschaftliche Önologe ist einer der Pioniere des Weinanbaus am Ätna. Und den kann man mit Fug und Recht als Extremweinbau bezeichnen. Die Weinparzellen klettern nämlich bis auf eine Höhe von 900 Metern, sind besonders im Südosten teils enorm steil und in der Regel von aufwendig aufgeschichteten Trockenbaumauern aus Lavagestein umgeben. Nur in der Gegend von Randazzo und Passopisciaro ermöglicht eine Hochebene den Anbau, doch sind es meist sehr kleine Parzellen in der kargen Lavaerde. Hier wie dort schützen die Trockenbaumauern das kostbare Erdreich, damit es nicht durch Regen ausgewaschen und / oder durch Wind abgetragen wird. Solche extremen Lagen und auch die Alberello-Erziehung erfordern viel Handarbeit und verursachen somit hohe Kosten bei der Bewirtschaftung. So wundert es nicht, dass noch viele hochinteressante Steillagen brachliegen oder vor sich hin verwildern, weil sich schon lange keiner mehr um sie kümmert.

Glücklicherweise gibt es Menschen wie den Pharmaunternehmer Giuseppe Benanti, der 1988 den Betrieb seiner Familie in Viagrande bei Catania an der wenig touristischen und wunderschönen Nordseite des Ätna übernommen hat und kompromisslos auf Qualität ausrichtete. Dazu hatte sich Benanti, dessen Familie schon Ende des 18. Jahrhunderts an den Hängen des Vulkans Weine produzierte, ausgiebigst mit den Anforderungen des Weinbaus um den Ätna auseinandergesetzt, geeignete Lagen erforscht und moderne Vinifizierungstechniken erprobt. Damals galt er als Fantast. Heute ist Benanti unbestritten der Leader in der Region, dessen Leidenschaften inzwischen auch von seinen Söhnen Salvino und Antonio geteilt werden. Die Weingärten der Azienda Agricola Benanti befinden sich an den nördlichen, östlichen und südlichen Hängen des Vulkans.

Wer seine Weine verkostet, muss ein zweites Mal hinschmecken, denn sie passen so überhaupt nicht in das Geschmacksbild, das man von südlichen Weinen erwartet. Ihre rubinrote Farbe hat eine edle Transparenz. Sie haben bei viel Frucht auch immer ein gerüttelt Maß an Finesse und Eleganz, überraschen mit filigranen Gerbstoffen und ausgefallenen Aromen. Dabei wirken sie eher nördlich kühl und sind dennoch feurig, schmecken, als vereinen sich der Schnee und das Feuer des Ätna im Mund. „Feuersteinmineralität" ist der deutsche Begriff, der den Geschmacksein-

Im Frühjahr sind die Ätna-Rebgärten noch kahl, doch bald sprießt üppiges Grün.

druck vielleicht am besten beschreibt. „Das liegt an den Rebsorten", sagt Salvo Foti, der Weinberater der Benantis. Wobei Nerello Mascalese und Nerello Cappuccio meist gemeinsam als sogenannter Mischsatz im alten Weinberg stehen. Mascalese gibt den Weinen unter anderem dank vieler Tannine ihre Langlebigkeit und Noten von Tabak und Leder, während Cappuccio für Frucht und Farbe sorgt. Vor allem aber ist es der rötliche Lavasand, auf dem die Reben wachsen, der den Weinen seinen unvergleichbaren Stempel aufdrückt.

„Wir wollen mit unserer Arbeit die Düfte der Vergangenheit einfangen und bewahren", erklärt Giuseppe Benanti, was – zugegebenermaßen – auf Italienisch eleganter klingt. Und das gelingt ihm bereits mit seinem Basiswein *Rosso Di Verzella Etna Rosso*, dessen Traubengut aus 40 Jahre alten Weingärten stammt. Ganz besonders kommt dies aber bei den Spitzenweinen zum Ausdruck: Dem *Rovitella* und dem *Serra della Contessa*, deren Trauben in 80 Jahre bzw. 100 Jahre alten Weingärten wachsen.

„Vor einigen Jahren habe ich Weinberge in der Nähe von Trecastagni gepachtet und sie vor der Aufgabe gerettet", erzählt Ciro Biondi, der im Hauptberuf Architekt ist. Seine Begeisterung für den Extremweinbau lebt der Inhaber des Weinguts Vini Biondi aus, indem er an der Ostseite besonders alte und besonders steile Rebgärten vor dem Verfall bewahrt. Wer das Vergnügen hat, mit ihm durch seine Weinberge zu streifen, muss ihn ausbremsen, damit er nicht jede seiner alten Buschreben einzeln zeigt. Seine uralten Rebgärten haben Neigungswinkel bis zu 50 Grad und wirken, als wären sie an den Vulkan geklebt. Die Reben wurzeln in schwarzer Erde, und werden durch Pfähle aus Kastanienholz stabilisiert und geschützt von alten Trockenmauern, die malerisch von Wildwuchs überwuchert sind.

Viel Arbeit für viel Genuss

Was für Besucher ungeheuer romantisch anmutet, bedeutet vor allem viel Plackerei. Immer wieder muss man auf den Hang hinauf, um Pfähle und Material hochzuschaffen, die Reben zu beschneiden und zu entlauben, um faule Trauben auszulesen. Etwas Erleichterung bringen nur kleine Seilbahnen, mit denen man bei der Lese die Körbe voller Trauben zu den Sammelstellen hinunterlässt. Muss man da nicht von grenzenlosem Idealismus beseelt sein? Oder eher Bergsteiger-Qualitäten haben?

„Die Lese hier oben ist harte Arbeit", sagt Ciro. „Die einzige Möglichkeit, dafür Leute zu bekommen, ist eine fantastische Verpflegung." Also wird bei der Lese im Oktober täglich am Rand der Weingärten ein Buffet mit

GENUSSTIPP

Als Sizilianer mit langer Tradition bevorzugt der Etna Rosso die Begleitung von traditionellen Gerichten der Insel. Ist er ein eher fruchtiger Typ, könnte das ein Schwertfisch mit Kapern und Oliven sein. Ist er eher gerbstoffreich, tut er sich gerne mit Lamm zusammen wie einer im Ofen geschmorten Lammkeule. Bei einer Serviertempertur von 16 bis 18° C kommt sein feuriger Charakter am besten zum Ausdruck. In der Gastronomie wird man den Etna Rosso eher selten finden, aber einige engagierte sizilianische Wirte bieten ihn an. Da nur wenige Etna Rossos aufgrund der geringen Mengen überhaupt den Weg ins Ausland finden, kann man sie nur im Internet und bei sehr gut sortierten und auf Italien spezialisierten Weinhändlern kaufen. Preis: ca. 20 bis 50 €.

Mausempfehlungen für exzellenten Etna Rosso

Antichi Vinai www.antichivinai.it
Benanti www.vinicolabenanti.it
Giramolo Russo www.girolamorusso.it
Graci www.graci.eu
I Vigneri www.salvofoti.it
Passopisciaro www.passopisciaro.com
Pietradolce www.pietradolce.it
Scamacca del Murgo www.murgo.it
Tenuta di Fessina www.federicocurtaz.it
Vini Biondi www.vinibiondi.it

diversen Köstlichkeiten aufgebaut. „Dass die Leute dazu den *Outis* trinken können, versteht sich von selbst." Für diesen fantastischen Etna Rosso würde man gerne mitlesen, was man aber angesichts der oft noch sehr hohen Temperaturen im Oktober oder des Schnees, der dann manchmal schon fällt, besser lässt.

Auch auf die Gefahr hin, dass es hoch gegriffen ist und nur Weinkenner mit der Aussage etwas anfangen können: Der *Outis* der Kellerei Vini Biondi hat die Struktur eines Barolos und die Eleganz eines Burgunders. Der Name *Outis-Nessuno* – Niemand – geht übrigens zurück auf den Namen, den Odysseus dem Zyklopen Polyphem gab, als er am Fuß des Ätna stand. Als Önologe steht Biondi übrigens der allgegenwärtige Salvo Foti zur Seite.

Alles andere als nur rot ist auch der Etna Rosso der Poplegende Mick Hucknall, dem Frontmann von Simply Red. Ganz im Gegenteil. Der Wein mit dem Namen *Il Cantante* – der Sänger – und einer Farbe, die deutlich tiefer ist als der Rotschopf des Sängers, ist ein toller Tropfen. Sozusagen ein Hit in flüssiger Form. Schon beim Hinschnuppern fällt einem die erste Zeile von Hucknalls Song *If You Don't Know Me By Now* ein. Und man denkt unwillkürlich: Dich sollte man aber schleunigst besser kennen lernen, du bist ja wohl ganz und gar nicht simply red, sondern ein ganz Großer. Anspruchsvoll, komplex, voller Reife und dennoch grazil. Und das Feuer fehlt dir auch nicht.

Man wundere sich jetzt nicht, dass der für seinen Bier- und Whiskykonsum bekannte Schotte einen eigenen Wein hat – genau genommen drei, denn es gibt noch einen Bianco aus den einheimischen weißen Rebsorten Carricante, Grecanico und Minnella sowie einen klassischen Nero d'Avola. Auch Mick konnte sich bei einer Sizilienreise dem Bann des Vulkans nicht entziehen und legte sich 2001 bei Sant' Alfio am Osthang des Vulkans eine ehemalige Kellerei zu. Ein schmuckes kleines Gut mit Blick auf das Meer, umgeben von Rebbäumchen auf Steilterrassen. Der *palmento*, ein alter Kelterraum von 1760, wurde in einen Tastingraum mit kleinem Weinmuseum umgewandelt. Mitten im Raum steht ein wuchtiger, eichener Pressbaum, umgeben von Fässern und alten Utensilien. Auch das Weingut heißt Il Cantante. Weinberg und Keller werden von – wer könnte es auch anders sein – Salvo Foti betreut; und der kann für Micks Nero Rosso, der ausschließlich aus Nerello Mascalese gekeltert wurde, auf Traubengut von hundertjährigen Rebstöcken zurückgreifen.

Auch einige andere Winzer lassen den Weinbau am Ätna wieder auferstehen. Sie engagieren sich ebenfalls im Extremweinbau, indem sie die hier vor Jahren aufgegebenen Rebflächen wieder neu bepflanzen oder rekultivieren, teils, indem sie das komplexe Ökosystem früherer Zeiten wieder herstellen und sich so wenig wie möglich in das Wachstum der Trauben einmischen. Keine „Ökospinner" oder Weltverbesserer, sondern Winzer, die, gebannt von der Magie des Vulkans, gar nicht umhin können, aus heimischen Rebsorten erstklassige Weine zu machen. Weine, die von ihrer Herkunft erzählen, vom Tanz auf dem Vulkan, von der Geschichte uralter Lavaböden, von sonnenverwöhnten Tagen und kalten Nächten, von der Leidenschaft der Winzer und all der anderen Menschen, die sich für sie abgerackert haben. Authentische Weine, die es nur hier gibt, die Sizilien als Weinregion zum Leuchten bringen. Quasi feurige Kampfansagen an die gesichtslosen Massenweine. *ari*

Auf der schwarzen Lava-Erde des Ätna wächst der Nerello Mascalese in Bäumchenform.

KURZ EINGESCHENKT

Im Westen viel Weißwein

„Der Cataratto könnte der zukünftige Weißweinstar Siziliens sein", sagt Maurizio Micciché, Besitzer der Kellerei Calatrasi. Denn er kostet wenig, und es gibt davon unvorstellbar viel, mehr Wein, als im Südtirol, Trentino und Friaul zusammen erzeugt wird. Rund 40.000 Hektar Rebfläche sollen es heute noch sein. So genau weiß das keiner, denn die letzten Erhebungen sind einige Jahre her. Sicher ist, dass es in der Vergangenheit deutlich mehr war. Denn Cataratto war die Hauptrebsorte für die einst florierende Marsala-Erzeugung im Westen der Insel.

Marsala ist passé, und trockene Weißweine sind gefragt. Und mit Hilfe der kühlen, der Frucht dienlichen Gärung ergibt der Cataratto einen fruchtigen Weißwein, der aber rasch getrunken werden sollte. Ganz allgemein reifen Weine aus heißen Gegenden – vor allem aus den weniger edlen einheimischen Sorten – schneller als andere. Die große Hitze, die für den Marsala noch von Vorteil war, ist für die moderne Weißweinerzeugung wenig förderlich. Durch sie werden nämlich die fragilen Fruchtaromen und die Säure am Weinstock zermürbt. Recht gut hingegen verträgt die ehemalige Marsala-Rebsorte Grillo die Hitze, weshalb er als trockener Weißwein von einigen Kellereien erfolgreich im Markt positioniert werden konnte. Andere Weingüter arbeiten lieber mit Insolia (Synonym Ansonica) oder dem Grecanico. Ein einheitliches Bild von sizilianischen Weißweinen existiert aber nicht – außer dass sie aus einer heißen Erde stammen.

Die Geschichte des mit Alkohol verstärkten Weins Marsala ist eine Erfolgsgeschichte vergangener Jahrhunderte. Einst beherrschte er den Markt. Heute führt Marsala nur noch ein Nischendasein; für viele ist er eher Kuriosität als Weinalternative. Nur wenige Marsala-Häuser pflegen deshalb das historische Erbe. Wer heute in die Marsala-Geschichte eintauchen will, kann das in den riesigen Hallen der Cantina Florio. Dort lagert der Marsala noch sehr lange in beeindruckend großen Holzfässern. Es kommt einer Offenbarung gleich, wenn man einen 20 Jahre jungen Marsala Vergine mit seinem Bernsteinton, den Oxidationsnoten und dem fast salzigen Geschmack auf der Zunge hat. Anders als der handelsübliche Marsala wird diesem Vergine nämlich nur Weingeist und kein süßer Most zugesetzt.

Für die Süßweinfraktion hält Sizilien mit dem Moscato di Pantelleria, dem Moscato di Noto und dem Malvasia delle Lipari gleich drei hocharomatische weiße Dessertweine bereit. Einzelne Winzer kultivieren dieses Kulturgut des Südens mit Erfolg, einzig vom Moscato di Pantelleria gibt es mengenmäßig mehr als einen Fingerhut.

Es mag manche überraschen, dass es trotz des heißen und trockenen Klimas in Sizilien deutlich mehr Weißwein als Rotwein gibt. Dafür ist, wie gesagt, der Marsala verantwortlich. Seit Mitte der Neunziger ist jedoch der Rotweinanteil gewachsen, auch weil die einheimischen und neu angekommenen Weingüter internationale Sorten wie Cabernet, Merlot und Syrah gepflanzt haben. Diese Neupflanzungen befinden sich fast alle im Inselwesten in Reichweite der Hauptstadt Palermo.

Im Südosten ein Roter

Bis in den etwas abgelegenen Südosten der Insel hat sich bisher kaum ein Weininvestor gewagt. Dabei ist die Gegend um Ragusa ein ganz bezauberndes Fleckchen Erde. In weniger als zwei Stunden ist man von Catania aus in einer der schönsten Städte der Insel. Hier ist die Luft noch trockener, das Licht noch gleißender, wenn es auf die weiß-grauen Kalksteinmauern fällt. In der Nähe von Ragusa und der Stadt Vittoria wird ein Rotwein erzeugt, der es in sich hat. Der Cerasuolo di Vittoria – benannt nach der kirschroten Farbe des jungen Weins – verdient wahrlich Beachtung. Er ist ein aparter, fruchtbetonter Rotwein mit einem angenehmen Säurespiel. Erzeugt wird er aus den Rebsorten Nero d'Avola und Frappato, meist in gleichen Anteilen. Besonders der Frappato verleiht diesem Wein mit seiner präsenten Säure ein ansprechendes Fruchtspiel und die Eleganz, der es so manchen Rotweinen des Südens mangelt. Dazu trägt der Boden seinen Teil bei: roter, eisenhaltiger Sand auf einem Kalksteinbett, das schon in 30 bis 40 cm Tiefe beginnt. In Kombination mit der Abkühlung durch die Hügelkette Monte Iblei gerät hier auch die Rebsorte Nero d'Avola frischer, mineralischer als im Westen der Insel. Einziger Wermutstropfen ist, dass auch hier nur eine Handvoll Winzer an der Bekanntheit des Weines arbeiten.

Cerasuolo di Vittoria:
COS www.cosvittoria.it
Valle d'Acate www.valledellacate.it

Marsala und Süßweine:
Cantine Florio www.cantineflorio.it
Salvatore Murana www.salvatoremurana.com

Weißwein:
Siehe Empfehlungen im Weinkapitel Nero d'Avola

Süße Versuchung

PURES GLÜCK: MOSCATO D'ASTI AN EINEM SOMMERTAG. KÖSTLICHE LECKEREI: MANDELKEKSE MIT VIN SANTO. SINNLICHER GENUSS: PIKANTER KÄSE, DAZU RECIOTO DELLA VALPOLICELLA. WIE GUT, DASS ES FASZINIERENDE SÜSSWEINE GIBT.

Hochwertiger Wein, der völlig trocken schmeckt, ist ein eher junges Phänomen. Tatsächlich war die längste Zeit der Weingeschichte Süße die begehrteste Eigenschaft eines Weins. Süß und füllig war das Gegenteil von dünn, säuerlich und mickrig.

Wein entsteht, wenn Hefe den in der Traube enthaltenen Fruchtzucker in Alkohol umwandelt. Was dann noch als Restzucker vorhanden ist, bleibt. Bei zehn Gramm oder mehr ist der Wein halbtrocken, ab 18 Gramm gilt er als *amabile*, lieblich, ab 45 Gramm als *dolce*, süß. Mitunter kann ein Liter Wein mehrere 100 Gramm Restzucker enthalten! Wie wird die Traube derart süß? Indem sie so stark eintrocknet, dass sie fast nur noch aus Zucker besteht. Auf natürlichem Weg passiert das, wenn in feuchter Herbstluft Schimmelpilze die Beerenhaut beschädigen und der Saft durch die winzigen Öffnungen verdunstet. Diese edelfaulen Beeren ergeben einen ultrasüßen Nektar. Die Italiener bezeichnen daraus entstehende Süßweine als *vendemmia tardiva*, wörtlich Spätlese, faktisch eine Beerenauslese.

Weil das mit den Herbstnebeln nicht immer zuverlässig klappt, haben Winzer eigene Methoden ersonnen, Trauben zu schrumpfen, lange bevor die Wissenschaft die Geheimnisse der Edelfäulnis ans Licht gebracht hat. Sie breiten die Trauben auf Strohmatten oder in kleinen Holzkisten aus und lassen sie trocknen. *Passire*, welken, heißt der Vorgang, der *vino passito* ist also ein Wein aus welken Trauben. Eine rote Variante ist der Recioto della Valpolicella, ein mächtiger Süßwein aus der Corvina-Traube und anderen Rebsorten des Valpolicella-Gebiets. Weißer Recioto entsteht aus Garganega-Trauben, es ist der Recioto di Soave. Ob weiß oder rot, es bleibt ein großer Aufwand für den Winzer, weil er die Trauben mehrmals in die Hand nehmen muss.

In verschiedenen Landesteilen, vor allem in der Toskana, ist der Passito als Vin Santo sehr populär. Das klingt, als solle es heiliger Wein bedeuten. Das Wort leitet sich aber von Santorin her, in der Antike vornehmste Adresse für Süßweine. Nachdem den getrockneten Trauben das bisschen Saft herausgequetscht und zu Wein vergoren wurde, reift der toskanische Vin Santo jahrelang in kleinen Holzfässern auf dem Dachboden, wo er abwechselnd Hitze und Kälte ausgesetzt ist. Ergebnis der Strapazen ist ein fast unverwüstlicher öliger Wein. Es gibt ihn in allen Schattierungen von fast trocken über gemäßigt süß bis sehr süß.

Soll das Endprodukt richtig süß sein, kann der Winzer die Gärung stoppen, bevor noch die Hefen ihren Dienst quittieren. Ein probates Mittel für eine andere Kategorie von Süßweinen: das Aufspriten, also die Zugabe hochprozentigen Alkohols. Der tötet die Hefe, der Zucker bleibt. So entstehen Sherry, Madeira und Port. In Italien wird das Verfahren beim sizilianischen Marsala angewandt.

Grundsätzlich kann jede Rebsorte süß ausgebaut werden, und so gibt es in fast allen Regionen Süßweine von lokalen Reben. Eine Sonderstellung haben die hocharomatischen Trauben der uralten Muskateller-Familie Moscato, die in ganz Italien als Grundlage für feine Süße zum Einsatz kommen. Im Piemont liefern sie den duftig-zarten, federleichten Moscato d'Asti, der gerade mal fünf Prozent Alkohol mitbringt und im Sommer als feine Limonade für Erwachsene durchgehen kann, sowie den ebenso leichten, nicht ganz so eleganten Asti Spumante.

Die Traube ist vielseitig und weit gereist, sie ergibt üppig-schwere Süßweine wie den Moscato di Cagliari aus Sardinien oder den aprikosenduftenden Moscato di Noto aus Sizilien. Von der südlich von Sizilien gelegenen Insel Pantelleria stammt ebenfalls ein süßer Muskateller. Eine seltene Spielart der zumeist weißen Traube ist der rötliche Rosenmuskateller oder Moscato di Rosa auf Italienisch. Er ist in Südtirol und dem Trentino daheim und duftet wirklich nach Rosen.

Eine weitere sehr alte Rebsorte, die sich bestens für süßen Ausbau eignet, ist Malvasia. So besteht der traditionsreiche toskanische Vin Santo aus Malvasia und Trebbiano. Und auf den winzigen Liparischen Inseln vor Sizilien wächst der Malvasia delle Lipari mit seinem appetitlichen Orangenaroma – eine winzige Menge.

Eine Rarität des Nordens ist der Picolit, der nur im Friaul angebaut wird. Der Wein entsteht traditionell im Passito-Verfahren. Manche Winzer ziehen es aber vor, die Trauben besonders lange am Stock hängen zu lassen, als Vendemmia tardiva sehr spät zu lesen und ohne weiteres Trocknen zu verarbeiten. Mindestens ebenso gut und häufig günstiger im Preis ist der Ramandolo, ein Passito aus Verduzzo-Trauben in einer kleinen Ecke des Friaul.

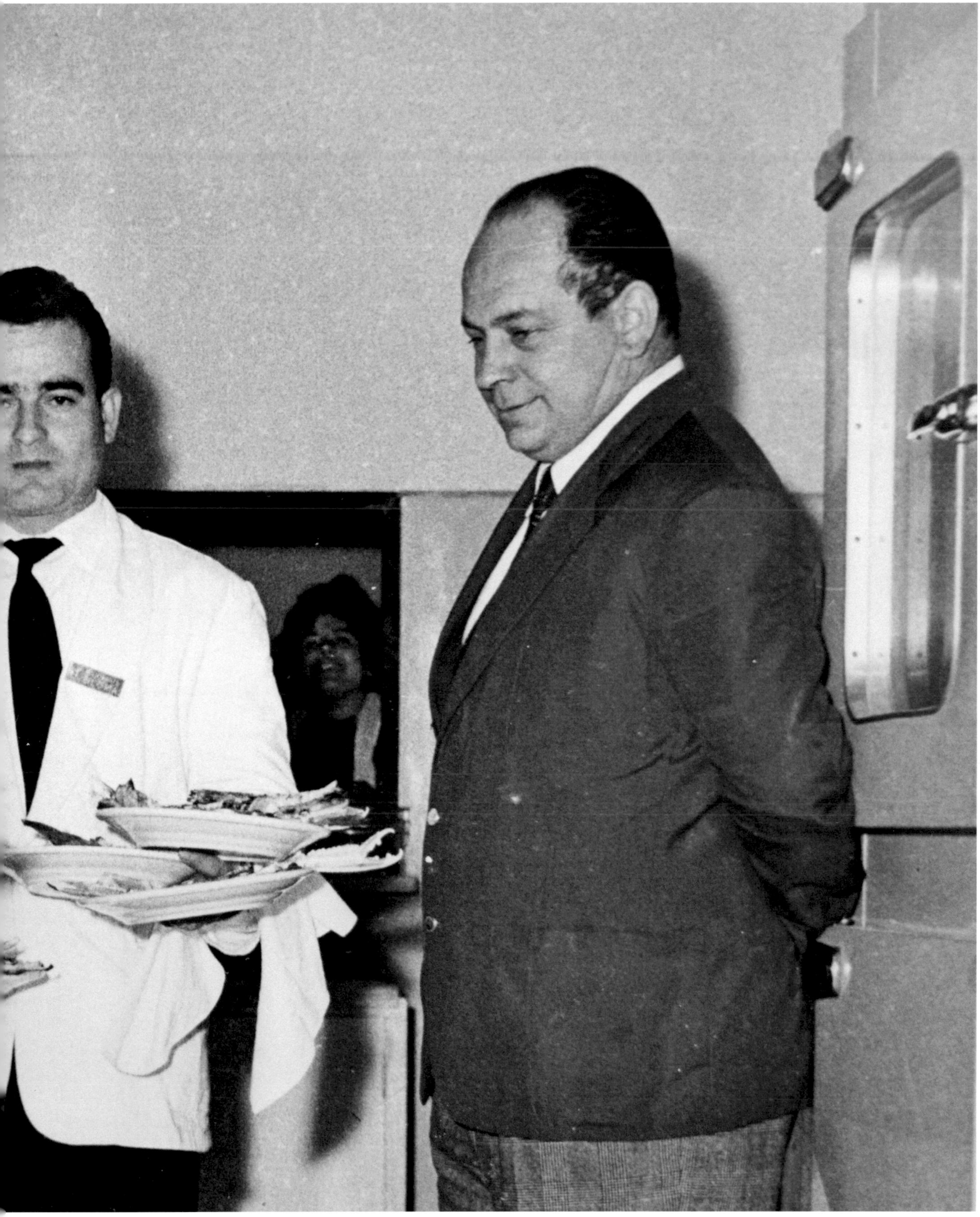

Schon in den sechziger Jahren hatten die Kellner italienischer Restaurants Stil und Klasse – und das gilt bis heute. Sie erwarten aber von ihren Gästen das Gleiche in puncto Kleidung und Auftreten, anderenfalls können sie durchaus eine gewisse zeremonielle Arroganz an den Tag legen. Wer also als Tourist die Weinanbaugebiete bereist und einen freundlichen und aufmerksamen Service im Restaurant erwartet, sollte sich den Gepflogenheiten anpassen.

Die ganze Geschichte: Italiens Entwicklung seit 1980

Wein wird in Italien seit Menschengedenken gemacht. Doch die besten Weine sind nicht älter als dreißig. Anfang der achtziger Jahre revolutionierte eine Generation von Spitzenwinzern den Weinbau. Mit besserem Wissen und neuer Technologie entstanden bis dahin unbekannte Qualitäten. Die Zeit danach war die dynamischste überhaupt in der italienischen Weinszene. Frühe Kultweine, Höchstpreise, der Aufstieg Süditaliens, dann die Finanzkrise und schließlich die vorsichtige Erholung.

Nehmen wir mal an, vor 50 Jahren hätte ein italienischer Regisseur einen Historienfilm über das Risorgimento drehen wollen. Nach Kulissen für das Leben der Landbevölkerung während der großen Nationalstaatsbewegung des 19. Jahrhunderts hätte er nicht lange suchen müssen. Praktisch jedes Weingut wäre in Betracht gekommen. Ein paar Traktoren zur Seite geschoben, und schon stimmt die Szene. Italiens Weinwirtschaft arbeitete lange auf einem sehr einfachen Niveau. Kleinbauern hegten ihre Rebgärten ohne große technische Mittel. Welche chemischen Reaktionen sich in den Gärkellern zutrugen, wusste keiner besonders so genau – auch nicht der Winzer.

Die Technik des Weinbaus unterschied sich von der in der Antike vor allem dadurch, dass man für die Lese nicht mehr auf Bäume kletterte. Hellenen und Etrusker, die ersten Winzer Italiens, pflückten die Trauben noch von Lianengewächsen, die als Schmarotzer meterhoch rankten.

Vor allem mangelnde Hygiene sorgte für viele Bereitungsfehler in den Weinen, aber niemand erkannte sie. Auch Weinführer, -messen und -kritiker sind eine spätere Erfindung. Wein wurde da getrunken, wo er wuchs, oder im großen Stil in andere Regionen verkauft, wo er gebraucht wurde. Er war ein Alltagsgegenstand wie Brot und Olivenöl, dem man kaum weitere Qualität zusprach.

Hätte man einem piemontesischen Winzer in den sechziger Jahren prophezeit, dass seine Kinder in 40 Jahren die Hälfte aller Trauben unreif lesen und im Weinberg verrotten lassen und dass sie später im Flugzeug nach New York und Hong Kong fliegen würden, wo Käufer für die Kiste einen Preis zahlen, zu dem man einen gebrauchten *Topolino* kaufen kann, er hätte sich das dumme Geschwätz wohl verboten. Es war ja schon schlimm genug, dass Männer bald auf dem Mond und Frauen in Miniröcken rumliefen.

Im Jahr 1963 wurden zwar erstmals Herkunftsgebiete gesetzlich eingegrenzt, innerhalb derer Winzer Weine mit dem Zusatz Denominazione di origine controllata (DOC) machen konnten. Die DOCs waren auch der erste Schritt zur einer erkennbaren regionalen Identität. Doch bis Ende der siebziger Jahre wurde in Italien vor allem immer mehr Wein produziert. Spätestens mit den unvermeidlich folgenden Preiskämpfen war das Image gründlich ruiniert.

In der Folge flüchteten Landarbeiter in die Industriestädte des Nordens. Rebgärten, Weinberge, ganze Landstriche, die vom Weinanbau geprägt waren, verloren an Bevölkerung. Brachgefallene Rebanlagen verwilderten in wenigen Jahren. Um sie zu reaktivieren, hätten sie gerodet und neu bepflanzt werden müssen. Solche wirtschaftlichen Totalschäden erfordern hohe Investitionen, zumal es nach der Pflanzung Jahre dauert, bis sie Trauben für einen guten Wein abgeben.

1980 – 1989
Hartholz für weiche Weine

Es waren einzelne Winzer, die in dieser Zeit verstanden, dass sie mit Wein als preiswerter Massenware auf Dauer nicht gut fahren würden. Männer wie Alois Lageder aus Südtirol oder Giovanni Manetti von Fontodi in der Toskana orientierten sich an Vorbildern in Frankreich, das seinerzeit mit seinem Weinstil weltweit führend war. Vor allem den Ausbau in kleinen Eichenfässern übernahmen viele Spitzenwinzer. Im Kontakt mit dem neuen Holz dieser Barriques bekamen Weißweine einen buttrignussigen Touch. Bei Rotweinen sorgte das Holz für mehr Körper und mächtige Weine, die dem derzeitigen Geschmacksbild entsprachen.

Vor allem bei den älteren Weingütern markiert der Wechsel von den großen Holzfässern zu kleinen Barriques einen Wendepunkt in ihrer Philosophie. Ein zweiter Schritt war die Grüne Lese, bei der durch vorgezogene Teilernte der spätere Ertrag stark reduziert wird. So konzentrieren sich mehr Geschmacksstoffe in den Trauben.

Die überragenden technischen Veränderungen fanden jedoch ohne Tageslicht statt. In den Weinkellern machten uralte Fässer und schimmelige Betontanks blitzblanken Edelstahlbehältern Platz. Anders als das alte Gerät war der Stahl vor allem perfekt hygienisch. Verunreinigungen und unerwünschte mikrobiologische Tätigkeit hatten bis dahin viele Weine auch bester Herkunft fehlerhaft oder sogar ungenießbar werden lassen. Mit Heiz- und Kühlsystemen in den Tanks steuerte man die Mazeration der wichtigen Inhaltsstoffe aus den Schalen und Stielen und vor allem die Gärung präzise.

Einige legendäre Jahrgänge dieser Zeit raunen sich Weinkenner noch heute mit wichtiger Miene zu. Barolo brachte mit dem 82er und dem 85er zwei Superjahrgänge an den Start, und Brunello und Chianti Classico zogen mit 89 und 90 nach. Das Entscheidende aber war, dass immer mehr Winzer gute Weine machten. Vor allem Weinberater, studierte Önologen, die die neuen Technologien bestens beherrschten und die gleichzeitig für viele Winzer arbeiteten, multiplizierten den Qualitätseffekt. Zum ersten Mal war das wahre Potenzial der Weine auf breiter Ebene erkennbar.

1990–2000 Preiswertes im Süden – Höchstpreise im Norden

Indessen suchten weltweit immer mehr Weinfreunde Rotwein, und die Winzer versuchten, es ihnen Recht zu machen. Selbst in San Gimignano, der traditionsreichen Weißweingegend der Toskana, wurden internationale Modeweine angepflanzt. Nicht immer mit wirklich überzeugenden Ergebnissen, zumal der Schwerpunkt auf französischen Sorten wie Cabernet Sauvignon und Merlot lag, die derzeit weltweit im Trend lagen.

Mitte des Jahrzehnts geriet eine Region in den Focus, die vorher für Weine kaum bekannt war: Süditalien. Vor allem etablierte Kellereien aus dem Norden investierten in Sizilien und Apulien, sie hatten das Potenzial für kraftvolle Rote erkannt. Mit den neuen technischen Möglichkeiten entstanden bald auch dort Qualitätsweine aus kaum bekannten regionalen Rebsorten. In weniger als zehn Jahren verlängerte sich die Weinkarte um ein Drittel.

Der breite Trend, Weine vor allem nach ihrer Rebsorte auszuwählen, der im vergangenen Jahrzehnt aufgekommen und bis heute nicht abgeebbt ist, kam dem Mezzogiorno entgegen. Außer populären Rebsorten sah die Weinwelt nämlich auch immer mehr Weintrinker. Gerade in Ländern, die in der Beziehung bislang unauffällig gewesen waren, stieg Wein zum populären Kulturgut auf. Und die Menge schrie nach neuen Reizen. Da kamen die Apulier und Sizilianer gerade recht. Sorten aus den unendlichen Weiten des Südens wie Nero d'Avola, Negroamaro und Primitivo machten schnell international Karriere. Sogar eine fast tot geglaubte Sorte wie Aglianico wurde zu neuem Leben erweckt.

Eine Art zweite Revolution begann ebenfalls Mitte der neunziger Jahre. Man hatte die Bedeutung der Anbaumethoden und der Qualität des Pflanzguts erkannt. Gut angepasste Setzlinge, die auf geringe Erträge gezüchtet waren, ersetzten alte überproduktive Reben. Dicht gedrängt wurden die neuen Weinberge bestockt, denn Pflanzen, die sich gegenseitig Konkurrenz machen, erbringen besseren Wein.

Die Neuerungen sollten sich schnell auszahlen. Vor allem in dem einträglichen Exportmarkt USA erzielten Brunello und Barolo Höchstbewertungen und -preise. Italien war auf einmal angesagt wie noch nie, selbst aus Japan kamen junge Köche in die Toskana, um italienische Kochkunst zu lernen. In Italien wollte fast jeder Weinliebhaber Sommelier werden, die Fortbildungskurse boomten. Am Ende des Jahrzehnts gab es allein fünf Weinführer, die neben immer besseren Bewertungen auch immer höhere Preise notierten. Mit ausreichend Naivität und Selbstüberschätzung, dafür weniger Sachkenntnis stiegen immer mehr Neulinge in das Geschäft ein, verlangten schon für ihre ersten Jahrgänge nie dagewesene Preise von 50 Euro pro Flasche und mehr. Nur wenige erkannten das Risiko der Preisspirale, die irgendwann überdrehen musste.

Gleichzeitig war der Stil des Weins nie zuvor so planbar gewesen, und die Zeichen der Zeit standen auf fett. Viel Alkohol, viel Farbe, viel Frucht, viel Holz waren angesagt. Manche Weine wurden so schwer, dass abgeklärte Kritiker stöhnten, man könnte sie statt des Essens kauen, das sie eigentlich begleiten sollten. Bei vielen Modernisten war von der leichten Eleganz und Finesse der traditionellen italienischen Weine nicht mehr viel übrig, zumal gerade sie auf auswärtige Modesorten wie Chardonnay, Merlot und Cabernet Sauvignon umgestiegen waren.

So verkauften sich die Weine auf den internationalen Märkten besser. Sie verloren aber ihre Individualität, weil sie von Weinen aus Kalifornien und Australien, den Vorreitern dieses Stils, nicht mehr zu unterscheiden waren. Das jahrhundertealte Konzept, dass der Wein ein Resultat seiner Herkunft, der Erde, des Klimas und der Witterung ist, galt nicht mehr.

Andererseits wurden regionale Rebsorten euphorisch hoch gehandelt, die es gar nicht unbedingt verdient hatten. Weinkenner philosophierten über den Pignolo aus dem Friaul, von dem es damals gerade ein paar Tausend Flaschen gab. In Apulien wurde die Sorte Uva di Troia als der nächste Rotweinstar aus dem Süden gehandelt, obwohl sie gerade mal eine Handvoll Erzeuger in Flaschenweinqualität ausbauten. Es gab sogar eine Weinmesse allein für authochtone Sorten.

2000 – 2011
Mit Finesse durch die Krise

Während viele Winzer aus dem Süden gerade erst auf der Landkarte auftauchten, sah der Norden die ersten Generationenwechsel. Fast immer war es eine Familiengeschichte. Der Vater hatte einige Hektar Weinberge und verdiente sein Geld mit dem Verkauf der Trauben an die Genossenschaft. Die Enkel bepflanzten die Weingärten neu, bauten einen Keller und erzeugen Qualitätswein nach ihren Vorstellungen. Statt das Wissen – oder Unwissen – von Generation zu Generation weiterzugeben wie seit Jahrtausenden, hatten die modernen Winzer bei ihren Kindern für eine fundierte Ausbildung gesorgt. Der Nachwuchs hatte Hochschulen, Lehr- und Wanderjahre in Frankreich, den USA oder anderen Weinbauländern hinter sich.

So mauserten sich zwar viele Familienbetriebe zu verlässlichen Lieferanten sehr guter Weine. Trotzdem blieben zu viele hochpreisige Tropfen auf dem Markt. Am 1. Januar 2001 suchte sich die Konjunktur-Überhitzung schließlich erstmals ihr Ventil. Der Einführung des Euro folgte ein teils realer, teils gefühlter Preisschock, der zunächst die kostspieligen Weine der Newcomer schwer verkäuflich machte. Nicht nur im Inland wirkte der *caro euro* als Euphorie-Vollbremse. Auch nördlich der Alpen schimpfte jedermann auf den *Teuro*, und sogar die traditionell spendablen Amerikaner mussten bei dem ungünstigen Wechselkurs passen.

Für Weinfachhändler und Gastronomen brachen harte Zeiten an, die bis heute andauern. Denn die Menschen begannen, Preise zu vergleichen. Besonders in Deutschland brach die Götterdämmerung der Discounter an. Sie würden in Zukunft immer größere Anteile am Weinmarkt übernehmen und ihren Lieferanten dabei wenig finanziellen Spielraum lassen. Viele etablierte Weinanbaugebiete wie die Toskana und das Piemont verschwanden aus den Verkaufsregalen und wurden durch preiswerte Flaschen aus Süditalien ersetzt, die jetzt ihre große Chance bekamen.

Die Finanzkrise des Jahres 2008, in der Ikonen der amerikanischen Finanzwirtschaft wie die Lehman Brothers ins Nichts stürzten, zeigte dann ein zweites Mal, wie ernst die Lage war. Auch die Investitionen in der Branche gingen weiter zurück, neue Keller mit endlosen Batterien von Barriquefässern wurden seltener. Eher aus Geldnot machten viele Winzer wieder leichtere, fruchtige Tropfen – und trafen damit unerwartet den Zeitgeschmack.

Weine, die aus internationalen Rebsorten mit viel Holzeinsatz zu Schwergewichten gedopt waren, kamen langsam aus der Mode. Erkennbare Herkunft, möglichst aus regionalen Rebsorten, sollte es jetzt sein. Das Bekannte setzte sich wieder durch, der Süditalien-Hype klang ab, die alten Regionen kamen wieder. Auch Finesse war wieder angesagt, und die Winzer berappelten sich. Allzu forsche Kalkulateure hatte der Markt bereits aussortiert. Der Rest senkte einsichtig die Preise, leerte so die Lager und machte sich umtriebig auf die Suche nach Kundschaft. Nicht nur in gepriesenen Zukunftsmärkten wie China und Indien sah man italienische Winzer, manche trugen ihre Verkostungen bis nach Vietnam oder Mexiko. Am Ende gewannen gut gemachte Weine zu vernünftigen Preisen auch in den Traditionsmärkten Deutschland und USA ihre Kunden zurück, und die Geschichte bekam ihr Happy End.

Kurzer Ausblick
Italiens Weine – besser denn je

Trotz vieler Wechsel in der Vergangenheit und schwer absehbarer Entwicklungen in der Zukunft ist der italienische Wein auf solidem Niveau. Einheimische Rebsorten, die für die Region stehen, setzen sich immer mehr durch und sorgen dafür, dass jedes Gebiet einen eigenen Wein hat. Sangiovese für die Toskana, Nero d'Avola für Sizilien etc.

Andererseits gibt es kaum noch Regionen zu entdecken. Die großen Umwälzungen scheinen vorbei, einzig die Zahl der Weingüter kann kleiner werden, auch der Raum für weitere neue Rebsorten ist eng.

Nur neue Trends, die wird es immer geben. Leichtere Weine sind schon einige Zeit gefragt. Viele Weintrinker möchten mehr Wein trinken, aber nicht mehr Alkohol. In diesem Kielwasser könnten sich viele Weißweine gut machen. In Deutschland etwa steigt der Konsum schon länger. Auch alkoholreduzierte Weine könnten ihre Chance bekommen.

Hochwertige Weine dazu gibt es heute in ganz Italien, nicht nur in einer Handvoll von Weinregionen. Zumindest technisch gesehen sind sie alle gut, sauberer und körperreicher als in der Vergangenheit, egal ob aus großen oder kleinen Holzfässern. Daneben wogt ein Meer von preiswerten und billigen Weinen, die zwar selten gut sind, aber dennoch nie besser waren als heute. Auch sie profitieren vom Technologiesprung.

Vor allem aber gibt es die unzähligen kleinen und mittleren Weingüter in ganz Italien und besonders natürlich in den *Weinwelten*: Familienbetriebe im ganzen Land, deren Winzer mit Herz und Seele, Können und Inspiration zu ihrem Wein stehen und alles daran setzen, ihn immer besser zu machen. Diese Vorreiter werden es maßgeblich mitbestimmen, ob Italien als Weinnation dauerhaft und prosperierend ins Weltgeschehen eingreift. Sie werden Standards setzen, was die Qualität anbetrifft, sie werden Grenzen versetzen, was Kreativität angeht. Sie werden Trends und langfristige Entwicklungen beeinflussen mit ihrer Originalität. Potenzial dazu hat der Weinland Italien mehr als genug.

Es wird aber auch äußere Einflüsse geben. In den letzten 40 Jahren ist aus einer bäuerlichen Mikro-Ökonomie ein landwirtschaftlicher Produktionszweig mit weltweiter Marktpräsenz geworden, deshalb haben auch globale Wirtschaftsbewegungen mehr Einfluss. War es in den sechziger Jahren der Regen im September, der vielen Winzern graue Haare wachsen ließ, kann heute auch mal ein Kurssturz in Hong Kong zu einem echten Verlustereignis werden. Verlässliche Händler im Ausland werden für die Winzer noch wichtiger. Seit Jahren ist der Konsum auf den Binnenmärkten der weinproduzierenden Ländern auf dem Rückzug. International gibt es zwar mehr Mitbewerber aus anderen Kontinenten, aber auch große neue Märkte. Derzeit öffnen sich China, Indien und demnächst vielleicht weitere Länder in Ostasien. Doch für die nächsten Jahre bleiben Europa und die USA die Wachstumsmärkte.

Einschnitte sind aber auch möglich. Vor allem die Machenschaften von Anti-Alkohol-Lobbies, die Teile der USA, des heute weltweit größten Weinmarkts; bereits fest im Griff haben, sind schädlich. Ähnliche Interessengruppen sind auch schon in einigen europäischen Ländern aufgetaucht.

Die globale Klimaerwärmung, wie sie bereits eingesetzt hat, wird aller seriösen wissenschaftlichen Erkenntnis nach zunehmen. Wie sich das Klima jedoch in kleinteiligen Regionen wie Anbaugebieten ändert, kann niemand vorhersagen. Überlebenswichtig für Winzer und Verbände in allen Regionen wird es sein, sensibel die Veränderungen zu beobachten und währenddessen herauszufinden, wie man auf sie reagiert. Die Weinstöcke registrieren vor allem die Temperaturverschiebungen. Winzer wie Franz Haas aus Südtirol haben schon erfahren, dass ihre Weine in höheren Lagen heute besser gedeihen.

Alle Regionen, die in der Vergangenheit in die Verbesserung von Anbaumethoden und Kellertechnik investiert und besseres Wissen haben, werden in diesem Rennen eine Länge voraus sein. Gesunde, robuste und an die klimatische Situation angepasste Rebsorten, die hochwertige Trauben hervorbringen, schaffen Vorteile. Solide bis hochwertige Weine lassen sich mit der richtigen Technologie bei geringeren Kosten produzieren als mit uneffektiven alten Methoden. Eben solche Weine, die dieses Buch beschreibt. Und sie werden auch in zehn Jahren noch diejenigen sein, die die meiste Beachtung finden. Wie beruhigend in einem Italien, das in nur 30 Jahren revolutioniert wurde. *zig*

CERASUOLO
2009

Glossar

ABGANG (Finish, Finale, Nachklang oder Länge) — Nachhallen des Weins am Gaumen nach dem Schlucken. Dauer und Intensität des Abgangs sind ein zuverlässiger Hinweis auf die Qualität eines Weins.

ADSTRINGIEREND — Zusammenziehend (*lat.* adstringere). Durch → *Tannin* (Gerbstoff) hervorgerufener trockener und rauer Geschmackseindruck im Mund, der bei jungen Rotweinen besonders ausgeprägt sein kann, sich aber mit zunehmender Reife des Weins verliert.

AGRONOM — Absolvent der Agrarwissenschaften. Während des Studiums sind verschiedene Spezialisierungen möglich, u.a. auch Weinbau.

ALBERELLO (*ital.*) — Bäumchen; Erziehungsform der Rebstöcke, die besonders in Süditalien (Apulien, Sizilien) verbreitet ist. Der relativ kurze Rebstamm hat nur drei Schenkel und wächst dadurch buschartig.

ALKOHOL — Bezeichnet beim Wein das genusstaugliche Ethanol (auch: Äthanol). Ein hoher Alkoholgehalt im Wein macht sich durch eine Süßeempfindung und Wärme am Gaumen bemerkbar. Bei konzentrierten Weinen wird das Fließverhalten öliger, und es können sich an der Glasinnenwand beim Schwenken halbrunde „Kirchenfenster" bilden, was für sich noch kein Qualitätsmerkmal ist.

AMABILE (*ital.*) — Lieblich; Wein mit 18 bis 45 g/l Restzucker; deutliches Süßeempfinden.

AMPELOGRAPHIE — Rebsortenkunde (*griech.* ampelos – Weinstock); sie ist ein Teilbereich der → Önologie und beschäftigt sich mit der Beschreibung, Bestimmung und Klassifizierung der Rebsorten.

ANNATA (*ital.*) — Jahrgang

ANREICHERN (→ chaptalisieren, aufbessern) — Dem frischen oder teilvergorenen Most wird Zucker zugegeben, um einen höheren Alkoholgehalt im fertigen Wein zu erreichen. Dieses Verfahren ist in den → *EU-Weinbauzonen* A und B zugelassen. Laut EU-Norm darf in Zone A maximal um 2,5 Vol%, in Zone B maximal um 2 Vol% angereichert werden. In Italien ist dazu → rektifiziertes Traubenmostkonzentrat (RTK) (hohe Herstellungskosten, nicht geschmacksneutral) vorgeschrieben, während man in nördlicheren Ländern gern zu Rübenzucker (geringe Herstellungskosten, geschmacksneutral) greift.

AUFSPRITEN (spriten) — Einem gärenden Wein wird Branntwein zugesetzt, um die Gärung durch Abtöten der Hefen vorzeitig zu stoppen. Dadurch bleibt mehr Restzucker im Wein erhalten. Beispiele für aufgespritete Weine sind Portwein, Madeira (beide Portugal), Sherry, Malaga (beide Spanien) und Marsala (Italien).

AUSGEWOGEN (balanciert, harmonisch) — Bezeichnet in der Weinsprache einen Wein, dessen wichtigste Komponenten Säure, Süße, Alkohol, Frucht, → *Tannin* und Körper nicht getrennt, sondern ineinander verwoben in aufeinander abgestimmten Anteilen wahrgenommen werden. Damit ein Wein als „ausgewogen" bezeichnet wird, sollte keine dieser Komponente unangenehm herausstechen.

AUTOCHTHON — Einheimisch, bodenständig, eingeboren (*griech.* autos – selbst und chthón – Erde). Autochthone Rebsorten kommen nur in einem eng begrenzten Gebiet vor, in dem sie meist auch ihren Ursprung haben.

AZIENDA AGRICOLA (*ital.*) — Erzeugerbetrieb, der ausschließlich eigenes Traubengut verarbeitet.

AZIENDA VINICOLA (*ital.*) — Weingut, das fremde Trauben und Weine zukaufen kann.

ABBAZIA (*ital.*) — Abtei

BATTONAGE (*frz.* von bâton – Stock, Stab) — Aufrühren des zu Boden gesunkenen → *Hefelagers* nach der Gärung. Regelmäßige Battonage verleiht dem Wein ein cremigeres Mundgefühl und einen gehaltvollen Geschmack.

BIOLOGISCH — Ökologisch. Der biologische Weinbau legt ein besonderes Augenmerk auf den Umweltschutz und verzichtet weitgehend auf chemische Pflanzenschutzpräparate und Zusatzstoffe in der Weinbereitung (siehe Exkurs „Bioweine").

BIODYNAMISCH — Sonderform des biologischen Weinbaus im Einklang mit den Naturkräften. Die Biodynamie beruht auf den Theorien des Anthroposophen Rudolf Steiner (siehe Exkurs „Bioweine").

BIOLOGISCHER SÄUREABBAU (BSA) (malolaktische Gärung) — Steuerungsmittel zur Säurereduktion. Dabei wird die aggressiv und hart schmeckende Äpfelsäure in die mildere Milchsäure unter Freisetzung geringer Mengen Kohlensäure umgewandelt. Trägt auch zur Verfeinerung der Aromen und zu einem harmonischen Geschmacksbild bei. Diese Arbeit erledigen Milchsäurebaktierien.

BOLLICINE (*ital.*) — (la bollicina – Bläschen) V. a. im Trentino und vom Herausgeber genutzter umgangssprachlicher Ausdruck für Spumante.

BORGO (*ital.*) — Kleines Dorf, Ortschaft, Weiler, Vorstadtviertel.

BOTRYTIS CINEREA — Dieser für die Herstellung von Süßweinen herbeigesehnte

Schimmelpilz befällt insbesondere bei feucht-warmem Wetter die ausgereiften Beeren und durchlöchert deren Haut. Dadurch verdunstet Wasser, und alle anderen Inhaltsstoffe wie Zucker und Aromen werden konzentriert. Kommt die Edelfäule jedoch zum falschen Zeitpunkt, z.B. zu früh, entsteht Fäulnis.

BRICCO (*ital.*) — Piemontesisch für die Kuppe eines Hügels.

BRUT — Trocken. Geschmackskategorie für Schaumweine bis maximal 15 g/l Restzucker. Die Schaumweine in vielen Weinländern sind brut. Durch die Kohlensäurebläschen entsteht im Mund ein trockeneres Empfinden als bei Stillweinen mit gleichem Restzuckergehalt.

CANTINA (*ital.*) — Keller, Synonym für Kellerei.

CANTINA SOCIALE (*ital.*) — Genossenschaft

CASA VINICOLA (*ital.*) — Weinhandelshaus, das Wein zukauft und weiterverarbeitet (→ *négociant*). In Frankreich wird ein Weinhändler, der Trauben, Most oder Weine vom Erzeuger kauft und selber verarbeitet, ausbaut oder abfüllt, Négociant (Händler, Handelshaus) genannt.

CHAPTALISIEREN (→ *anreichern, aufbessern*) — Hinzufügen von Zucker zum Most, bevor die Gärung einsetzt. Ziel ist ein höherer Alkoholgehalt im Wein. Seinen Namen verdankt dieses Verfahren dem französischen Chemiker Jean-Antoine Chaptal.

CHARAKTER — Jeder Wein hat einen Charakter, also einen eigenständigen geschmacklichen Ausdruck. Diese stilistische Grundausrichtung bewegt sich zwischen elegant und kraftvoll und ist völlig wertfrei zu sehen. Sangiovese wird z.B. mit Eleganz und Finesse gleichgesetzt, Cabernet mit Kraft und Dichte.

CLASSICO (*ital.*) — Bezeichnet im Allgemeinen das historische Kerngebiet eines Anbaugebiets, z.B. Chianti Classico oder Soave Classico.

CONTIENE SULFITI (*ital.*) — Enthält Sulfite. Der von der EU vorgeschriebene Hinweis für Allergiker „enthält Schwefel" muss seit 2005 auf dem Etikett deklariert werden. Schwefeldioxid wird bei der Weinbereitung als Oxidationsschutz eingesetzt und verhindert, dass sich Sauerstoff im Wein bindet und dieser vorzeitig altert, einen Fehlgeschmack entwickelt oder sich verfärbt. Auch Bio-Weine enthalten → *Schwefel*, allerdings in geringeren Mengen. Es gilt die folgende Faustregel: Rotwein enthält weniger Schwefel als Weißwein, trockener Wein weniger als lieblicher.

CUVÉE, die (!) (*frz.* Assemblage, Marriage) — Verschnitt, also die kunstvolle Vermischung fertig vergorener Weine aus verschiedenen Rebsorten, Lagen oder Jahrgängen. Ziel ist eine höhere Qualität des Endprodukts bzw. eine geschmackliche Konstanz über mehrere Jahrgänge.

DEGORGIEREN — Der Hefepfropfen, der sich bei der Schaumweinproduktion während der Flaschengärung aufgrund des Rüttelns im Hals der Flasche gebildet hat, wird vereist und entfernt (*frz.* dégorger – reinigen, ausspülen, ausschlämmen). Dann wird die → *Dosage* zugegeben und die Flasche mit einem Korken neu verschlossen. Sekt ohne Jahrgangsangabe ist mit dem Degorgieren fertig und am besten frisch zu genießen; Jahrgangssekte und Prestigecuvées können auch noch einige Jahre auf der Flasche reifen.

DEKANTIEREN — (*frz.* décanter – klären) Umgießen des Weins aus der Flasche in eine Karaffe, um den Wein vom → *Depot* zu trennen oder um Jungweinen durch Sauerstoffkontakt die Zeit zur geschmacklichen Entfaltung zu geben (zum „Atmen"). Zum Effekt des Dekantierens gibt es die unterschiedlichsten Auffassungen: von der „optimalen Aromenentfaltung" über „ohne Resultat" bis hin zur „Schädigung des Weins". Sicher ist: Das Ergebnis ist abhängig vom Wein und vom persönlichen Geschmack.

DEPOT — Bodensatz

DOLCE (*ital.*) — süß, ab 45 g/l Restzucker. Das Süßeempfinden ist übrigens stark von der Temperatur des Weins abhängig: je wärmer, desto süßer.

DOSAGE — Man unterscheidet zwei Arten der Dosage: Die Versanddosage (liqueur d'expédition) ist ein Gemisch aus Zucker und Weinen bzw. Most, mit dem Schaumweine nach dem → *Degorgieren* aufgefüllt werden und das den Süßegehalt regelt. Die Fülldosage (liqueur de tirage) leitet die zweite Gärung ein.

DOSAGE ZERÒ (brut nature, nature, sans dosage) — Sekt ohne Zusatz von Likör.

DURCHGÄREN — Ein Wein ist durchgegoren, wenn der Zucker des Mosts fast vollständig und in einem Zug in Alkohol umgewandelt wurde. Ein solcher Wein beinhaltet weniger als 1 g/l Restzucker, was unter der durchschnittlichen Wahrnehmungsschwelle liegt.

ENTRAPPEN (abbeeren, entstielen, rebeln) — Meist maschinelles Ablösen der Beeren vor der Vergärung von den Stielen bzw. dem Rappen (Traubengerüst). Stiele, die beim Pressen angequetscht werden, machen Weine durch die in ihnen enthaltenen Gerbstoffe hart und bitter.

ERTRAG — Erntemenge, meist ausgedrückt in Hektoliter pro Hektar (hl/ha). Aussagekräftiger ist jedoch das Traubengewicht pro Stock. Einstiegsqualitäten haben oft höhere Erträge, während die Spitzenqualität durch die Vorgabe von Maximal-Erträgen immer beschränkt wird.

EU-WEINBAUZONE — Innerhalb der EU ist die gesamte Rebfläche ihren klimatischen Verhältnissen entsprechend in die drei Hauptzonen A, B und C (mit 5 Subzonen) unterteilt. Je nach Zone variieren die Vorschriften für den Weinbau und die Weinherstellung.

EU-WEINMARKTREFORM 2008 — Die „Gemeinsame Marktordnung Wein" gibt EU-weit den Rahmen der Weingesetzgebung vor, deren Bestimmungen jedes Land übernehmen muss, sich darüber hinaus aber selbst verschärfte Regelungen auferlegen darf. Die jüngste Fassung trat im August 2008 in Kraft und regelte önologische Verfahren, Etikettierungsvorschriften, Destillation, Rodung, Auspflanzungsrechte etc.

EXTRA BRUT — Extra trocken. Geschmackskategorie für Schaumweine bis zu 6 g/l Restzucker.

EXTRA DRY — Extra trocken. Geschmackskategorie für Schaumweine 12 bis 20 g/l Restzucker, was für manches Missverständnis sorgt.

EXTRAKT — Bleibt beim Verdampfen des wässrig-alkoholischen Anteils des Weins übrig, hauptsächlich der Restzucker und die nichtflüchtigen Säuren. Bei der Verkostung erzeugt der Extrakt ein Gefühl von Fülle, Schwere und Dichte im Mund. Ein hoher Extrakt ist ein allgemeines Qualitätsmerkmal.

EXTRAKTION — (*lat.* extrahere: herausziehen; → *Mazeration*) Auslaugen der Farb-, Duft- und Geschmacksbestandteile aus der Beerenhaut bei der Weinbereitung. Bei diesem Vorgang während der Maischegärung sind vor allem die weichen → *Tannine* erwünscht. Besitzt der Wein genügend → *Struktur*, wird er von der → *Maische* abgezogen.

FATTORIA (*ital.*) — Größerer Landwirtschaftsbetrieb, Gehöft, Landgut.

FINESSE — Eigenschaft eines feingliedrigen, eleganten und qualitativ hochwertigen Weins, der gleichzeitig Geschmackstiefe besitzt.

FLÜCHTIGE SÄURE — Im Gegensatz zu den nichtflüchtigen Säuren gehen die flüchtigen Säuren (vor allem Essigsäure) im Wein bei der Destillation oder im Laufe der Zeit in Gas über, verflüchtigen sich also. Ein Zuviel macht sich als Weinfehler mit einem essigartigen Geruch bemerkbar. Die zweite Hauptkomponente der flüchtigen Säure ist der Stoff Ethylacetat, das sich in zu hohen Konzentrationen an einem Klebstoffgeruch erkennen lässt.

FRIZZANTE (*ital.*) — Perlwein, < 2,5 bar Druck in der Flasche.

GANZTRAUBENPRESSUNG — Das Pressen von ganzen Trauben bei der Weinbereitung (ohne → *entrappen*) ergibt fruchtige, klare Moste mit sehr feinem Geschmackseintrag für frische und elegante Weine. Grund hierfür ist, dass die Stiele und Stängel dem Druck standhalten und so die Kerne nicht zerquetscht werden, deren Bitterstoffe somit nicht in den Most gelangen. Auch die Beerenhaut wird weniger stark ausgelaugt als bei direktem Maischekontakt. Das Verfahren der Ganztraubenpressung ist z.B. bei der Champagnerbereitung sowie beim Franciacorta (siehe Weinkapitel „Lombardei") obligatorisch.

GERBSTOFF (→ *Tannin*) — Wird als adstringierendes Mundgefühl wahrgenommen. Bei der Verkostung kann er z.B. einen rauen, weichen, samtigen, reifen oder unreifen Geschmackseindruck hinterlassen. Gerbstoffe können aus zwei Quellen stammen: aus der Traube selbst (Stiele, Haut, Kerne) oder aus dem Holzfass, in dem manche Weine ausgebaut werden. Gerbstoffe haben eine oxidationshemmende Wirkung und sind daher für lagerfähige Weine unerlässlich.

GESCHMACKSTIEFE — komplexer Wein mit langem Nachhall, der sich nicht nur entlang des Gaumens oder in die Breite, sondern auch in die Tiefe im Mund entfaltet.

GRÜN — Unreife Komponenten im Wein, die an unreife, bittere Birnen erinnern. Grüne → *Säure* ist eine aggressive, adstringierende Säure; grünes → *Tannin* fühlt sich rau und austrocknend an und erinnert im Aroma an frische Rinde, die vom Holz abgezogen wird. Die Weinbeschreibung „grün" ist selten positiv besetzt; es gibt jedoch auch grüne Fruchtaromen, die für manche Weine interessante Geschmacksfacetten sind. Wie so oft ist es auch hier eine Frage des Geschmacks: Ein leicht unreifer Apfel schmeckt auch sehr gut.

GRÜNE LESE (Grünlese, Grünernte, Ausdünnen) — Unausgereifte „grüne" Trauben werden als Qualitätsmaßnahme im Weinberg Ende Juli, Anfang August weggeschnitten, um den Ertrag zu reduzieren und der Witterung Rechnung zu tragen. Bei Rotwein geschieht dies vor dem Farbumschlag, also vier bis sechs Wochen vor der Reife.

GUYOT (Streckbogen-System) — Weit verbreitete, von dem französischen Wissenschaftler Jules Guyot im 19. Jahrhundert entwickelte Erziehungsform der Rebstöcke, bei der die Reben an horizontal gespannten Drähten entlangranken. Eine Rebe hat dabei eine oder zwei mehr oder weniger lange Äste aus einjährigem Holz.

HANDLESE — Bei dieser Form der Traubenernte schneiden Erntehelfer die Trauben von Hand vom Stock, vorzugsweise in kleine Behältnisse. Die traditionelle Handlese gilt heute als Zeichen für Qualität, was aber differenziert zu sehen ist: Menschen ermüden, da die Arbeit anstrengend ist, oder selektieren mal genauer oder ungenauer.

HEFELAGER — Hefen produzieren im Zuge ihrer Tätigkeit Stoffwechselprodukte und sterben selbst ab. Dadurch entsteht auf dem Boden des Gärbehälters das Hefelager. Wird dieses nicht abgezogen, liegt der Wein „auf der Hefe" oder „sur lie" (*frz.*), was zu mehr Komplexität und Stabilität im Wein führt. Unterschieden wird in Fein- und Grobhefe.

HÖHENLAGE — Besonders hoch gelegene Rebflächen in hügeligen Gebieten (z.B. Piemont oder Toskana) bieten besondere klimatische Bedingungen. Die Beeren reifen durch die niedrigeren kühleren Temperaturen langsamer und ergeben aromatischere Weine mit mehr Frische und Säure.

IMBOTTIGLIATO DA (*ital.*) — abgefüllt von …

KLIMA (Makro-, Meso- und Mikroklima) — Italien hat aufgrund seiner Form und geografischen Lage unterschiedlichste klimatische Bedingungen: von „alpin" und „cool climate" in Südtirol bis hin zu „heiß" und „mediterran" in Sizilien. Während ein Makroklima große Klimazonen (z.B. atlantisch, kontinental) umfasst, bezeichnet ein Mesoklima das Klima innerhalb einzelner Länder oder Regionen, aber auch einzelner Weinbaugebiete (z.B. Chianti-Gebiet). Das Klima einzelner Weinberge bzw. Lagen, das aufgrund von Tälern, Flussläufen oder Hanglagen innerhalb kurzer Distanzen variieren kann, wird auch als Mikroklima bezeichnet.

KLON — (*griech.* Zweig, Sprössling) Durch Steckling oder Befruchtung identischer Abkömmling der Mutterpflanze. Bei mutationsfreudigen Sorten können sich trotz identischer Ausgangsrebe die Erbeigenschaften der Klone verändern.

KLONSELEKTION — Winzer und Rebzüchter wählen → *Klone* mit erwünschten Eigenschaften aus und vermehren sie vegetativ. Während in den 1970er z.B. vor allem üppig produzierende Rebstöcke gefragt waren, sucht man heute den besten Geschmack. Klonselektion hat nichts mit Gentechnik zu tun.

KOHLENSÄURE — Entsteht neben Alkohol und Wärme bei der Gärung. In Schaum- und Perlweinen tritt sie gelöst auf, wodurch in der Flasche oder im Tank Druck aufgebaut wird. Bei Stillweinen verflüchtigt sie sich. Bei jung zu trinkenden Weißweinen wird sie manchmal bewusst für mehr Frische und Spritzigkeit erhalten.

KOMPLEX (vielschichtig) — Ein komplexer Wein offenbart gleichzeitig oder nacheinander zahlreiche Nuancen und Aromen im Geschmack.

KORDONSCHNITT — Reberziehungsform, bei der horizontal je ein Kordon (Schenkel, Arm) des Rebstocks an Drähten nach links und rechts gezogen wird.

KÖRPER (Fülle, Substanz) — Wertfreie Bezeichnung bei der Weinbeschreibung für den Gehalt an Extrakt und Alkohol, die dem Wein Fülle und Gewicht verleihen. Körperreiche Weine werden auch als kräftig, mächtig oder voll beschrieben, körperarme Weine eher negativ als mager, dünn oder flach oder positiv als elegant oder zart. Vergleichbar mit dem menschlichen Körperbau.

LIQUOROSO (*ital.*) — Gespritete Weine; häufig süß.

LOTTO (*ital.*) — Losnummer; definiert die abgefüllte Teilmenge eines Weins.

MAISCHE — Masse aus angequetschten Trauben, Saft, Schalen und Kernen.

MASCHINENLESE — Ernte mit Lesemaschinen. Die moderneren Maschinen sind so sensibel einstellbar, dass nur die wirklich reifen Beeren eingesammelt werden, da diese leichter vom Stiel abfallen als unreife. Sie sind allerdings nur in flachen Gegenden und solchen mit leichter Hanglage einsetzbar. Vgl. → *Handlese*.

MAZERATION (→ *Extraktion*) — (*lat.* macerare – einweichen) Das Auslaugen der Inhaltsstoffe aus der Beerenhaut kann auf unterschiedlichste Weise ausgeführt werden und hängt von der Philosophie des Kellermeisters ab: von sehr schonend durch manuelles Untertauchen des Tresterhuts bis hin zu einem maschinellen Rührwerk im Tank.

MEHLTAU — Pilzbefall der Pflanze, der durch einen weißen Belag auf den Blättern erkennbar wird. Man unterscheidet zwischen Echten (Behandlung mit Schwefel) und Falschen Mehltauarten (Behandlung mit Kupfersulfat). Der Pilz schädigt die Blätter, die bei starkem Befall absterben. Dadurch ist die Versorgung der Beeren gefährdet, und es können dünne Rotweine und ausdrucksarme Weißweine entstehen.

METODO CHARMAT (*ital.* metodo martinotti) — Tankgärverfahren bei der Schaumweinherstellung, bei der die zweite Gärung nach Hefebeigabe zu den vergorenen und verschnittenen Grundweinen im geschlossenen Drucktank und nicht in der Flasche geschieht. Anschließend Filtration, Dosage und Abfüllung unter Druck.

METODO CLASSICO (*ital.*; metodo tradizionale) — Flaschengärmethode bei der Schaumweinherstellung, bei der die zweite Gärung nach Zugabe von Hefe und Zucker zum vergorenen, verschnittenen und abgefüllten Grundwein in der Flasche stattfindet. Nach der Gärung bringen die abgestorbenen Hefezellen durch langen Kontakt mit der Flüssigkeit zusätzliche Aromen in den Wein. Durch Rütteln lagert sich die Hefe im Flaschenhals ab, der Sekt wird → *degorgiert* und mit einem Kork verschlossen. Das ist die hochwertigste Methode der Sektherstellung und für Trento und Franciacorta verpflichtend.

MILLESIMATO — Sekt mit Jahrgangsangabe, der zu mindestens 85% aus Trauben des angegebenen Jahrgangs hergestellt wurde. Ein Millesimato wird oft länger auf der Hefe gelagert als die Brut-Basisqualität.

MINERALITÄT — Mit der Zunge spürbare, aromatische Wahrnehmung bei der Weinverkostung, die im übertragenen Sinn an die Beschaffenheit von Steinen erinnert, die im Regen nass geworden sind. Diese Weine schmecken oftmals leicht salzig. Sie stammen häufig von Böden mit hohem Mineralgehalt wie Schiefer, Vulkangestein, Kalk oder Granit.

MOST — Nicht vergorener gepresster Traubensaft, der durch Gärung zu Wein umgewandelt wird. Aus einem Kilogramm Trauben gewinnt man ca. 0,7 Liter Most.

MUNDGEFÜHL — Mit der Zunge spürbares, haptisches Empfinden bei der Weinverkostung. Das Mundgefühl eines Weins kann mit Eigenschaften wie rau, samtig, seidig, dicht, cremig kompakt, kratzig etc. beschrieben werden.

NON FILTRATO (*ital.*) — Ungefiltert, unfiltriert; Etikettenangabe. Manche Erzeuger vertreten die Meinung, dass Filtration einen Wein zwar klar und stabil macht, aber auch Geschmacksstoffe herausfiltert. Insbesondere bei trockenen Rotweinen ist die unfiltrierte Abfüllung in Mode.

NOVELLO (*ital.*; vino novello) — Junger und schnell vergorener Wein, der kurz nach der Ernte in den Handel kommt und für den raschen Genuss empfohlen wird. In Frankreich ist er als Nouveau oder Primeur bekannt, in Spanien als Joven.

OIDIUM (bot.) — Echter → *Mehltau*. Die Unterarten unterscheiden sich je nach Wirt, so greift der Oidium tuckeri ausschließlich Reben an, dies vorzugsweise bei trockener und heißer Witterung mit nächtlicher hoher Luftfeuchtigkeit.

ÖNOLOGIE — Lehre vom Weinbau. Heute wird so vor allem die Lehre der Kellertechnik (im Gegensatz zum Weinanbau) bezeichnet.

OXIDATION — Die Reaktion mit Sauerstoff ist bei der Weinbereitung ein gewollter, wenn kontrollierter Vorgang. Wein braucht eine gewisse Menge Sauerstoff, um seine Entwicklung voranzutreiben und um zu reifen. Unkontrollierter, übermäßiger Luftkontakt lässt ihn jedoch flach, schal und braun werden. Bei einigen Süßweinen (z.B. Marsala, Vinsanto) gehört Oxidation zum Geschmacksbild.

OXIDATIVER AUSBAU — Gesteuerter Sauerstoffkontakt bei der Weinbereitung. Bei der richtigen Anwendung bringt Luftkontakt stabile Weine hervor, die oft etwas intensiver in der Farbe und teils auch etwas breiter im Geschmack sind. Das Gegenteil ist der → *reduktive Ausbau*.

PASSITO — Aus getrockneten oder angetrockneten, sehr reifen Trauben hergestellter Wein mit deutlicher Restsüße – keine gesetzliche Mindestzuckermenge.

PERONOSPORA — Falscher Mehltau; Rebkrankheit, die Blätter, Blüten und Trauben befällt, vor allem bei feuchtem Wetter.

PERGOLA — Die Reben werden auf eine Art Baldachin gezogen, um die Sonneneinstrahlung zu optimieren. Traditionelle → *Reberziehung* von Venetien bis Abruzzen sowie Latium.

PERLAGE — *frz.* für die Kohlensäure-Bläschen in Schaumweinen. Kann sich feinperlig, cremig, grob, rau etc. anfühlen.

PFLANZDICHTE — Anzahl der Rebstöcke pro Hektar. Heute sind in Italien 5.000 Stöcke/ha üblich, in älteren Anlagen findet man 2.500. Manche Winzer pflanzen auch 7.000 oder 9.000 Pflanzen pro Hektar.

PODERE (*ital.*) — Kleinerer Landwirtschaftsbetrieb, Weingut; gelegentlich auch für Weinlage genutzt.

POGGIO (*ital.*) — Bezeichnung für einen Hügel in der Toskana und einigen anderen Gebieten.

QUINTALI (*ital.*) — Doppelzentner, 100 Kilogramm (Hinweis: In Deutschland definiert man den Zentner mit 50 kg, in Österreich mit 100 kg).

QUALITÄTSPYRAMIDE — Italienisches Qualitätssystem mit Basis Tafelwein VDT, darüber IGT, dann DOC und die DOCG als Spitze der Weinerzeugung, das in den sechziger Jahren eingeführt wurde. Mit der EU-Weinmarktreform verschwimmen die Konturen, da nun beim Tafelwein auch Jahrgang und Rebsorte genannt werden dürfen (siehe Kasten „Abkürzungen") und die Bezeichnungen DOC und DOCG zu DOP zusammengefasst wurden.

RASSIG — Geschmacksbezeichnung; Wein mit kräftiger, sich rau anfühlender Säure, die aber nicht aggressiv ist; kann jahrgangs- oder sortenbedingt sein.

REBERZIEHUNG (Erziehungsform) — Der Rebstock ist eine Pflanze, die entweder einzeln für sich stehen kann (= Buschkultur), sich an Bäumen hochrankt oder (heute) auf gespannten Drähten oder Holzgerüsten wächst. Ziele der verschiedenen Formen sind eine optimale Sonnenausbeute und Belüftung. Drahtrahmenerziehung ermöglicht eine maschinelle Bewirtschaftung und senkt den Arbeitsaufwand im Weinberg erheblich. Weitere wichtige Erziehungsformen sind → *Alberello-*, → *Guyot-*, → *Kordon-* und → *Pergolaerziehung*, die je nach Tradition, Rebsorte und klimatischen Verhältnissen im Anbaugebiet eingesetzt werden.

REBLAUS — Pflanzenlaus, die Wurzeln oder Blätter des Rebstocks anfrisst, wodurch Viren und Bakterien durch die Löcher eindringen können und Krankheiten verursachen. Wurde Mitte des 19. Jahrhunderts aus Amerika eingeschleppt und zerstörte die europäischen Weinberge. An amerikanischen Wurzelstöcken richtet sie keinen Schaden an, da die Fraßlöcher sofort wieder zuwachsen. Deshalb pflanzt man europäische Rebstöcke auf amerikanische Unterlagsreben. Die Reblaus mag keine sandigen Böden.

REBSORTEN — Es folgen typische italienische Rebsorten mit Angabe der Farbe rot oder weiß bzw. Süßwein (Abkürzung in Klammern) sowie Nennung der vorherrschenden Regionen, in denen sie wachsen, und der bekanntesten Weinanbaugebiete dieser Sorte (beide Angaben in der Reihenfolge ihrer Bedeutung):

AGLIANICO (r) Kampanien, Basilikata / Taurasi, Vulture
ALBANA (w) Romagna / Albana di Romagna
ALEATICO (r, s) Apulien, Toskana
ANCELOTTA (r) Emilia / Reggiano Lambrusco
ARNEIS (w) Piemont
BARBERA (r) Piemont, Lombardei / Barbera d'Asti
BONARDA (r) Lombardei / Oltrepò Pavese Rosso
BRACHETTO (r, s) Piemont
CABERNET FRANC (r) Friaul, Italien / Bolgheri, Friuli Rosso
CABERNET SAUVIGNON (r) Friaul, Venetien, Italien / Bolgheri, Friuli Rosso
CANAIOLO NERO (r) Toskana / Chianti, Chianti Classico
CANNONAU (r) Sardinien
CARIGNANO (r) Sardinien / Carignano del Sulcis
CARRICANTE (w) Sizilien / Etna Bianco
CATARRATTO (w) Sizilien / Sicilia Bianco
CESANESE (r) Latium / Cesanese del Piglio
CHARDONNAY (w) Italien
CILIEGIOLO (r) Toskana / Maremma Rosso
CORTESE (w) Piemont / Gavi
CORVINA (r) Venetien / Amarone, Valpolicella
DOLCETTO (r) Piemont / Dogliani, Dolcetto d'Alba
FALANGHINA (w) Kampanien
FIANO (w) Kampanien, Sizilien / Fiano di Avellino
FRAPPATO (r) Sizilien / Cerasuolo di Vittoria
FREISA (r) Piemont / Freisa d'Asti
FRIULANO (w) Friaul
GAGLIOPPO (r) Kalabrien / Cirò Rosso
GARGANEGA (w) Venetien / Soave
GEWÜRZTRAMINER (w) Südtirol
GLERA (w) Venetien, Friaul / Conegliano-Valdobiaddene (Prosecco)
GRECHETTO (w) Umbrien / Orvieto
GRECO (w) Kampanien / Greco di Tufo
GRIGNOLINO (r) Piemont / Grignolino d'Asti
GRILLO (w) Sizilien
INZOLIA, ANSONICA (w) Sizilien / Sicilia Bianco
KERNER (w) Südtirol
LACRIMA (r) Marken / Lacrima di Morro d'Alba
LAGREIN (r) Südtirol
LAMBRUSCO (r) Emilia
MALVASIA (w) Friaul, Italien, Latium / Frascati, Friuli Bianco
MALVASIA NERA (r) Apulien / Salice Salentino
MARZEMINO (r) Trentino
MERLOT (r) Friaul, Venetien, Italien / Bolgheri
MOLINARA (r) Venetien / Amarone della Valpolicella
MONTEPULCIANO (r) Abruzzen, Marken / Conero, Rosso Piceno, Montepulciano d'Abruzzo

MOSCATO (w, s) Italien, Piemont / Asti Spumante
MÜLLER-THURGAU (w) Trentino, Südtirol, Venetien
NEBBIOLO (r) Piemont / Barolo, Barbaresco, Roero
NEGROAMARO (r) Apulien / Salice Salentino
NERO D'AVOLA (r) Sizilien
NERO DI TROIA (r) Apulien / Castel del Monte
PECORINO (w) Abruzzen, Marken
PETIT ARVINE (w) Aostatal
PETIT VERDOT (r) Italien
PIGATO (w) Ligurien
PIGNOLO (r) Friaul
PINOT BIANCO, Weißburgunder (w) Südtirol, Friaul, Lombardei / Franciacorta
PINOT GRIGIO, Grauburgunder (w) Venetien, Trentino, Südtirol, Italien
PINOT NERO, Spätburgunder (r) Südtirol, Italien
PRIMITIVO (r) Apulien / Primitivo di Manduria
RABOSO (r) Venetien
REFOSCO (r) Friaul
RIBOLLA GIALLA (w) — Friaul
RIESLING (w) Südtirol, Lombardei
RONDINELLA (r) Venetien / Amarone della Valpolicella
SAGRANTINO (r) Umbrien / Sagrantino di Montefalco
SANGIOVESE (r) Toskana, Romagna / Brunello di Montalcino, Chianti Classico, Morellino di Scansano
SAUVIGNON BLANC (w) Friaul, Südtirol
SCHIOPETTINO (r) Friaul
SYRAH (r) Sizilien, Toskana, Italien
TEROLDEGO (r) Trentino
TREBBIANO (w) Italien / Orvieto, Frascati, Trebbiano d'Abruzzo, Lugana
VERDICCHIO (w) Marken / Verdicchio dei Castelli di Jesi
VERDUZZO (w, s) Friaul / Ramandolo
VERMENTINO (w) Sardinien, Toskana, Ligurien / Vermentino di Gallura, Maremma Vermentino
VERNACCIA (w) Toskana / Vernaccia di San Gimignano
VERNATSCH (Schiava) (r) Südtirol / St. Magdalener, Kalterer See Auslese
VITOVSKA (w) Friaul / Carso

r = Rotwein, s = Süßwein, w = Weißwein

REDUKTIVER AUSBAU, REDUKTION — Gegenteil von → *oxidativem Ausbau;* vor allem bei Weißwein angewendet. Der Most wird geschwefelt und unter Vermeidung von Sauerstoff vergoren. Das Resultat sind knackige, frische Weine. Bei falscher Schwefeldosierung entstehen stinkige Noten im Wein, die in der Kellersprache „Böckser" bezeichnet werden.

REINZUCHTHEFE — Hefen, die bereits im Vorfeld selektioniert und gezüchtet wurden und deren Eigenschaften und Arbeitsweise bekannt sind, was eine sichere und kontrollierbare Gärung gewährleistet. Das hat nichts mit Gentechnik zu tun, sondern mit Wissen um die Eigenschaften.

REKTIFIZIERTES TRAUBENMOST-KONZENTRAT (RTK) — Hochkonzentrierter, nicht karamellisierter Zuckersirup aus Traubenmost, der durch Rektifikation, einem Verfahren zum Trennen eines Flüssigkeitsgemischs, hergestellt wurde. Wird zum → *Anreichern* verwendet.

REMUAGE — Teil des Schaumwein-Produktionsprozesses bei der Flaschengärung. Die Flasche wird Stück für Stück gedreht und auf den Kopf gestellt, damit sich das Hefedepot im Flaschenhals sammelt und entfernt werden kann. Rütteln per Hand oder automatisiert per Gyropalette macht keinen Qualitätsunterschied, obwohl das oft suggeriert wird.

RESTSÜSSE — Natürliche Zuckermenge, die nach abgeschlossener Gärung im Wein zurückbleibt; reicht von weniger als 1 g/l bis zu 350 g/l und mehr in Süßweinen mit hohen Prädikaten à la Trockenbeerenauslesen.

RISERVA — Weine mit dieser zusätzlichen Bezeichnung müssen eine Mindestzeit in Holzfass und / oder Flasche reifen, bevor sie verkauft werden. Die Mindestlagerzeit variiert von Anbaugebiet zu Anbaugebiet, kann wie beim Brunello Riserva 5 Jahre betragen. Für die Riserva-Qualität werden den Produktionsgesetzen zufolge ein konzentrierterer Wein bzw. höhere Extraktwerte sowie ein höherer Alkoholgehalt verlangt.

RONCO (*ital.*) — für Hügel im Friaul.

RÜCKSCHNITT — erster Arbeitsschritt im Weinjahr. Die alten Triebe der Rebstöcke werden weggeschnitten und je nach Schnittart Bögen und Zapfen belassen, auf denen die Triebe wachsen, die die Trauben tragen; wichtig für die grundlegende Ertragsregulierung.

RUSTIKAL — Etwas derber Geschmack mit evtl. rauem Mundgefühl; Wein mit „Ecken und Kanten". Rustikal bedeutet nicht zwingend schlecht, denn zu manchen Speisen kann ein rustikaler Tropfen besser passen als ein filigraner Wein.

SÄURE — Wichtiger Bestandteil im Wein, bestehend aus vielen Einzelsäuretypen (Weinsäure, Äpfelsäure, Essigsäure). Der Gesamtanteil ist abhängig von Sorte und Witterungsverlauf; bewirkt im Verbund mit anderen Komponenten Frische und Trinkbarkeit. Wichtig für die Lagerfähigkeit: Weine mit wenig Säure altern nicht besonders gut.

SBOCCATURA (*ital.*) — Degorgierdatum (→ *degorgieren*)

SCHÄDLINGE — Insekten, welche die Rebe schädigen. Sie werden heute angesichts des Trends zu Bio gern auf natürliche Art z.B. mit Verwirrmethode unschädlich gemacht. Mittels Sexualduftstoffen (Pheromone) findet das Männchen das Weibchen nicht mehr. Weitere Maßnahme sind Schädlings-Nützlings-Wirtschaften in dem Sinne: Jeder Wurm ist auch Futter für eine andere Lebensart.

SCHÖNUNG — Methode, um Most oder Wein zu klären, z.B. mit Hilfe von Eiweiß, Gelatine oder Bentonit.

SCHWEFEL — Wegen seiner Sauerstoff bindenden Eigenschaften ein seit Jahrtausenden verwendetes Desinfektions- und Konservierungsmittel im Lebensmittelbereich (z.B. auch bei Trockenfrüchten), dessen Verwendung und Menge heute genau reguliert ist (→ *contiene* sulfiti).

SCHWEFELDIOXID — Wird bei der Weinbereitung als Oxidationsschutz eingesetzt und verhindert, dass sich Sauerstoff im Wein bindet und dieser vorzeitig altert, einen Fehlgeschmack entwickelt oder sich verfärbt. Auch Bio-Weine enthalten → *Schwefel*, allerdings in geringeren Mengen. Es gilt die folgende Faustregel: Rotwein enthält weniger Schwefel als

Weißwein, trockener Wein weniger als lieblicher.

SECCO (*ital.*) — Trocken; per Gesetz. Wein mit maximal 4 g/l bis 6 g/l Restzucker.

SELEZIONE (*ital.*) — Auslese, Selektion welcher Art auch immer; nicht definiert durch Weingesetze, in Italien selten verwendet.

SPUMANTE — Schaumwein mit mehr als 3 bar Druck in der Flasche

STILLWEIN — Im Gegensatz zu Schaum- und Perlwein enthält ein Stillwein keine Kohlensäure bzw. nur einen minimalen Gehalt.

STRUKTUR — Die innere Architektur des Weins. Strukturbildend sind vor allem die Elemente → *Extrakt*, → *Tannin*, → *Säure* und Alkohol, jedoch nie für sich allein, sondern immer im Zusammenspiel.

SUPERIORE (*ital.*) — Kategorie für Qualitätsweine, welche eine längere Fassreife, einen höheren Alkohol oder niedrigeren Ertrag als der „Normalo"-DOC-Wein vorschreibt.

SUPERTUSCAN — Bezeichnung für hochwertige Weine, die in den achtziger und neunziger Jahren erzeugt, aber nicht als DOCG-Weine, sondern als IGT-Weine klassifiziert wurden – weil diese oft aus nicht im Anbaugebiet zugelassenen Sorten gekeltert worden waren.

TANNIN (Gerbstoff) — Tannin oder Gerbstoff stammt aus der Traube (Stiele, Beerenhaut, Kerne) oder aus dem Holz des Fasses. Man nimmt sie im Mund als ein zusammenziehendes (adstringierendes) Gefühl wahr, das sich manchmal rau, manchmal feiner und samtiger anfühlt. Bei reifen Rotweinen tragen sie wesentlich zur → *Struktur* des Weines bei. Sie konservieren den Wein und sind daher für eine längere Lagerung unerlässlich.

TAPPO (*ital.*) — Kork. „Il vino sa di tappo" heißt: Der Wein schmeckt nach Kork, muffig und bitter.

TEMPERATUR — Aus dem Temperaturunterschied zwischen Tag und Nacht bezieht die Traube unter anderem seine Aromatik. Bei großen Schwankungen bleibt durch kühle Nächte Säure erhalten (→ *Klima*). Wichtig ist die Temperatur bei der Weinerzeugung, z.B. bei der kontrollierten Gärung von Weißwein oder der Maischeerhitzung beim Rotwein. Nicht zuletzt spielt die richtige Temperatur beim Servieren eine große Rolle für den perfekten Weingenuss.

TENUTA (*ital.*) — Sehr großer Landwirtschaftsbetrieb

TERROIR — Zusammenspiel von Rebe, Boden inkl. Hangausrichtung, Bodentyp, → *Klima* und Mensch.

TERROIR-WEIN — Wird gern synonym für einmaligen, unverwechselbaren Charakter eines Weins benutzt. Tatsächlich trifft dieser – oft missbrauchte Begriff – nur auf einen kleinen Teil der als Terroir-Weine bezeichneten Tropfen zu.

TOASTING — Holzfässer werden innen ausgeflämmt, wodurch das Lignin im Holz „karamellisiert" und einen Vanilleton bis hin zu Röstnoten entwickelt, der später dem Wein die beliebte Holznote verleiht – je nach Intensität variiert das Toasting von light, medium, medium plus usw. Durch das Ausflämmen wird die Aromenausbeute, die der Wein dem Holz entzieht, um ein Vielfaches gesteigert.

TRAUBENREIFE — Man unterscheidet zwischen phenolischer und physiologischer Reife. Phenologische Reife bedeutet, dass auch die Kerne, die Zellen und alle an einer Beere beteiligten Komponenten ausgereift sind. Der Zeitpunkt der höchsten Zuckergradation wird als physiologische Reife bezeichnet und braucht meist etwas länger.

TRESTER — Die ausgepressten Schalen, Kerne (und Stiele) der Trauben werden oft noch einmal angesetzt und zu Grappa destilliert.

UMKEHROSMOSE — Eine von mehreren von der EU zugelassenen Konzentrationsmethoden, durch die dem → *Most* Wasser entzogen wird (bei Wein nicht erlaubt). Funktioniert auf Basis der unterschiedlichen Molekülgrößen von Wasser und anderen Mostinhaltsstoffen, die durch eine Membran gepresst werden. Nachteile sind die mechanische Belastung und der hohe Energieaufwand (→ *Vakuumverdampfung*).

VAKUUMVERDAMPFUNG — Technisches, von der EU zugelassenes Verfahren zur Konzentration, bei dem dem Most Wasser entzogen wird. Das Wasser wird unter Vakuum gesetzt, so dass es bei ca. 40° C statt bei 100° C verdampft. Schonender als → *Umkehrosmose*, aber sehr teuer.

VEGETATIONSPERIODE — Die Zeit vom Austrieb eines Rebstocks bis zur Reife der Trauben; wünschenswert ist eine langsame Ausreifung unter gemäßigten Verhältnissen.

VENDEMMIA TARDIVA (*ital.*) — Spätlese aus sehr reifen Trauben. Durch den hohen Zuckergehalt entstehen oft, aber nicht notwendigerweise, restsüße Weine.

VERSCHNITT — Gebräuchlicher ist → *Cuvée* (die, *frz.*), Mix aus fertig vergorenen Weinen aus verschiedenen Traubensorten oder Lagen oder beidem.

VIGNA (*ital.*) — Herausragende Weinberglage mit nachvollziehbarem eigenständigen Charakter; oft inklusive Lagenname.

VIGNETO (*ital.*) — Weinberg

WEIN AUSBAUEN (vinifizieren) — Alle kellertechnischen Maßnahmen von der Gärung bis zum Abfüllen in Flaschen; insbesondere die Reife in Stahl- oder Betontanks, neuen oder gebrauchten Eichenfässern verschiedener Größen.

WEINSTEIN — Feine Kristalle vom Salz der Weinsäure, die sich beim Wein am Korken oder in der Flasche absetzen können. Geruch- und geschmacklos. Weinstein ist kein Fehler und beeinträchtigt die Qualität des Weins nicht. Beim vorsichtigen Ausschenken bleiben die Kristalle in der Flasche. Weißweine werden vor dem Abfüllen „kaltstabilisiert", wodurch der Weinstein ausfällt und ein Ausfallen des Weinsteins in der Flasche verhindert wird.

WILDHEFEN — Hefen, die in der Natur (z.B. Boden oder Luft) vorhanden sind und mit den Trauben in den Keller kommen.

Was passiert mit den Trauben in den letzten vier Wochen vor der Ernte?

Die Säure in den Beeren nimmt ab, und parallel dazu steigt der Zuckergehalt im Fruchtfleisch. Anfangs hängen alle Beeren grün und hart am Stock, ab August beginnen sie sich zu färben, und bei den roten Sorten lagern sich erst jetzt Farbstoffe in der Beerenhaut ein. Die Beeren werden weicher, daher auch anfälliger für Verletzungen. Ideal ist eine trockene Witterung ohne Extreme mit warmen, sonnigen Tagen und kühlen Nächten, in denen wenig Säure „veratmet" wird. Ein ausgeprägter Temperaturunterschied fördert die Aromenbildung. Zu große Hitze verzögert die Reife, weil die Rebe dann ihre Arbeit einstellt, wodurch die Gerbstoffe bitter bleiben, und sorgt andererseits dafür, dass die Säure zu rasch schwindet. Dadurch können Weine entstehen. Ist es zu kalt, reifen die Trauben nicht aus, d.h. die Gerbstoffe in den Kernen bleiben unreif (mangelnde phenolische Reife). Bei Regen saugt sich die Beere mit Wasser voll, was die vorhandenen Inhaltsstoffe „verdünnt". Außerdem schwillt sie an und kann platzen, was zu Fäulnis führt.

Was bewirkt der Boden?

Der Boden hat neben der Rebsorte, dem Klima und dem Winzer einen großen Einfluss auf Weinstil und -qualität. Wichtige Parameter sind Wärmespeicherung und Wasserdurchlässigkeit. Auf Stein- oder Sandboden fließt Wasser rasch ab, ein Vorteil in feuchten Jahren. Lehm dagegen nimmt Feuchtigkeit sehr gut auf, davon profitieren die Reben in heißen Perioden. Schiefer, Kies oder Schotter speichern Wärme und geben sie in kühleren Zeiten, z.B. nachts, wieder ab. Der Boden ist ausschlaggebend für die darauf zu pflanzende Rebsorte, die Erziehungsform sowie die Qualität, die erzielt werden soll. Burgundersorten bringen z.B. auf Kalkböden besonders hochwertige und geschätzte Weine hervor, die sich durch eine saftige Frucht und mineralischen Zug am Gaumen auszeichnen. Böden sind immer eine Mischung aus Anteilen von Lehm, Ton, Sand und/oder Gestein.

Was passiert bei der Gärung?

Der Traubenzucker wird mit Hilfe von Hefen in Alkohol und Kohlenstoffdioxid umgewandelt. Besonders die an der Umwandlung von Most zu Wein beteiligten Hefestämme bevorzugen ein temperiertes Milieu und reagieren empfindlich auf Alkohol und Schwefel.

Die Gärung kann spontan mit → *Wildhefen* oder kontrolliert mit Reinzuchthefen stattfinden. Während Wein bis in die siebziger Jahre hauptsächlich das Produkt von Spontanvergärung war, hat die moderne Forschung in den letzten Jahrzehnten große Fortschritte bei der Herstellung von Reinzuchthefen gemacht. Auf welche Hefe der Kellermeister setzt, ist in erster Linie eine Frage der Philosophie, der Risikobereitschaft und des gewünschten Weinstils – alle haben ihre Vor- und Nachteile. Bei beiden Gärmethoden ist die Temperaturkontrolle besonders wichtig, da die Hefen bei ihrer Arbeit Wärme freisetzen: Wird die Maische zu warm (oder zu kalt), besteht die Gefahr, dass die Hefen ihre Tätigkeit einstellen bzw. Aromen zerstört werden. Bei Rotweinen hat die Temperatur zudem Einfluss auf die Farbintensität.

Die Temperaturkontrolle geschieht mit Hilfe von in Tanks eingebauten Kühlelementen, Berieselung mit Wasser, Abpumpen des Mosts und Abkühlung in externen Kühlaggregaten, bevor er wieder zugefügt wird oder Nutzung doppelwandiger Gärtanks, in denen die Kühlung stattfindet. Als Gärgefäße dienen Stahltanks, große Holzfässer oder Barriques.

Hefen – wild oder Reinzucht?

Bei der Spontanvergärung (Gärung mit → *Wildhefen*) lässt man die Hefen arbeiten, die von Natur aus auf den Beeren, im Weinberg und im Keller vorhanden sind, und hilft maximal mit etwas Wärme nach. Befürworter sind der Meinung, dass je nach Standort unterschiedliche Hefen vorhanden sind und diese einheimischen Hefen das Terroir am besten unterstreichen. Allerdings können bei der Gärung Nebentöne entstehen, die nicht erwünscht sind. Gelingt die Spontangärung, ist der Wein meist komplexer und wird aus önologisch-philosophischer Sicht als authentischer angesehen. Allerdings nimmt die Hefepopulation in der Natur immer stärker ab.

Bei der Vergärung mit Reinzuchthefen kennt der Önologe deren Eigenschaften genau; manche Hefestämme beeinflussen auch bestimmte organoleptische Eigenschaften. Der Gärverlauf ist weitgehend festgelegt und das Risiko vermindert. Reinzucht-Hefen sind meist schneller und weniger alkoholempfindlich, was für trockene Weine sehr wichtig ist. Bei ihnen muss die Gärung bis zum Ende gehen, der Zucker also nahezu komplett zu Alkohol umgewandelt werden. Stoppt man die Gärung absichtlich, erhält man Süßweine mit viel Restsüße. Kritiker befürchten eine immer stärkere Gleichschaltung der Weine unterschiedlicher Anbauregionen, wenn überall die gleichen Hefestämme eingesetzt werden. Doch der Weincharakter hängt weitaus stärker von der Wahl der Rebsorte als der Hefen ab.

Wie kommt die Süße in den Wein?

1. Most enthält Zucker, der von den Hefen während der Gärung schrittweise in Alkohol und CO_2 „zerlegt" wird. Werden sie daran gehindert, durch z.B. durch Kälte, Schwefelzusatz oder Alkohol, stoppen die Hefen ihre Tätigkeit, und der restliche Zucker (= Restzucker) bleibt unaufgespalten, also als Zucker im Wein. Diese natürliche Restsüße misst man in Gramm pro Liter.
2. Ein hoher Alkoholgehalt kann ebenfalls ein zartes Süßeempfinden auslösen.
3. Bei Süßweinen werden durch Entzug von Wasser (z.B. durch Verdunsten beim Passito oder Frost beim Eiswein) Inhaltsstoffe konzentriert.

Was ist der Unterschied zwischen einem Barrique und einem großen Holzfass?

Traditionell wurden Weine im Holzfass ausgebaut, die es in verschiedenen Größen gibt: Ein Tonneau fasst beispielsweise 550 Liter. Die im Bordeaux üblichen 225-Liter fassenden Barriques verwendet man in manchen Gegenden Italiens erst seit wenigen Jahrzehnten.

Wein entwickelt sich im Fass durch die Einwirkung von Sauerstoff durch die Poren des Holzes. Während der Lagerung gibt das Holz Tannine und Röstaromen – abhängig davon, wie stark das Fass getoastet wurde – an den Wein ab, der dadurch an Struktur gewinnt. Nach einigen Jahren ist das Fass ausgelaugt, deshalb verwenden viele Winzer Barriques nur für zwei bis drei Jahrgänge. Barriques werden aus sehr altem Holz hergestellt, beliebt sind Akazie, Kastanie oder Eiche – ob aus Amerika oder Frankreich, ist Geschmackssache. Die stärksten Geschmacksakzente setzt amerikanische Eiche, sie besitzt durch schnelleres Wachstum gröbere Poren als französische.

Kork – pro und kontra

Korken, Schraubverschluss, Glasstopfen, Kunststoffpfropfen – mit dem Drehverschluss (auch Stelvin nach einer der bekanntesten Herstellerfirmen genannt) oder Glasstopfen ist man auf der sicheren Seite. Denn Naturkork kann TCA (Trichloranisol) enthalten, einen Stoff, der sich unter bislang nicht vollständig erforschten Bedingungen als muffig-bitterer Geruch und/oder Geschmack im Wein ausdrückt. Kork hat allerdings auch bewährte Vorteile: große Elastizität und Luftdurchlässigkeit. Die Korkindustrie hat in den letzten Jahren einiges getan, um Korkschmecker zu verhindern – von der Pflege der Korkeiche über die Technik der Verarbeitung – und bietet Korkverschlüsse in unterschiedlichsten Qualitäten, die von 0,15 Ct bis 1,50 € im Stückpreis variieren.

Image und Ästhetik sind Aspekte für den Konsumenten. Schrauber werden als billig angesehen, obwohl sie verlässlich, technisch ausgereift und seit mehr als 30 Jahren im Einsatz sind. Glasstopfen werden gut akzeptiert, weil sie aufgrund Haptik und Optik als hochwertig wahrgenommen werden. Erfahrungswerte hinsichtlich längerer Lagerfähigkeit liegen noch nicht vor, da das Patent aus 2001 stammt. Kork gilt als der edelste Verschluss – trotz der Fehlerquote von einigen Prozent. Technisch sowie imagemäßig umstritten sind Kunststoffkorken, obwohl es durchaus gute Qualitäten gibt. Je nach Selbstverständnis des Winzers können sie bunt oder naturfarben sein.

Wozu spezielle Weingläser?

Ganz einfach einen Selbstversuch starten: Derselbe Wein wird aus verschiedenen geformten Gläsern – Weinglas oder Wasserglas – völlig anders schmecken. Es ist sinnvoll, in gute, dünnwandige Kelchgläser zu investieren, auch wenn nicht für jeden denkbaren Weintyp ein eigenes da sein muss. Ein Weiß- und Rotweinglas sowie ein Sektglas bilden eine gute Basisausstattung. Der Stiel ist übrigens nicht nur dazu da, um den Kelch vom Boden wegzuhalten, sondern zum Anfassen, damit sich der Wein nicht erwärmt. Bevorzugt man schwere, wuchtige Weine, dann sind größere Gläser sinnvoll.

Was ist sinnvoll an Jahrgangstabellen?

Reine Sterndeutung; eins bis fünf zum Beispiel bringt nicht viel, da auch in offiziell schwachen Jahrgängen die Könner unter den Winzern sehr gute Weine hervorbringen. Sind Jahrgangstabellen beschreibend, geben sie einen Hinweis auf den Grundstil eines Jahrgangs: Kühle Jahrgänge bringen elegante, frucht- und säurebetonte Weine hervor (evtl. mit der Gefahr der Unreife), in warmen Jahrgängen überwiegt der tanninlastige, üppige Stil mit ausgeprägtem Alkohol.

ABKÜRZUNGEN

Die ab August 2009 gültige EU-Weinmarktordnung hat das Qualitätssystem neu definiert. Neben den neuen Begriffen dürfen jedoch die traditionellen Bezeichnungen weiter genutzt werden, da für diese Bestandsschutz gilt.

DOC — Denominazione di origine controllata – kontrollierte Ursprungsbezeichnung; zweithöchste Qualitätskategorie; im Zuge der Vereinheitlichung innerhalb der EU in DOP umgewandelt.

DOCG — Denominazione di origine controllata e garantita – kontrollierte und garantierte Ursprungsbezeichnung; höchste Qualitätsstufe; bei DOCG-Weinen waren in der Vergangenheit Produktionsrichtlinien, Rebsorten und Anbaugebietsgrenzen am strengsten geregelt, z.B. war der Ertrag pro Hektar niedriger als bei der DOC; durch die EU-Weinmarktreform mit der DOC gleichgestellt.

DOP — Denominazione di origine protetta – geschützte Ursprungsbezeichnung; im Rahmen der europaweiten Regelung ab 2009 als Bezeichnung für die italienischen Begriffe DOC und DOCG eingeführt; festgelegt sind Produktionsrichtlinien, Rebsorten und Anbaugebietsgrenzen.

IGP — Indicazione gegrafica protetta – geschützte geografische Angabe; Nachfolger der IGT-Kategorie.

IGT — Indicazione geografica tipica – typische geografische Angabe; meist sehr großes Anbaugebiet, in dem die Produktionsrichtlinien weniger rigoros als bei DOC bzw. DOCG gefasst sind. Manche Erzeuger nutzen die IGT-Bezeichnung, um hier Weine zu verschneiden, die aus Sorten entstehen, die unter dem DOC/DOCG-Reglement (DOP) nicht gestattet sind, die aber qualitativ zur Spitze in Italien zählen.

VDT — Vino da Tavola – Tafelwein; Wein, der keine kleinere geografische Begrenzung besitzt und große Erntemengen erlaubt. Nach der neuen EU-Regelung dürfen nun auch die Rebsorte und der Jahrgang auf dem Etikett angegeben werden.

Stichwortverzeichnis

Die Weingüter

Danksagung

Ich möchte mich bei den Weinverantwortlichen der Regionen Apulien, Emilia-Romagna, Friaul, Lombardei, Piemont, Venetien, Toskana und ihren Konsortien für die Unterstützung bei der Recherche, den Fotoreisen und der Erstellung dieses Buches bedanken.

Mein Herz ist erfüllt mit großer Dankbarkeit für jeden Einzelnen in meinem Team; eigens erwähnen möchte ich die beiden Düsseldorfer Autoren Angelika Arians-Derix und Matthias Stelzig, die mit ihrer unermüdlichen Geduld und großem journalistischen Können die Buchproduktion begleiteten, der Münchnerin Roszika Farkas, die unerschrocken ins Boot sprang, als es kurz vor knapp war, und der Wienerin Luzia Schrampf, die mit großem persönlichen Einsatz mit ganzem Herzen dabei war.

Weiterhin danke ich den Grafikern Christine Eberhardt und Juan Carlos Cammaert, der deutsch-kolumbianischen Erfolgskombi aus Barcelona, die sich auch von Richtungsänderungen und zeitintensiver Feinarbeit nicht aus der Ruhe bringen ließen und für eine zeitlose Eleganz im Erscheinungsbild des Buches sorgten. Bedanken möchte ich mich außerdem bei Anja Jahn für ihre menschennahe Apulien-Fotografie und Kris Lin und Ingmar Kurth für die gemeinsame Zeit in der Emilia und das lichtbildnerische Können.

Ohne die uneigennützige Hilfe und das ausdauernde Engagement aller wäre dieses Buch nie geboren worden.

Sylvia Handschuh, Florian Schönherr, Tomas Renner-Jones, Angelika Radloff und vielen hier Nichtgenannten danke ich für die Inspiration.

Mein ganz besonderer Dank gilt meinem Freund, dem Fotografen Markus Bassler, der die Vision von Anfang an mit Begeisterung und großem Einsatz gelebt hat.

Steffen Maus

Steffen Maus

Neben seiner journalistischen Arbeit überträgt der Italienfachmann die Begeisterung für Italien und seine Weine lebhaft und sympathisch in der „Wein-Weiterbildung", die sich an Weinliebhaber, Fachhändler und alle diejenigen Interessierten richtet, die mit Freunden einen von ihm moderierten Abend verbringen möchten. Er arbeitet auch individuelle Reiserouten durch Italien aus, begleitet Sie auf Ihrer Reise und öffnet Ihnen Türen, die Ihnen sonst verschlossen bleiben. Bei der Weinauswahl berät er Sie kompetent; nutzen Sie sein Weinnetzwerk! Seine Visistenkarte finden Sie unter www.steffenmaus.com

Markus Bassler

Der Wein- und Food-Fotograf hat sich bei diesem Projekt einer unverfälschten Bildsprache zugewandt. Mit größtmöglicher Intensität bringt er das Thema Wein in all seinen Facetten bildhaft zum Ausdruck. Über die buchbaren fotografischen Dienste hinaus vereint Markus Bassler ein Team erstklassiger Gestalter und Medienproduzenten, und setzt als Kreativdirektor für food & wine kompetent Print- und Webprojekte um. Kommen Sie in den Genuss einer augenöffnenden Fotoproduktion, die nicht nur dokumentiert, sondern Welten verspricht.

Alle Fotografien und Weinmosaike dieses Buches sind in einer limitierten Fine-Art-Print-Auflage erhältlich.
www.moondogstudio.com

www.wein-welten.com

Das Wissen und das Netzwerk des Italienfachmanns und die Kreativarbeit des Fotografen verbinden sich zu einem neuen Ganzen auf der Webseite zum italienischen Wein.